当代中国重大社会问题概论

DANGDAI ZHONGGUO ZHONGDA SHEHUI WENTI GAILUN

吴忠民　王道勇◎主编

中共中央党校出版社

图书在版编目（CIP）数据

当代中国重大社会问题概论/吴忠民，王道勇主编．--北京：中共中央党校出版社，2020.12（2021.12重印）

ISBN 978-7-5035-6471-0

Ⅰ.①当⋯ Ⅱ.①吴⋯ ②王⋯ Ⅲ.①社会问题-中国-现代 Ⅳ.①D669

中国版本图书馆CIP数据核字（2020）第267900号

当代中国重大社会问题概论

责任编辑	任 典
责任印制	陈梦楠
责任校对	马 晶
出版发行	中共中央党校出版社
地 址	北京市海淀区长春桥路6号
电 话	（010）68922815（总编室） （010）68922233（发行部）
传 真	（010）68922814
经 销	全国新华书店
印 刷	中煤（北京）印务有限公司
开 本	700毫米×1000毫米 1/16
字 数	362千字
印 张	24
版 次	2020年12月第1版 2021年12月第2次印刷
定 价	72.00元
网 址	www.dxcbs.net 邮 箱 zydxcbs2018@163.com
微 信 ID	中共中央党校出版社 新浪微博 @党校出版社

版权所有·侵权必究

如有印装质量问题，请与本社发行部联系调换

目录

导　论　中国转型期社会问题的主要特征及治理 …………（1）
　一、中国转型期社会问题的主要成因 ……………………（1）
　二、中国转型期社会问题的主要特征 ……………………（9）
　三、中国转型期社会问题的治理对策 ……………………（19）

第一章　贫富差距过大问题 ……………………………（23）
　一、贫富差距过大问题比较凸显 …………………………（23）
　二、贫富差距过大问题的催生因素 ………………………（25）
　三、中国民众更加在意贫富差距过大问题 ………………（33）
　四、贫富差距过大问题的负面影响广泛而深远 …………（36）
　五、有效解决贫富差距过大问题 …………………………（39）

第二章　就业问题 ………………………………………（48）
　一、新中国就业体制的变迁及现状 ………………………（49）
　二、当前我国就业问题的主要特征 ………………………（53）
　三、当前我国就业问题的主要成因 ………………………（55）
　四、实现充分就业的主要政策思路 ………………………（58）

五、促进自我创业的主要政策思路 …………………………（61）

　　六、实现体面就业的主要政策思路 …………………………（65）

第三章　教育问题 …………………………………………………（69）

　　一、当代中国教育问题的主要成因 …………………………（70）

　　二、当代中国教育问题的现状与表现 ………………………（73）

　　三、解决教育问题的有效举措 ………………………………（84）

第四章　房价问题 …………………………………………………（89）

　　一、房价对经济社会的影响 …………………………………（89）

　　二、推高房价的因素分析 ……………………………………（98）

　　三、高房价问题的对策建议 …………………………………（107）

第五章　医疗卫生问题 ……………………………………………（110）

　　一、医疗卫生的含义 …………………………………………（110）

　　二、医疗卫生问题的形成 ……………………………………（112）

　　三、医疗卫生问题的现状 ……………………………………（121）

　　四、医疗卫生问题的应对 ……………………………………（126）

第六章　食品安全问题 ……………………………………………（133）

　　一、食品安全问题的界定和主要成因 ………………………（134）

　　二、食品安全问题的现状及特征 ……………………………（139）

　　三、食品安全治理的对策建议 ………………………………（145）

第七章　青年问题 …………………………………………………（156）

　　一、青年的婚恋、教育和就业问题 …………………………（156）

　　二、青年的思想价值观问题 …………………………………（165）

　　三、互联网背景下的青年行为 ………………………………（169）

　　四、青年社会问题的形成原因 ………………………………（174）

五、青年社会问题的应对策略 …………………………………… (178)

第八章　人口老龄化问题 ……………………………………… (182)
　一、我国人口老龄化的总体趋势 ………………………………… (182)
　二、应对人口老龄化的理念更新 ………………………………… (187)
　三、应对人口老龄化的顶层设计 ………………………………… (194)

第九章　农民工市民化问题 …………………………………… (209)
　一、农民工市民化：相关概念及发展历程 ……………………… (209)
　二、农民工市民化面临的新问题 ………………………………… (216)
　三、农民工市民化问题的主要成因 ……………………………… (223)
　四、进一步推进农民工市民化的政策思路 ……………………… (226)

第十章　征地拆迁问题 ………………………………………… (234)
　一、征地拆迁中存在的问题 ……………………………………… (236)
　二、引发征地拆迁问题的原因分析 ……………………………… (240)
　三、不同群体对征地拆迁的影响评价 …………………………… (243)
　四、解决征地拆迁问题的政策建议 ……………………………… (252)

第十一章　乡村治理问题 ……………………………………… (260)
　一、乡村治理的基本内涵 ………………………………………… (260)
　二、乡村治理的历史变迁 ………………………………………… (263)
　三、乡村治理的主要问题 ………………………………………… (270)
　四、乡村治理问题的总体成因 …………………………………… (278)
　五、解决乡村治理问题的政策导向 ……………………………… (280)

第十二章　环境生态问题 ……………………………………… (286)
　一、中国环境生态问题现状 ……………………………………… (286)
　二、加大生态环境保护力度 ……………………………………… (290)

三、坚持和完善生态文明制度体系 ………………………………… (300)

第十三章　网络问题 …………………………………………… (312)
　　一、平等与不平等现象的同时催生 …………………………… (312)
　　二、网络对社会问题的助推 …………………………………… (319)
　　三、网络社会问题的放大效应明显 …………………………… (322)
　　四、网络对缓解社会问题的积极功能 ………………………… (328)
　　五、几点启示 …………………………………………………… (333)

第十四章　腐败问题 …………………………………………… (336)
　　一、腐败问题的波及面十分广泛 ……………………………… (336)
　　二、腐败问题出现了某种固化的现象 ………………………… (341)
　　三、群体性腐败色彩明显 ……………………………………… (347)
　　四、腐败问题与鼓励试错的改革背景交织在一起 …………… (350)
　　五、反腐败需要标本兼治 ……………………………………… (353)

第十五章　社会焦虑问题 ……………………………………… (358)
　　一、社会焦虑的弥漫及原因 …………………………………… (358)
　　二、社会焦虑的负面效应 ……………………………………… (363)
　　三、有效缓解社会焦虑 ………………………………………… (368)

后　记 …………………………………………………………… (371)

导　论　中国转型期社会问题的主要特征及治理

在任何一个社会，社会问题都是无处不在、无时不有的，它是一种常态化的存在。可以说，不存在没有社会问题的社会。在转型期的中国社会，社会问题更是复杂多样。正如习近平总书记所指出的那样，目前中国正面临两个"前所未有"的挑战，即："改革发展稳定任务之重前所未有，矛盾风险挑战之多前所未有"。① 重要的是，过多社会问题的积累和加重，必然会催生各种各样的社会风险。"我国正处于跨越'中等收入陷阱'并向高收入国家迈进的历史阶段，矛盾和风险比从低收入国家迈向中等收入国家时更多更复杂。"②

无疑，各种各样的社会问题以及由此引发的种种社会风险正成为影响中国社会安全运行的一个重要变项因素。所以，为了确保中国现代化进程的顺利推进和中国现代化百年目标的顺利实现，就必须"提高防范和抵御安全风险能力"。③

一、中国转型期社会问题的主要成因

对于社会问题的界定，学界早已形成了基本的共识，并且，学者们对于社会问题的含义进行了大致相似的表述。有学者认为，"社会问题就是

---

① 习近平：《关于〈中共中央关于全面推进依法治国若干重大问题的决定〉的说明》，《求是》2014年第21期。
② 习近平：《提高防控能力着力防范化解重大风险　保持经济持续健康发展社会大局稳定》，《人民日报》2019年1月22日。
③ 习近平：《决胜全面建成小康社会　夺取新时代中国特色社会主义伟大胜利——在中国共产党第十九次全国代表大会上的报告》，《人民日报》2017年10月28日。

社会全体或一部分人的共同生活或进步，发生障碍的问题。"① 有学者认为，"凡是影响社会进步与发展，妨碍社会大部分或一部分成员的正常生活的公共问题就是社会问题。"② 有学者指出，社会问题"指的是在社会运行过程中，由于存在某些使社会结构和社会环境失调的障碍因素，影响社会全体成员或部分成员的共同生活，对社会正常秩序甚至社会运行安全构成一定威胁，需要动员社会力量进行干预的社会现象。"③ 还有学者认为，社会问题就是"在一定时期和范围中产生和客观存在的，影响（或妨碍）社会生活和社会机能，引起社会普遍关注并期望予以解决，目前需要和只有以社会力量解决的社会失调现象。"④ 就社会问题的认定而言，有学者指出，"一个公共问题被称之为社会问题，必须具备两个基本条件：第一，大部分人必须认为是社会问题。""第二，大部分人或者社会上一些重要成员必须相信这个问题可以通过社会行为加以解决。"⑤

依据学者们的相关表述，我们大致可以对社会问题做一个界定：所谓社会问题，主要是指在一个社会当中，由于种种原因而出现的有损于社会公众利益或社会公众生活的，已经存在了一定时间的，并且为多数人或一部分人所感受到的，需要以社会的力量予以解决的社会负面现象或问题。

社会问题与社会矛盾是相近但又略有差别的两个概念：两者的相同之处都在于用来指称对社会具有负面影响的社会现象或问题。两者如此之相近，致使人们有时将之合并在一起使用，一并称为"社会矛盾问题"，用以强调社会矛盾或社会问题已经达到某种程度。不过，严格来讲，社会问题和社会矛盾毕竟是有所区别的两个概念。

社会问题和社会矛盾两个概念的不同之处至少有 3 点。一是两者的覆盖范围不同。社会矛盾固然是社会问题，但社会问题不限于社会矛盾。社会问题能够涵盖社会矛盾，但社会矛盾却不能涵盖社会问题。二是两者的

---

① 孙本文：《孙本文文集》第 6 卷，社会科学文献出版社 2012 年版，第 8 页。
② 陆学艺主编：《社会学》，知识出版社 1996 年版，第 563 页。
③ 郑杭生主编：《社会学概论新修（修订本）》，中国人民大学出版社 1998 年版，第 432—433 页。
④ 雷洪：《社会问题——社会学的一个中层理论》，社会科学文献出版社 1999 年版，第 8 页。
⑤〔美〕弗·斯卡皮蒂著，刘泰星等译：《美国社会问题》，中国社会科学出版社 1986 年版，第 2 页。

外观表现不一样。"如果从中观层面上给社会矛盾下个定义的话,那就是:所谓社会矛盾,主要是指同一社会共同体(如某个国家)当中不同社会群体或社会阶层之间的矛盾。"① 一般来说,社会矛盾主要表现为社会群体之间一一对应的排斥或对立的关系。社会矛盾相关方一般有着对应的群体。如贫富差距过大问题的社会矛盾可表现为高收入群体与低收入群体之间的对应、劳资矛盾表现为劳动者群体与出资方群体之间的对应等。正因为如此,社会矛盾才经常被人们与"社会纠纷"一词捆绑在一起使用,统称为"社会矛盾纠纷"。而社会问题既可以表现为相关群体之间的对应,也可以表现为某种社会现象自身的某种"独立"存在的情状,如环境生态问题等。三是两者对于社会所可能形成的负面影响的"强度"不尽相同。虽然社会问题和社会矛盾都会产生社会负面效应,但相比之下,社会矛盾对于社会所可能产生的危害要更大一些。就社会矛盾而言,由于相关群体各自内部利益诉求的一致性、组织化程度相对较高,因而其群体行为的力度也会相对要大一些。特别是在某个特定时期,以某个问题为契机,多种社会矛盾有可能会交织在一起,从而使其社会负面影响加剧,以至于有可能会催生出社会的骚乱甚至是动荡。

社会问题解决得如何,对任何一个国家的安全运行和健康发展来说都是一件至关重要的事情。对转型期的中国来说,更是如此。中国的现代化能否得以顺利推进,从某种意义上讲,取决于中国对转型期当中所出现的社会问题的解决状况。正因为转型期当中的社会问题如此之重要,所以,中国的学术界理应投入大量精力对之进行全面而深入的研究。但是,在比较长的一个时期当中,学术界呈现出了一种对社会问题的研究相对比较充分而对中国转型期社会问题的研究却相对比较薄弱的情形。② 显然,这种情形不能够适应中国现实社会对于学术界的要求。

就中国转型期社会问题的研究而言,必须弄清中国转型期社会问题的

---

① 吴忠民:《并非社会中的所有矛盾都是社会矛盾——社会矛盾概念辨析》,《中共中央党校学报》2015年第2期。

② 这一点,可以从学术界所发表的论文数量状况当中得到佐证。据中国知网显示,从1980—2019年的40年间,以"社会问题"为篇名的论文多达1935篇,而以"转型期""社会问题"为篇名的论文仅有30篇。

主要成因、主要特征以及治理对策等一系列重要问题。

在转型期的中国，社会问题之所以会层出不穷出现，大致有以下几个主要原因。

（一）在相对有限的时间当中必须完成巨量的艰巨任务

早发国家如英国、美国、法国初步实现现代化并进而成为现代化强国大致用了二三百年的时间，作为后发国家现代化建设成功典型的日本，也是用了一百多年的时间，而在中国，从自主性和内生性的现代化建设两个维度看，时间很短，只有几十年的历史。具体看，1949年之前的一百年，中国的现代化建设缺少自主性，中国当时的主要时代任务是要为自主的现代化建设争取必需的前提条件，即争取民族独立。以1949年新中国的成立为标志，中国获得了民族独立，这使得中国自主性的现代化建设成为可能。这之后，由于在一个较长的时期内中国实行的是计划经济体制并排斥市场经济体制，同时现代化建设也没有同民众的日常生活结合在一起，致使当时的中国现代化建设尽管具有了自主性，但却缺少内生性和相应的内生动力。在这样的情形下，中国的现代化建设虽然取得了不小的成就，但由于其内生动力匮乏，致使现代化建设的代价过大，而且难以持续。改革开放以来，中国的现代化建设才得以真正地展开。一方面，中国现代化建设的自主性得到延续；另一方面，中国的现代化建设开始与市场经济、民众的日常生活以及相应的社会阶层结构等融为一体，现代化建设的内生性和内生动力开始生成，并使得中国现代化建设取得了举世公认的巨大成就。重要的是，自主性和内生性两者的具备，使得中国的现代化建设真正成为了时代潮流，并具备了具有真正可持续性的可能性。

尽管现代化建设已经成为中国一种不可逆转的历史潮流，但我们必须看到，中国真正的现代化建设亦即自主的、内生的现代化建设毕竟只有40年的历史。而且，中国打算再用30年的时间实现现代化的时代跨越，即在2049年建成现代化强国。这就意味着，中国在70年当中就必须实现基本现代化的目标和建成现代化强国的目标。在先发国家那里，它们只需要完成由传统社会到现代社会这样一个转型即可，而且是用了二三百年的时间，可中国却是一个典型的现代化赶超型国家，同先发国家相比，中国要在几十年之内同时完成两个转型，即由传统社会到现代社会和由计划经济体制到市场经济体制的转型，任务极为艰巨。当巨量的事项被挤压在一个相对有限的时间段当中时，由于时间的挤压，大量现代性事物的生长就会相对缺乏平缓发育和有机生长的时间，大量新事物之间、新事物与原有事物之间往往会缺少必要的磨合，于是，各种运行机制之间、同一运行机制当中的各个环节之间以及各种政策之间就会缺乏必要的耦合，进而产生种种不适、抵触甚至是冲突。这样一来，大量社会问题的出现就成为一件必然的事情。

（二）深刻的社会变化势必会造成大面积、种类繁多的利益诉求

转型期的中国社会变化幅度之大、范围之广，是"常态社会"无法比拟的。改革开放以来的40多年间，随着时代中心的变化、经济体制的变革、产业结构的升级换代以及城市化进程的大规模推进，整个中国社会发生了巨大的变化。其一，中国的社会阶层结构发生了巨大的变化。一方面，三大产业当中的从业人员比例发生了很大的变化。1978年，在从业人员中，第一产业从业人员（农民）占70%，第二产业从业人员占17.3%，第三产业从业人员占12.2%。到2016年，第一产业从业人员（农民）占42.6%，第二产业从业人员占28.8%，第三产业从业人员占43.5%。[①] 另一方面，一些新的阶层开始出现。"目前来看，中国社会阶层结构有十大阶层组成，他们是国家和社会管理者阶层、私营企业主阶层、经理人员阶层、科技专业人员阶层、办事人员阶层、个体工商户阶层、商业服务业从业人员阶层、产业工人阶层、农业劳动者阶层和无业失业半失业人员阶层。"[②] 特别是作为新的社会阶层典型代表的民营企业迅速崛起。截至2017年底，"我国民营企业数量有2726.3万家，个体工商户6579.3万户，注册资本超过165万亿元。"[③] 民营经济对整个中国的发展全局有着极为重要的

[①] 李培林：《改革开放近40年来我国阶级阶层结构的变动、问题和对策》，《中共中央党校学报》2017年第6期。

[②] 陆学艺主编：《当代中国社会结构》，社会科学文献出版社2010年版，第22—23页。

[③] 张艳玲：《我国民营企业2726.3万家 对经济社会发展贡献突出》，中国网，http://www.china.com.cn/lianghui/news/2018-03/06/content_50669012.shtml.

影响。"概括起来说，民营经济具有'五六七八九'的特征，即贡献了50%以上的税收，60%以上的国内生产总值，70%以上的技术创新成果，80%以上的城镇劳动就业，90%以上的企业数量。"① 其二，社会成员开始普遍形成了自主、自由、平等的价值观和行为方式。在现代社会和市场经济条件下，每一个社会成员都是独立的个体人，每一个社会成员都是自己行为的决策者和责任人。随着现代化和市场经济进程的推进，必然会出现如下情形："各种思想文化相互激荡，人们受各种思想观念影响的渠道明显增多、程度明显加深，人们思想活动的独立性、选择性、多变性、差异性明显增强。"② 在有关个人成功影响因素重要性的调查中，被调查者普遍认为：个人因素最为重要，位列第一；家庭因素、社会因素、先天因素位列其后。而在个人因素的调查中，被调查者认为：对于个人成功来说，"有进取心/有事业心""努力工作"是最重要的，有31.2%的被调查者认为是有决定性作用，有46.9%的被调查者认为是非常重要的。③

社会的这种巨大变化，必然会催生大量的社会问题。社会阶层结构的巨大变化，使得整个社会的利益结构几乎发生了全方位的变动，进而影响到所有社会成员。对于社会成员来说。利益问题是最为重要的事情。正如马克思所指出的那样，"人们奋斗所争取的一切，都同他们的利益有关。"④ 重要的是，来自利益上的诉求是多方面、多样化的，其理由甚至可能是五花八门的。对于涉面广泛、种类繁多的利益诉求，政府不可能予以全面满足，各个相关群体之间也不可能通过协商谈判达成完全一致。"改革的实质是利益的重新分配与格局调整，必然会影响某些既得利益者。思想观念的交锋，不是人们随心所欲的争论，归根到底还是'利益占上风'。既得利益者的'被剥夺感'，与利益重新分配中弱势群体的'相对剥夺感'，都

---

① 习近平：《在民营企业座谈会上的讲话》，《人民日报》2018年11月2日。
② 胡锦涛：《在省部级主要领导干部提高构建社会主义和谐社会能力专题研讨班上的讲话》，《人民日报》2005年6月27日。
③ 中国人民大学中国调查与数据中心等：《中国综合社会调查报告（2003—2008）》，中国社会出版社2009年版，第222、221页。
④ 《马克思恩格斯全集》第1卷，人民出版社1956年版，第82页。

有可能在某个时期内引起一定的不满情绪甚至反抗行动。"① 而价值观和行为方式的变化，则使得大量社会成员对于利益诉求的表达越来越以一种直接、外显的方式表现出来。同时需要注意的是，转型期的社会尚未形成健全的法治体系，而且社会组织也还没有系统地发展起来。于是，社会各个群体之间的利益诉求难免经常会变成各种各样的不合作、抵触甚至是冲突，从而造成大量的社会问题。

（三）规模庞大的社会共同体蕴含着相对更多的不确定性因素

中国是世界上规模最为庞大的国家共同体。就现代化建设推进而言，国家规模大有规模大的相对优势，比如，可以集中力量办大事，回旋余地广阔等。同样，国家规模大有规模大的相对劣势，比如，内涵型发展较为艰难、社会控制系统更容易出现失误等。就国家规模大对于社会问题的影响而言，也是有利有弊的。从"有利"的角度看，国家规模大，有利于动员各种资源有效解决一些突出或严重的社会问题。从"不利"的角度看，国家规模大，意味着社会问题得以形成的潜在空间很大。"同中小规模的国家共同体相比，甚至可以说同所有国家共同体相比，作为一个超大规模的国家共同体而言，中国社会的各种构成要素最多，变量最多，其构成要素和变量之间，有着更为复杂的'联动'和'连滞'的关系。这就意味着与其他国家相比，中国在社会整合和社会安全方面会面临着更多的不确定因素。"② 在这样的情形下，与规模小的国家共同体相比，像中国这样一个"超级规模"的国家共同体，其社会问题的诱发点必然会更多。

另外，还有必要看到的是，中国社会当中一个重要变数的存在，亦即发展的极不平衡现象的存在，使得转型期中国社会问题的诱发点更为增多。任何一个国家现代化建设的推进都不可能是"齐步走"，都会程度不同地呈现出某种"不平衡"现象。由于种种历史和现实的原因，中国现代化建设当中的不平衡现象相对来说更加明显，这是一个公认的事实。这不

---

① 宋林飞：《中国社会风险预警系统的设计与运行》，《东南大学学报（社科版）》1999年第1期。
② 吴忠民：《中国现阶段社会矛盾凸显的原因分析》，《马克思主义与现实》2013年第6期。

仅表现在城乡之间、区域之间、不同产业板块之间的明显不平衡上,也表现在不同群体之间"获益"状况的明显不平衡上。于是,这就造成了中国社会当中大量的"快变量"和"慢变量"现象之分,还造成了各种"快变量"和"慢变量"交织在一起的情形,从而使得问题更加复杂化。"在改革过程中,各种'快变量'和'慢变量'之间就会发生互不衔接的情况。"① 而各种"快变量"和"慢变量"之间的不适和抵触,必然会催生大量的社会问题。

(四)社会焦虑的推波助澜效应

客观上看,在转型期的中国,生活环境和利益结构的巨大变动,对于大批社会成员来说,意味着其生活和发展必然会面临着大量的不确定因素。对于未来缺少可预期性和人生的不确定性进而必然会催生大面积的社会焦虑现象。可以说,在中国现阶段,社会焦虑覆盖了每一个群体、每一个地区。这种情形虽然不能说是绝后的,但肯定是空前的。"从中国历史看,凡是在和平的时期,这种状况几乎不曾有过。"② 根据杭州市政府卫生部门5万多份调查表的统计,"从性别来看,男人比女人更加焦虑。男人的无焦虑人群为21%,女人为22%,男人的重度焦虑人群为3%,女人为2%。""从婚姻状态来看,已婚的比未婚的过得舒坦,已婚人群和未婚人群无焦虑的比例分别是22%、19%;中度焦虑的比例分别是15%、17%;重度焦虑的比例分别是2%、4%。""从收入情况来看,随着收入增长,无焦虑比例逐级递增;年收入10万元以下人群中度和重度焦虑比例较高;而年收入70万元以上人群呈现两头多趋势,无焦虑和重度焦虑的人也最多。"③

大面积的社会焦虑现象对于社会问题的形成无疑会起到推波助澜的作用。社会焦虑会在一定程度上降低人们对生活的获得感以及相应的满意度。应当说,改革开放以来,虽然获益的程度不尽相同,但中国民众当中

---

① 吴敬琏:《市场经济的培育和运作》,中国发展出版社1993年版,第234页。
② 吴忠民:《中国现代化论》,商务印书馆2020年版,第180页。
③ 《你焦虑了吗?杭州开展了5万多人焦虑程度调查》,《健康杭州》2018年第1期。

的绝大部分人都是获益者。然而，具有"满意"心理的社会成员的比例却低于实际获益的社会成员。究其原因，很重要的一点，就是由于社会焦虑现象较为广泛的存在，使得人们容易受处境相对较好的社会成员的各种示范效应的影响，容易对辛勤付出和恰当所得两者的匹配性认识不足，容易对自己的生活境遇形成过高的期望值，而过高的期望值恰恰是难以得到满足的。重要的是，满意度的降低，意味着不满心理的滋生，进而容易催生出多种社会问题的形成。此外，受社会焦虑现象的影响，人们容易将原本不是很严重的社会问题看得比较严重，并通过某种越轨行为来表达自己的不满，从而对社会问题的大量形成在实际上产生了一种推波助澜的作用。

二、中国转型期社会问题的主要特征

转型期中国社会发生的巨大变革和中国现代化面临的艰巨任务以及规模庞大的社会共同体客观上蕴含着相对更多的不确定因素以及社会焦虑的弥漫，使得中国转型期的社会问题呈现出如下主要特征。

（一）社会问题数量巨大

从社会问题数量的维度看，中国转型期的社会问题在数量上无疑是巨大的。我们从国家财政当中的公共安全支出数字这样一个重要侧面就能够比较综合性地看到这一点：从一定意义上讲，公共安全的财政支出状况能够反映出一个国家对社会问题总的治理成本或"维稳"成本的问题，因而也能够在不小的程度上体现出社会问题总量的具体情状。近年来，中国的"维稳"成本一直处在一个较高的水准。2018 年，中国在公共安全上的一般公共预算支出高达 13781.48 万亿元，而国防上的一般公共预算支出为 11280.46 万亿元。[①] 前者高出后者 22%。另外，有调查显示，"有一成（10.40%）的民众和谐感得分在 4 分以上，处于非常和谐的状态；而多数被调查对象（81.20%）的和谐感得分在 3—4 分，处于基本和谐的状态。

[①] 国家统计局：《中国统计年鉴 2019》，中国统计出版社 2019 年版，第 211 页。

有近一成（8.40%）的民众和谐感得分在 3 分以下，处于基本不和谐的状态。"①民众的这种心理状况，也能够从另一个侧面说明转型期存在大量社会问题的情形。

（二）社会问题种类繁多

从社会问题类别的维度看，中国转型期的社会问题可以说是种类繁多，涉及面极为广泛。对此，可以从横向和纵向两个角度予以说明。从横向维度看，一方面，凡是别的国家曾经出现过的或目前存在的社会问题，中国基本都有，比如，贫富差距过大问题、贫困问题（包括绝对贫困问题和相对贫困问题）、平均主义问题、劳资矛盾问题、女性平等问题、通货膨胀问题、失业问题、环境生态问题、社会保障问题、腐败问题、流动人口问题、社会治安问题、老龄社会问题、社会歧视问题、道德滑坡问题、拜金主义问题（包括炫富问题）、退伍军人安置问题、青少年犯罪问题、造假贩假问题、互联网问题、交通拥堵问题、"黄、赌、毒"问题、黑社会问题、艾滋病问题、同性恋问题、社会风险问题、公共卫生问题、安全生产问题、消费品质量问题（包括食品安全问题）等。另一方面，别的国家不曾有过或不明显的社会问题，中国却出现了不少，或表现得比较明显，如过于明显的不平衡发展问题（包括城乡发展的不平衡、地区之间发展的不平衡问题）、中等收入群体发育不足问题、农民工问题、国有企业职工下岗问题（包括买断工龄问题）、户籍制度问题、不同群体明显不同的社会福利待遇问题、民营企业税负和个人所得税负担过重问题、房价飙升问题、公共投入优先顺序不够合理问题、"形象工程"（"面子工程"）过多问题、社会成员信用度偏弱问题、征地拆迁问题、拐卖妇女儿童问题、农村空心化问题、农村留守儿童问题等。从纵向的角度来看，"这些社会问题就其时代属性而言，不仅仅有属于传统社会的问题、转型社会的问题，还有属于较发达社会者甚至是'后现代社会'的问题。"②

---

① 王俊秀等主编：《中国社会心态研究报告（2014）》，社会科学文献出版社 2014 年版，第 224 页。

② 吴忠民：《渐进模式与有效发展——中国现代化研究》，东方出版社 1999 年版，第 123 页。

（三）社会问题呈现出一种十分复杂的情形

从社会问题存在样式的维度看，中国转型期的社会问题呈现出复杂多样的情状。

其一，中国转型期的社会问题往往是错综复杂地交织在一起。在中国转型期，宏观社会生活环境变化巨大，每一个具体的社会群体的生活境遇也在发生各不相同的变化，因而社会各个群体的利益诉求复杂多样、千差万别。问题在于，这些复杂多样的利益诉求是在一个时间点上同时出现的。换言之，在同一个时间点上，"社会矛盾和问题交织叠加"。① 值得注意的是，在这样的情形下，每一个分别看上去或许并不是很严重的社会问题，一旦大量地集中交织在一起，便有可能由于相互间的相互感染、交互影响而产生出一种相对比较大的势能，从而催生社会问题相互间的联动性，形成社会问题的某种并发症，进而对于整个社会产生比较大的负面影响，并加大社会问题解决的难度。

其二，中国转型期社会问题的复杂性还表现在社会问题的某种"晕轮效应"上。中国转型期固然出现了大量的社会问题，但客观看，这些社会问题就总体而言并未达到严重的地步。以带有某种综合性的指标——社会治安状况来看，近年来其一直处于"正常"的区间。从近年来公安机关受理的治安案件数量上来看，2013年为13307501起，2018年为9721130起。② 治安事件不但没有增加，反而略有减少。虽然如此，但有一个现象值得注意：社会问题在社会心理层面上出现了一种"晕轮效应"，即人们对于社会问题心理感受的严重性程度要超过社会问题实际的严重性程度。这其中的原因，其实并不难理解：一是中国民众对于社会环境的大幅度变化以及由此所带来的社会问题尚未做好必要的心理准备，一时难以适应短时间之内出现的如此之多的社会问题，因而在心理层面上容易将社会问题的负面效应予以放大。二是由于社会焦虑现象产生的影响。中国转型期大

---

① 习近平：《决胜全面建成小康社会　夺取新时代中国特色社会主义伟大胜利——在中国共产党第十九次全国代表大会上的报告》，《人民日报》2017年10月28日。
② 国家统计局社会科技和文化产业统计司：《中国社会统计年鉴2014》，中国统计出版社2014年版，第245页；国家统计局：《中国统计年鉴2019》，中国统计出版社2019年版，第772页。

面积社会焦虑现象的存在，使得人们容易把不利于自己生存和发展的社会问题看得很重。加之社会问题与社会焦虑现象两者之间容易产生一种互诱、互感的相关性，致使社会问题容易出现某种放大效应亦即"晕轮效应"。三是大量的互联网自媒体对社会问题的刻意炒作。中国的互联网发展呈现出一种迅猛的势头，一度走在各个国家的前列。截至2019年底，互联网在给中国带来众多积极效应的同时，也带来某种负面影响，比如，对社会问题的过分渲染加重。① "无论是从经济领域、政治领域、文化领域、社会领域、环保领域、军事领域、国际领域等各个领域的角度看，还是从工人阶层、农民阶层、企业主阶层、知识分子群体、白领群体等各个阶层群体的角度看，网民们似乎都是牢骚满腹，都在发泄不满。"② 如此下去，势必会对大批社会成员产生一定的影响，使之易于过度解读社会问题的严重性。

其三，解决社会问题的两难境地。转型期中国社会的结构性巨大变化，使得不同社会群体有着千差万别的利益诉求，而且即便是同一群体也会有着多样化的利益诉求。从时代属性的角度看，这些复杂、多样化的利益诉求有时是来源于不同的时代内容。但是，这些纷繁复杂的利益诉求却集中、挤压在一个时间点上。由于利益相关者只是看重眼下利益，希望不管用怎样的方式，只要是能够满足其自身的利益诉求便可，因此，从某种意义上讲，这是一种无规则的利益诉求。同时，社会问题的解决者往往缺少法治意识和相关的法律专业知识，在解决处理这些社会问题时，并非以法治的方式"一把尺子量到底"，而是有时采取法治的方式、有时又采取"无定式"的、随机性较强的方式来处置，或者采取习惯做法、或者采取强行控盘的方式、或者采取运动的方式予以解决。这种无规则的利益诉求和"无定式"的解决方式给社会问题的解决带来某种困境，使之陷入某种两难境地，使得社会问题的解决时常出现此消彼长、"按下葫芦起了瓢"的情形。这种情形在一些地区处理事关秩序与活力这两个经常有些矛盾的问题时表现得比较典型。一旦秩序成为当地头等大事时，"一些地方官员

---

① 中国互联网络信息中心（CNNIC）：《第43次中国互联网络发展状况统计报告》，中国互联网络信息中心网站，http://www.cnnic.net.cn/hlwfzyj/hlwxzbg/hlwtjbg/201902/t20190228_70645.htm。

② 吴忠民：《网络时代社会矛盾的主要特征分析》，《马克思主义与现实》2014年第6期。

在处理已经发生的矛盾问题时,稳住局面有时几乎成为唯一的目的,至于用何种具体方式进行操作已经不重要了。有的地方官员不管事情的是非曲直,采取花钱买平安的方式息事宁人,叫作'人民内部矛盾用人民币解决'。有的地方官员则采取一些简单、武断甚至是粗暴的方式进行封堵和高压。"① 而一旦活力成为当地的头等大事时,一些地方官员则会围绕着"搞活经济"来采取各种灵活的方式、各种优惠的政策,进行招商引资,推动经济发展。这样做的结果,虽然在某些方面上会解决一些迫在眉睫的社会问题,但从另一方面看却会诱发另外一些社会问题的出现,或者是使一些社会问题由于长期得不到应有的解决从而逐渐累积演化成一些更大、更严重的社会问题。

(四) 社会问题多集中在民生领域

从发生根源的维度看,中国转型期的社会问题多集中在民生领域。

从历史上看,就总体而言,中国一直就不是一个宗教社会,而是一个世俗社会。中国民众一直就极为重视"此岸"的生活亦即现实的生活,而不是"天国"亦即"彼岸"的生活。改革开放以前的计划经济时代,中国社会曾一度不重视民众日常生活的需求。改革开放以来,随着市场经济体制和以人为本理念的普遍确立,重视日常的生活需求和追求正当的利益诉求成为社会成员正常而普遍的行为取向。民生问题事关民众基础性的利益诉求,民众对于日常生活的需求亦即基础性的民生问题最为在意。有调查显示,从 2000 年至 2014 年的 15 年间,城市居民所关注的排名前三位的问题全部都是民生问题,如社会保障问题、失业问题、住房问题、教育问题、环境问题、食品药品安全问题、贫富分化问题等。② 同时,与经济发展相比,中国的社会发展相对滞后,这突出表现为民生问题没有得到应有的改善。比如,"买不起房、看不起病、上不起学"这样三个社会问题被民众称为"新的三座大山"。"新的三座大山"问题几乎涉及每一个群体,

---

① 吴忠民:《当代中国社会"官民矛盾"问题特征分析》,《教学与研究》2012 年第 3 期。
② 参见李培林等主编:《2015 年中国社会形势分析与预测》,社会科学文献出版社 2014 年版,第 140—141 页。

既涉及低收入群体、中等收入群体，也涉及高收入群体当中的大部分人。

一方面，民众最为看重民生问题，然而另一方面民生问题却没有得到应有的改善，因此，民生问题必然会引发大量社会问题的出现。同时，由于民生问题涉及绝大多数社会群体，因而由其引发的社会问题必然是数量及种类众多、影响面广泛。在中国如今的群体性事件当中，由民生问题所引发者占据最大的比重，如教育问题、农民工拖欠工资问题、退伍军人安置问题、征地拆迁问题、房价飙升问题、环境生态问题等。因此，在中国现阶段，民生问题解决得如何，事关社会问题数量的多少和强度的大小。

转型期中国的社会问题主要集中在民生领域这一现象，至少说明了两个问题。其一，仅仅是由民生型社会问题所产生的负面效应不会非常严重。仅仅是由民生问题引发的社会问题，其负面效应一般来说不会达到十分严重的地步，原因很简单：当民众不再为底线民生问题如绝对贫困问题困扰时，在表达民生方面的利益诉求方面，人们一般不会采取激烈的冲突方式，否则便会得不偿失。与之不同的是，在围绕着参政议政等政治议题或宗教以及民族议题所引发的社会问题上，由于目标的截然不同以及表达方式选择的多样性，其可能产生的负面效应会相对比较严重。关于政治领域的冲突，科塞指出，"参与者感到他们只是集体或群体的代表，不是为自己而只是为他们代表的群体的理想而战斗的冲突似乎要比为个人原因而进行的斗争要更激烈、更冷酷无情。"[①] 特别是政治领域、宗教领域以及民族领域的利益诉求一旦与迫切的民生利益诉求捆绑在一起，其后果会更加严重。总体而言，正是由于中国转型期的社会问题多集中在民生领域而不是政治领域或宗教及民族领域，才使得中国的社会问题尽管数量巨大、种类繁多，但激烈社会冲突的数量相对较小，社会问题并未造成严重的后果。比如，由政治议题引发的群体性事件几乎没有。再比如，2012年至2017年，中国境内"发生的典型恐怖袭击事件的数量表现出'倒V'形特征"。[②] 其二，民生问题是中国转型期社会安全的关键。正是因为民生问题

---

① 〔美〕L.科塞著，孙立平译：《社会冲突的功能》，华夏出版社1989年版，第105页。
② 李培林等主编：《2018年中国社会形势分析与预测》，社会科学文献出版社2018年版，第119页。

是民众最为关注的切身利益诉求,而且涉及面极为广泛,涉及绝大多数社会群体,所以,在未来的15年至20年的时间当中,从大概率的角度看,只有有效地改善和维护了民生问题,才意味着能够有效防止社会问题走向最为严重的地步,才能够有效确保社会的安全运行局面。由此也可以看出,改善和维护民生是维护中国转型期社会安全局面最为有效的同时也是成本相对最小的一种做法。

(五)社会问题的上行空间很大

从社会问题演化前景的维度看,在未来较长的一个时期,中国转型期社会问题的上行空间很大。一方面,社会风险因素在增多。"中国改革经过30多年,已进入深水区,可以说,容易的、皆大欢喜的改革已经完成了,好吃的肉都吃掉了,剩下的都是难啃的硬骨头。"[1] 随着改革的深入推进,社会整体利益结构将会发生更加深刻的变化,社会各个群体之间的利益关系将出现更多的调整,由此所引发的社会问题将会随之增多。而且,随着城市化进程的大规模推进,大量社会成员特别是大量外来务工人员将面临着社会融合问题,各种各样的平等对待问题也将凸显出来,种种相关的社会问题也会随之产生。另一方面,随着维权意识和博弈能力的普遍增强,社会成员中原来一些隐性的利益诉求会浮出水面,成为现实的利益诉求。而且,"随着法治的逐渐健全和社会成员法治意识的形成,许多社会成员有可能会对自身以往所遇到的不公正不合理的问题进行追溯性的维权活动。这就会从一个重要的方面加重社会矛盾。"[2] 凡此种种,同样会使得社会问题明显加重。

(六)中国拥有较强的解决或缓解社会问题的潜力

从治理应对的维度看,在中国转型期,某个具体的社会问题一旦受到社会的普遍关注或重视,那么,这一社会问题就往往能够相对较快地得到解决或缓解。

---

[1] 《习近平接受俄罗斯电视台专访》,《人民日报》2014年2月9日。
[2] 吴忠民:《中国现阶段社会矛盾特征分析》,《教学与研究》2010年第3期。

在中国，无论是从民众的角度看，还是从政府的层面看，都极为重视社会的安全问题。从民众层面看，基于大量的历史和现实的经验教训，中国民众普遍形成了一种强烈的共识：没有社会安全，就没有正常的现实生活，就没有希望。有调查显示：中国民众把社会安全、社会稳定看得最重，并把其当成其他一切生活目标的前提条件。在"您认为美好社会的最重要的标志是什么"的选择题中，人们选择的最高比例项为"和平稳定"（34.2%），其后依次才是"生活富裕"（26.4%）、"人人平等"（15.2%）。①这种共识之强固，在其他国家当中实属罕见。有学者发现，"中国人期待稳定。实际上，中国人不仅仅期待稳定，甚至痴迷于稳定，这是对社会秩序的一种根深蒂固的需求，对骚乱的一种几近偏执的恐惧。"②从政府角度看，这也是将社会安全问题视为推进现代化进程最为基础性的必要前提。邓小平指出，"中国的问题，压倒一切的是需要稳定。没有稳定的环境，什么都搞不成，已经取得的成果也会失掉。"③习近平总书记也指出，"我国是一个大国，决不能在根本性问题上出现颠覆性错误。"④

在民众与政府达成相同共识的作用下，中国在解决或缓解较为严重的、具体的社会问题上能够形成巨大而有效的社会动员能力。况且，自改革开放以来，中国经过40多年的长足发展，已经形成了较为雄厚的抵御风险、化解社会问题包括严重的社会问题的能力。在这样的情形下，一旦确认某个具体的社会问题比较严重或趋于严重，并且将会产生比较严重的负面效应，中国则会采取大力度的举动予以解决或缓解，其结果往往是比较有效的。

正是由于中国十分重视并拥有较强的解决或缓解社会问题的能力，所以，在面对大多数国家现代化过程中所遇到的一些十分棘手的社会问题时，中国则能以十分有效的手段予以解决或缓解。比如，在所有发展中国家当中，在最为典型的绝对贫困、安全事故以及环境污染这样3个十分棘

---

① 参见宣兆凯：《中国社会价值观现状及演变趋势》，人民出版社2011年版，第265页。
② 〔美〕罗伯特·劳伦斯·库恩著，吕鹏等译：《中国30年——人类社会的一次伟大变迁》，世纪出版集团、上海人民出版社2008年版，第32页。
③ 《邓小平文选》第3卷，人民出版社1993年版，第284页。
④ 习近平：《在庆祝改革开放40周年大会上的讲话》，《人民日报》2018年12月19日。

手而且连带性很强、社会关注度很高的社会问题上，可以说，中国当属解决或缓解得相对较好的国家之一。

绝对贫困问题是很多国家长期难以解决的社会问题。这一问题的长期存在，不但会使发展在不小的程度上失去意义，而且会成为民粹主义以及社会不安定的重要根源。自改革开放以来特别是近年来，中国将之作为各种任务当中的重中之重来看待，将"脱贫攻坚"列入重要的奋斗目标，其结果十分有效，以至于成为发展中国家解决绝对贫困问题的典范。"据世界银行测算，按照人均每天支出1.9美元的国际贫困标准，过去40年中国共减少贫困人口8.5亿多人，对全球减贫贡献率超过70%。按中国现行贫困标准，1978年至2017年，中国农村贫困人口由7.7亿人减少到3046万人，贫困发生率由97.5%下降到3.1%。"① 2019年末，中国贫困发生率下降至0.6%。②

绝大部分进行现代化建设的国家，在其现代化早期阶段，安全事故都曾经是一个难以解决或缓解的社会问题。中国在20世纪90年代和21世纪之初的几年，安全事故也曾经十分严重，并成为整个社会十分关注的、严重的社会问题。近十几年来，中国高度关注这一社会问题，并下大气力予以应对，取得了明显的成效。有数字显示，"近年来我国安全生产形势持续稳定好转。生产安全事故起数和死亡人数连续16年、较大事故连续14年、重大事故连续8年实现'双下降'。煤矿事故死亡人数大幅下降。由最多时一年死亡近8000人，降到去年（2018年）的333人，下降了95.2%。""全国自然灾害因灾死亡失踪人数由新中国成立初期的年均7200余人，逐步降至本世纪初的年均3000余人，2018年降至1000人以下。2013—2018年全国平均因灾死亡失踪人数、倒塌房屋数量、直接经济损失占GDP比重，较2001—2012年平均分别降低86%、84%、59%。"③

环境污染问题不但会影响所有社会成员的安全、容易引发大批社会成

---

① 国务院新闻办公室：《〈改革开放40年中国人权事业的发展进步〉白皮书》，国务院新闻办公室网站，http://www.scio.gov.cn/zfbps/ndhf/37884/Document/1643348/1643348.htm.
② 国家统计局：《中华人民共和国2019年国民经济和社会发展统计公报》，《人民日报》2020年2月29日。
③ 《安全生产形势持续稳定好转》，《人民日报》2019年9月19日。

员生成不满心理，而且在治理时还需要社会各个群体的配合，且治理的技术难度较大，所需成本巨大。英国对于环境问题的治理历经了 300 多年的时间方见成效。20 世纪 90 年代至 21 世纪之初的几年，由于过度看重 GDP 的增长而不注意环境保护问题，致使中国出现了比较严重的环境污染问题。近十几年来，中国意识到这一问题的严重性后，投入了巨大的人力、物力以及科技力量对其予以治理，取得了初步的明显成效。比如，在 2002 年，中国的水污染状况比较严重。"七大水系 29.1% 的断面满足Ⅰ—Ⅲ类水质要求，30.0% 的断面属Ⅳ、Ⅴ类水质，40.9% 的断面属劣Ⅴ类水质。"[1] 经过十多年的整治，水质量状况明显好转。"2017 年，长江、黄河、珠江、松花江、淮河、海河、辽河七大流域和浙闽片河流、西北诸河、西南诸河的 1617 个水质断面中，Ⅰ类水质断面 35 个，占 2.2%；Ⅱ类 594 个，占 36.7%；Ⅲ类 532 个，占 32.9%；Ⅳ类 236 个，占 14.6%；Ⅴ类 84 个，占 5.2%；劣Ⅴ类 136 个，占 8.4%。"[2] "2001—2015 年，长江、黄河、珠江、松花江、淮河、海河、辽河等七大流域和浙闽片河流、西北诸河、西南诸河总体水质明显好转，Ⅰ—Ⅲ类水质断面比例上升 30 个百分点以上，劣Ⅴ类水质断面比例下降 20 个百分点以上。"[3] 再比如，空气质量的治理成效也很明显。2014 年，监测结果显示，在"全国开展空气质量新标准监测的 161 个城市中，有 16 个城市空气质量年均值达标，145 个城市空气质量超标"[4]，达标者的比例只有 10%。2018 年，全国 338 个地级及以上城市（以下简称 338 个城市）中，121 个城市环境空气质量达标，占全部城市数的 35.8%，比 2017 年上升 6.5 个百分点；217 个城市环境空

---

[1] 国家环境保护总局：《2002 中国环境状况公报》，中华人民共和国生态环境部网站，http://www.mee.gov.cn/hjzl/zghjzkgb/lnzghjzkgb/201605/P020160526552803668343.pdf.

[2] 中华人民共和国生态环境部：《2017 中国生态环境报告》，中华人民共和国生态环境部网站，http://www.mee.gov.cn/hjzl/zghjzkgb/lnzghjzkgb/201805/P020180531534645032372.pdf.

[3] 赵娜：《以控制单元为载体　实现精细化管理——专访环境保护部环境规划院水环境部主任王东》，中华人民共和国生态环境部网站，http://www.mee.gov.cn/hjzli/swrfz/mtbd/201606/t20160630_356536.shtml.

[4] 《环境保护部发布〈2014 中国环境状况公报〉》，国务院新闻办公室网站，http://www.scio.gov.cn/m/xwfbh/xwbfbh/wqfbh/2015/32942/xgxwfbh32948/Document/1437075/1437075.htm.

气质量超标，占 64.2%。① 环境污染问题以如此之快的速度得以缓解，在所有国家当中，实属罕见。

三、中国转型期社会问题的治理对策

在所有国家的转型期当中，社会问题的大量出现是一件必然的事情，这是一个规律。这个规律当然也适用于转型期的中国。问题在于，转型期的社会问题具有两重属性：一是负面效应，二是积极效应，即社会问题倒逼社会发展。换言之，社会问题的解决或缓解，往往能够成为推动社会发展的契机。习近平总书记指出："可以说，改革是由问题倒逼而产生，又在不断解决问题中得以深化。"② 凡是现代化建设成功的国家，无不印证了这一点。

在中国转型期，面对大量、复杂、层出不穷的社会问题，我们只有采取主动而有效的对策，进行有效的社会治理，方能有效地化解或缓解社会问题，变被动为主动，最终建成一个公正而和谐的现代社会。"面对'倒逼'的客观现实，唯有变压力为动力，深刻认识，尽早觉悟，抓紧行动，才能从'倒逼'走向主动，形成可持续的发展机制。"③

就有效的社会治理而言，涉及多方面的具体内容。其中，除了稳住经济发展的基本面、扎扎实实地改善民生、积极拓展民众自由发展的空间、大力发展社会组织以及形成有效并规范的公共权力之外这样一些十分重要的事情之外，④ 还应当特别注重做好以下几件关键的事情。

（一）积极推进基层社会的重建

从社会治理基础的角度看，我们应当积极推进基层社会的重建。基层

---

① 中华人民共和国生态环境部：《2018 中国生态环境报告》，中华人民共和国生态环境部网站，http://www.mee.gov.cn/hjzl/sthjzk/zghjzkgb/201905/P020190619587632630618.pdf.
② 习近平：《关于〈中共中央关于全面深化改革若干重大问题的决定〉的说明》，《人民日报》2013 年 11 月 16 日。
③ 习近平：《之江新语》，浙江人民出版社 2007 年版，第 133 页。
④ 吴忠民：《关于社会风险转为政治风险的可能性问题——中国中近期社会安全前景的一种判断》，《山东社会科学》2019 年第 12 期；吴忠民：《转型期社会矛盾冲突的三个层级及主要影响因素》，《社会科学》2020 年第 1 期。

社会是每一个社会成员情感、归属感、向心力和日常生活的重要支撑点。从一定意义上讲,基层社会事关社会问题的基础性源头问题。基层社会建设状况的如何,事关社会安全是否有一个扎实的基础。

在新的时代条件下,中国的基层社会面临着重新建构的问题。在计划经济时代,城市基层社会的基本形式是单位及街道,农村基层社会的基本形式是公社和大队,这两种形式的基层社会,均由国家严格控制的人事档案制度、用工制度、福利制度及户籍制度予以维系和区分。在当时,中国的基层社会往往是一个融生产、生活于一体的共同体。社会问题的化解或缓解,一般在基层社会内部就可以得以解决。同时,这种做法在一定程度上能够有效阻止一些潜在的社会问题变为现实的社会问题。改革开放以来,随着计划经济的瓦解和市场经济的形成,随着城市化进程的大规模推进,中国的社会流动程度大幅度、大面积提升和扩张,出现了"人类历史上和平时期的最大规模迁移"现象。① 与之相适应的是,原有的基层社会开始瓦解,新的基层社会正在形成。不过,无论是在城市还是在农村,基层社会的建设尚未定型,缺少可行的建设路径,存在不少问题。比如,在城市当中,基层社会的建设存在着诸如政府人为拉动痕迹过重、内生性偏弱、向心力不足、朝令夕改等问题;在农村当中,基层社会建设则程度不同地存在着像是空心化、内聚力偏低、治理低效、未来希望缺失等问题。在这样的情形下,基层社会不但没有成为阻止社会问题滋生的重要屏障,反而成为社会问题生成的一个重要源头。进一步看,基层社会的重建已经成为有效社会治理当中的短板,亟须弥补。在基层社会的重建当中,如何设定其公共空间、如何提升其成员的参与意识、如何增强其内聚力、如何提供有效的社会服务,都是需要认真探索和解决的事情。

(二)以多元共治的方式进行社会治理

从行为主体的角度看,社会治理应当以多元共治的方式进行。在现代社会,社会成员普遍形成了自主性、独立性的意识,具有参与社会事务尤

---

① 〔美〕罗伯特·劳伦斯·库恩著,吕鹏等译:《中国30年——人类社会的一次伟大变迁》,世纪出版集团、上海人民出版社2008年版,第55页。

其是参与同自身利益密切相关的事务的意愿和能力。依照权利和义务相统一的原则，理应允许多方特别是相关的社会成员共同参与社会治理活动。况且，现代社会当中已经形成了大量的职业群体，包括与社会治理密切相关的社会组织群体、社会工作者群体等，而对现代社会来说，大量的社会治理事务是非专业人员难以胜任的。

正是在新的时代背景下，社会治理需要多样化的行动主体如企业、社会组织、民众等参与其中，形成多元主体共同治理的局面，而不能仅仅只是依赖政府。习近平总书记指出，要"从单纯的政府监管向更加注重社会协同治理转变"。[①] 要"尊重市民对城市发展决策的知情权、参与权、监督权，鼓励企业和市民通过各种方式参与城市建设、管理"。"只有让全体市民参与，……把市民和政府的关系从'你和我'变成'我们'，从'要我做'变为'一起做'"。[②] 如果仅仅依赖政府来解决所有的社会问题，那么就可能面临着三种可能：一是政府没有足够的精力；二是对于很多社会问题的化解或缓解来说，政府缺少必要的专业能力；三是对于一些社会问题的化解或解决，政府有时是越俎代庖，而且一旦处理不好，政府便会代人受过，反而加重了官民矛盾。所以，多元共治的治理方式有其合理性和可行性。但同时还应看到，社会治理不能没有方向、众说纷纭各干各的，而是需要有一个大方向的掌舵人。在社会治理当中，政府无疑起着"掌舵"的作用。"政府应该从'划桨人'转变为'掌舵人'。同市场、企业、市民一起管理城市事务、承担社会责任。"[③]

（三）实现公正的利益让渡，促成社会各个群体之间的合作共赢

虽然还不能说所有的社会问题都是由利益问题直接引发的，但毋庸置疑，在多种引发社会问题的因素当中，社会各个群体之间利益的不协调问

[①] 中共中央文献研究室编：《习近平关于社会主义社会建设论述摘编》，中央文献出版社2017年版，第134页。

[②] 中共中央文献研究室编：《习近平关于社会主义社会建设论述摘编》，中央文献出版社2017年版，第133页。

[③] 中共中央文献研究室编：《习近平关于社会主义社会建设论述摘编》，中央文献出版社2017年版，第133页。

题是最为重要和根本性的因素。

随着现代化以及市场经济进程的推进，随着现代生产力的愈益发达以及物质财富的愈益丰富，随着人类观念的不断进步，社会共同体必然会出现如下情形：一方面，社会分化愈益加深，相应的，社会的差异性及相应的异质性因素大量增加，社会各个群体的利益诉求愈益呈现出多样化、复杂化的情状，由此而形成的社会矛盾纠纷必然会大面积大幅度地增多；另一方面，社会整合程度也在愈益提高，社会各个群体之间的依赖性愈益加重，社会共同体的意识愈益增强，任何一个群体愈益离不开别的群体而"独自"生存和发展。换言之，彼群体的生存和发展，是此群体生存和发展的必要条件。在这样的情形下，解决相互间矛盾的纠纷、协调相互的利益关系必然会成为社会各个群体极为关注的重大问题。在这样的情形下，"一个社会应当努力避免使那些状况较好者对较差者福利的边际贡献是一负数。"①

而协调利益关系的关键则在于社会各个群体相互间通过必要的协商，进行公正的利益让渡。"在利益分配不均的前提下，排除极端的激进的做法，消除利益固化的主要渠道就是进行利益让渡。"②通过必要的、公正的利益让渡，有助于社会各个群体的利益增进相向而行、互惠互利，即一个社会群体的利益增进是以其他群体的利益相应增进为前提条件的，而不是以其他群体的利益损失为前提条件。这种利益让渡既包括相关群体之间的直接利益让渡，也包括全社会范围内以社会再分配为主的间接利益让渡。

通过公正的利益让渡，中国社会便能够逐渐消除或减少"赢者通吃"、贫富差距过大的现象，使得社会各个群体间形成"合作共赢"的局面，从而真正形成一个命运与共的"利益共同体"，进而催生社会各个群体相互间的认同感和信任感。若如此，社会问题的生成概率便会减小，社会问题负面影响的强度便会降低。

---

① 〔美〕约翰·罗尔斯著，何怀宏等译：《正义论》，中国社会科学出版社1988年版，第99页。
② 王道勇：《全面深化改革时期的利益让渡与社会合作》，《中国特色社会主义研究》2016年第5期。

第一章 贫富差距过大问题

一、贫富差距过大问题比较凸显

（一）贫富差距过大问题是社会不公问题的"直接"表现

毋庸置疑,"在我国现有发展水平上,社会上还存在大量有违公平正义的现象。""这个问题不抓紧解决,不仅会影响人民群众对改革开放的信心,而且会影响社会和谐稳定。"① 在诸多社会不公问题当中,贫富差距过大问题是中国转型期面临的一个突出问题。重要的是,由于贫富差距过大问题是一个十分"外显"的社会不公问题,是社会不公问题的"直接"表现,加之其涉及面十分广泛,所以,贫富差距过大问题自然也就成为中国民众极为看重的问题。

本来,在现代社会和市场经济条件下,由于社会成员的能力、禀赋以及社会贡献存在差别,因而在平等竞争的环境中,遵循按照贡献进行分配的原则,人们对于财富的占有状况必然会有所差别。只要这个差别是基于公正原则的行为而不是基于不公正的行为所形成的,而且不超过一定的限度,应当说是合理的。客观上讲,社会成员在财富占有方面的合理差距能够有效地激发社会活力,但问题在于,中国现阶段的贫富差距呈现出了一种"过大"的情形,已经明显超出了合理的限度,这是一个公认的事实。

（二）贫富差距过大问题的具体表现

对于中国现阶段存在的贫富差距过大问题,可以用多个方面的指标来予以衡量。其中,基尼系数和富裕群体财富占比两个方面的指标最为凸显:

---

① 习近平:《切实把思想统一到党的十八届三中全会精神上来》,《求是》2014年第1期。

第一，基尼系数偏高。近年来，中国的基尼系数一直超过了合理区间，2003年为0.479，2004年为0.473，2005年为0.485，2006年为0.487，2007年为0.484，2008年为0.491，2009年为0.490，2010年为0.481，2011年为0.477，2012年为0.474，2013年为0.473，2014年为0.469，2015年为0.462，2016年为0.465。① 而按照一些学者的测算，中国现在实际的基尼系数已经达到0.496，甚至超过了0.5。②

第二，富裕群体的总财富占比过高。目前公布的基尼系数往往侧重于居民的收入差距。实际上，还有一个问题更加重要，是一般的基尼系数反映不出的问题，即居民的财富差距。目前来看，虽然基尼系数有缩小的趋向，但富裕群体的总财富占比却是越来越大。有调查显示，截至2011年8月，资产最多的10%家庭占全部家庭总资产的比例高达84.6%，其金融资产占家庭金融资产总额的比例也有61.01%，非金融资产占家庭非金融资产总额的比例更高达88.7%。③ 另有调查显示，"资产最低10%家庭组的中位数为0.8万元、均值为0.9万元，而资产最高10%家庭组的中位数为276.7万元、均值为491.0万元，中位数约为资产最低10%家庭组的346倍，两者差距悬殊。""数据显示，2013年资产最高10%家庭组所拥有的资产占总资产的比重高达62.3%，即使剔除资产最高的1‰样本家庭后，该比重仍然高达57.6%。"④ 再者，家庭之间的储蓄额也有很大的差别。2017年，"收入最高1%家庭的储蓄占总储蓄的近70%。"⑤ 同相对过高的基尼系数相比，富裕群体总财富占比的相对过高问题更加难以矫正。

贫富差距的过大必然会引发种种社会矛盾问题，对经济发展、政治建

---

① 参见《国家统计局首次公布2003至2012年中国基尼系数》，人民网，http://politics.people.com.cn/n/2013/0118/c1001-20253603.html；国家统计局：《国家统计局局长就2016年全年国民经济运行情况答记者问》，国家统计局网站，http://www.stats.gov.cn/tjsj/sjjd/201701/t20170120_1456268.html。
② 参见汝信等主编：《2007年：中国社会形势分析与预测》，社会科学文献出版社2006年版，第8页；刘国光：《进一步重视社会公平问题》，《经济学动态》2005年第4期；李实等：《中国城乡居民收入差距的重新估计》，《北京大学学报（哲学社会科学版）》2007年第2期。
③ 西南财经大学中国家庭金融调查与研究中心：《中国家庭金融调查报告精选》，搜狐网，http://money.sohu.com/upload/chinajrdcbg0510.pdf。
④ 李凤等：《中国家庭资产状况、变动趋势及其影响因素》，《管理世界》2016年第2期。
⑤ 甘犁等：《收入不平等、流动性约束与中国家庭储蓄率》《经济研究》2018年第12期。

设和社会安全等领域会产生十分明显的不利影响。

中国的贫富差距过大问题是一个复杂的社会问题。对于这一社会问题的根源、影响以及治理之道，理应从多个方面予以分析。

二、贫富差距过大问题的催生因素

对中国现阶段贫富差距过大问题来说，有着许多不可忽视的催生因素。正是由于这些催生性因素的存在，才使得中国现阶段贫富差距过大问题持续存在和加重。

（一）社会群体之间的非互惠互利局面

在一个正常的现代社会，为了保证社会各个群体之间的团结和整合，就必须在其相互之间实现互惠互利的局面，即处在较高位置的阶层的利益的增进不能以损伤处在较低位置的阶层的利益为必要的前提条件。相反，在较高位置的阶层的利益增进的同时，较低位置阶层的处境应当随之得到改善。按照罗尔斯的解释，这种互惠互利是指，"所有参与合作的人都必须以某种适宜的方式（依一种合适的比较基准来判断，该方式是适宜的）来共享利益，或分担共同的负担。"[①]

反观中国社会，则往往存在一种相反的现象：社会主要群体与社会经济位置较高的精英群体之间在利益方面有时没有实现互惠互利的局面，而是呈现出一种此消彼长的现象。

一方面是由于社会主要群体生存和发展状况没有得到应有的改善，劳动者的劳动收入同劳动投入不成比例。有数据显示，劳动者劳动报酬在初次分配当中的比重在持续下降："劳动者报酬、资本收入和间接税在GDP中的比重，在20世纪90年代中期以前基本保持稳定，其中劳动者报酬占比约为50%。从1995年开始，劳动者报酬占比开始下降，而资本收入占比和间接税占比分别上升。在1995—2007年间，劳动者报酬占比从

---

① 〔美〕约翰·罗尔斯著，万俊人译：《政治自由主义》，译林出版社2000年版，第319页。

51.4%下降到39.7%，共计11.7个百分点。"① 大部分职工收入的比重也在不断萎缩。"占职工8%的国企高管及垄断行业职工收入占全国职工工资总额的五成五，其余九成二职工收入只占四成五。"② 相比之下，日本战后工业化快速推进时期，1955年到1985年，人均国民收入从约220美元提高到10950美元，期间劳动者报酬占GDP比重不降反升了13.6个百分点，达到54.3%。③

另一方面则是因为精英群体利益的超常扩张。精英群体不但拥有雄厚的社会经济资源、拥有无可争辩的控盘能力包括制定规则政策的能力和干预市场的能力，而且拥有着社会话语权。更为重要的是，精英群体常常会突破职业边界，在利益方面形成相互结盟、抱团获利的现象。对于精英群体来说，类似的利益结盟现象不但可以使其从中得到由掌握再分配权力所带来的好处，而且还可以直接得到由市场经济所创造的财富。有学者认为，2008年全国在超过9万亿的隐性收入中，"灰色收入"的部分有5.4万亿，10%的最高收入家庭拿走了其中63%的财富。④ 这种情形一旦持续不断地发展下去，就有可能产生一个危害巨大的"既得利益群体"。

（二）不同社会群体所拥有的资产之间的差距扩大速度过快

现在人们对于收入差距问题的关注，多是从现有收入差距的角度上着眼的。实际上，居民在资产方面的差距也是衡量收入差距状况的一个很重要的方面。一般来说，当人们的温饱问题解决以后，对于日常耐用消费品以及住房等固定资产的需求程度将会越来越高。对于中低收入者来说，购买日常耐用消费品以及住房等固定资产支出的大幅度加大，意味着其基本的生活成本大幅度的增加。而对于高收入者来说，在住房等固定资产方面的优势，虽然也意味着其生活成本的增加，但同时更意味着其资产收益的

---

① 白重恩：《劳动者报酬占比 考察经济体健康度》，《中国社会科学报》2010年1月29日。
② 成露：《让劳动付出和收入成正比 期待"干多挣多"成常态》，《工人日报》2009年12月20日。
③ 参见宋晓梧：《弱势群体能否不再为精英埋单——论贫富差距与收入分配制度改革》，《人民论坛》2010年第17期。
④ 《中国社会隐性收入九万亿 最富的人拿走最多的钱》，《北京晚报》2010年8月12日。

增加和资产变现能力的提高。比如，在现代化进程快速推进的条件下，许多城市居民所拥有的房产财富会出现一种迅速增值的现象。20世纪90年代中期至21世纪初期，许多城市居民尤其是许多政府及事业部门的职工以及一些效益较好的国有企业的职工通过房改，以相对较小的成本拥有了自己的住房，一些单位的职工甚至有了两套以上的住房。在房价迅速飙升的背景下，这些住房的增值幅度极大。于是，这些为数不少的城市居民同其他群体成员在家庭财富尤其是其中的不动产方面的差距被逐渐拉大并将继续拉大。由于房产等不动产财富在一个家庭总财富当中所占的比重很大，因此，在一段时间内，城市居民之间在家庭财产方面的巨大差距不但难以缩小，而且还将加重整个社会在财产方面的基尼系数状况。由此可见，在一个社会当中，居民之间如果在资产方面存在着较大的差距，那么，这种情况将对这个社会长期的不公正态势在客观上起到一种明显的维持和加重的作用。

再者，改革开放以前，中国居民的财产收入除了少量的存款利息收入以外，几乎没有什么财产性收入。在现代化和市场经济条件下，居民的理财意识将会普遍增强，理财方式也将趋于多样化和常态化，再加上居民现在用于理财的资金数量以及不动产规模已经有着较大的差别，所以，伴随着中国资本市场的历史性发展，居民在股票、基金、房屋租赁等财产性收入方面的差别将会以较快的速度增大，进而拉大整个社会综合的收入差距。

值得注意的是，相比之下，富裕群体的财富积累具有某种惯性效应。中国率先富裕起来的社会群体由于已经拥有了优厚的资本、丰富的市场经济经验以及良好的人脉网络，因而仍然能够在经济快速发展的过程当中分享到更多份额的"蛋糕"。而且，许多相对落后的地区为了尽快实现本地经济的起飞，仍然会对当地的企业家采取种种优惠的政策，从而使这些地区的社会群体各自所占有的财富在发展初始阶段就开始出现一种迅速拉大的情状。

（三）收入差距成因当中不公正成分的过多

客观地讲，造成中国收入差距扩大现象的原因是两个方面的，这其中既有不可避免的历史原因，又有非正常因素所起的作用。就其历史原因而言，从一定意义上讲，中国社会收入差距的扩大是难免的。比如，经济的发展使得一些新的经济板块迅速成长，而"朝阳"产业领域当中人们的收入水平一般要高于"夕阳"产业领域中人们的收入水平。值得注意的是，同历史原因相比，导致收入差距扩大的后一类原因即非正常因素所起的作用正在越来越大，而且几乎是覆盖了各个行业、各个领域。这里所说的非正常因素中的"非正常"主要是指通过不规则的方式或者是不公正的方式而拉大了贫富差距。现在一个比较突出的现象是人们在努力的起点、机会和过程方面存在着明显的不公问题。比如，正常社会流动渠道的不畅，身份制，行业垄断，同工不同酬，权力寻租，国有资产向个人一方的流失，公权不恰当的扩张等等。起点、机会和过程的不公正，必然会造成结果的不公正，进而导致贫富差距的迅速扩大。由此可见，民众之所以对收入差距过大现象十分不满，一个重要的原因就在于如今过大的收入差距主要并不是由社会成员能力的差异和努力程度的不同而形成的，而更多地是由不合理、不公正的因素所造成的，因而这种差距往往缺乏基本的合理性与合法性的依据。正因为如此，民众对于收入差距过大现象缺乏接受度和容忍度。

（四）公共投入的优先顺序仍然存在一定问题

在现代社会和市场经济条件下，政府的定位应当是公共服务型政府，其主要职能应当是维护社会公正、改善民生、确保社会经济的安全运行和健康发展。具体来看，在很大程度上讲，政府如果能够有效履行自身的职责，提供充分的公共服务产品，有效地改善民生，那么这个国家的贫富差距过大问题就不会很严重。反之，则会加重贫富差距过大问题。尤其是对于像中国这样一个政府推动型现代化模式的国家来说，政府能否有效履职、提供充分的公共服务产品来有效地改善民生，这同贫富差距过大问题的严重与否之间更是有着直接的关联。

不能否认，在为时很长的一个历史时期，我国政府的职责定位问题一直没有解决好。在改革开放以前的30年中，我们在尽力扮演一个"全能型政府"的角色，试图事无巨细地统领经济、社会、政治、文化等各个方面的事务；而在改革开放以后较长的一段时间，我们又在试图扮演一个"经济型政府"的角色，其结果是"政府工作与人民的期望还有较大差距。职能转变不到位，对微观经济干预过多，社会管理和公共服务比较薄弱"。①不可否认的是，政府的职能出现了某种缺位和错位的情形。

政府职能的缺位和错位表现在多个方面，并集中表现在公共投入优先顺序的严重颠倒上。

如何安排公共投入的优先顺序才是合理公正的呢？我们根据3条几乎不会有任何争议的常识性道理就可以得出一个十分重要的结论。第一条常识：公共投入的主要目的是要满足民众的需要。第二条常识：民众的需要是分为不同层面的：有基础层面的需要、有一般层面的需要，还有高层面的需要。第三条常识：公共投入对于民众不同层面需求的满足应当是由低到高梯度性地进行，即先满足民众基础层面的需要，当基础层面的需要满足得差不多的情况下，再开始考虑满足民众一般层面的需要。当民众一般的需要被满足得差不多的情况下，再进一步开始考虑满足民众高层面的需要。根据这样3条常识性的道理，我们就可以得出一条十分重要的结论：就公共投入的优先顺序而言，应当以民众的基本需求为基本着眼点，即应当以民生问题为优先。

反观中国自改革开放以来的一个较长的历史时期，我们可以发现，在此方面，中国目前做得不够成功，这直接表现在改革开放以来，由于过度看重GDP的增长以及政府对自身的定位有误，公共政策的重大决策过程往往缺乏科学化、民主化和透明化，缺乏必要的监督以及干部考核指标不够全面等多种原因，致使中国的公共投入的优先顺序呈现出某种颠倒的状况。这种情形近年来虽然有了明显地改变，但尚未得到完全矫正。这主要表现在两个方面。

一方面，国家在基本民生方面公共投入的比例较小，在世界各个国家当中处于后列位置。我们不妨比较一下几个代表性的国家在这方面的投入情况，如表1—1所示。这个国别之间的横向比较说明：其一，我国社会保

---

① 温家宝：《政府工作报告——2010年3月5日在第十一届全国人民代表大会第三次会议上》，《人民日报》2010年3月16日。

障事业的投入明显不足，明显低于其他国家；其二，公共教育事业的投入明显上升，与世界平均水平持平；其三，公共卫生事业的投入明显不足，也是明显低于其他国家。另外，值得注意的是，政府的收入还包括大量预算外财政收入以及土地出让方面的收入，而这些收入主要是用于非民生支出。社会各个群体对于公共支出资源的占有明显不平等，如社会保障政策的"双轨制"现象明显，用于工人和农民的社会保障只占相应的社会保障公共投入支出的较小比例等等。如果把这些因素考虑进去，我国用于民生的公共投入的实际比例会更低一些。

表1—1 不同国家在基本民生方面的公共投入状况比较 （单位：%）

国家和地区	中央政府公共社会保障支出比重	公共教育经费支出占GDP比重	中央政府公共医疗支出比重
世界		4.7	
高收入国家		5.1	
中等收入国家		4.4	
中国	11.5（2016年。中央和地方支出合计）	4.22（2016年）	7.25（2016年。中央和地方支出合计）
美国	32.13	5.2	24.31
俄罗斯	38.67	3.8	7.88
印度		3.9	1.71
南非	13.88	6	2.69

资料来源：表中相关数据根据中华人民共和国财政部《2016年全国一般公共预算支出决算表》、中华人民共和国教育部《关于2016年全国教育经费执行情况统计公告》整理而成；别的国家的相关数据取自中华人民共和国统计局《国际统计年鉴2015》。

另一方面，不合理的公共投入比重过大，位居各个国家和地区的前列。我国行政成本仍然偏高。对于行政成本的计算，"学术界比较认同的用一般公共服务支出、公共安全支出和外交支出（不包括对外援助）3项相加对行政成本进行统计。"按照这种口径计算，"2007年行政成本占财政支出的比例为22.20%，此后整体来看该比例下降，下降幅度最大的是

2009年降至18.38％，2015年行政成本占比为13.2％。"① 应当承认，近年来我们国家虽然在减小行政成本上成效十分明显，但13.2％这个数字在各国中仍属偏高水准。

更为重要的是，我们国家在"豪华型"的城市化建设方面投入仍然过大，并且远居各个国家之前列。

具有某种超前性的城市化进程的推进是一种正常的现象，但是也应意识到过犹不及的后果。具体到一些地级市或县级市来看，由于其城市化程度偏低，因而急需大力推进。而且，不能否认的是，很多地方官员为了本市的发展竭精殚虑，十分辛苦，精神可嘉。但是，如果把各地的城市化资金投入数量加总汇聚到全国整体的宏观角度，并且放到同一个时间点来看，我们就能够发现：中国的城市化进程确实存在着过犹不及的现象，令人担心。"地方政府间的恶性竞争，投入过热、重复建设使得工业产能严重过剩，供给侧问题非常严重。与土地相关，就是土地资源的严重浪费。"② 其中的一个突出现象便是城市面积的扩张远远超过"人的城市化"发展速度。有一组数字能够印证这种担忧："2001年我国共有城镇人口45906万人，2011年这一数字变为69079万人，年均增长3.69％。2001年我国城市建成区面积为22439平方公里，2011年则为43603.23平方公里，年均增长6.87％，从增长率看，城市建成区面积的增长速度明显快于城镇人口的增长速度。"③ "1996年，我国城镇面积是1.3万平方公里；到2011年，扩大到5.3万平方公里，增长了3.1倍；而同期的城镇人口，仅从3亿增加到6.9亿。"④ 2014年，上海建设用地总规模却已超过全市陆域面积的40％，高于伦敦、巴黎、东京等国际大都市。⑤ 据国务院有关部门数据

---

① 王家合等：《我国现阶段行政成本的实际测量及影响因素分析——基于2007—2015年省级面板数据》，《当代经济管理》2017年第7期。
② 丁成日等：《中国"土地"城市化和土地问题》，《城市发展研究》2018年第1期。
③ 袁贺：《我国的土地城镇化明显快于人口城镇化》，中国乡村发现网，http://www.zgxcfx.com/Article/83926.html。
④ 陈玉明：《发展改革委专家：我国土地城镇化快于人口城镇化》，网易网，http://news.163.com/13/1023/10/9BS6T2SB00014JB5.html。
⑤ 李茜：《沪建设用地总规模已近上限 超过全市陆域面积40％》，《上海金融报》2014年5月16日。

显示，不完全统计，截至 2016 年 5 月，全国县以上新城新区超过 3500 个，规划人口达 34 亿。[1] 这意味着，目前全国已经完成规划的建设用地总面积差不多可供世界近一半的人口生活和工作。且不说凭中国一己财力根本不可能胜任，就是把整个欧洲、美国、日本以及澳大利亚等国家和地区的全部资金拿到中国进行城市化建设，完成这些建设用地的建设，达到已有的城市规划目标，都已经是完全不可能之事。我国现在已经出现了不少缺少人气、产能严重过剩的"鬼城"。"空置率过高的'鬼城'却侵占了大量国土空间，造成土地资源的浪费。举例来说，京津新城规划面积达 258 平方公里，拥有 700 多个房间的凯悦大酒店即使在旺季入住率也不超过 15％，周围的上千栋别墅门庭斑驳，空置率超过九成。"[2] 西部地区一个只有 10 多万人口、欠发达的县级市，从 2002 年起，为改变城市形象，扩大招商引资，先后在该市的城南、城北、城西筹建大广场，总面积竟达 90 多万平方米，人均占有广场面积达 6 平方米之多。[3]

没有资金怎么办？答案是只好"卖地"。2006 年至 2010 年，全国共批准新增建设用地 3300 多万亩，土地出让收入 7 万多亿元人民币。其中，2010 年全国土地出让成交总价款飙升到 2.7 万亿元人民币，创历史新高。[4] 之后，土地出让金更是不断再创历史新高。2018 年，我国土地出让金收入高达 6.5 万亿元，又一次创历史新高。与 2017 年相比同比上涨 25％。[5] 问题在于，"卖地"所得款项仍不能支撑起过度的城市化建设，于是只能依靠贷款甚至是依靠巨量贷款来对其予以支撑。有研究显示，"2000 年至 2016 年，中国政府负债从 2 万亿上升至 27 万亿，规模扩大至原来的 13

---

[1] 乌梦达等：《全国规划新城超 3500 个能容纳 34 亿人 谁来住成问题》，新华网，http：//district.ce.cn/newarea/roll/201607/14/t20160714_13795443.shtml.

[2] 聂翔宇等：《城市化进程中"鬼城"的类型分析及其治理研究》，《南通大学学报（社会科学版）》2013 年第 4 期。

[3] 李同欣：《只有十几万人口 锡林浩特有必要建三个大广场？》，《人民日报》2006 年 7 月 19 日。

[4] 阮煜琳：《2010 年中国卖地收入 2.7 万亿元，同比增逾 7 成》，凤凰网，http：//news.ifeng.com/c/7fZFXqAZgpL.

[5] 黄晓芳：《不必为土地出让金下降担忧》，《经济日报》2019 年 4 月 28 日。

倍。"① 类似不堪重负的做法，不仅力不胜任、不可持续，而且还延误了民生的改善。

显然，既然公共投入优先顺序错位问题仍然没有得到根本性解决，那么，民生的根本性改善也就无从谈起。进一步看，贫富差距过大问题也就难以从根本上得到有效解决。

三、中国民众更加在意贫富差距过大问题

如果说绝大部分国家和地区的民众都十分在意贫富差距问题的话，那么，中国现阶段的民众就更加在意贫富差距问题。

（一）平均主义的影响

从传统及历史的角度看，平均主义是中国民众一种重要的、难以彻底消失的集体记忆。中国传统社会是建立在小农自然经济基础之上的。在传统社会，人们只是看重简单的生产和再生产，只是看重生产方式和生活方式的相似性，排斥差异性和多样性，因而平均主义便成为民众的重要行为取向，并延续了数千年。《论语·季氏第十六篇》曰："不患寡而患不均，不患贫而患不安。盖均无贫，和无寡，安无倾。"在改革开放之前的30年间，同计划经济体制相适应，中国社会一直实行着一种极端的平均主义式的分配方式。极端的平均主义成为当时整个社会的分配原则，也成为了当时社会成员日常生活行为的指南。就总体而言，这种分配方式只是强调分配结果的均等，主张社会成员之间在财富拥有方面的一致性和相似性。这种大锅饭式的分配方式，其症结在于不承认个人的合理利益、不承认社会成员在能力方面的差异、不承认社会成员在具体贡献方面的不同，反对将人们的能力和具体贡献作为分配的依据。这种分配方式不符合公正的原则，因而严重挫伤、压抑了社会成员劳动的积极性，致使中国社会长期缺乏应有的效率。时至今日，不能否认，作为一种民族的集体记忆，平均主

---

① 陈溯：《〈中国国家资产负债表2018〉：政府使中国有底气应对风险》，中国新闻网，http://auto.chinanews.com/cj/2018/12-26/8713370.shtml.

义仍然没有完全消失，仍然在一定范围内起作用，因而造成了民众对于贫富差距问题较为敏感。

(二) 中国民众对富裕生活的渴望

从社会转型时期民众心理角度看，中国民众明显呈现出一种对富裕生活的渴望。

1. 中国民众深知什么叫贫困

在计划经济时代，由于供给的严重不足，中国民众的许多正常生活消费品只能以票证的方式来获得，而禁欲主义观念的导向使得人们原本正常的物质生活方式倒具有了一种"原罪"的色彩，这些致使民众的日常生活陷入一种十分艰难、困苦的状态。比如，1952年，全部职工平均工资的指数为100，到1978年，实际工资指数只有110.3。[①] 1978年，全国城镇人均储蓄存款余额只有89.8元，农村人均储蓄存款余额仅有7元，全国人均储蓄存款余额为22元。[②] 1978年，城镇居民家庭平均每人的恩格尔系数为57.5%，农村居民家庭平均每人的恩格尔系数高达67.7%。[③] 以"票证"为重要特色的艰辛生活，使得一部分社会成员直到现在仍或多或少地心有余悸。有调查显示，无论男女、不分年龄，不管是高收入者还是低收入者，均表现出对于贫穷的较高畏惧。人们对贫穷的畏惧甚至远超过对情感背叛、友谊和尊严丧失。[④] 这就从一个重要的历史源头加重了如今人们追求富裕生活的渴求。

2. 普遍追求富裕生活的行为取向

自改革开放以来，随着市场经济和现代化进程的推进，随着以人为本理念的逐渐形成，追求富裕的生活成为一件正当的、符合人本性的事情。

---

① 参见国家统计局：《中国劳动工资统计资料1949—1985》，中国统计出版社1987年版，第151页。

② 参见国家统计局社会统计司：《中国社会统计资料》，中国统计出版社1985年版，第92页；中华人民共和国国家统计局：《新中国五十五年统计资料汇编》，中国统计出版社2005年版，第35页。

③ 参见中华人民共和国国家统计局：《新中国五十五年统计资料汇编》，中国统计出版社2005年版，第34、35页。

④ 参见帅蓉等：《我为什么比别人穷》，《国际先驱导报》2011年1月10日。

特别是随着2004年"公民的合法的私有财产不受侵犯"的条款被正式列入宪法，社会成员可以以合法地、多样化的所有制方式，并且是在国家提供的法律保护的条件下来追求和积累自己的财富。凡此种种，使得中国民众对于富裕的生活表现出了极大的渴望。同时，对于经过了以往长期贫困的、禁欲主义式的生活的中国民众来说，其物质基础普遍比较薄弱，因而更容易表现出一种经济上的"饥渴症"。

3. 容易形成相对较高的期望值

由于人们对发展结果的适应程度要远高于生产能力更新的速度，加之国外物质生活对国人产生的种种示范效应，所以，民众对于物质生活往往容易抱有相对较高的期望值，而且这种期望值有时呈高指数增长态势。在这样的情形下，一旦一部分人先富裕起来，那么尚处于较低生活水准的社会成员就往往过于敏感，往往会以先富群体为参照而对自己的处境产生一些抱怨，进而会加剧贫富群体之间产生程度不同的隔阂。凡此种种，使得中国民众普遍较为看重贫富差距过大问题。

（三）社会保障体系不够完整

从现实客观的角度看，中国民众的基本生存缺少一个完整的"兜底"性的底线保障。社会成员的基本生存底线能否得到保障，属于基础性的民生问题，涉及社会成员生存和发展是否具有最为基本的前提和平台的问题。对于中国大量的低收入者来说，社会保障体系极为重要，它属于兜底性的社会保护，可以确保其基本生存状态不至于恶化到难以生存的地步。况且，中国过大的贫富差距现象是在很短时间之内形成的，这样快的速度恐怕是各个国家当中绝无仅有的。这就难免会给人带来更大的心理压力，让人觉得难以适应。因此，就更需要一个"兜底"的底线保障。同许多国家和地区相比，在这方面，我们国家的具体状况不容乐观：中国现阶段只有一部分社会成员享受到了靠得住的公共卫生保障，而大量的社会成员仍缺少起码的最低生活保障或者享受不到足额的、政策所规定的最低生活保障。正是由于社会对贫困者和低收入者缺少一个兜底性的社会保护，所以，对于大批的贫困者和低收入者来说，其基本生存恶化状况到什么地步、向下变化的空间有多大，这既没有限度，也难以预期。显然，应对风险能力的缺乏，使得中国现阶段大量社会成员的生存条件变得十分脆弱。进一步看，这就使得中国现阶段民众对于贫富差距问题会格外的敏感和看重。

由上可见，无论是从历史传统的角度、社会转型特有的时代背景角度来看，还是从现实的角度来看，中国民众对于贫富差距尤其是过大的贫富差距问题却是容易敏感且十分看重的。相应地，贫富人群之间的纠纷、矛盾和冲突也就更容易酿成。

四、贫富差距过大问题的负面影响广泛而深远

贫富差距过大问题，对于中国社会有着几乎是全方位的负面影响。

（一）对于社会安全的危害十分直接和明显

这一点最容易引起人们的关注。虽然还不能说贫富差距过小的社会就一定是一个稳定的社会，但是可以肯定地说：一个贫富差距过大的社会必定是一个不稳定的社会。社会是社会成员的共同体。这个共同体的存在有赖于社会各个群体的团结合作。在现代社会和市场经济条件下，社会各个群体的团结合作更加重要，而社会公正则是社会各个群体实现团结合作的基石。只有遵循社会公正的规则，社会各个群体才能实现各尽所能、各得其所、和谐相处的局面。一旦社会出现不公正的情形如贫富差距过大问题，社会各个群体之间就难免会产生一种隔阂、不信任和不合作的局面，甚至会产生抵触情绪，使社会的团结合作受到影响，社会也必然会由此而出现不稳定的局面。"所有这些内讧，都常常以'不平等'为发难的原因。""内讧总是由要求'平等'的愿望这一根苗生长起来的。"① 进一步看，当贫富差距过大等社会不公现象达到一定数量时，社会甚至会出现动荡的局面。"如果财产的不平等大得使比较有进取心和胆量的富人敢于公开暴虐，那末您会看到，穷人不是由于不能忍受压迫，就是因为愤恨新的不公正行为，而举行起义来保护人权。因此，产生了许多使共和国分裂，

---

① 〔古希腊〕亚里士多德著，吴寿彭译：《政治学》，商务印书馆1965年版，第234页。

并导致它的灭亡的不和、倾轧、内战和革命。"① 如果我们观察一下大多数发展中国家的贫富差距状况,就会发现:凡是基尼系数过高的发展中国家往往都存在着社会不稳定甚至是社会动荡的情状。比如,拉丁美洲的一些国家之所以会出现社会动荡,在很大程度上就是源于过大的贫富差距。2011年初,北非一些国家之所以会动荡不安,原因虽然有很多,但一个重要的原因也是在于这些国家的贫富差距过大。在中国现阶段各种社会纠纷、矛盾和冲突的大量出现,群体性事件的频发,不能否认,贫富差距过大是其中的一个重要原因。正如有学者所指出的那样,"遏制分配不公的势头现在已不仅仅是个社会伦理问题,而且是危及国家政权稳定的重大政治问题。"②

(二) 对于政治建设会产生一种延缓或扭曲的作用

有关贫富差距过大会对政治建设产生一种延缓或扭曲的作用,对此大致可作如是理解。

1. 贫富差距过大可能会造成许多成员的政治冷漠症

对于贫困及低收入群体一部分成员来说,就一般情形而言,他们难以有效地介入政治建设。从其基本的需求来看,他们看重的是其基本生存条件的满足,看重的是基础性民生的改善,而很难产生主动参与政治事务的意愿和冲动(特殊条件下的社会动员和集群行为除外)。主动参与政治事务对他们来说是一种奢望,因此,其很有可能表现出一种对政治事务的冷漠。

2. 贫富差距过大可能会使得政治建设的共识难以形成

贫富差距过大会使得社会群体之间隔阂增大,影响着社会共识的形成,进而造成各个主要群体政治基本取向差异过大,致使政治建设的目标呈现出一种分离或是扭曲和敌对的状态。

3. 贫富差距过大可能会影响政治建设进程的顺利推进

由于缺少基本安全意识,也由于为免除饥饿、取得生活尊严而抗争,

---

① 〔法〕马布里著,何清新译:《马布里选集》,商务印书馆1960年版,第25页。
② 王绍光:《安邦之道——国家转型的目标与途径》,生活·读书·新知三联书店2007年版,第384页。

贫困及低收入群体一部分成员有可能会成为比较激烈或比较极端的民粹主义和平均主义牢固的社会基础。在此基础之上，强大的激进政治力量就会对政治建设进程产生明显的不利影响，种种政治纠纷和抗争很有可能使得政治建设面临着众多的不确定性因素，使之难以平稳推进。

（三）对于经济发展会产生极为不利的影响

过大的贫富差距对于经济健康而持续的发展必定会产生极为不利的影响。

1. 严重影响经济的内需拉动力

就中国具体情形看，在主要的经济拉动力即出口拉动力、投资拉动力和消费内需拉动力三者当中，消费内需拉动力的作用要远远高于前两者。就高收入群体、低收入群体和中等收入人群比较而言，高收入群体的购买能力最强，但其边际消费倾向却是最低的。低收入群体的情况则恰好相反，其边际消费倾向最强，反而要高于高收入群体，但其购买能力却是最低的。中等收入人群的边际消费倾向和购买能力均比较强。较为严重的贫富差距问题，意味着中国现阶段的贫困及中低收入者所占的比例过高，这就直接压抑了消费内需的拉动。受此影响，一个时期以来，我国的最终消费率持续走低。1980年、1990年和2000年，中国的消费率分别为64.8%、62.9%和63.3%。很快，随后的一段时间里，消费率开始迅速走低。2010年，中国的消费率创下了自1978年以来的最低点48.5%。而在2011年，投资率却达到了自1978年以来的最高点48.0%。之后，消费率虽然开始回升，2012年为50.1%、2018年为54.3%，但离2000年相对较高的消费率尚有明显的差距。① 需知，这是一种对经济发展十分有害的现象。

2. 严重影响产业结构的导向

国民经济的基础是制造业。中国经济能否健康持续的发展在很大程度上取决于制造业能否健康持续的发展。但是，由于中国现阶段富裕群体当中的不少人并不是凭借正常的市场竞争而迅速崛起的，而是往往依靠垄断

---

① 参见国家统计局：《中国统计年鉴2019》，中国统计出版社2019年版，第71页。

行业以及违规现象严重的行业如房地产业迅速暴富的。据中国社会科学院2011年的《住房绿皮书》显示，2010年房产业毛利率高达55%。① 相反，在制造业当中辛苦打拼的企业却往往只能获得微利甚至是走向破产。目前，中国制造业行业总体利润率过低。比如，2010年，冶金行业销售利润率仅为3.68%，低于全国工业行业平均利润率2.5个百分点。长此以往，必然会使许多企业家不愿在制造业领域努力，而将资金抽出投入别的领域如房地产和股市，进而导致中国的产业很有可能会出现某种程度的空心化的现象。

五、有效解决贫富差距过大问题

必须看到，高度发达的经济是解决贫富差距过大问题的基础性条件。"发展是解决我国一切问题的基础和关键。"② 没有持续发展的经济，改善民生也就没有了必要的物质基础。蛋糕不做大，就谈不上分蛋糕的问题。无论在何种情形下，我们都必须大力发展经济，切不可脱离经济基础来谈论社会公正事宜。马克思、恩格斯、邓小平在谈论公平正义时，总是把高度发达的物质条件作为最为重要的前提性条件。

同时还应看到，贫富差距过大问题等社会不公问题并不是一个随着经济的发展而自然得以解决的问题，而是一个必须通过努力奋斗方能予以解决的问题。就此而言，应当特别重视做好以下几个方面的工作。

（一）以社会公正基本价值取向来推进现代化建设

对于中国现代化建设而言，社会公正具有"定向"和"把控"的重大意义。社会公正决不仅仅是一个扶贫解困的具体政策问题，也不仅仅是一个可以为了经济发展而暂时让路、甚至暂时被牺牲的问题，而是一个社会各个阶层各个群体的利益关系能否得到有效协调的问题，是一个直接影响

---

① 参见尹辉等：《代表叹房价高企住得心酸：当教授10年买不起房》，《新快报》2011年1月24日。
② 习近平：《决胜全面建成小康社会 夺取新时代中国特色社会主义伟大胜利——在中国共产党第十九次全国代表大会上的报告》，《人民日报》2017年10月28日。

到经济发展的可持续动力的问题,是一个能否有效化解社会矛盾的问题,是一个事关现代化建设的基本价值取向问题。一言以蔽之,社会公正是一个事关整个国家能够得到安全运行和健康发展的基本价值理念。习近平总书记指出,改革发展要"以促进社会公平正义、增进人民福祉为出发点和落脚点"。① 可以说,社会公正和经济发展是中国现代化建设不可缺少的两项基本内容。对于社会公正的忽视或是轻视,将会使中国社会付出巨大的代价。

社会公正有两个相辅相成、缺一不可的基本价值取向,其第一个基本价值取向是:要让全体社会成员共享社会经济发展成果。"共享"的含义是随着社会经济发展进程的推进,每个社会成员的基本尊严和基本生存条件能够得到维护和满足;每个社会成员的基本发展条件能够得到保证。恩格斯指出,应当"结束牺牲一些人的利益来满足另一些人的需要的情况",使"所有人共同享受大家创造出来的福利""使社会全体成员的才能得到全面的发展"。② 习近平总书记也指出,"让发展成果更多更公平惠及全体人民,不断促进人的全面发展,朝着实现全体人民共同富裕不断迈进"。③ 其第二个基本价值取向是:要为每一个社会成员的自由发展提供充分的空间。《共产党宣言》指出,"每个人的自由发展是一切人的自由发展的条件。"④ 恩格斯指出,社会主义就是要"给所有的人提供真正的充分的自由。"⑤

社会公正的这两个基本价值取向缺一不可。社会公正第一个基本价值取向的主要功能在于"确保平等",即确保并不断提升全体社会成员生存与发展的基本底线,并以此最大限度地消除社会成员之间的隔离因素,使发展成为全体人民的共同事业,进而增强整个社会的团结合作。社会公正第二个基本价值取向的主要功能在于"确保自由",即把每个人差异化的具体追求同其切身利益紧密地结合在一起,以此激发其社会活力和创造

---

① 习近平:《切实把思想统一到党的十八届三中全会精神上来》,《求是》2014年第1期。
② 《马克思恩格斯选集》第1卷,人民出版社1995年版,第243页。
③ 习近平:《在纪念马克思诞辰200周年大会上的讲话》,《人民日报》2018年5月5日。
④ 《马克思恩格斯全集》第39卷,人民出版社1974年版,第189页。
⑤ 《马克思恩格斯全集》第21卷,人民出版社1965年版,第570页。

力。习近平总书记指出，要"让一切劳动、知识、技术、管理、资本的活力竞相迸发，让一切创造社会财富的源泉充分涌流。"① 社会公正的这两项基本价值取向是一个有机整体，缺一不可。缺少其中的任何一项，社会公平正义便不具备完整的意义，就会走向不公正。

显然，只有基于社会公正基本价值取向的现代化建设（包括现代的基本制度设计和基本造成安排），方能使每一个社会成员都能获得基本的生存底线和尊严、获得基本的发展机会，进而从根本上解决贫富差距过大等一系列的社会不公问题。

（二）大力改善民生

从基础政策的意义上讲，只有大力改善民生，方能保证民众对日常消费品的需求、保证其基本生存尊严底线、保证其基本生活水准的持续提高，从而有效地解决或缓解贫富差距过大问题。民众基本生存尊严底线一旦得到有效的保证，贫富差距一旦被有效地缩小，那么就能够使民众认同社会，就可以在很大程度上稳住社会的基本面。同时，还可以使执政党和政府建立起必不可少的公信力，从而增强执政的基础。这些却能够为社会的安全提供一个基本的前提条件。

在现阶段的中国，大力改善民生还具有着一种紧迫性。民生问题如果得不到应有的改善，那么随着时间的推移，民众就有可能将原本属于物质利益方面的民生诉求转向其他领域蔓延，并将之同政治领域、民族领域以及宗教领域的利益诉求捆绑结合在一起，从而酿成严重的社会矛盾冲突。一旦如此，社会将为此付出更大甚至是巨大的成本。

基于经济和财政实力已经得到大幅度提升但仍不是十分雄厚的现实情形、基于"尽力而为，量力而行"的原则，在现阶段的中国，有必要建立一个中初级的民生保障体系。中初级民生保障体系的基本内容是要做到"七有"，即"在幼有所育、学有所教、劳有所得、病有所医、老有所养、

---

① 《习近平谈治国理政》，外文出版社2014年版，第93页。

住有所居、弱有所扶上不断取得新进展。"① 其基本特征在于"普惠性、基础性、兜底性"。②

从技术操作层面上看，民生政策的制定和实施有一个规律，这就是对民生只能作"加法"，不能作"减法"；或者说，改善民生要注重"加法"，慎用"减法"。由于民生问题具有刚性和逐渐增长的基本特性，所以对于民众来说，如果普遍性地增加一些利益，自然是皆大欢喜。但是，对于一些已经实施并且已经让民众得到益处的民生政策，如果发现其中某些方面不尽合理公正，或者是由于财政能力难以持续支撑而试图予以改变的话，让人们把已经到手的利益退掉，那么就往往会引发民众的广泛抵触，甚至会引发社会某些不安定现象的出现。所以，就改善民生而言，应当不许诺办不到的事情，也不出台那些虽一时会赢得民众的喝彩但却是不可持续的民生政策。对待民生问题一定要慎而又慎，有必要多做试点。只有对某些民生政策有了明确把握的时候，才能推出实施。要确保出台的民生政策不但是有效的，而且是可持续的。

（三）扩大中等收入群体

从某种意义上讲，中国现在是一个金字塔型的社会阶层结构，这种结构不够合理。当前，全国居民低收入者以及中低收入者约占全部居民的60%，中等收入者只占全部居民的30%左右，这样的社会阶层结构不是一个健康的结构，不可能形成一种和谐安全的社会局面。要想构建一个安全健康的社会，就必须培育一个庞大的中等收入者人群，进而形成一个"两头小，中间大"的橄榄型的社会阶层结构。"要扩大中等收入阶层，逐步形成橄榄型分配结构。"③ 这种社会阶层结构既是公正的，也是和谐安全的。这一点，已经越来越成为各个层面上的社会成员的广泛共识。

---

① 习近平：《决胜全面建成小康社会 夺取新时代中国特色社会主义伟大胜利——在中国共产党第十九次全国代表大会上的报告》，《人民日报》2017年10月28日。
② 《中共中央关于坚持和完善中国特色社会主义制度 推进国家治理体系和治理能力现代化若干重大问题的决定（2019年10月31日中国共产党第十九届中央委员会第四次全体会议通过）》，《人民日报》2019年11月6日。
③ 《习近平谈治国理政》第2卷，外文出版社2017年版，第216页。

"两头小,中间大"的橄榄型社会阶层结构是指在全体社会成员当中,收入较高的社会群体和收入较低的社会群体的比重都比较小,而居于两者之间的中等收入者群体的规模最大,大多数社会成员都是中等收入者。

橄榄型的社会阶层结构在很大程度上反映了社会阶层结构的公正性:它反映出一个社会的普遍受益、共享社会发展成果的具体状况,反映出以绝大多数社会成员为基点(数学上的大数原则)的制度设计的公正性和社会政策实施的力度,同时也反映出社会成员的实际能力与收入状况之间的合理对应。因为在一个社会中能力强者和能力低者均占少数,而能力居中者占多数。

为什么说中等收入人群占大多数的"两头小,中间大"的社会阶层结构最有利于社会的和谐与安全呢?起码有这样几个理由可以解释:

第一个理由:有恒产者方有恒心。这是一个很简单的道理。当人们一无所有的时候,就很难对社会有一个积极认同的态度,就很希望瓦解现有的社会秩序,希望重新产生一个有利于自己的社会分配结构。但是当人们普遍拥有了一份来之不易的、像样的家庭财产,有了一份稳定的职业,过上了比较"体面"的生活时,就会希望社会保持一种稳定的局面。

第二个理由:中等收入者相对来说更容易遵守法律法规。就一般情况来说,中等收入者的文化水准高一些,理性化的成分多一些,心态也比较稳定。习近平总书记指出,"中等收入群体作为经济发展的稳定受益者,他们对社会秩序和主流价值观认同感较强,比较理性务实,一般不希望看到既定社会秩序受到破坏,对社会能起到稳定器作用。"[①] 正因为如此,中等收入者才更倾向于通过法律法规来协调相互之间以及与其他群体之间的利益关系。

第三个理由:大比例的中等收入者群体成员能够有效地援助弱势群体,使其处境得到大幅度的改善。弱势群体只靠自己的力量是无法摆脱其弱势境地的,这就需要社会的援助。就总体而言,社会援助的力度取决于公共投入的力度,而公共投入的多少取决于税收的状况,而税收的多少则

[①] 中共中央文献研究室编:《习近平关于社会主义社会建设论述摘编》,中央文献出版社2017年版,第40—41页。

取决于经济状况较好的社会主要群体比重的大小。在一个社会当中，富人群体成员的比例不可能太高，因而也就不可能成为社会主要群体。这样看来，只有中等收入人群才能成为经济状况较好的主要群体。在一个社会当中，中等收入者群体的比例如果能够占据主要位置，比如达到80％的比例，那么，这个社会不但能够具备大幅度改善弱势群体处境的能力，而且同时也就意味着这个社会能够减小弱势群体成员的比例，并可减小援助弱势群体成员的压力。以中国为例，假设在13亿人口当中中等收入者的比例达到了80％。那么，以10亿中等收入者的力量就能够有效地援助剩下3亿弱势群体成员。但是，如果倒过来，假设中国只有3亿中等收入者，那么，仅仅依靠3亿中等收入者的力量来援助10亿弱势群体成员，并试图使其处境发生大幅度的改善，则是不可能之事。

  第四个理由：中等收入者对于经济滑坡和经济危机的承受力较强。对于贫困者来说，其往往经不起经济萧条的打击。贫困者以及低收入者的收入十分微薄，本来就只是刚好达到温饱，在这样的情况下，整个国家的经济状况一旦恶化，就意味着贫困者可能连温饱的日子都要受到影响。而对于中等收入者来说，国家经济状况的恶化虽然会对其生活水准产生不小的影响，但还不至于影响到其基本生计。在这方面，日本走在了前列，日本社会的贫富差距很小。日本是世界上基尼系数最小的国家之一，中等收入者在其社会当中占据着压倒优势。日本有一种流行说法，叫作"一亿皆中流"，其意思是大多数的日本国民都是中等收入者，所以对于困难的抵抗力很强。相比之下，美国中等收入者的比例虽然也很高，但不如日本的比例高，贫困者的数量也远远超过日本，贫富差距亦比日本大得多。所以，当美国和日本遇到同样的经济危机时，美国的商场往往会呈现出一种明显萧条的局面，而日本商场的萧条程度相对来说就不会那么明显。同样，美国的民怨往往会比较大一些，而日本的民怨相对来说就比较小。

  第五个理由：安全系数的简单计算。贫困群体当中对于社会不满的人的比例相对来说比较高，假设每10个贫困者里面就会出1个对社会不满的人，一个社会当中只有10万个中等收入者和100万个贫困者，如果100万个贫困者当中就会出现10万个对社会不满的人，那么平均每1个中等收入者就会面对1个对社会不满者。所以，这种状况下的社会安全系数是最低的，社会也是最不稳定的。如果情况倒过来，假设一个社会当中有100万个中等收入者和10万个贫困者，而10万个贫困者当中会出现1万个对社会不满的人，这样，平均每100个中等收入者才会面对1个对社会不满者。这时社会的安全系数毫无疑问是很高的，社会也将是非常稳定的。

在现代社会和市场经济条件下，有效扩大中等收入群体的关键环节有4个，即制度、增量、分配和安全。具体而言，主要存在于三个方面：一是要拓展民众收入及财富的增量渠道，二是要公正分配国民收入及财富，三是要保障民众的财富安全。

1. 大力拓展民众收入及财富的增量渠道

只有不断拓展民众的收入及财富的增量渠道，方能持续有效地扩大中等收入群体。也唯有如此，方能将共享同共建这两者有机地结合在一起，从而在扩大中等收入群体的同时，有效激发社会活力，使中国避免陷入"中等收入陷阱"，并使共享行为与平均主义行为划清界限，防止中国成为早熟性的高福利国家。

拓展民众收入及财富增量的重要路径是大众创业、万众创新。小微企业主以及个体经营户是中等收入群体的重要组成部分。应当看到，对于自主创业的民众来说，一旦其创业的门槛得以降低，其创业的限制得以消除，那么，中国民众的创业热情和创业智慧将会被充分激发出来。相应的，大量的社会财富也会被创造出来。进一步看，通过大众创业、万众创新，大批新的小微企业主以及个体经营户便能够形成。如是，不但能够创造出大量的就业机会，而且能够使大量社会成员跻身于中等收入群体。20世纪30年代的美国"新政"时期的一个重要成功经验就在于大力鼓励小型企业的发展，并以此作为走出经济困境、增加就业机会的重要路径。由此观点，此种做法值得借鉴。

增加民众的财产性收入，也是有效拓展民众收入及财富增量渠道的重要路径。民众收入的来源不能仅仅限于工资收入这样的单一渠道，而是应当趋于多元化的渠道。其中，财产性收入便是一项主要内容。财产性收入包括股市收入、租赁房屋收入、各种理财收入、技术转让收入等。在这方面，中国还有很大的努力空间。

2. 公正分配国民收入及财富

对不断增长的国民收入及财富必须进行公正分配。如若分配不公，不仅会造成中等收入群体缓慢发展的情形，而且会催生大量的社会矛盾冲突，进而会影响到中国发展的全局。中国现在的总财富体量十分庞大，2018 年，我国国内生产总值已达 900309 亿元①。所以，对于如此庞大的国民收入，如果分配不公，将会产生较之以往来说更为严重的负面影响。

具体到中国的国民收入及财富的分配来说，必须做好两个方面的努力：一方面，必须解决好政府收入与居民收入两者间的比例问题。政府收入与居民收入两者之间高度相关、此消彼长。中国现在的问题是政府收入增幅相对过大而居民收入增幅却是相对过小，由此带来的是劳动者及小微企业税负较重，进而不利于中等收入群体的顺利发展。鉴于此，基于藏富于民的原则进行大面积减税，同时为劳动者及小微企业减负，便成为当前有效扩大中等收入群体的当务之急。

另一方面，必须解决好社会各个群体之间的公正分配问题。中国现在的基尼系数较高，不同群体之间的收入差距较大，致使贫困群体、低收入群体以及中低收入群体成员所占比例过高，中等收入群体发育缓慢。解决这一问题的关键在于必须做好两个环节的工作：一是必须遵循按照贡献的大小进行合理分配的原则解决好初次分配问题，二是必须遵循社会调剂的原则解决好再分配问题。

3. 保障民众的财富安全

为确保中等收入群体持续、稳定的扩大，不应忽视的一个必要条件是民众的财富安全必须得到有效的保证。否则，中等收入群体难免会呈现出一种不确定性的发展前景。在这一点上，对于曾经有过深厚计划经济体制背景的中国来说就显得尤为重要。

就民众财富安全的保障而言，至少要特别注重这样两件事情：一是要保护民众的财产权。在现代社会和市场经济当中，对于任何一个社会成员来说，个人的财产是生存和发展的基础，是安身立命的根基。2004 年，

---

① 国家统计局：《中华人民共和国 2018 年国民经济和社会发展统计公报》，国家统计局网站，http://www.stats.gov.cn/tjsj/zxfb/201902/t20190228_1651265.html.

"公民的合法的私有财产不受侵犯"的条款被正式列入我国宪法。由此,保护私有财产在我国具有了宪法地位。对中等收入群体的发展和扩大来说,个人财产的具体状况更是至关重要的事情。财产权的安全保障具有基石性的意义,通过对财产权予以宪法层面的保护,有助于防止其他群体以各种各样名义对中等收入人群的财富可能进行的剥夺。显然,只有在财产安全得到保障的条件下,中等收入群体的财富方能进行可预见的积累,其发展前景也才具有可预期性。二是要规避严重的通货膨胀。在现代化进程中,温和的通货膨胀是一种较为常见的现象,尚不至于对民众的正常生活形成明显的负面影响。但是,一旦出现严重的通货膨胀现象,则会使整个社会的财富大幅度缩水,进而会大幅度减少中等收入群体成员的数量。尤其是恶性的通货膨胀,更是会造成中等收入群体规模大幅度缩小的情况。在一个特定的时期,甚至会对中等收入群体形成毁灭性打击,使中等收入群体的发展进程倒退若干年。而且,即便是遭受重创的中等收入群体日后恢复过来,也需要一段较长的时间。可见,对于严重的通货膨胀对中等收入群体带来的严重影响,我们不能掉以轻心。一个国家要想培育庞大的中等收入群体,就必须想方设法防范严重的通货膨胀现象的出现。

第二章 就业问题

就业是民生之本，是财富之源。早在2001年全球就业论坛上，国际劳工组织就提出，工作是人们生活的核心。这不仅是因为世界上很多人依靠工作而生存，还因为工作是人们融入社会、实现自我以及为后代带来希望的手段。因为一个就业岗位包含着一定的经济资源、一定的社会声望，甚至是一定的政治权力。获得一个工作岗位后，个人就可以据此进行各种社会交往，确定自己在社会中所处的位置，提升自信心，赢得他人的尊重。反之，"无恒业者无恒产，无恒产者无恒志"，一旦失业，劳动者失去的也不仅仅是一份工作，失去的还有地位感、自信心以及良好的心理状态等。最为重要的是，失业者还会失去对他人尤其是对这个社会的信心，这就会给社会带来各种不稳定因素，甚至可能造成社会动荡，其中包括个人的犯罪、自焚、爆炸等极端反社会行为，也包括游行示威和大规模的社会骚乱等。可见，就业不仅是一个重大的经济问题，也是一个重大的社会问题和政治问题。正因如此，习近平总书记指出，"就业是最大的民生工程、民心工程、根基工程，必须抓紧抓实抓好。""一个人有了就业，就容易安定；一个家庭有一人就业，就增加了一份稳定的力量。"[①]

按照当前中央精神和政府出台的政策，从性质来看，我国的就业具体包括他雇性质的就业和自主创业等方面。从目标来看，要实现更充分更高质量的就业，具体包括两个层次的目标，即在实现充分就业的基础上，更多地在和谐就业和体面劳动方面着力，让想要工作的人都有一份有尊严的工作。

---

① 中共中央文献研究室编：《习近平关于社会主义社会建设论述摘编》，中央文献出版社2017年版，第67页。

一、新中国就业体制的变迁及现状

新中国成立 70 多年来,在国家和全体人民的共同努力之下,广大人民群众的就业福祉在不断增进。在改革开放之前的 30 年间,国家为适应特定的国内外政治经济形势和社会形势的需要,建立了以计划分配为主要特征的就业体制,基本实现了以平等就业为基本理念的全民充分就业目标。改革开放以来,伴随着社会主义市场经济体制的不断完善和社会结构转型的不断深入,国家对传统的就业体制进行了积极的调整和制度创新,逐步建立起了适应社会主义市场经济需要、以公平就业和自主择业为主要特征的新型就业体制。

(一)新中国成立初期相对灵活的就业体制

1949 年至 1957 年间,全国各地在土地、企业、社会关系等多个领域进行了全面改革,社会活力被极大地激发出来。在经济领域,多种经济成分并行发展和最终的整合统一为新中国成立初期的城乡地区创造了大量的就业岗位。国家通过实施多种政策措施,基本上消灭了城市和农村长期存在的失业和半失业现象,大大提高了广大人民群众的生活水平。与此同时,人民群众也利用当时的政策空间,开始了自主就业和创业方面的一些尝试。

当时,中央和地方各级人民政府根据实际情况,在十分困难的条件下采取了一系列政策措施,对城乡居民的就业问题进行了全面的安排和部署。在农村地区,国家通过土地改革实现了农民的"人手一份地"的目标,并且通过合作社的形式开始实现农民的组织化,基本解决了农民的失业和盲目流动现象。在城镇方面,国家实施了一系列促进就业的具体措施。比如,国家对城市的失业人员实施了临时性的社会救济,以保证失业人员享有基本的生存权。随后,国家通过以工代赈,为失业人员提供了各种临时性的工作岗位。

在创造就业岗位的同时,国家也鼓励失业人员自主创业、自谋职业。可以说,支持和鼓励自谋职业是当时中央和地方各级政府创造工作岗位的一种补充性措施。这种自主创业的主体主要由两部分人群组成：一部分人群是城镇失业人员。1953年8月，国家提出，部分城镇失业人员可以考虑自谋出路，政府给予适当的支持和鼓励。为此，政府在城市中设立劳动介绍所办理失业登记和职业介绍，鼓励失业人员自谋职业，实行"介绍就业与自行就业"的方针。同时，国家规定，机关团体、学校、军队（后勤生产部门不包括在内）招用工人、职员，手工业作坊招收学徒，小城镇工商企业招用工人、雇员，私人雇用保姆、厨师及招用临时工，可以由本单位自主决定。这样就为自谋职业和自主创业提供了保证。1958年后，国家全面加强了户籍管理，严格限制人口的城乡间流动，而全民所有制和集体所有制开始成为全国城乡地区就业主要所有制形式，自主创业和自谋职业的现象逐步消失。

（二）改革开放前计划分配的劳动就业体制

1958年至1978年间，随着生产资料所有制社会主义改造的完成和计划经济体制的全面建立，新中国成立初期实施的"包下来"的就业政策和劳动力统一调配的政策逐步发展成为"统包统配"的就业政策，即城镇劳动力统一由国家包揽就业，用行政手段实行"统一计划、统一招收、统一调配"。统包统配成为改革开放前我国劳动就业体制最重要的特征。

自1957年始，由于政府安置就业对象大幅度增加，国务院决定取消此前实施的企事业单位等自主使用临时工的指标，各个单位使用临时工也改由政府部门批准。于是，企业用工权几乎全部集中到了劳动部门，最终形成了以"统包统配"和"固定工"制度为主要表现形式的劳动就业制度。在劳动力资源配置上，国家实行计划配置、统包就业、行政调配、城乡分割。此后，尽管在"大跃进"之后的一段时间和"文化大革命"等特殊时期，为缓减城市就业压力，国家也曾采取了精简城镇职工、压缩城市人口和知识青年上山下乡等办法，但到1978年前，国家总体上一直实行的都是"统包统配"的就业体制。这种"统包统配"式的就业体制主要有以下一些基本内容：对城镇劳动力使用实行统一计划、对城镇劳动力实行"统包统配"和"固定工"制度、对城镇过剩青年劳动力实行"下乡"就业政策。在农村地区，通过集体化和组织化的生产生活形式，将农村劳动力限定在土地之上，实现农村劳动力的全面就业。但是到了20世纪70年代中期，这种计划分配式的劳动就业体制的积极作用开始日益消减，隐性失业日益严重、劳动者的积极性难以发挥等不良影响则日益明显。

（三）改革开放后劳动就业体制的变迁

改革开放以来的40多年里，我国的劳动就业体制发生了根本性的变化，其主要表现形式有：在全国范围内自主择业和创业的现象日益流行，城镇的下岗失业问题逐步得到解决，农村剩余劳动力有序流动格局基本形成，城乡统一的劳动力市场正在构建之中，新的就业理念和就业体制都在不断形成之中。

1. 自主择业和创业在不断增多

创业和自主择业现象不断增多，逐渐成为国家新生就业岗位的主要来源之一。具体而言，自主择业者和创业的增多主要表现在：一方面，出现了许多新兴的就业渠道。随着市场经济的发展，社会阶层结构发生巨大变化，我国的职业群体在不断增多，出现了民营科技企业创业人员、外资企业管理技术人员、私营企业主、个体户、自由职业者等新的社会阶层。在这些领域内，从业人员基本上都是自主择业的，其中一部分择业者通过诚实劳动、合法经营，成为了先富起来的人群。而在传统体制空间之外就业的自由职业者和个体户、私企职工则是新生的自主择业者。另一方面，就业形式日益灵活多样。除了全日制就业外，非全日制就业、季节性就业、弹性工作等各种就业形式迅速兴起，已经吸纳了许多人员，成为扩大就业的重要渠道，如农民工进城打工或在农忙季节去外地务农、部分自由职业者在家办公等，这些都是改革开放以来新出现的就业形式。在就业岗位和就业形式日益多样化的基础上，人们的就业观念发生了积极变化。比如，初次就业者通过市场双向选择就业占据主导地位，打破了传统的一次就业定终身的状况。劳动者在不同所有制、不同行业和不同地区之间流动的频率增高，自主择业、自主创业、终身学习以及不断提高自身就业能力等新的就业观念逐步深入人心，这些都为党的十八大以来的"大众创业 万众创新"局面的形成创造了良好的外部环境。

2. 下岗与再就业问题的逐步解决

20世纪90年代后期，国有企业为提高竞争力开始分流富余人员，全国先后有数千万国有企业职工下岗，形成了一股巨大的城镇失业浪潮。下岗职工为国有企业改革、经济结构调整作出了巨大的牺牲，他们的生活面临着困境，成为影响深化改革、促进发展、保持稳定的突出问题。国家对下岗失业人员采取了多种积极主动的就业服务措施。有下岗职工的国有企业普遍建立了再就业服务中心，下岗职工进中心后，政府公共就业服务机构每隔一段时间就为他们提供一次职业指导，还多次提供就业信息和免费的职业培训机会。在实施"再就业工程"的同时，国家还有重点地出台了一系列推进积极就业的政策措施。到2007年底，国家基本解决了国有企业下岗职工再就业的问题。新出现的工人离职现象直接与常态的失业救济和失业人员社会保障以及失业人员再就业等制度相联系，使"下岗工人"作为一个特殊的名词淡出历史舞台。

3. 统一的劳动力市场促进就业体制更加健全和完善

在计划经济体制下，我国的城乡就业市场是相对分割的。改革开放以来，我国城乡劳动力市场分割现象仍然较为明显，主要体现为就业机会不平等、产业和部门间分割严重、城乡之间的公共服务和社会保障差异巨大等。近些年来，国家一直致力于形成城乡统一的劳动力市场，这一举措有力地推动了新型就业体制的进一步健全和完善，其主要表现在这几个方面：不断改革户籍制度，减少城乡户籍的差异性，逐步走向户籍的城乡统一；不断消除劳动力市场歧视，逐步实现公平就业；逐步建立和完善对进入城市就业的农村劳动力的各种公共服务，其中包括公共医疗卫生服务、义务教育、劳动关系、权益维护等多个方面。

（四）当前我国就业的总体状况及发展趋势

近年来，我国适龄劳动人口数量日渐庞大。到2018年末，全国城乡就业人员约有7.76亿人，其中城镇就业人员43419万人，全国农民工总量为2.88亿人。2018年，城镇新增就业1361万人，年末全国城镇调查失业率为4.9%，比2017年末下降0.1个百分点；城镇登记失业率为3.8%，下降 0.1 个百分点。① 李克强总理在 2019 年全国两会中作中央人民政府工作报告时指出，近 14 亿人口的发展中大国，实现了比较充分的就业。2019 年，预期城镇新增就业 1100 万人以上，城镇调查失业率 5.5% 左右，城镇登记失业率 4.5% 以内。

在就业规模不断扩大的同时，我国的就业结构也处在不断优化的过程之中。在就业人员的产业分布上，随着农业富余劳动力不断地向非农产业的转移，我国第二、三产业就业人员的比重继续提高，就业结构在不断地现代化。2005 年，我国三次产业就业人员的比重为 44.8∶23.8∶31.4，到 2010 年底这一比重变为了 36.7∶28.7∶34.6，到 2014 年底这一比重转变为 29.5∶29.9∶40.6。而到 2018 年底，这一比重转变为 26.1∶27.6∶46.3。② 10 余年间，农业从业人口比重分别下降了 18.7 个百分点。相应地，工业和建筑业从业人口比重上升了 3.8 个百分点，第三产业从业人口比重上升了 14.9 个百分点。

二、当前我国就业问题的主要特征

党的十八大以来，党和政府高度重视就业工作，我国就业工作取得了巨大成就。然而，我国的就业工作总体上仍然面临一些新挑战。

（一）就业岗位供求缺口大

目前我国劳动力总量供大于求的格局并未改变，就业总量压力依然巨大。2018 年，我国大陆地区总人口为 13.95 亿人，其中劳动年龄人口为 8.97 亿人，劳动力供给将保持在高位，每年城镇地区需要安排就业人员达 2500 万人左右。其中，以高校毕业生为主体的青年就业问题已经成为就业的结构性矛盾的集中体现。2018 年，我国大陆地区高校毕业生 820 万人，达到历史新高。而 2019 年大陆高校毕业生数量再创新高，预计将达到 834

---

① 中华人民共和国国家统计局：《中华人民共和国 2018 年国民经济和社会发展统计公报》，国家统计局网站，http://www.stats.gov.cn/tjsj/zxfb/201902/t20190228_1651265.html。
② 国家统计局：《中国统计年鉴 2019》，中国统计出版社 2019 年版，第 104 页。

万人。大学生就业主要是就业能力、就业心态等方面的调整适应与整合的问题。大学生的就业能力与现实需求的差距难以弥合，加上大学毕业生就业在心态上存在浮躁、急功近利的情况，其与现实的差距难以弥补。客观上说，大学生就业调整的体制机制仍然不顺畅。

（二）就业岗位的供需有错位

目前我国部分地区出现的"就业难"反映了就业的结构性矛盾有进一步加剧的倾向。不仅劳动力市场需求与劳动者素质技能之间，而且就业岗位类型、工作条件与劳动者就业期望之间都存在着严重的错位现象。比如，由于产业结构不合理，待遇低、工作条件差、发展空间小的加工企业提供的就业岗位比较多，而劳动力吸纳能力强、待遇较好的服务业提供的就业岗位则相对有限，这种一多一少的局面是就业岗位供给方面的客观情况，但是劳动者对于这两者的就业意愿高低则正好相反，即人们不再希望在加工企业工作，而是希望在服务业中找到满意的工作，这就形成了一种错位的局面。又如，由于地区发展的不平衡，发达地区和中心城市吸引了大量劳动力，导致就业竞争非常激烈，出现了大量的"北漂""蜗居"和"蚁族"人群，人才供过于求。虽然有很多人号称要"逃离北上广"，但其实际上并没有离开一线中心城市的打算，只是想去其他发达的中心城市而已。与此形成鲜明对照的是相对落后的地区和中小城市则出现了"孔雀东南飞""人往高处走"的潮流，大量的人才流失，导致发展所需要的各类人才供不应求。再如，由于不同行业和不同企业之间在福利待遇等方面存在着巨大的差距，某些行业职业和企业，如公务员、垄断企业员工等会出现数千人竞聘一个岗位、千军万马过独木桥的现象，而另一些比较艰苦的行业职业与某些小微型民营企业却有可能出现无人问津的现象。

（三）就业保障机制需要进一步完善

尽管我国在就业体制机制方面做了大量工作，取得了显著的成效，但仍然存在一些问题，阻碍了人们的就业。由于目前不同地区在户籍、教育、住房、社会保障以及相关的劳动人事制度等方面仍然存在一些限制,导致就业者的就业成本和生活成本过高,就业机会不平等,劳动者在城乡之间、地区之间的流动仍然存在不少障碍,一部分劳动者难以实现公平就业和体面就业。其中,农民工的公平就业问题日益突出,如涉及农民工劳动权益的相关法律制度执行困难、"强资本,弱劳工"和"强本地,弱农工"的不平衡博弈格局以及缺乏组织性资源的强有力支持,等等。

总之,可以看到,当前及今后一个时期内,我国就业将面临着"总量压力和结构性矛盾并存"的局面,需要进一步做好就业各项工作。

三、当前我国就业问题的主要成因

关于中国目前就业问题产生的原因,可以从宏观和微观两方面的取向来予以解释。

(一) 宏观结构性成因

从宏观角度而言,首先,中国社会正处于加速转型期。这几乎是所有社会学者的一个共识,这同样也是社会学对就业问题进行研究时的一个基本理论预设。因此,几乎所有有关就业问题产生的原因或围绕就业体制变迁动力的讨论都直接或间接地会从社会结构转型中找寻根源。比如,社会转型所带来的产业结构调整、职业结构的现代化、社会关系的现代性变迁、社会利益格局多元化、社会资源和社会机会的分配多样化等宏观因素造成的诸如城乡职业结构变迁、就业结构的变迁、下岗工人及其再就业、农民工进城就业和职业变换等问题。因此,社会转型是我们理解就业问题成因的基本出发点。

其次,从国家和制度层面探求就业问题产生的原因。这一研究视角是考察制度和国家政策层面的因素对于个人就业和整体就业的影响。其中,较为流行、影响甚广的是20世纪60年代以来在西方兴起的代际间的职业分析,即通过分析上层精英是处于代际间的循环和职业间的循环还是处于新旧精英的更替,来确定当前社会中精英人群在职业、权力、声望等方面的基本状态,总结该群体变动的规律。中国学者李路路、李培林等人的研究揭示了改革前后中国精英人群变动呈现着精英循环、精英再生产甚至是精英双重更替等不同规律。这些不同的变动规律从侧面反映着社会阶层流动的不同样态，对于就业也产生了不同的影响。精英循环的社会中，能否占有拥有社会地位较高的职位是可以通过个体努力所达致的，这样的社会则充满活力，并且较为稳定。精英再生产类型循环模式则意味着社会地位较高的职业会被某些群体长期占有，并且进行关系网络内的传递，这无疑将对就业整体情况以及社会的公正产生不良的影响。

再次，部分学者认为，就业问题产生的原因来源于劳动力市场分割。劳动力市场分割学说最早可追溯到约翰·穆勒和凯恩斯的相关理论，他们反对亚当·斯密关于劳动力市场具有竞争性质的学说，认为劳动力市场具有非竞争性。在20世纪60年代至70年代，出现了以信息不完全和不确定性为基础发展起来的职业竞争理论，这种理论运用历史和制度分析法提出了激进理论及二元结构论。在原有的理论基础上出现二元劳动力市场分割理论：一级（主要）劳动力市场与二级（次级）劳动力市场。在工资决定机制上，一级劳动力市场是内部劳动力市场，工资不是由边际生产力决定，而是由其内部劳动力市场中劳动者所处阶梯地位决定。二级市场工资由市场劳动力供求关系决定，趋向一个固定水平。在人力资本投资作用方面，这种理论认为人力资本投资只是一种信号，发挥筛选功能。在劳动力本身素质和偏好方面，这种理论认为一级劳动力市场的劳动者，通过教育和培训能够提高其收入；二级市场劳动者较难进入一级市场。这一理论学说被中国学者所借鉴，以说明就业问题产生的原因。相关研究表明，虽然劳动力市场融合是大势所趋，并且其所释放的红利使得农民工特别是低技能的劳动者收入与生活质量有所提升，但由于历史原因，中国目前仍然存在不同类型、多种形式的劳动力市场分割，并在对不同类型的劳动者及其就业产生影响。比如，地方政府对于劳动力市场的干预和制造就业机会差别。虽然管制近年来逐步放松，但仍有一些政策存在类似的"痕迹"，如在2016年之前，北京市户口管理条例一直规定外地私营企业主申请获得北京户口必须雇佣100名以上的北京居民达3年以上或者雇佣北京居民占总体员工的90%以上并超过3年时间。这样的政策文本显然影响了外来劳动力就业的情况；① 劳动力市场的城乡分割，使得不同来源的劳动者之间的社会保险参保、公共资源服务情况存在很大的差异，如农民工的养老预期不乐观、其子女入学和升学受到户籍限制等。公有制单位和非公有制单位在用人标准、福利待遇、准入门槛上有着较大差异，尤其是公有制单位，一些隐性的社会福利使得求职者产生就业偏好，不利于统一劳动力市场的形成。这些不同形式的分割，成为当前影响个体就业和就业体制变革的主要阻力之一。因此，数十年来，国家一直致力于就业资源的公平分配，把公平就业作为社会公平正义的重要体现形式之一。

（二）微观个体性成因

从微观的取向来探究就业问题产生的原因，则可聚焦于个体维度，从两个侧面来解读。

一种是地位结构观下个体地位与资源的获取能力。地位与资源获得是社会学观察职业获得的经典视角，它主要考察职业获得的过程以及整个职业生涯中的资源运用与地位获得状态，最终确定影响个体和群体就业的主要社会经济因素。1967年，美国社会学家布劳和邓肯出版了《美国职业结构》一书，提出了社会流动分析框架，认为职业获得有五大影响因素：父亲职业、父亲受教育程度、个人受教育程度、个人初职、个人现职。改革开放以来，国内学者最初主要运用布劳—邓肯的职业获得模式，通过对国内的统计数据和抽样调查数据进行分析，最终确定出影响不同人群就业的主要因素。众多的研究都发现：一般而言，寻职者及其父辈的受教育程度和初职、现职等因素与个人的社会经济地位的关系密切。因此，就业中呈现弱势的群体与其先赋性地位与资源存有劣势密不可分，弱势者的父辈由于社会经济地位较低、资源存量较少，其代际传递和转移能力有限，使得弱势的求职者在就业时遭到了一定的门槛和排斥。

另一种则是网络结构观下个体社会网络与社会资本存量对其就业产生的影响。地位结构观向网络结构观的转换是社会学研究范式的一次革新。

---

① 转引自宋锦：《中国劳动力市场一体化的主要问题研究》，《东南大学学报（哲学社会科学版）》2016年第6期。

社会网络取向研究不再囿于静态的、单一的位置和地位分析，而是从人际互动的角度，运用社会网分析方法来研究处于特定社会网络中的个体或群体的职业是如何获得、改变和失去的。进入20世纪90年代以后，社会资本理论开始在社会学的就业问题研究中得以应用和发展。国内社会学者通过对科尔曼、普特南、布迪厄、福山、波茨、林南等人的社会资本理论进行总结、综合以及展开中国式的解读、提升，以此来探寻职业变更的影响因素及逻辑，并形成了一些具有代表性的阐发。比如，边燕杰等人在对美国社会学家格兰诺维特"弱关系"的研究基础上，通过2003年、2005年和2006年全国性的综合社会调查（CGSS）进行分析，提出了"强关系"假设，认为在中国"强关系"网络直接决定着个人的就业状况。随后，其又通过2009年八城市求职网络的调查数据得出了强关系带来人情资源、弱关系带来信息资源，二者在求职网络中是优势互补的结论。社会资本作为嵌入在社会网络中的重要资源，其在个体求职过程中发挥的作用愈加显现。比如，信任作为一种社会资本有助于求职者得到更重要的岗位。近年来，高等院校毕业生在实习与求职过程中不断遇到的"内推"现象，其本身就是建立在个体社会资本储量基础之上，通过网络中的熟识人介绍，附加了信任、人情等柔性支撑，使社会资本丰富的求职者可以较为顺利得到好的就业岗位。因此，社会资本较为短缺的人群，需要通过自身以及政府、社会、他人的努力培育，才能通过扩大社会网络支持、增加社会资本来提高就业岗位的可得性和稳定性。

四、实现充分就业的主要政策思路

（一）就业优先战略的提出

就业优先战略是在20世纪90年代中期由联合国提出的一个重要行动策略。1995年，联合国在哥本哈根召开世界社会发展首脑会议，在会议的宣言中，与会各国领导人一致承诺：将促进充分就业作为经济和社会政策的一个基本优先目标。这是联合国首次提出就业优先问题。2001年，全球就业论坛大会上通过的《全球就业议程》要求，各国政府要把生产性的就业置于经济和社会政策的核心位置,并使充分的、生产性的和自由选择的就业成为宏观经济战略和国家政策的总目标。此后,就业优先战略成为联合国倡导的基本经济社会发展战略之一。简略地讲,所谓"就业优先",就是指国家必须选择有利于扩大就业的经济发展战略,在转变增长方式、调整经济结构、选择投资方向、确定经济增长年度目标、进行宏观经济调控、制定政府公共财政预算支出和考核政府工作绩效时,都要把就业效应作为最主要的指标。

2012年初,国家促进就业规划(2011—2015年)中首次将"就业优先"确定为发展战略。此后,通过就业优先战略实现充分就业,让有工作意愿的人都有一份工作,就成为我国就业工作的一项基本战略,2017年的党的十九大报告进一步强调了就业优先战略。2019年,中央正式提出推进就业优先政策,将就业政策摆在宏观政策层面考虑,使就业优先战略进一步落地。

(二)合力实施就业优先政策

根据当前实际和未来发展需要,党和政府正在全力贯彻实施就业优先政策,并正在以下几个方面持续发力,以让每一个劳动者都有一个工作岗位。

一要"稳定",即要把现有企业的就业吸纳能力稳定住。一方面,通过各种经济、法律和行政手段,积极支持和鼓励现有企业稳定已经吸纳的劳动力。比如,为了帮助企业渡过国际金融危机的难关,政府鼓励企业不裁员或少裁员,在大规模为企业减负减税的同时,制订实施援企稳岗措施,如允许困难企业缓缴五项社会保险费,阶段性降低企业四项社会保险费率,使用结余的失业保险基金对不裁员的困难企业给予社会保险补贴和岗位补贴,使用就业专项资金支持困难企业开展在岗培训,妥善解决困难企业支付经济补偿问题等。另一方面,对于愿意更多地吸纳劳动力的企业,政府在税费、工商、生产、销售等方面提供优惠政策,对其进行更大力度的扶持。比如,对于符合条件的企业在新增加的岗位招用符合政策的下岗失业人员,在相应期限内予以定额依次扣减营业税、城市维护建设税、教育费附加和企业所得税优惠;对各类企业招用就业困难人员,签订劳动合同并缴纳社会保险费的，在相应期限内给予社保补贴。

二要"扩容"，即要在稳定的基础上，通过各种手段大力发展三次产业中就业容量大的行业职业，扩大它们吸纳劳动力的容量。习近平总书记指出，"必须坚持就业第一，增强就业能力，拓宽就业容量，切实把这个民生头等大事抓好。"[①] 在产业结构转型升级的过程中，中国政府正在进行就业扩容。在产业结构上，着力发展就业容量弹性最大的第三产业，并继续发展生产性服务业，培育各种新型消费产业；在经济形式上，积极鼓励引导对就业增长贡献大的民营经济发展。在企业类型上，支持发展具有比较优势的劳动密集型企业、中小企业加快发展；在就业形态上，鼓励劳动者通过多种灵活形式实现就业。在产业性质上，鼓励发展就业吸纳能力强的新兴产业，以寻找就业岗位新的增长点。在提升传统制造业和培育新兴战略性产业时，着力发展吸纳就业能力较大的新兴产业，如高端装备制造业、服务外包业等。鼓励有实力的大企业兴办高水平的经济和科技研究机构，以创造更多智力密集型就业机会，在技术进步和产业升级的同时带动就业岗位增长。

三要"突破"，即重点突破就业困难的主要群体，通过加大政策扶助力度，帮助其尽快实现就业。对于高校毕业生，以未就业特别是家庭困难的毕业生为重点，强化针对他们的就业指导，为他们提供各种就业信息、提供见习机会，维护其就业权益。落实国家现有的各项扶持政策，鼓励高校毕业生转变就业观念，到城乡基层去就业、到中西部地区欠发达地区去就业、到非公有制企业和中小型企业去就业，鼓励大学生发挥其聪明才智自主创业。对于城镇就业困难人员、"零就业"家庭以及关停企业失业人员，国家提供各种就业援助，集中开展上门服务和"一对一"的援助服务，并开发更多的公益性岗位，并给予社会保险补贴、岗位补贴等扶持。对于外出务工的农民工，国家正通过"春风行动"等各种农民工就业服务活动，引导农民工有序外出。根据企业用工急需和人力资源市场的需求信息，对农民进行技能培训，并将农民工纳入创业政策范围，在用地、收

---

① 中共中央文献研究室编：《习近平关于社会主义社会建设论述摘编》，中央文献出版社2017年版，第68页。

费、信息、工商、纳税等方面为返乡创业开通"绿色通道",以为其提供各种优惠减免和政策支持。此外,国家还依法保护农民工的各项基本劳动权益等。对于受各种自然灾害影响的灾区劳动者,通过政策扶持、岗位开发、对口支援等措施给予就业援助。

四要"保障",即加快消除影响劳动者合理流动和稳定就业的制度门槛和政策障碍,形成有效应对失业的机制。在社会保障方面,建立促进就业与失业保险、最低生活保障的联动机制,进一步完善就业者的养老保险和医疗保险。有计划地逐步推动外来务工人员的城市化,以解决他们在劳动报酬、子女就学、公共卫生、住房租赁、社会保障等方面的实际问题,让外来务工人员享受平等的公共服务,降低他们的就业成本,提高就业的稳定性和质量。将失业防线提前,建立起比较健全的失业监测预警机制,对失业进行疏导和调控,通过转岗和再就业培训,使失业者快速地重新实现就业。

五、促进自我创业的主要政策思路

在1999年以前,一提到"阿里巴巴",人们脑海中就会出现那位与四十大盗斗智斗勇的年轻人的形象。而今,人们更多地想到的是白手起家、成功创业的马云和他的全球最大的网上交易市场和商务交流社区。如今,在我国,依靠自己拥有的资本、信息、技术、经验以及其他各种资源,自主创业,"自己做老板",已经成为一种趋势,甚至可以说是一种时尚。

(一)自我创业的重大意义

从总体上看,创业的意义重大而深远。创业不仅可以解决自己的就业问题,还能够带动社会就业。譬如,在国际上,从20世纪70年代起,美国大力推行"创业革命",其青年人自主创业比例居世界之首,到20世纪80年代,美国每年有100多万个小企业注册成立,这大大促进了美国以高新技术为特征的新经济的蓬勃发展。在国内,浙江省最近二三十年中大力倡导自强不息、勇于创新的精神,鼓励人人创业,平均每11个人中就涌现出1个民营企业家,民营经济占国民经济的比重超过70%,创造了神奇的

"浙江现象"。从创业与就业的关系来看，创业是增加就业岗位、创造就业机会的"原动力"，是扩大城市就业、推动经济发展的"发动机"。一般来讲，激励一个人创业，至少可以带动3至5个人就业。创业者越多，其带来的就业岗位就会成倍增多，整个社会的就业率也就会不断上升。更重要的是，创业能够在整个社会中营造出创新氛围，因而成为了创新型国家建设的主要动力源泉。

（二）助力创业创新的主要途径

当前，在自主创业过程中成长壮大起来的个体私营经济已成为我国国民经济的重要组成部分。以任正非、王石、刘永好、李书福等人为代表的企业家已经成为新时期自主创业的成功典范。但是，不可否认的是，在我国自主创业还面临着一些困难和挑战，这既表现在管理服务和政策障碍上，还表现在创业意识上。例如，有些大学生宁愿做"啃老族"，也不愿意去做所谓的"小商小贩"，去"伺候"别人。因此，近年来，党和政府不断完善各种支持和鼓励创业的政策措施，从不同层面推动人们自主创业，以进一步带动就业。

1. 做好"清洁工"，营造良好的创业氛围

创业的路上荆棘密布，创业者稍有不慎就会遍体鳞伤，这就需要为创业者扫清障碍。因此，目前各级各地政府正在不断清理和消除各种妨碍创业的行业性、地区性和制度性壁垒，以进一步放宽创业的市场准入，为创业者提供越来越大的创业空间。为此，政府各级职能部门应深化行政审批制度改革，减少审批程序，进一步放宽市场准入条件，加快清理和消除阻碍创业的各种行业性、地区性、经营性壁垒，坚决制止对中小企业、个体工商户的乱收费、乱罚款、乱摊派行为，切实减轻创业者负担和企业运营成本，以营造良好的创业环境。各级政府在放宽准入、创业补贴、税费减免、小额担保贷款等方面出台了一系列优惠政策，各相关政策执行部门应准确把握，密切配合，扩大扶持范围，简化手续，降低政策"门槛"，加大执行力度，积极为广大城乡创业者落实政策扶持。

2. 扮好"护航员"，为创业者保驾护航

创业者是新生的幼苗，经不起过度的风吹雨打，只有精心呵护，才能

在创业大潮中乘风破浪。在财税、金融、工商、场地等方面为创业者提供各种优惠和减免,减轻其创业负担,可以起到为创业者保驾护航的作用。在财税方面,近期国家出台了众多新的支持和促进就业的税收政策,如规定现有的小型微利企业继续享受企业所得税优惠,对符合条件的高校毕业生、"零就业"家庭、"低保"家庭和农民工等自主创业的,与下岗失业工人一样,在营业税、个人或企业所得税等方面享受税费减免。同时,国家还积极开辟各种科技园区、留学生创业园区、创业一条街、孵化基地等,以有效降低创业者的各种创业成本。

近年来,国家倡导创建国家级创业型城市,这是国家从一个城市的整体高度扮演创业"护航员"的生动体现。早在2009年,人力资源和社会保障部就在全国27个省区确立了85个城市为首批创建国家级创业型城市。按照规定,创业型城市建设的基本原则是政府支持、社会参与、市场导向、自主创业。通过创建活动,在组织领导、政策支持、创业培训、创业服务、工作考核等方面形成五大体系。考核创业型城市创建工作有五大指标,即全民创业活动指数、创业活动对就业的贡献率、创业活动对企业成长的贡献率、创业环境指数、创业环境满意率,其中,指标之一就是参与创业活动人数达到占城镇劳动者比例的20%。在2014年9月的夏季达沃斯论坛上,李克强总理提出,要在960万平方公里土地上掀起"大众创业""草根创业"的新浪潮,形成"万众创新""人人创新"的新势态。如是,"中国人民勤劳智慧的'自然禀赋'就会充分发挥,中国经济持续发展的'发动机'就会更新换代升级。"[1] 2015年,李克强总理在全国两会上的中央政府工作报告指出,推动大众创业、万众创新,"既可以扩大就业、增加居民收入,又有利于促进社会纵向流动和公平正义"。[2] 此后,全民创业、万众创新的局面在全国兴起。据人社部提供的数据,随着大众创业、

---

[1] 李克强:《紧紧依靠改革创新 增强经济发展新动力——在第八届夏季达沃斯论坛上的致辞》,中华人民共和国中央人民政府网站,http://www.gov.cn/guowuyuan/2014-09/11/content_2748703.htm。

[2] 李克强:《政府工作报告——2015年3月5日在第十二届全国人民代表大会第三次会议上》,中华人民共和国中央人民政府网站,http://www.gov.cn/guowuyuan/2015-03/16/content_2835101.htm。

万众创新蓬勃发展，市场主体大量涌现，创业成为带动就业增长的重要源泉。大众创业、万众创新的社会氛围日益浓厚，创业带动就业的倍增效应不断显现。"相关数据显示，到2018年底，全国实有市场主体达1.1亿户，其中企业3474.2万户，平均每天新增企业1.83万户。"①

3. 当好"引路人"，出台良好的创业政策

创业政策只有有的放矢、富有针对性，才能更好地引领创业者走上成功之路。一方面，要加强教育，鼓励创业，培养劳动者创业意识。因此，有必要在大学和中等职业学校推行创业教育培训课程，在电视台制作播出创业节目、举办创业竞赛、创业论坛、创业项目展等多种活动，在社会上和劳动者中间形成尊重创业、支持创新、宽容失败的氛围。另一方面，对于不同主要就业人群，有必要进行不同的创业引导。对于返乡创业农民工，各级政府应当在贷款发放、税费减免、工商登记、信息咨询等方面开辟"绿色通道"，通过"特别职业培训计划"对他们开展创业培训。对于创业大学生，可举办促进大学生创业经验交流会，实施"大学生创业引领计划"，同时督促全面落实针对大学毕业生的小额贷款贴息、规费减免、税收优惠等扶持政策。对于下岗失业人员，国家可进一步落实小额担保贷款政策，不断加大担保基金的投入力度，改善管理模式，扩大放贷对象，提高放贷额度，鼓励下岗失业人员通过创业实现再就业。

4. 干好"勤务兵"，提供全面的创业服务

俗话说，"兵马未动，粮草先行"。政府和社会提供全面而舒心的创业服务就是创业所需的"粮草"。国家应当鼓励劳动者以及刚刚创业的创业者参加创业培训，依托有资质的教育培训机构，针对创业者特点和创业不同阶段的需求，开展多种形式的创业培训，广泛采用案例剖析、考察观摩、企业家现身说法等方式，帮助劳动者提高创业能力。各级政府应当积极为创业者提供项目信息、政策咨询、开业指导、融资服务、跟踪扶持等创业"一条龙"服务，还应在社会保障、人事管理、教育培训、职称评定等方面提供一系列后勤保障服务。这些服务能够进一步解除创业者的后顾

---

① 王俊岭：《不让"注销难"困扰企业》，《人民日报（海外版）》2019年1月12日。

之忧，让他们可以轻装上阵、全力前行。

六、实现体面就业的主要政策思路

（一）体面就业问题的提出

积极扩大就业、实现劳动者的充分就业，是全面推行就业优先战略的重要目标。但值得注意的是，充分就业只是解决了就业问题的一个方面，即解决了就业人口数量过多的问题，让每个人都有工作做。实际上，在此基础上还有一个就业人口的就业质量问题急需解决，即让每个工作的人都有一份令他满意的工作。为了保证劳动者能够有尊严地、自由地、公正地和安全地就业，国际劳工局于20世纪末叶提出了"体面劳动"的概念。如今，体面劳动、体面就业已经成为我国解决就业问题、提高就业质量的一个新的指导原则，而且必将在未来解决我国劳动者就业方面发挥更大的作用。

根据国际劳工组织的定义，"体面劳动"是指男女在自由、公平、安全和具备人格尊严的条件下获得体面的、生产性的可持续工作机会，其核心是其工作中的权利、就业平等以及社会保障和社会对话。近年来，体面劳动理念也逐步开始成为我国就业工作中的一个基本指导原则和努力目标。习近平总书记指出，"要坚持社会公平正义，排除阻碍劳动者参与发展、分享发展成果的障碍，努力让劳动者实现体面劳动、全面发展。"[①] 2019年，党的十九届四中全会再次提出，要实现体面劳动，全面发展。

（二）推进体面劳动的基本前提

在社会建设过程中，要在全体人民共同奋斗、经济社会发展的基础上，从权利公平、机会公平和规则公平等角度共同努力，持续推进社会公平正义。

一是权利公平莫歧视。权利公平是维护社会公平正义的基础。维护公

[①] 习近平：《在同全国劳动模范代表座谈时的讲话》，中华人民共和国中央人民政府网站，http://www.gov.cn/govweb/ldhd/2013-04/28/content_2393150.htm。

平正义首先就要保障权利公平。当前，党和政府正在着力保障人民的各种权利。在政治权利上，每个人在法律面前拥有同样的政治权利，享受同样的参与度。在经济权利上，要平等地尊重和保护每个社会成员的财产权、劳动权、休息权、退休和获得物质帮助的权利。当前，为了实现平等的市场竞争，党和政府正在尽力消除来自户籍、政治身份、地域等方面的歧视和排斥现象，以为不同经济成分创造真正平等的竞争环境。在文化权利上，让每一个公民充分享有受教育的权利和义务，享有进行科学研究、文学艺术创作和其他文化活动的自由。当前，党和政府正在着力解决的是不同区域和不同人群间的基本公共文化资源分配不均的问题。

二是起跑公平无遗憾。在现实生活中，相比财富的匮乏，机会的贫乏是更加根本的真正贫困。相比分配不公，机会不公是让老百姓更愤怒的社会不公，因为老百姓会觉得一个来自普通家庭的人如果"拼爹"不行，那么在遭遇社会不公时，就会连拼命的机会都没有了。可以说，保障机会公平、保障所有人都在同一个起跑线上竞争，是实现社会公平正义的关键所在。一方面，党和政府要在创造良好环境、提供公共服务上成为人民人生赛场公正的"守护神"。为此，当前，党和政府正在加快推进城乡基本公共服务的均等化步伐，缩小城乡和区域间教育资源分配的差距，让所有劳动意愿的人都有业可就并且能各安其位。另一方面，政府和社会正在担负起"激励者"的角色，通过制度设计打造完备的上升通道，让有能力的人、肯努力的人能够抢道领跑，最终经历百转千回，实现"吃得苦中苦，方为人上人"的梦想。当前，党和政府正在取消依附在户口上的各种福利，还现代户籍制度作为人口服务管理制度的本来面目；正在对人生赛跑中的落伍者如城乡贫困人口提供各种帮扶，通过职业培训等就业服务以及教育和医疗救助等，让他们早日跳出贫困陷阱，继续平等地参与人生竞赛。

三是遵守规则不"拼爹"。清代大文学家郑板桥曾经给儿子留有几句著名的临别赠言：留自己的汗，吃自己的饭，靠天靠地靠父母，不算是好汉！阻止"拼爹"的最主要措施就是严格遵守规则。一方面，要严惩潜规则。法国大思想家卢梭曾经说过一句经典名言：法律既不是铭刻在大理石上，也不是铭刻在铜表上，而是铭刻在公民的心里。对于不合法甚至是不合理行为要严厉打击，要坚决消除灰色收入，让灰色收入暴露在制度的阳光之下。要消除制度歧视和行政垄断等让一些人受益而让另一些人受损的权力垄断现象。另一方面，要勇立新规则。在对于那些不合时代要求和积弊日重的旧规则进行彻底改造的基础上，勇于创新，建立起符合时代需求的规则体系，让人们对规则树立起信心，让人们有规则可守。比如，对于人们反映强烈的司法不公问题，党和政府已经以合法合理、及时高效、程序公正等作为行动原则，出台了很多具体有效措施，以预防各种司法腐败。

（三）推进体面劳动的主要措施

真正全面落实"体面劳动"，需要做好许多具体而细致的工作。在2001年国际劳工大会上，国际劳工局局长胡安·索马维亚着重强调，要确保体面劳动的普遍性，并不意味着将一种统一的固定格式强加于人，每个成员国自己根据国家的具体情况和轻重缓急来加以解决，才是适宜的。目前，我国东部沿海地区出现的"招工难"现象，一个基本原因就在于东部地区在"体面劳动"方面所做的工作依然不够好，与农民工家乡所能提供的体面劳动条件区别不大，尤其是在基本工资、食宿、社会保障和个人尊严等方面更是如此。这使发达地区对劳动力的吸引力比过去大为减弱。因此，未来相当长时期内，我国就业工作的重心是引导最终实现劳动者的体面劳动。为此，应着重做好以下几方面的工作。

1. 要"尊重劳动"，即树立起尊重劳动的社会氛围

体面劳动的实现需要在全社会树立起尊重劳动的道德导向。体面劳动的实质是对劳动、劳动成果和劳动权的尊重。经过二三十年的发展，发达地区出现了一大批先富群体，这些人积累了大量的财富，使整个社会都充满了尊崇财富的氛围。这种逐利精神在一定时间内成为了推动经济快速发展的重要动力。但需要同时看到的是，如果将这种逐利精神放到一个绝对的位置，那么就会在一定程度上背离"劳动光荣"的理念，让发达地区的劳动者尤其是外来的农民工在劳动中找不到安全、尊严和自我实现的满足感，导致劳动仅仅成为他们谋生的手段。实际上，我们知道，劳动是劳动者生存发展的基本手段，但它不仅仅是一种工具，更是劳动者实现自身价

值和社会价值的根本方式。可以说，劳动既具有个人意义，更具有社会意义，既具有生存性质，更具有道德内涵。因此，在尊崇财富的同时，亟须进一步明确劳动在社会中所具有的最基本、最崇高的位置，并且在整个社会中形成尊崇劳动的社会氛围。

2. 要"精神激励"，即要处理好就业中物质与精神的关系

在实践体面劳动理念的同时，除了为劳动者提高基本的工资、生活条件、社会保障等物质保障之外，还要正确处理好物质激励与精神激励的关系，创造机会满足劳动力的各种精神需求。比如，要为劳动者提供各种各样的培训机会、建立和完善职务晋升制度、给予其各种名誉称号等。实践中，对于物质利益和精神利益，不能顾此失彼或者厚此薄彼，而是要做好协调发展、互相促进。只有这样，发达地区才会真正赢得劳动者尤其是外来务工人员的认同，才能调动劳动者的积极性，经济社会发展也才会获得长足的动力。

3. 要"和谐劳动"，即形成和谐的劳动关系

劳动关系的和谐是实现体面劳动的长久保障。应当加大保障劳动者基本劳动权益的力度。可以通过实现"体面劳动"理念来改善广大劳动者的劳动收入、劳动条件、劳动保障以及生活质量，这样才能逐步找回"劳动光荣"的理念。体面劳动首先是对劳动权的全面保护。劳动权是人的最基本的权利，也是最重要的权力。对劳动者进行社会保护，就其基本形态而言，是保护劳动者的安全权、健康权和生命权；就其本质而言，是保护劳动者的人格尊严。对劳动者的保护，不是社会对于他们的施舍，而是劳动者本应享有的基本权利。

目前，劳资矛盾已经成为社会领域的重要矛盾之一。因此，应当健全协调劳动关系的三方机制，发挥政府、工会和企业作用，努力形成企业和职工利益共享机制，建立规范有序、公正合理、互利共赢、和谐稳定的劳动关系。应当通过各种行政、立法、司法、监察、市场手段维护劳动者的合法权益。这样做的好处在于：一方面，通过法律途径保护了劳资关系的利益，为进一步形成更加完善的劳资关系奠定了良好的法律基础；另一方面，也表明了中国体面劳动的基本发展方向，即保护劳动者有体面的劳动、有尊严的劳动。

第三章 教育问题

我国教育事业的发展源远流长。早在先秦时期，以"礼、乐、射、御、书、数"为主要内容的"六艺"教育体制已经初步形成。在商朝，以庠、校、序、学、大学、瞽宗为代表的正式学校就已经出现。在春秋战国时代，私学和专门从事教育的教师群体不断涌现。秦朝的"书同文"极大促进了教育事业的发展，而汉朝的"独尊儒术"更是初步确立了儒家学说在中国封建教育体系的统治地位。随着隋唐时期科举制度的兴起，从事教育和接受教育逐渐成为人们社会生活的重要组成部分。宋代教育兴盛，入学率和识字率有了明显提高，据估计，宋崇宁三年的入学率接近1%。① 明清时期的教育事业虽然也在前代基础上有了发展，但是八股取士和大兴文字狱，教条主义、形式主义的教育风气比较严重。鸦片战争以后，各种新式学堂先后出现，西方教育思想不断涌入，至民国时期初步建立了现代国家教育体系。尽管民国时期的教育普及取得了一定的进展，但是以当时的实际人口来算，绝大多数社会成员并没有接受教育的机会，识字率很低，文盲占总人数的比率高达80%。②

新中国成立以来，尤其是改革开放以来，我国的教育事业发展突飞猛进，各级、各类教育均取得长足进步，教育事业受到社会各界前所未有的重视。有一组数据足以说明中国教育事业以及国民文化素质的巨大进步：1981年，中国的高中教育毛入学率为39.56%，高等教育毛入学率为1.6%。2017年，全国共有义务教育阶段学校在校生1.45亿人，九年义务教育巩固率93.8%；全国高中阶段教育在校学生3970.99万人，高中阶段毛入学率为88.3%；全国各类高等教育在学总规模达到3779万人，高等

---

① 张邦炜：《宋代学校教育的时代特征》，《四川师范大学学报（社会科学版）》2016年第5期。

② 田正平：《关于民国教育的若干思考》，《教育学报》2016年第4期。

教育毛入学率达到45.7%。2016年，中国的九年义务教育巩固率已"超过高收入国家平均水平"，高中教育毛入学率已"超出中高收入国家平均水平"，提高到了2016年的42.7%，高等教育毛入学率已"超过中高收入国家平均水平"。"教育的发展也大大提高了中国的人力资源水平和结构：16—59岁人口的平均受教育年限从1981年的不到5年上升到2016年的10.35年；大专以上文化程度的人口比例由1982年的0.58%上升至2015年的12.44%。"①

"教育兴则国家兴，教育强则国家强。"教育事关个人发展、社会进步、国家富强。我国现代教育起步的时间相对较晚、起点相对较低，在特定时期又经历了较大的波折，再加上我国仍处于社会主义初级阶段，社会经济发展不平衡，教育领域也面临教育不公、填鸭式教育、教育低效低质化等一系列问题。2005年，时任国务院总理温家宝在看望钱学森的时候，钱学森先生感慨说："为什么我们的学校总是培养不出杰出人才？"这一"钱学森之问"始终萦绕在中国人民心头。如何能够推动我国教育事业又好又快发展，成为了广大社会成员普遍关注的现实问题。

一、当代中国教育问题的主要成因

当代中国教育问题的形成由来已久，其原因也是复杂多样的。中国教育学会原会长顾明远先生在《中国教育路在何方——教育漫谈》一文中在充分肯定新中国成立以来教育取得的举世瞩目成绩的同时，十分鲜明地提出一个观点：教育问题的根子不在教育，而在社会，它是社会矛盾在教育上的反映。社会分配不公，就业困难，贫富差距过大，城乡二元结构尚未消除，这是教育出现问题的最主要的根源，也是最主要的病理所在。顾明远还分析了中国教育问题的其他病源：第一是"学而优则仕"的文化传统影响着教育，造成了功利主义、学历主义的价值观；第二是重学术轻技术

---

① 顾明远等：《改革开放40年：教育现代化的中国之路》，《光明日报》2018年8月4日；教育部：《2017年全国教育事业发展统计公报》，中华人民共和国教育部网站，http://www.moe.gov.cn/jyb_sjzl/sjzl_fztjgb/201807/t20180719_343508.html。

的传统思想阻碍了科技创新;第三是攀比文化助长了教育竞争,加重了学生的学习负担和压力,忽视了学生的个性发展;第四是社会用人制度的学历主义造成学历歧视,恶化了教育环境;第五是评价考试制度的指挥棒,把学生的学习束缚在应对考试的轨道上;第六是升学率成了地方政府的政绩工程,忽视了教育规律,存在对教育瞎指挥的现象;第七是社会诚信的缺失影响了教育改革,特别是导致评价考试制度的改革步履艰难;第八是教育培训机构与教辅材料的推波助澜,危害了学生的身心健康。[①] 顾明远对我国教育问题根源的分析比较全面深刻,涉及文化传统、社会环境、教育体制等多个方面,因此受到教育学界较多的认可。

显然,从国家层面来看,教育问题是中国当下诸多社会问题当中的一项,其基本根源在于国家发展的不充分和不均衡。由于发展的不充分,社会的上升通道有限,优质教育资源相对不足,教育竞争较为激烈,进而导致上学难、上学贵、学习压力大、教学负担重、教育投资不足、生均教育经费偏低等一系列问题的出现。由于发展的不均衡,导致地区之间、城乡之间、家庭之间、学校之间的教育水平、教育资源配置和教育发展速度存在明显的差异,教育不平等问题比较突出。此外,由于国家的行政、法律等各项制度建设还不够完备,促进教育全面发展、均衡发展的体制机制还存在一定的缺陷,这些都在宏观层面制约着教育的长远发展。

从社会层面来看,教育问题的出现受到社会文化、社会心理等环境因素的影响。首先是功利主义文化。在教育领域突出表现在重结果、轻过程,重教学、轻育人,重智力培养、轻品德教育,重理论、轻实践,重经济效益、轻教学质量,重短期收益、轻长期投资上。社会资源一窝蜂般地涌入那些见效快、回报高的应用型专业,对一些基础性、原创性的知识领域则缺乏足够的重视。学校和老师重点关注的是那些学习能力强、学习成绩好的优等生,家长重点关心的则是如何让孩子取得好成绩、上个好学校,对学生的身心健康关心的较少。教育似乎是为了考试升学、为了评奖评优,而不是为了服务于社会的长远发展和学生素质的全面提高。其次是教育的市场化导向。对于教育而言,市场化的核心就是"有钱就能买到好

---

① 参见顾明远:《中国教育路在何方——教育漫谈》,《中国教育科学》2014年第3期。

服务",这就使教育成为了一门生意:社会资本逐渐向教育行业集聚,高收入家庭可以通过增加教育投资来获取更优质的教育服务,"精品班""豪华班""贵族教育"等现象屡见不鲜,公办教育的优质资源存在被私有教育资本势力吸走的危险。近年来,"教师走穴"现象备受争议:有些教师为多挣钱,校内上课敷衍,课外开补习班、从事商业培训,对整个教学环境造成了不良影响。最后是学历至上的社会心理。无论是升学还是求职,学历都是关键指标。广大学子为了提高自己能够被社会认可的竞争力,费尽心力获取含金量更高的学历。近年来不断掀起的"考研热""考博热"就是很直接的证明。部分高校开始流水线式的培养高学历人才,学士、硕士、博士的数量飞快增长,而高校的管理和服务一时却难以改善,教师对学生进行学术指导的压力也不断增大,这就导致了高校的人才培养质量越来越让人担忧。

　　从教育本身来看,教育问题的出现与当下中国的教育体制和教学管理方式有直接的关系,突出表现在轻视职业教育的制度设计上。高职院校一直被视为高等教育的末端、边缘和高考落榜生的"无奈选择",通常被社会成员带着"有色眼镜"看待。这些使得职业教育在其发展中往往面临声望不高、经费困乏、生源短缺、师资不足等重重困难。在求职市场上,高职生也时常受到不公正待遇,这反过来也加重了社会成员对职业教育的心理偏见。再者,评价考试制度存在明显的缺陷。尽管教育质量综合评价改革在积极推进,中高考改革在不断深化,但唯分数倾向并未得到根本改变:只有基于考试成绩的公平才是最公平,只有按照考试总分从高到低排序录取才是最合理,这些观念仍然根深蒂固。全面实施综合评价多元录取,是深化中高考改革的关键。实施综合评价多元录取机制,促使招生学校从简单"招分"调整到科学"招人",引导基础教育从"单纯育分"转变到"全面育人",是未来评价考试制度改革的关键点。[①] 另外,教学管理方式的不科学也是教育发展的一大障碍。教育管理包括教学计划管理、教学招生管理、教学组织管理、教学质量管理等基本环节。在教育管理上,目前存在教学管理理念落后、方式单一,教学管理评估偏重结果、轻过

---

① 参见汪明:《考试评价改革要抓住关键点》,《中国教育报》2019年3月26日。

程，教学组织管理不够灵活、没有充分尊重和发挥教师对教学内容选择和教学方法选择的主体作用等问题。

二、当代中国教育问题的现状与表现

培养什么人、怎样培养人、为谁培养人，这是教育的根本问题。教育问题伴随着教育事业发展的全过程。新中国成立以来，尤其是改革开放以来，我国的教学事业迎来了空前的大发展：现代教育体系逐步完善，从幼儿园到大学的学校教育、职业教育、成人教育、社会教育、特殊教育等都取得了举世瞩目的成绩，尤其是高等教育事业取得突飞猛进的成就。1977年高考仅录取27万人，而2017年全国普通本专科招生人数突破760万。但是，由于社会、政治、经济等多方面的原因，我国的教育发展仍然面临一系列问题。"中国教育热点问题研究"课题组完成的《中国教育十大热点问题》一书中从内容和现象的层面归类总结了有关教育的十大热点话题，即高考招生制度问题、农村教师问题、职业教育问题、择校问题、高等教育质量、教师评价制度问题、教育投入问题、大学生就业问题、学前教育问题、中小学生学业负担问题，基本上涵盖了我国教育问题的主要表现。[①]

《国家中长期教育改革和发展规划纲要（2010—2020年）》（以下简称《教育规划纲要》）指出，我国教育还不完全适应国家经济社会发展和人民群众接受良好教育的要求。教育观念相对落后，内容方法比较陈旧，中小学生课业负担过重，素质教育推进困难；学生适应社会和就业创业能力不强，创新型、实用型、复合型人才紧缺；教育体制机制不完善，学校办学活力不足；教育结构和布局不尽合理，城乡、区域教育发展不平衡，贫困地区、民族地区教育发展滞后；教育投入不足，教育优先发展的战略地位尚未得到完全落实。接受良好教育成为人民群众强烈期盼，深化教育改革成为全社会共同心声。《教育规划纲要》站在整个国家教育发展的高度，从教育观念、内容、方法、体制机制等多个方面，比较全面客观地指出了

[①] 参见《破解教育热点问题要靠改革与创新》，中国青年网，http://news.youth.cn/rd/201008/t20100817_1317951_2.htm.

影响我国教育长远发展的突出问题,为我们推进教育改革指明了方向。

综合前人的研究成果和当下的社会热点,这里重点分析当下我国教育事业发展在教育公平、应试教育和网络教学三大方面面临的主要问题。

(一) 教育公平问题

2019年1月9日,云南昭通一名头顶风霜上学的孩子的照片在网上引起广泛关注。照片中的孩子站在教室中,头发和眉毛已经被风霜粘成雪白,脸蛋通红,穿着并不厚实的衣服,身后的同学看着他的"冰花"造型大笑。经过记者核实,"冰花"男孩系鲁甸县新街镇转山包小学三年级的学生,因当天早上气温只有零下9度,家离学校又有4.5公里,走路1个多小时来上学沾染了冰霜所致。该校的学生有很多是留守儿童,教室内亦无取暖设施。"想考到北京上学"是王福满最大的心愿,而远在千里之外的北京等一线城市,当地知名小学或中学的学生可能很小就能阅读大量课外书籍,参加奥数、钢琴、美术、舞蹈等各种类型的培训班,说着一口地道、流利的外语,每年寒暑假会在学校或者家长的安排下去国外大学游学……同龄孩子之间所受教育的差距可能判若云泥。教育公平是当今中国最大的教育问题之一,它包括教育权利公平和教育机会公平两个方面:由于我国社会经济发展的不平衡,优质教育资源分布不均衡,地域之间、城乡之间、家庭之间的教育环境差别很大,已经引起了社会各界的广泛关注。

1. 地域教育差距

我国地区之间的教育差距显著。无论是文盲人口比率还是受教育程度等各项指标,与中西部地区相比,东部地区均占有明显优势。有学者利用2002年至2012年受各级教育程度的人口分布数据,探讨了中国分地区、分性别人口教育基尼系数的动态变化趋势,结果表明:中国的教育发展成就和教育公平程度得到了显著的提高,教育基尼系数从2002年的0.246降低到2012年的0.215;教育不公平程度呈现出西高东低的趋势,地区间教育发展差距呈扩大趋势。[1] 还有学者通过对中国高等教育资源空间分布的

---

[1] 参见孙百才等:《中国地区间与性别间的教育公平测度:2002—2012——基于人口受教育年限的基尼系数分析》,《清华大学教育研究》2014年第3期。

研究发现：高等教育资源空间分布存在显著的非均衡性特征，而且地区差距是造成总体差距的主要来源。具体而言，从东、中、西三大地区来看，在教育经费、在校学生、专任教师这3项指标上，西部地区的基尼系数均大于东部和中部地区。且在上述三项指标上，西部地区的教育基尼系数均高于全国的基尼系数，而东、中部地区的3个基尼系数均低于全国的基尼系数。[①] 为了全面认识我国地区间教育发展的现状，我们统计了各省份各类受教育程度人口比率，发现绝大多数西部省份未上过学的人口比率明显高于东部省份。如表3—1所示。尤其是西藏（34.45%）、青海（10.52%）、贵州（9.89%）、甘肃（9.49%）四省中未上过学的人口比重较高，在大学及以上学历（大学专科、大学本科、研究生）所占人口比率中，北京、上海、天津、江苏明显高于其他省份，西部省份则普遍偏低。对各省份人均受教育年限的研究也表明：经济较为发达的东部各省份人均受教育年限较高，基本都超过8年，而西部各省份，例如云南、贵州、青海、西藏等地区人均受教育年限较低，少于6年，即人均没有达到小学毕业程度。其中西藏的教育不公平最为严重，人均受教育年限只有4.76年。[②] 这也进一步佐证了我国教育发展水平正呈现出东、中、西阶梯状发布的特征。

表3—1 2017年各省份各类受教育程度人口比率

	未上过学	小学	初中	高中	中职	大学专科	大学本科	研究生
北京	1.51%	9.08%	22.52%	12.73%	6.55%	13.89%	23.67%	10.05%
天津	2.38%	13.29%	32.52%	12.25%	10.70%	12.65%	14.82%	1.38%
河北	4.14%	23.42%	45.27%	13.48%	3.71%	6.04%	3.71%	0.24%
山西	2.38%	18.24%	43.15%	16.82%	4.50%	8.44%	5.69%	0.79%
内蒙古	5.57%	22.80%	35.93%	14.28%	3.29%	9.98%	7.69%	0.46%

---

① 参见刘华军等：《中国高等教育资源空间分布的非均衡与极化研究》，《教育发展研究》2013年第9期。
② 参见张菀洺：《我国教育资源配置分析及政策选择——基于教育基尼系数的测算》，《中国人民大学学报》2013年第4期。

续 表

	未上过学	小学	初中	高中	中职	大学专科	大学本科	研究生
辽宁	2.09%	18.94%	44.04%	13.32%	4.26%	8.41%	8.02%	0.91%
吉林	3.95%	22.16%	41.00%	14.37%	3.69%	6.90%	7.37%	0.55%
黑龙江	3.34%	22.97%	44.46%	12.60%	3.25%	6.97%	6.07%	0.34%
上海	2.64%	11.87%	30.08%	14.79%	6.58%	12.88%	17.62%	3.53%
江苏	6.31%	21.62%	37.17%	12.42%	5.19%	10.02%	6.68%	0.58%
浙江	5.98%	27.23%	36.07%	11.32%	3.81%	7.55%	7.54%	0.48%
安徽	7.15%	28.40%	40.48%	11.09%	3.36%	5.53%	3.73%	0.26%
福建	6.04%	28.35%	34.69%	10.64%	5.20%	7.13%	7.36%	0.59%
江西	4.67%	31.17%	38.01%	14.37%	3.34%	5.40%	2.88%	0.15%
山东	6.28%	24.51%	39.40%	10.88%	5.66%	7.67%	5.11%	0.48%
河南	5.29%	24.62%	43.13%	15.29%	3.01%	5.47%	2.91%	0.28%
湖北	5.89%	24.41%	35.69%	13.11%	4.69%	7.26%	8.50%	0.44%
湖南	3.62%	24.73%	36.71%	18.52%	4.60%	6.81%	4.63%	0.38%
广东	3.21%	20.98%	38.27%	17.13%	6.38%	8.21%	5.50%	0.33%
广西	4.25%	28.65%	43.99%	11.00%	4.45%	4.97%	2.47%	0.21%
海南	4.23%	20.01%	44.83%	12.25%	5.60%	6.31%	6.70%	0.11%
重庆	3.60%	31.54%	34.22%	13.24%	3.76%	7.58%	5.53%	0.54%
四川	7.23%	32.79%	34.35%	10.99%	3.95%	7.08%	3.39%	0.22%
贵州	9.89%	33.38%	35.11%	9.00%	3.04%	4.89%	4.61%	0.07%
云南	8.23%	36.21%	33.69%	9.62%	3.74%	4.67%	3.69%	0.15%
西藏	34.45%	34.73%	16.55%	4.67%	1.24%	4.74%	3.51%	0.12%
陕西	6.09%	24.16%	37.43%	13.41%	3.62%	7.66%	7.22%	0.40%
甘肃	9.49%	30.85%	30.10%	12.17%	3.48%	7.30%	6.34%	0.26%
青海	10.52%	39.26%	27.65%	8.09%	2.84%	5.72%	5.74%	0.20%
宁夏	7.18%	25.77%	33.95%	13.95%	3.44%	8.67%	6.64%	0.40%
新疆	3.64%	28.69%	33.70%	10.31%	5.58%	10.88%	6.81%	0.39%

资料来源：国家统计局：《中国统计年鉴2018》，中国统计出版社2018年版。

2. 城乡教育差距

我国教育发展的城乡差距较大。由于我国长期存在的城乡二元体制，城乡在教育机会、教育资源配置、教育管理、平均受教育年限等方面存在明显差距。从教育支出看，我国城镇居民家庭教育支出大幅度超过农村家庭。从教育年限看，根据《中国人口和就业统计年鉴》的数据，2015年我国城乡居民受教育年限分别为10.15年和7.67年，若排除普及义务教育因素，城乡的后义务教育人口占6岁以上人口比重分别为42.22%和8.65%，城乡间教育发展存在较大落差。[①] 根据2010年中国人口普查资料，从各级教育毕业生人数占比来看，城市的高中及以上学历毕业生人数占比远远高于镇区和乡村，如表3—2所示。

表3—2　2010年城、镇、乡各级教育毕业生人数占比

	小学	初中	高中	大学专科	大学本科	研究生
城市	9.93%	32.08%	20.19%	9.95%	6.95%	0.76%
镇区	16.95%	38.12%	13.02%	5.50%	2.40%	0.07%
乡村	27.61%	40.99%	5.83%	1.04%	0.26%	0.01%

资料来源：国家统计局：《国家统计局2010年第六次全国人口普查主要数据公报（第2号）》，http://www.stats.gov.cn/tjsj/pcsj/rkpc/6rp/indexch.htm.

从办学条件来看，城乡教育无论是小学、初中还是高中，在城、镇、乡的人均图书占有数、教学仪器设备资产值、教学用计算机、网络多媒体教室等多个方面均存在较为明显的差距。如表3—3所示。镇区的人均图书占有数相对偏低，人均教学仪器设备资产值明显偏低。从共用教学用计算机和网络多媒体教室人数来看，镇区明显高于城市和乡村。例如，在小学阶段，镇区每10.27人共用一台教学用计算机，每47.12人共用一间网络多媒体教室，反映出镇区的人均教育资源占有量较低。这种情况的出现，与我国近年来乡村人口大量迁往镇区生活有关，也进一步反映出了我国的镇区教育资源配置一时难以适应人口迁移的时代变化。

[①] 参见于伟、张鹏：《城乡教育差距与农村居民的幸福感知》，《教育与经济》2019年第4期。

表3—3 城、镇、乡办学条件比较

		图书（本/人）	教学用计算机（人/台）	网络多媒体教室（人/间）	教学仪器设备资产值（万元/人）
高中	城	45.38	4.27	26.92	0.15
	镇	35.29	6.69	37.29	0.10
	乡	43.49	5.06	27.01	0.15
初中	城	34.05	6.13	35.18	0.29
	镇	35.23	7.24	39.43	0.21
	乡	43.02	5.75	30.85	0.26
小学	城	22.56	8.86	45.52	0.18
	镇	22.06	10.27	47.12	0.13
	乡	25.95	7.75	33.55	0.15

资料来源：国家教育部：《2018年教育统计数据》，http://www.moe.gov.cn/s78/A03/moe_560/jytjsj_2018/qg/index_3.html.

3. 阶层间教育差距

家庭收入差距导致的教育不公平，已引起了越有越多的社会关注。网上曾流行过一篇特别火的文章，名为《我奋斗了18年才和你坐在一起喝咖啡》，引起了广泛的社会大讨论。一个农家子弟经过18年的奋斗，才取得和大都会里的同龄人平起平坐的权利，这似乎是一代人的真实写照。现在网络上也流传着这么一句话："寒门再难出贵子"。这句话似乎道尽了出身底层的广大学子试图通过教育改变命运而又难以如愿的辛酸。

在市场经济时代，高收入群体自然能够选择和占用优质的教学资源，在子女教育上会投入更多的时间、金钱和精力，而低收入群体在教育资源竞争方面往往处于劣势。对初等教育而言，高收入家庭能够支付高昂的学费，让子女入读更好的幼儿园、小学、中学。在课外，参加各种辅导班、兴趣班、特长班，高收入家庭的子女具备更突出的经济优势。各级各类的比赛竞赛支出也都需要以家庭的财力为支撑。对于高等教育，富裕家庭的子女优势主要体现在专业选择、社会实践、实习经历上，这些隐性资源对未来收入有着至关重要的作用。此外，在继续教育方面，由于较大的经济、生活压力，来自低收入家庭的社会成员进行教育投资的能力和意愿都较低。

也有研究发现，低收入家庭对教育的投资意愿更低。因为低收入家庭对不确定性的规避意愿更强，所以低收入家庭更倾向于让子女接受普通质量的教育，反映在具体行为上，就是对孩子的早期教育的投入较少，具体体现在选择略为普通的中学、不参加提高全面技能的大学生培训、不填报金融硕士等高学费的研究生专业等方面。①

(二) 应试教育问题

每年的高考前后，河北衡水中学和安徽毛坦厂中学都会成为新闻焦点。网上曾经流传出一张衡水中学的作息表，从5：30起床到22：10熄灯睡觉，每天要上10节课，外加2次早读和3节晚自习，早中晚三餐合计只有75分钟时间。洗澡一周规定统一洗一次，平时只能擦擦身。周六给40分钟自由支配时间。学校有固定的考试，规定的时间内完成，下课必须交，第二天必须出成绩，然后进行全班排名。此外，还有各种详细、严格、精确到分钟的作息要求，整个学校实行准军事化管理……铺天盖地的新闻充斥着各种批评和质疑声，将这两所中学斥之为中国教育的两个奇葩、两个毒瘤。而在现实中，这两所中学却被很多家长顶礼膜拜、视为"神话"，原因无他，一切都在于这两所中学有着很高的高考升学率。

衡水中学和毛坦厂中学只是中国无数类似普通中学的缩影。在这里，学生的全部生活只剩下上课、考试、排名、复习……每天的生活周而复始，学生的其他一切生活甚至整个家庭的生产生活都要围绕学习、考试、升学来展开。在中国，这种以应试教育为导向的高中、初中、小学甚至幼儿园尽管充满了争议，但却随处可见。

应试教育在很大程度上是脱离人的发展和社会发展的实际需要，单纯地为应对考试争取高分，片面追求升学率，违背教育规律的一种教育训练活动。② 应试教育又被称为"填鸭式教育"。顾名思义，是将知识灌输给学

---

① 参见刘阳阳、王瑞：《寒门难出贵子？——基于"家庭财富—教育投资—贫富差距"的实证研究》，《南方经济》2017年第2期。

② "素质教育的概念、内涵及相关理论"课题组：《素质教育的概念、内涵及相关理论》，《教育研究》2006年第2期。

生，犹如鸭子在饲养的过程中被强制喂食一样，目的是为了快速增肥。至于其是否会游水、跑的快慢的问题均不在考虑范围之内。应试教育的弊端显而易见：其一，它过于偏重学生的课程成绩，忽略了学生德体美劳等方面的发展。尤其是在一些偏远落后、教育欠发达的地区，学生的主要精力都用在了做题考试上。其二，它会造成理论与实践的脱节。应试教育的机械化教学方式导致学生偏重理论知识的学习，甚至用书本知识学习取代实验操作，学生的动手能力普遍偏低。其三，它抑制了自主创新创造能力。应试教育偏重知识的灌输和对结果的接受，培养出来的多是会做题、会考试的"好学生"，导致学生发现问题和创造性解决问题的能力和意识都受到消极影响。其四，它不能充分地培养个性化的人才。应试教育的内容、方式等都是固化的，太多的时间被耗费在重复性知识的教学上，被耗费在反复的考试中，没有充分考虑社会的发展需要和学生个人的职业发展需要，不利于学生的个性化发展。其五，它影响了学生的身心健康。在 10 多年甚至更长时间的学习生涯里，学生长期面临巨大的学习、考试排名压力，缺乏应有的个人生活，严重压抑了学生的身心发展，甚至造成部分学生三观的扭曲，导致不少学生早早患上高度近视和颈椎病。

但是，从另一方面来看，应试教育绝非毫无可取之处，它在帮助学生打牢知识基础上是具有一定的优势，同时也是教育发展不均衡、教育资源相对有限的条件下相对公平的选拔制度。因此，要辩证地看待应试教育的利与弊。

与应试教育相对的是素质教育。素质教育是依据人的发展和社会发展的实际需要，以全面提高全体学生的基本素质为根本目的，以尊重学生主体和主动精神、注重开发人的智慧潜能、注重形成人的健全个性为根本特征的教育。素质教育具有如是特征：其一，主体性。它要求遵循教育的个性化原则，充分发展学生的个性。其二，全体性。它要求平等尊重每一个学生，不赞成教育的平均主义和一刀切。其三，全面性。它要求德智体等多方面并重，心理素质、生理素质、文化素质全面发展。其四，基础性。它要求重视学生基础素质的培养。其五，普通性。它强调掌握基础、掌握一般、掌握普通，而不是就业教育或专门定向教育。其六，发展性。它强调让学生学会学习，重视培养学生的自我发展能力、终身学习能力和信息加工能力。①

(三) 网络教育问题

网络教育在我国的起步相对较晚,但随着互联网在我国的迅猛发展,网络教育正在成为新的教育焦点。2016 年,我国网络本科和专科在校学生人数分别为 2339270 人和 4110059 人,毕业人数分别为 700906 人和 1173881 人。② 已有学者概括了有关网络教育的 3 种不同观点:第一是将网络教育看作是一种新的教育手段;第二种是将网络教育看作是一种"以计算机、多媒体、通信技术为主体,以学员个人自主的个性化学习和交互式集体合作学习相结合的一种全新的学习方式";第三种是将网络教育看作是一种新的教育理念,网络教育"不仅仅是一种方式方法,而是一种观念,是将教育融会于受教育者的自然生活之中,按需求教育者的生存方式、生存需要、生活习惯、生活节奏、生活状态和生活喜好来设计提供多种教育的形式,指导需求教育者主动地、发自内心地、积极地选择最适合自身的形式来寻求教育"。③

与传统的教育方式相比,网络教育借助互联网、多媒体和数据库等信息技术的进步,不仅扩大了教育规模,更提高了教育质量。它将使以"教师为中心"的教学模式变成以"学生为中心",让教育资源不在为某个学校所独有,使教育真正跳出了"学校的围墙"。基于互联网的免费、开放、大数据等特性以及其对组织流程的再造功能,网络教育不仅仅是对传统教育进行"信息化"改造,也不是对成人继续教育的"技术升级",而是对整个"知识行业"的业务模式和组织流程进行系统性重构。④ 网络教育不仅带来了教学资源存储和获取方式的变革,还使教育突破了物理时空的限制,更塑造了新的教育生态环境。

---

① 参见杨银付:《素质教育若干理论问题的探讨》,《教育研究》1995 年第 12 期。
② 参见国家统计局:《国家数据》,国家数据网,http://data.stats.gov.cn/easyquery.htm?cn=C01&zb=A0M0D&sj=2018.
③ 陈肖生:《网络教育与学习适应性研究综述》,《中国远程教育》2002 年第 2 期。
④ 参见郭文革、陈丽、陈庚:《互联网基因与新、旧网络教育——从 MOOC 谈起》,《北京大学教育评论》2013 年第 4 期。

网络教育与网络学习既有联系又有区别,网络学习或在线学习是一种新的学习方式,具有自发性、非正式、个别化、具体问题和兴趣导向等特征。有学者将网络时代的学习划分为3种类型:第一种是学科导向的系统学习,主要指的是传统在校学习;第二种是碎片化学习,是指通过浏览和搜索网页进行的一种随意性、个性化、个别化的非正式学习方式;第三种是个人导向的系统学习,指为了基于个人的兴趣和需要,不受专业限制,自己制订学习计划,不以获得相应的资格证书为目的,完全以学习者为中心的学习。① 后两种学习方式属于网络学习范畴。对网络教育、传统教育、网络学习进行全方位的比较,有利于我们全面了解网络时代的教与学活动。具体如表3—4所示。

表3—4 学校教育、网络教育与网络学习比较

比较项目	学校教育	网络教育	网络学习
内涵与定义	由各级各类学校和专业教育机构主办的、正式的、发生在某个物理空间内的教育	由各级各类学校和专业教育机构主办的、正式与非正式的、主要基于网络的教育	个人或团体自发的、基于网络的学习
学习对象	以青少年为主	以成人为主	无限制
主要学习模式	正式学习,班级授课制,面对面为主,脱产学习为主	正式学习或非正式学习,个别化学习为主,远程学习为主,辅以面对面指导,不脱产学习	非正式学习,个别化学习,在线协作学习
学习目标与内容	学校和教育机构决定,学生的选择权很小	学校和教育机构决定,学生有一定的选择权	学习者自定
学习计划与进度	学校和教育机构决定,学生的选择权很小	学校和教育机构决定,学生有一定的选择权	学习者自定
学习评价	学校、教育机构和教师评价为主	学校、教育机构和教师评价为主	自我评价

---

① 参见王竹立:《移动互联时代的碎片化学习及应对之策——从零存整取到"互联网+"课堂》,《远程教育杂志》2016年第4期。

续 表

比较项目	学校教育	网络教育	网络学习
知识结构	由学科与专业体系决定，属金字塔型知识结构	介于学校教育与网络学习之间	松散型或蛛网型知识结构
强制性	有较大的强制性	有一定的强制性	个人学习无强制性，完全靠自律；团队学习有一定的强制性
学习效率	知识传承效率较高，学习系统性较强，但对能力和创新精神的培养有缺陷	目前各方面效率较低	因人而异，但实用性和创新性较强
社会认可度	较高	较低	无须社会认可
证书发放	有	有或无	无
适用范围	适合于结构严谨、基础性、专业性、实验性较强的学科和内容	适合于结构松散、开放性、人文性、实用性较强的学科和内容	以问题为中心的学习，以兴趣为中心的学习

资料来源：王竹立：《我国教育信息化的困局与出路——兼论网络教育模式的创新》，《远程教育杂志》2014年第2期。

网络教育是实现终身教育的必要手段，它既能扩大受教育面以保障公民的受教育权，还能够促进高校入学机会均等化和推动教学资源的社会共享，进而有助于实现教育起点公平、过程公平和结果公平。但是，由于网络教育成本较高，网络教育的结果难以保障以及网络办学的不规范，网络教育对教育公平的推动作用也受到了干扰，在教育机会不均等的情况下甚至会扩大教育的不平等。

由于我国网络教育的发展受到网络基础设施建设、网络接口问题、网络资源重复建设和资金相对短缺等问题的困扰，我国当下的网络教育还存在不少缺陷。例如，普遍存在网络教育信息资源、知识资源、人力资源的建设问题，网络教育资源的共享问题以及网络教育的产业化问题等。尤其在中小学网络教育方面，还存在网络教育的保障机制和评价体系不健全、基础设施薄弱、师资力量薄弱、优质教育资源匮乏等问题。此外，由于我国的网络教育发展缺乏有效的顶层设计，传统教学方式仍然占据主流，对网络教育资源的不恰当利用，导致"数字废墟"现象普遍存在，影响了网络教育的实际效果。①对学校教育尤其是课堂教育的偏重，在网络教育的发展过程中，只是片面地将网络信息技术作为课堂教学的辅助，导致网络教育难以突破教育信息化的"天花板困局"。②

三、解决教育问题的有效举措

推动教育改革、提高教育质量、培养适应社会发展需要的高素质人才，是当今世界各国发展教育事业的着力点。以美国为例，最近20年，美国推进了轰轰烈烈的STEM教育改革（STEM教育指的是科学、技术、工程、数学方面的教育以及融合四门学科的知识，以引导学生提出和解决现实问题，提升学生科技素养和能力的教育），并制定了教育改革的战略目标、中期目标和年度任务，来满足知识经济时代对高STEM人才的高需求。美国政府的STEM教育改革的措施主要内容包括：设立以STEM教育委员会为代表的多种机构进行统筹协调；由多部门为STEM教育提供充足的经费保障；形成跨部门的合作模式，以便为美国国会和政府提供STEM决策的政策建议，为学校提供STEM专业知识和人才，为相关机构提供STEM教育场所和设施设备等。可见，美国政府对STEM教育改革做好了充分的顶层设计，并且充分组织和发挥了各方力量来推进改革，这为我国开展教育改革提供了有益的借鉴。③

要解决我国教育问题，就必须把教育放到整个社会发展的大环境下综合考虑、综合施策、系统推进。对此，我国已经作出了长久的努力。《国家中长期教育改革和发展规划纲要（2010—2020年）》明确了教育改革的总体战略，提出"优先发展、育人为本、改革创新、促进公平、提高质

---

① 参见王竹立：《网络教育资源为什么存在"数字废墟"——中国网络教育资源建设之难点剖析》，《现代远程教育研究》2015年第1期。

② 参见王竹立：《我国教育信息化的困局与出路——兼论网络教育模式的创新》，《远程教育杂志》2014年第1期。

③ 参见李春玲、肖远军：《推进美国STEM教育改革的政府行动：缘由、目标与措施》，《全球教育展望》2018年第7期。

量"的20字教育工作方针,并明确了到2020年教育发展的目标是实现更高水平的普及教育、形成惠及全民的公平教育、提供更加丰富的优质教育、构建体系完备的终身教育、健全充满活力的教育体制,指出"坚持以人为本、全面实施素质教育是教育改革发展的战略主题",强调要坚持德育为先、坚持能力为重、坚持全面发展,着力提高学生服务国家服务人民的社会责任感、勇于探索的创新精神和善于解决问题的实践能力。关于教育发展的具体任务,《教育规划纲要》对学前教育、义务教育、高中阶段教育、职业教育、高等教育、继续教育、民族教育、特殊教育都进行了全面谋划。在教育体制改革方面,《教育规划纲要》就人才培养体制改革、考试招生制度改革、建设现代学校制度、办学体制改革、管理体制改革进行了系统性部署。为了保障教育改革的顺利推进,《教育规划纲要》还对加强教师队伍建设、保障经费投入、加快教育信息化进程、推进依法治教、重大项目和改革试点、加强组织领导等有关方面提出了明确要求。[①]

随着时代的发展,根据教育领域的新问题新目标新任务,中共中央、国务院联合印发《中国教育现代化2035》,这是我国第一个以教育现代化为主题的中长期战略规划,是新时代条件下推进教育现代化、建设教育强国的纲领性文件。《中国教育现代化2035》提出了推进教育现代化的八大基本理念:更加注重以德为先、更加注重全面发展、更加注重面向人人、更加注重终身学习、更加注重因材施教、更加注重知行合一、更加注重融合发展、更加注重共建共享。这八大基本理念,遵循了教育规律和人才成长规律,也顺应了国际教育发展趋势。同时,《中国教育现代化2035》聚焦教育发展的突出问题和薄弱环节,立足当前、着眼长远,重点部署了面向教育现代化的十大战略任务:一是学习习近平新时代中国特色社会主义思想,这是推进教育现代化的根本遵循。二是发展中国特色世界先进水平的优质教育,全面落实立德树人根本任务,形成高水平人才培养体系,这是教育现代化的核心要求。三是推动各级教育高水平高质量普及,全面扩大人民群众受教育机会,这是实现教育现代化的重要基础。四是实现基本

---

① 《国家中长期教育改革和发展规划纲要(2010—2020年)》,中华人民共和国教育部网站,http://old.moe.gov.cn/publicfiles/business/htmlfiles/moe/info_list/201407/xxgk_171904.html。

公共教育服务均等化，努力让全体人民享有更公平的教育，这是教育现代化的基本要求。五是构建服务全民的终身学习体系，加快建设学习型社会，这是服务终身学习、建设学习大国的迫切需要。六是提升一流人才培养与创新能力，优化教育体系结构和学校布局结构，努力提升高校创新服务水平。七是建设高素质专业化创新型教师队伍，坚持把教师队伍建设作为基础工作，为教育现代化提供人才支撑。八是加快信息化时代教育变革，推动教育组织形式和管理模式的变革创新，以信息化推进教育现代化。九是开创教育对外开放新格局，积极服务"一带一路"建设，全面加强与世界各国和国际组织的教育务实合作，提升我国教育国际影响力。十是推进教育治理体系和治理能力现代化，建立多元参与的协同治理新机制，这是教育现代化的重要保障。这些战略任务既立足当前、聚焦教育发展的突出问题和薄弱环节，突出补齐短板、夯实基础，又着眼于长远，反映了时代要求，顺应了未来发展趋势。

妥善解决教育问题，促进教育的长远发展是一项长期性、复杂性、系统性的社会任务。我们应当从教育公平与教育效率双向发力、逐步推行素质教育、改善网络教学的质量和水平等方面着手，重点解决阻碍教育长远发展的根源性问题。

(一)兼顾教育公平与效率

我国教育发展始终面临着提质增效和促进教育公平两大任务。教育效率是指教育对于个人发展和国家发展的贡献率。教育公平不同于教育平等，它是用正义原则对教育资源分配过程和分配结果的价值判断。教育公平与教育效率不是对立关系，也不是主次关系，而是两个相互联系、同等重要的教育目标。促进教育公平和提高教育效率是系统性、长期性、复杂性工程，需要各方面协力推进，尤其需要政府转变教育行政职能。[①] 在教育体系构建方面，重点是调整教育结构。要彻底改变许多地方存在的重视公办教育轻视民办教育、重视普通教育轻视职业教育、重视正规教育轻视

---

① 参见褚宏启：《教育公平与教育效率：教育改革与发展的双重目标》，《教育研究》2008年第6期。

非正规教育、重视城市教育轻视农村教育的倾向和做法，增进教育类型的多样性，促进城乡教育一体化进程，为各种类型受教育者的个性化发展提供更为充分的受教育机会。在教育条件保障方面，需要建立健全现代公共教育财政制度和教育人力资源开发制度，为促进教育公平和提高教育效率提供均衡、充沛的财力和人力支持。在教育服务提供方面，政府应该进一步强化服务理念，扩大服务范围，由控制型管理转变为服务型管理，建立健全支持教育改革和发展的公共教育服务体系，提高服务能力。在教育标准制定方面，应该健全并提高各种教育标准，如各级各类学校办学条件标准、课程标准、学生学业成绩标准、学生全面发展评价标准、校长资格标准、教师资格标准、各级各类学校办学水平评估标准等。这些标准的健全和实施是提高教育质量和效率、实现高水平教育公平的切实保障。在教育质量监管方面，关键是树立全面的教育质量观，建立教育质量监测和评估标准，并实行严格的质量责任制度和问责制度。反对片面追求升学率，反对以分数作为衡量学生发展水平和教育质量高低的错误做法，确立正确的教育发展观、教育评价观和教育政绩观。

（二）逐步推行素质教育

素质教育是我国教育发展的必由之路。在中国，经过社会各界多年的努力，素质教育理念已经深入人心，广大教师实施素质教育的积极性和能力水平都有较大提高，以培养学生的创新能力和实践能力为重点的基础教育新课程改革在全国普遍推行，推进素质教育的举措越来越多样化。例如，南京市开展小班化教学改革，教学质量明显提高；无锡市设立"无锡未成年人社会实践基地"，形成了一个集社会实践、素质拓展、专题教育、文化娱乐于一体的未成年人活动场所；北京市设立少年科学研究院，重点培养青少年的创新意识和能力等。这类素质教育实践取得了很好的效果，也为我们更大规模的推行素质教育改革积累了宝贵经验。素质教育的根本宗旨是全面提高国民素质，需要对传统的教育内容、教育方式、教育原则、教育评价选拔制度等多个方面进行改革。这里，对推广素质教育提出几点原则性建议：其一，要树立正确的人才观，尊重人才的差异性和多样性，不能用一把尺子去衡量和要求每个学生，要通过因材施教，让每个学生都成长成才。其二，要尊重、信任、理解学生，老师和家长都要改善与孩子的沟通交流方式，帮助学生养成健全人格。其三，要注重激发学生的好奇心，培养学生的兴趣爱好，促进学生养成良好的学习习惯。其四，把学生放在教育的主体位置，尊重学生的学习选择权，不断挖掘学生潜能，充分调动学生的学习主动性和积极性。其五，改善教学方式方法，把灌输式教学转变为启发式、参与式教学，组织学生开展探究性学习，鼓励学生自己提出问题、讨论问题，自己提出答案。

（三）提高网络教学的质量与水平

开展网络教学是信息时代教育发展的必然趋势。网络信息技术在教学领域的运用正在引发一场教学革命，它重塑了教育生态，改变了教学环境和师生关系，为个别化教学、个性化学习提供了有益的平台。营造清朗的网络空间是互联网时代开展网络教学的必要前提。那么如何营造良好的网络教学环境呢？一是要打破网络壁垒，促进网络教学资源的跨地区、跨校区、跨行业的共享，让更多的社会成员拥有接入和使用互联网的权利以及相对平等的利用网络学习资源的机会。二是要净化网络空间，治理网络糟粕、网络负能量和虚假信息，防止对网络教学资源的污染和对网络教学活动的干扰，营造健康的网络教学环境。三是要确保网络安全，为网络教学提供基础保障。提升网络学习的效率和质量是改善网络教学的现实要求。一方面，可以通过建立和完善各级教学网络，打造精品化的网络学习资源，实现对网络教学资源的有机整合，来建设高水平的网络教学平台。另一方面，应当提高网络教学资源的利用率低，避免大量的资源被闲置和浪费。此外，还要对网络教学资源进行供给侧结构性改革，改变网络教学资源针对性不强、实用性不强的问题。最后需要强调的是，"网络并非法外之地"，网络教学更不能放松监管，需要不断提升网络教学的规范性，特别要加强对网络教学的全流程和全过程的管理能力，重视对网络教学课程的设计、开发、评价和信息化管理以及完善对网络教学过程、网络教学评估的监管。应当防范资本对网络教学的过多干预，避免资本大量涌入可能导致网络教育行业的畸形发展，避免加重普通工薪家庭的教育负担和学生的学习负担，防范网络教学成为"金钱的游戏"。

第四章 房价问题

房价是房地产价格的简称，包含土地的价格和地上构筑物的价格，是房产和地产市场价值的货币表现。作为人类社会中重要的生产和生活资料，在一定时期内，房地产是相对稀缺性的资源。房价问题由来已久，宋代就有"居长安不易"的说法，宋代更是出现了房屋中介等社会机构。自20世纪90年代，特别是自21世纪之初以来，房价更是对中国的社会经济产生了一系列广泛而深远的影响。

一、房价对经济社会的影响

（一）房价问题与房地产市场发展

"住"是人类的基本需求。任何国家的房地产都是关乎民生的大事。新中国成立以后，在城镇当中，居民住房实行实物配给制的政策，基本能够满足城镇职工住房的底线需求。可以想见，在当时特定的历史阶段，房价不是问题。20世纪90年代以来，城镇的住房实物配给制度逐渐向市场化供给过渡，房地产市场逐渐繁荣，城镇住房水平不断提升。进入21世纪以后，商品房价格"一路高歌"，其间虽有几次小幅波动，但总体价格水平和房价收入比居高不下，成为全社会的"焦点"和"痛点"。

一般而言，房地产有如下特点：商品住宅是一种耐用消费品，兼具消费品和投资品两种属性。房地产居住和投资需求都与房地产信贷有关，房地产是政府税收越来越重要的来源，房地产价格与公共基础设施建设有关，房地产涉及众多产业链，房地产行业具有局部垄断性。除了房地产行业的一般特点之外，我国房地产市场具有其特殊性，表现在以下几方面：中国的土地市场是由政府独家垄断的市场，拥有自己的住房是中国人根深蒂固的观念。① 从各国房地产市场发展情况来看，房价问题始终与房地产市场发展相伴相生。

20世纪以来，美国经济飞速发展，造就了房地产市场的繁荣。最为典型的案例就是佛罗里达州房地产业的发展。从宏观经济层面上看，20世纪初，美国进入高速发展阶段，普通大众的薪资收入大幅提高，社会中产阶层开始形成。佛罗里达州位于美国东南部，风景秀丽，气候宜人。当地政府在发展经济方面采取了"融资基建—发展房地产和旅游业—增加税收"的模式，利用银行资金改善道路交通条件，吸引其他各州民众到佛罗里达州旅游和置业，同时刺激房地产发展。外来投资者纷纷看好佛罗里达州，加入炒房大军，房地产项目也是遍地开花，使土地和房屋的价格呈现出非理性的增长趋势。与此同时，以银行为代表的金融行业也开始从保守转向开放。大量的货币通过不同的渠道进入房地产，进一步推高了房价。1923年至1926年，短短3年时间里，旺盛的投资和投机需求使得地价最高涨幅达到5倍。房地产市场的繁荣以高房价为表征，同时又积蓄了大量泡沫。1926年，击鼓传花的游戏戛然而止，泡沫迅速破灭。资金断裂直接影响了证券市场，经济大萧条随之爆发。

次贷危机表现得更为明显。从20世纪90年代到2006年间，美国房地产市场迅速发展，引起房价上涨。在逐利本能的推动下，投资者不惜以贷款融资等方式进入房地产。在房价上涨的心理预期下，银行等融资机构为扩大利润，又不惜以降低贷款门槛等方式吸引更多的普通老百姓投资房产，便形成了所谓的次贷——次级抵押贷款。美国政府也意识到其中的危机，从2006年开始便试图通过提高基准利率的方式影响资金流向。可惜的是，"一刀切"式的调控政策使得预期收益无法覆盖房地产利润。于是便形成撤资—价格下降—撤资规模扩大—价格崩盘的演化逻辑。次贷危机由此爆发，并波及全球金融行业和实体经济。时至今日，美国政府依然在为这一危机埋单，并仍在努力推动实体经济发展。

日本的房价问题虽然不同于美国，其主导因素是货币政策，但内在的逻辑却是一致的。日本经济学家氏家纯一在2010年"中国发展高层论坛"

---

① 赵志君：《我国房地产市场特征和影响房价的因素分析》，《新疆财经》2019年第1期。

上的发言能够比较典型地概括日本房价一度飞涨的原因。他指出，日本在 1995 年《广场协议》之后，因为外需低迷，出口停滞，所以日本央行实行了扩张性的货币政策。但从消费角度来看，宽松货币政策虽然确实是扩大了私营部门的投资，但是并没有达到真正的刺激消费的效果，因为日本居民拥有的较大的财富主要是以房屋形式存在的。由于房屋价格飞速增长，在这个过程中，房地产出现大的波动和风险，而居民的支出和消费却没有跟着上升，所以大家看到的是股票和房地产资产增长较快，而消费价格指数却没有出现大的变化，加之也没有注意到通胀的上升，而等到发现时已是为时已晚。换言之，宽松的货币政策就像开闸放水，但是这个水不会自动流到人们期望的部门，而是以逐利为原动力，流向利润较高的房地产。20 世纪 90 年代初期，东京的房价比纽约高 7.9 倍，比巴黎高 4.5 倍，比伦敦高 4.2 倍，比法兰克福高 3.1 倍。日本政府也不是没有看到繁荣背后的危机，唯一的办法就是货币紧缩，提高资金成本。同样的，这一举措切断了资金链，致使泡沫破裂。从 1989 年年末开始，日本股市和房市价格腰斩，金融行业出现断崖式下滑，实体经济也遭受牵连，日本也从此进入长达 20 年的经济衰退期。

就国内情况而言，房地产市场的发展与繁荣既有住房制度市场化改革的背景，也有 1998 年亚洲金融危机和 2008 年全球金融危机下货币扩张的影子。确切地说，我国房地产市场发展虽然只有短短的 20 余年，但房价问题始终如影随形。在这 20 多年时间里，围绕房价是否过高、会不会崩盘、是否影响实体经济等问题，社会各界展开了旷日持久的讨论。根据宏观调控政策的出发点和着力点，我国房地产市场经历了鼓励发展阶段（1998—2003）、紧缩限制阶段（2003—2007）、刺激发展阶段（2008—2009）、严厉调控阶段（2010—2014）、精准调控阶段（2015 年至今）。中央政府对房价问题始终保持相当警惕的状态，在让房地产行业发挥正向带动作用的前提下，时刻防范房地产泡沫和金融风险，以免影响宏观经济运行和社会稳定大局。

（二）目前我国高房价问题的特征

不可否认的是，无论从各地住房价格的涨幅速度还是老百姓的切身感受来看，高房价问题普遍存在，而且深刻地影响着经济社会的方方面面。

高房价主要是就房价收入比而言的。关于"房价收入比",指的是住房支出与收入的关系。统计学家恩格尔和施瓦布早在19世纪就已经首次提出这一关系法则。目前被社会广泛认可的有两个观点:一是基于2002年世界银行的定义——"商品住宅平均单套销售价格与居民平均家庭年收入的比值";二是联合国人居中心提出的定义——"房价收入比是居住单元的中等自由市场价格与中等家庭年收入之比值"。

一般认为,从国际经验来看,房价收入比位于4~6倍之间比较合理。结合中国的实际情况,研究人员认为:位于4~8.7倍是符合中国国情的房价收入比合理区间,房价收入比在此范围内,说明居民购房支付能力较强,房价合理性较强;而房价收入比大于该区间范围,说明房价过高,居民购房支付能力不足,房价合理性欠佳。①

客观分析当前我国高房价现象,主要存在以下3个特征:

1. 无论是一、二线城市,还是三、四、五线城市,高房价现象无一幸免,普遍存在

自20世纪90年代以来,快速推进的城镇化成为推动中国经济社会发展的重要动力源。房地产开发需求的城镇建设用地增加,扩大了原有的城镇边界。但由于土地利用模式的粗放和效率低下,导致了"摊大饼"式的城镇化。大量农村人口向不同规模和层级的城镇转移,征地拆迁形成了大批量的购房需求,对房屋的需求量不断增大,导致在不同的区域和阶段,房价持续上升,成为一个普遍的社会问题。根据城市规模分类,研究人员把国家统计局房价观测统计样本中的70个大中型城市确定为研究的一、二线城市,在选取的286个地级市中剔除了这70个大中型城市后,余下的216个城市为三、四、五线城市,对一、二线城市和三、四、五线城市进行房价分析。结果显示:从拐点值来看,一、二线城市的房价已经处于高位,从经济增长质量的视角来看,大部分一、二线城市的房价已经突破了最优值,三、四、五线城市的房价还有很大的上涨空间。②

---

① 参见杨慧等:《基于房价收入比的城市房价合理性评价》,《价格月刊》2019年第3期。
② 参见李国斌、王军:《房价对中国经济增长质量的影响研究——基于286个地级及以上城市面板数据的实证研究》,《价格月刊》2018年第5期。

2. 房价始终处于上升通道，在经过多轮快速上涨之后，房价收入比相对过高，成为重要的经济负担

从变化趋势来看，我国房价格局是经过五轮上涨之后形成的。2000年至2003年，房价增幅呈缓慢稳步上升的态势，涨幅控制在5%以内。2004年至2005年为第一轮加速上升阶段，涨幅分别达到18.7%和16%。2006年，涨幅回落至6.2%。2007年，住宅均价出现了第二轮暴涨，增长了16.86%。2008年，受国际金融危机的影响，房产成交均价曾一度微幅下跌1.9%。国际金融危机过后，在量化宽松货币政策和财政政策的刺激下，2009年出现了第三次上涨，涨幅高达24.69%。2011年和2012年货币政策略微收紧，房产价格平均涨幅回落至5%~6%。2012—2013年，我国房地产价格出现四轮上涨，这两年的平均住宅价格涨幅分别达到8.75%和7.74%，2014年货币政策收紧后房价涨幅回落至1.42%。2015年和2016年我国房产价格涨幅分别达到9.1%和16.6%，是自2010年以来上涨幅度最大的一轮。① 自2016年初开始，国内房价再次出现一轮快速上涨。据Wind数据显示，在全国100个大中城市中，房价出现上涨的城市数量由2015年12月的51个增加至2016年9月的81个。与此同时，房价环比涨幅也快速扩大：2016年1季度环比平均涨幅为0.97%、2季度为1.49%、3季度为2.21%。北京、上海、广州、深圳及部分经济发展水平较高的二线城市房价涨幅更大。

在笔者看来，一个非常直观的感受就是：在多轮快速涨幅之后，房子成为众多家庭巨大的经济负担，房价收入比高位运行且持续上升。据广发证券研报数据，2011年至2012年，中国居民家庭每年房贷还款金额占家庭可支配收入不到20%，而这一比例在2016年高达40%，超过美国次贷危机时期32%的最高水平，也高于目前日本20%左右的水平。② 从研究机构的监测数据来看，房价收入比已严重偏离4~8.7倍的合理区间。这就意味着在某些城市，老百姓为购买房屋可能需要几十年的储蓄收入，甚至是

---

① 赵志君：《我国房地产市场特征和影响房价的因素分析》，《新疆财经》2019年第1期。
② 《中国的房奴们 还款负担已超次贷危机时的美国人》，网易网，http：//money.163.com/16/0909/07/C0GML0V70025816C.html.

几代人的财富,并且提前透支后续几十年的收入。

3. 高房价问题涉及社会的方方面面,已成为焦点问题

房价之所以能够成为社会焦点问题,一方面源于传统文化中"安居乐业""有房才有家"等观念。几乎每一个中国居民都有购房的愿望,最直接的表现就是租售比例较低。这一比例在北京、上海、深圳等大城市不足1/3,而在发达国家,这一比例通常超过50%,美国纽约为69%、洛杉矶为61%、芝加哥为56%、德国为57%。这是形成强烈购房需求的重要因素。另一方面,由于发展路径与外部制度设计等原因,中国的商品房不是单纯消费意义上满足居住功能的商品房。对全国35个大中城市的面板样本数据进行实证检验后发现:房屋的内在价值由其人口居住功能及获得城市教育、就业、医疗、生活等资源享受等其他功能构成,它们是决定城市房价的关键性因素,越是资源优质的城市,其房屋的内在价值就会越高,房价也就相应越高。[①] 近年来,"婚房是否有必要""丈母娘经济学""天价学区房""假离婚成真离婚"等诸多看似光怪陆离、实则屡见不鲜的社会现象,皆是因高房价这一焦点问题所引发的。

此外,从利益相关方的视角分析,房地产市场涉及政府(中央和地方)、开发商、金融机构、房地产投资人、购房者(已购自主、潜在购房)、学者、媒体机构等诸多利益主体,房价高低自然成为各方博弈的焦点。从城市居民来看,想购房还未购的居民希望房价下降,而已购房居民大都期盼房价上涨,至少不希望房价下跌;从房地产开发商来看,其希望通过房价的不断上涨获取更多的利润,并希望这一局面持续下去;从银行等金融机构来看,基于上涨预期的利润考虑,更不愿意看到房价大幅下降;从政府角度考虑,房地产作为国民经济的支柱产业,带动几十个相关产业的发展,维持房地产市场的稳定是确保中国经济持续平稳增长的关键。[②]

[①] 参见李超:《城市资源配置影响房价的实证分析——回归房子的人口居住功能》,《学术研究》2019年第4期。

[②] 参见周春应等:《基于利益相关者视角的我国房价上涨原因探析》,《中国集体经济》2018年第32期。

（三）高房价对经济社会的影响

虽然部分国内学者认为房地产业是占据大量社会资金、严重耗费土地、依靠政府扶持的粗放式增长的产业，但作为重要的经济产业，房地产业对经济社会发展起到了至关重要的作用。世界银行的一项调查表明：房地产市场能够促进建筑、建材、冶金、农林、机械、家电、轻工、家装、家具、金融、中介服务等30多个行业中的70多个产业的发展。21世纪以来，中国经济社会飞速发展的实践证明：房地产行业功不可没。特别是在经济下行阶段，其对快速复苏经济体系、稳定社会就业起到了巨大的推动作用。不过，我们仍然无法忽视并需要引起警惕的是，国内外房地产的发展教训表明，过高的房价带来的繁荣是不可持续的，房地产行业的泡沫对经济社会高质量发展会产生严重的影响，形成诸多社会问题，甚至带来社会秩序的崩溃。

1. 高房价带来市场资源"错配"，增加系统性风险

房价的快速上涨会通过资源错配效应和对创新创业资金的挤占效应，有损于全要素生产率的提升。房地产价格的快速上涨最先会诱导房地产投资的增加，而房地产投资的增加又会通过经济部门的"杠杆"放大，使得更多的资金在房地产"头羊"的带领下进入房地产市场，并进一步推高了房地产价格。通过价格传导机制，一方面可促使土地租金和劳动力成本提高，进而使得企业部门不得不增加投资或放大杠杆，以满足维持正常运营的资金需求；另一方面，价格上涨使得房地产成为银行等金融部门"关爱有加"的优质抵押资产，使融资更为便利，无论是企业还是政府部门和居民，举债的内生动力更为明显，进而促使社会整体负债率水平相应提高。在社会资金总量相对恒定的情况下，房地产行业的资金占有比例持续上升，将使得其他行业缺乏大量资金，或资金成本上升，形成了资金"错配"的格局。研究结果表明：城市高房价显著抑制了城市全要素生产率水平的提升，这种抑制效应主要来自房地产投资对实体经济资金的"挤占效应"和"资源错配效应"。[①] 长此以往，就会造成整个经济对房地产业及其

---

① 参见余泳泽、李启航：《城市房价与全要素生产率："挤出效应"与"筛选效应"》，《财贸经济》2019年第1期。

相关产业的依赖性增强，或者准确地说，房地产行业绑架了经济运行，增加了系统性风险。

2. 高房价会影响城市的竞争力

根据《国家人口发展规划》（2016—2030）的预期目标，2030年中国常住人口城镇化率将达到70%。交通条件的改善、互联网等信息技术的发展进一步缩短了时空距离，也加剧了城市间在要素、产业等方面的竞争。房价高企增加了居民的住房负担，影响了企业的盈利和生存，对城市竞争力的提升产生了负面影响。从理论上看，一方面，高房价影响了城市中居民的生活成本，并通过劳动力市场进一步影响到城市中企业可获得的人力资本数量；另一方面，房价会影响到企业投资决策，高房价带来的过高房地产投资比重往往会降低企业生产率，不利于城市经济的转型升级，并挤出企业在研发、技术创新等方面的投资。[①] 从国内外经验来看，房价对城市竞争力的影响具有相当的复杂性。20世纪90年代的日本东京、大阪等城市房价泡沫破裂后，房价的迅速下降通过金融体系对城市发展产生了明显的负面影响。近年来，中国温州、鄂尔多斯房价的暴涨与暴跌都严重损害了其城市竞争力。美国的硅谷、中国的深圳等科技创新型城市近年来过高的房价也阻碍了其科技创新人才的集聚，不利于城市竞争力的提升。从长三角地区的实证研究来看，近年来不断上升的房价抑制了流动人口的购房意愿，影响了城镇化进程。[②] 从长远来看，过高的房价增加了城市生活的成本与商务发展的成本，限制了城市对人才的吸引力，降低了城市竞争力。

3. 高房价影响居民消费水平

长期以来，出口和投资是中国经济增长的主要动力。近年来，随着国内外经济环境的变化，消费拉动特别是扩大内需成为经济发展的重要战略选择。十九大报告进一步强调，要"完善促进消费的体制机制，增强消费

[①] 参见倪鹏飞等：《房价对城市竞争力的影响：综述与展望》，《城市与环境研究》2018年第3期。

[②] 参见张传勇：《劳动力流动、房价上涨与城市经济收敛——长三角的实证分析》，《产业经济研究》2016年第3期。

对经济发展的基础性作用"①。在高质量发展新阶段，消费成为稳经济、促发展的最为重要的引擎。

住房兼具消费品与投资品双重属性，房价波动影响居民消费亦具双重性：它既存在促进居民消费的财富效应，又存在抑制居民消费的挤出效应。在这两种效应作用下，房价上涨对居民消费的影响呈倒 U 形，即房价在居民可承受范围内合理上涨，能够促进消费，而房价一旦呈现非理性上涨，对消费的抑制作用就越大。② 根据国内外学者的研究，这种倒 U 形的影响关系，还要取决于各地区金融市场的发展水平。一般而言，当金融发展水平不高时，房价快速上涨会抑制居民消费。随着金融发展水平的提高，房价快速上涨会明显抑制居民消费。这就意味着大量的财富通过各种机制和手段迅速集中到开发商、地方政府、银行等部门，改变了可支配条件下的财富分配格局。房奴比例上升，市场消费预期和水平必然受到抑制。对 2003 年至 2016 年地级市面板数据中城市房价水平与城镇居民消费支出的分析表明，在非线性框架下，城市房价水平上涨虽然增加了家庭财富，但同时也提升了住房服务的消费成本。正向的财富效应被负向的替代效应所抵消，导致其对城镇居民消费支出总体上呈现抑制作用。③

4. 高房价会扩大收入差距

房价对居民收入的影响主要通过两条途径来实现：一是财富效应，房价上涨直接增加家庭房产价值以及衍生而来的房租等财产性收入；二是信贷效应带来的房价上涨会增加住房抵押贷款的额度从而提高有房家庭的融资能力。当房价快速上涨而且预期价格上涨时，其投资功能就开始凸显。一方面，会出现"马太效应"，富人会因投资房价上涨而出现财富的升腾式增值，穷人却因没有能力投资房屋而导致收入停滞不前；另一方面，房价的上涨会带动最终产品价格上涨。对于靠工薪收入生活的居民来说，在

---

① 习近平：《决胜全面建成小康社会 夺取新时代中国特色社会主义伟大胜利——在中国共产党第十九次全国代表大会上的报告》，《人民日报》2017 年 10 月 28 日。

② 参见易行健：《解读房价波动对居民消费的影响及调控思路》，《长沙理工大学学报》2018 年第 5 期。

③ 参见刘颜、周建军：《城市房价上涨促进还是抑制了城镇居民消费？》，《消费经济》2019 年第 1 期。

名义货币收入相对稳定时，物价的上涨会导致其实际收入水平的下降，富人会由于房产价格的即时上涨而获得利息、地租等收益，致使贫富差距进一步扩大。① 通过对2001年至2016年我国省际面板数据的分析，表明房价高企引发经济"脱实向虚"并最终导致劳动收入份额的下降。② 研究还发现，住房增值与基尼系数呈U形关系，即当住房增值较小时，基尼系数伴随住房增值的增加而下降；当住房增值较大时，基尼系数随着住房增值上升。③

房价上涨还会进一步扩大城乡收入差距。通过研究全国277个地级及以上城市的数据，测度城乡居民收入差距泰尔指数的结果表明：全国房价和城乡收入差距存在明显的双向影响机制，房价每上涨1%，城乡收入差距泰尔指数提高0.004，城乡收入差距泰尔指数每提高0.01，房价上涨2.9%，不同城市间房价和城乡收入差距的空间自相关以及房价的惯性上涨强化了这种双向影响机制。④

二、推高房价的因素分析

长期来看，房价持续上扬，对国民经济社会发展的危害不言而喻。对此，各级政府大都采取了全方位的宏观调控措施，但效果相对有限：房价上涨没有得到有效控制，住房需求问题没有很好解决、土地和信贷政策没有发挥理想的效果。面对房价的持续上涨，社会公众的焦虑情绪普遍蔓延，反过来进一步强化了"上涨"预期，使得房地产的调控难度进一步加大。实际上，无论是从供需理论还是制度经济学的角度分析，结合经济社会发展实际，土地财政、城镇化进程、行业特征这3股力量相互纠缠、同频共振，共同推高了当前的房价。

---

① 参见黄晟子：《高房价对社会经济的影响》，《环渤海经济瞭望》2018年第3期。
② 参见曹清峰：《房价高企、经济"脱实向虚"与劳动收入份额》，《财经科学》2018年第11期。
③ 参见杨巧、杨扬长：《房价波动对居民收入分配状况的影响及差异研究》，《湖南商学院学报》2016年第2期。
④ 参见谢鹏、孙群力：《房价与城乡收入差距的交互影响及空间溢出效应》，《湘潭大学学报》2018年第4期。

(一) 招拍挂政策：土地财政、政绩考核、地方政府负债

一方面，地方政府以公权力背书，通过一级土地市场获得土地资源；另一方面，地方政府又利用"招拍挂"机制，在某一时段内，限量供应土地资源，获得高额土地出让金，从而导致用地成本过高、房价高企。在这一过程中，地方政府作为建设用地的唯一合法的"批发商"，在受到土地指标配额约束的前提下，决定着土地供给的数量、结构、进度、区位、容积率以及供给价格。① 研究人员采用干预分析模型，利用1999年2月至2010年10月中国房价的月度时间序列数据，对土地招拍挂政策进行规范的政策评估，结果表明：土地招拍挂政策的实施使全国房价提高了4.7至15.7个百分点。② 近10年来，各地"楼王""面粉比面包贵"等现象屡见报端，更是成为刺激社会公众购房情绪的新敏感源。

虽然在2017年4月1日，住建部和原国土资源部联合发文《关于加强近期住房及用地供应管理和调控有关工作的通知》（建房〔2017〕80号），要求各地结合本地实际和出让土地的具体情况，灵活确定竞价方式，包括采取"限房价、竞地价""限地价、竞房价"、超过溢价率一定比例后现房销售或竞自持面积等方式，坚决防止出现区域性总价、土地或楼面单价新高等情况，严防高价地扰乱市场预期，使得土拍市场总体有所缓和，但仍然未能有效缓解地价的涨幅。根据世联研究的《2019年上半年房地产市场报告》，住宅用地招拍挂成交的溢价率整体抬升显著。一线、二线、都市圈三线和非都市圈三线的土拍溢价率分别从2018年第4季度的6%、7%、7%、12%上升至2019年第2季度的20%、22%、26%、22%，其中2019年第2季度抬升尤为突出。4月，土拍热情最高涨，苏州更是接连出现地王并引发政府强调控；5、6月二、三线城市溢价率虽有回落，但都保持20%上下，波动不大。③

---

① 参见倪鹏飞、沈立：《制度偏漏、机制扭曲与房价蔓延式飙升》，《社会科学研究》2019年第2期。
② 参见王岳龙：《土地招拍挂制度在多大程度上提升了房价？》，《财贸研究》2012年第3期。
③ 参见世联研究：《2019年上半年房地产市场报告》，搜狐网，http://www.sohu.com/a/342197590_120336423.

之所以出现上述局面，与当前"土地财政""政绩考核""地方政府负债"密切相关。

土地财政是在我国经济社会转轨过程中出现的一种特有的经济现象，其本质上是土地未来收益的贴现，其与我国现代财税制度、土地制度等都有着密切的联系。住房则是涉及全体社会成员的重要问题。土地财政与住房价格有着千丝万缕的关系。自1994年分税制改革以后，地方政府的财税收入分成比例较低，地方财政收支不平衡现象加剧，不足以满足其承担事权所需的开支，同时还面临着政绩考核和保障民生的双重压力，这为"土地财政"提供了原始动力，也是推高住房价格的一个重要原因。目前实行的城市土地国家所有制和农村土地集体所有制，使地方政府彻底垄断了城市的住房土地供应市场，为"土地财政"创造了条件，并通过土地拍卖制度将垄断收益最大化。研究表明，财政支出分权度与土地财政和住房价格均具有正相关性，财政收入分权度对住房价格则具有负相关性。我国东、中、西部省份存在着较为明显的经济发展差异，反映在财政分权度和土地财政对住房价格的影响上，即存在着与地区差异一致的影响度。当地方财政收入与财政支出相匹配时，地方政府与土地财政之间的依赖程度必然减弱，并与住房价格之间产生负相关性，这个结论与实践中土地财政对住房价格的影响机制是完全吻合的。[①]

在现有的追求GDP、财政收入增长的政绩考核体制下，地方官员为从"晋升锦标赛"中获胜，必须从其所掌握的地方资源中探索出有效促进GDP提升、增加财政收入的方法。在这种制度背景下，大力发展并繁荣房地产就成为其首要选择。简言之，在不合理的政绩考核体系下，地方官员形成了具有特定偏好的"政绩诉求"，并推动着住房价格不断上涨。一项对2002年至2010年间在35个大中城市任职的市长和市委书记的详细个人信息以及城市房价和经济基本面指标等数据进行的研究发现，官员任期和政绩压力对城市房价均有显著影响。具体而言，官员任期与城市房价存在倒U形关系，官员的政绩压力对房价有显著的正向影响。并且在官员任期较短时，政绩压力会加剧官员任期对城市房价的正向促进作用，而当任期

---

① 参见郑洁等：《土地财政与住房价格关系的统计检验》，《统计与决策》2019年第7期。

较长时，政绩压力又会阻碍官员任期内对城市房价上涨的抑制作用。[①] 此外，政绩考核推动房价上涨的程度又在不同区域条件下有所区别，而且区域之间的"竞争"态势又会推动房价联动上升。2001年至2015年的省级面板数据分析显示，地区之间随着城市化水平和财政分权度的提升，政绩诉求对房价的影响力会上升。政绩诉求不仅显著提升了本省的房价，而且还对邻省房价上涨起到明显的促进作用。[②]

2008年国际金融危机之后，地方政府融资平台的地位得到进一步突出。人民银行联合银监会发布的92号文《关于进一步加强信贷结构调整促进国民经济平稳较快发展的指导意见》，鼓励地方政府通过增加地方财政贴息、完善信贷奖补机制、设立合规的政府融资平台等多种方式，支持有条件的地方政府组建融资平台，发行企业债、中期票据等融资工具。财政部发布631号文，明确地方政府配套资金可利用政府融资平台通过市场机制筹措。2009年以来地方融资平台公司开始大规模举债，融资方式也不再局限于银行贷款，还包括充分利用企业债、项目收益债、短期融资券、中期票据、专项债、政策性银行贷款、专项建设基金、银行信贷、非标、互联网金融、P2P等，使得地方政府债务规模越来越高，问题也越来越严重。从全国平均水平来看，2019年需偿还债券金额占公共财政收入比、2019年至2021年需偿还债券金额占公共财政收入比以及公共财政收入占GDP的比例分别为28.69%、101.06%和12.13%。其中，2019年、2020年、2021年全国31个省市需偿还债券（含地方政府债和城投债）的金额分别为3.18万亿元、3.45万亿元和4.57万亿元。考虑到这里并没有将隐性债务纳入，因此实际压力可能要大很多。目前我国显性债务规模接近27万亿元，即便按照1∶1的比例计算，地方政府隐性债务规模也有近30万亿元，因此整体上看地方政府债务规模超过50万亿元应该问题不大，但考虑到90万亿元的国内生产总值目前仅有11万亿元的公共财政收入，地方

---

① 参见郭峰、胡军：《官员任期、政绩压力和城市房价——基于中国35个大中城市的经验研究》，《经济管理》2014年第4期。

② 参见骆永民、骆熙：《地方政府政绩诉求影响房价的空间特征研究》，《经济社会体制比较》2018年第2期。

政府的债务负担率可想而知。①

如何还债并保证资金链不断，确实是各地市长的必修课。虽然每年各地政府都会持续开展招商引资活动，大力发展工业制造业，并通过土地、税收等优惠政策扶持工业经济，但在短期内对地方财政的贡献力度不大，因为增值税的大头归中央政府。因此，在刚性兑付的条件下，地方政府不得不选择高价买地这一捷径获得"快钱"，以覆盖到期利息和债务，确保资金链不断。

从实际操作来看，工业化和城镇化进程需要大量资金，诱发政府举债发展，以用于城市基础设施建设和公共事业服务、营造优良的投资环境和生态环境、吸引外来人口流入，并"制造"住房需求。在住房供给相对滞后的情况下，房屋价格必然上涨。全国的统计数据也印证了这一结论：政府债务与房价上涨趋势几乎一致。

（二）城镇化进程：人口流动、城镇扩张、基础设施投入

城镇化进程是人类社会改造利用自然的过程，是"人"和"地"对生存空间的重新配置，是人口城镇化与土地城镇化相互结合、协调发展的结果。改革开放以来特别是进入21世纪以来，中国社会正在经历快速的工业化和城镇化。根据国际通行标准，这一进程距离结束还早。据国家统计局的数据显示，从城乡结构看，2019年我国城镇常住人口84843万人，人口城镇化率为60.6%，远远低于发达国家平均80%的水平。有学者指出，伴随着城镇人口的不断增长，将会引起住房需求的不断增长，这是影响住房价格的长期性因素，中国未来15年的住房需求增长将主要由人口城镇化决定，即城镇化是引起中国房价快速上涨的重要因素之一。②

改革开放以来，受制于城乡二元分割的国情，我国人口流动规模巨大，而且极富规律性。国家卫健委发布的《中国流动人口发展报告2018》

---

① 参见任涛：《地方政府债务专题研究——附31个省市和382个地区的债务负担数据》，新浪财经网，http://finance.sina.com.cn/stock/stockptd/2019-03-31/doc-ihsxncvh7008936.shtml。

② 参见郭克莎：《中国房地产市场的需求和调控机制——一个处理政府与市场关系的分析框架》，《管理世界》2017年第2期。

显示，20世纪80年代以来，我国流动人口规模的变动过程大致可以分为3个时期：第一个时期是20世纪80年代初期至90年代初期，流动人口规模从1982年的657万人增加至1990年的2135万人，年均增长约7%；第二个阶段是1990年至2010年，流动人口规模从1990年的2135万人增加至2010年的22143万人，年均增长约12%；第三个阶段是2010年至2015年，流动人口增长速度明显下降，年均增长约2%。① 虽然从2015年开始，全国流动人口规模从此前的持续上升转为缓慢下降，但总体规模仍然巨大。2017为2.44亿人，比大多数国家的各自人口规模还要大，这在全世界是极为罕见的。其中，在新生代流动人口中，"80后"所占比重为35.5%；其次是"90后"，占24.3%。② 流动人口有两个特点：一是流动人口基数大，二是青壮年为主，占5成以上。显然，流动人口和青壮年各自占比两者叠加，构成了目前城镇化进程中强大的刚性购房需求，成为房价持续上涨的市场动力。同时，从流入区域来看，以珠三角、长三角、京津冀、长江中游和成渝城市群为代表的五大城市群仍将是我国流动人口的主要集聚区和城镇化的主战场。上述区域也是房价上升最快、房价收入比较高的区域，与人口流入城市具有空间上的重合。数据研究显示，快速城镇化与区域城市经济发展水平"剪刀差"效应带来的人口流动与房价波动具有显著的正相关性。基于35个大中城市2010年至2015年数据的实证结果表明，在控制就业密度、城市常住人口规模、人均可支配收入和城市基础设施水平较大或较高的条件下，流动人口占比更高的城市房价更高，这不仅体现在过去的人口流动信息对当期房价水平具有促进作用上，而且更体现在当期流动人口占比对房价的影响更显著上。③

此外，考虑到人口红利、人口基数缩小的影响，在国家规划和各地政策层面，出台加速人口流动和落户的举措，进一步坚定了房地产市场房价

---

① 参见《国家卫生健康委员会2018年12月22日新闻发布会散发材料之八：〈中国流动人口发展报告2018〉内容概要》，中华人民共和国国家卫生健康委员会网，http://www.nhc.gov.cn/wjw/xwdt/201812/a32a43b225a740c4bff8f2168b0e9688.shtml.
② 《报告：中国流动人口总量达2.44亿连续三年下降》，中国新闻网，http://www.chinanews.com/sh/2018/12-22/8709965.shtml.
③ 参见兰峰、吴迪：《人口流动与住房价格波动——基于我国35个大中城市的实证研究》，《华东经济管理》2008年第5期。

继续坚挺的信心。《国家新型城镇化规划（2014—2020 年）》提出，以人的城镇化为核心，合理引导人口流动，有序推进农业转移人口市民化，逐步使符合条件的农业转移人口落户城镇，不仅要放开小城镇落户限制，也要放宽大中城市落户条件。以合法稳定就业和合法稳定住所（含租赁）等为前置条件，全面放开建制镇和小城市落户限制，有序放开城区人口 50 万至 100 万的城市落户限制，合理放开城区人口 100 万至 300 万的大城市落户限制，合理确定城区人口 300 万至 500 万的大城市落户条件，严格控制城区人口 500 万以上的特大城市人口规模。①

虽然商品房的建造成本在全国相比差别不大，但是在不同的城市、同一城市的不同区域，价格却是截然不同。其关键不在于房子本身，而在于房子所在地段的配套水平，即附着在居住功能上的以就业、医疗、教育、生活、交通、环境等因素构成的享受功能。由于居住功能的价值完全取决于房屋的质量，这在不同城市的区别不大，而获得房屋其他功能享受的价值则受不同城市资源质量高低的影响，越是拥有高质量资源的城市，房屋其他功能享受的价值无疑就会越高。② 房地产市场有句格言：决定房地产价值的第一是地段，第二是地段，第三还是地段。政府规划和投资的基础设施的一次性决定了地段的不可替代性，也决定了地段的价值。虽然表面上房价受制于供需矛盾，但本质上，是由地段价值决定的，这也是经营城市的核心和灵魂所在。不少地方政府深谙此道，因此不惜重金（举债）新建或搬迁学校、医院、交通基础设施、公园，引入大型商业综合体，提升土地升值空间，推动现有城镇扩张。以修建地铁为例，在某些城市，虽然地铁开通后的现金流甚至不足以覆盖融资利息，但作为公共基础设施投入，客观上能够带动地铁站周边土地和房价的升值。显然，地方政府看中的不是单个行业收益，而是由"点投面收"模式带来的地段升值、形象提升、功能提档以及由此增加的全行业税收。

---

① 参见《国家新型城镇化规划（2014—2020 年）》，中央人民政府门户网站，http：//www.gov.cn/zhengce/2014-03/16/content_2640075.htm。
② 张超、李超：《城市资源与人口集聚：房价的中介与调节效应》，《华南师范大学学报（社会科学版）》2018 年第 5 期。

(三)行业特征:局部垄断、成本推动、文化惯性

从行业特征来看,房地产开发项目涉足部门众多,业务范围广泛,沟通协调难度大,各部门配合要求高。在开发过程中,对外涉及自然资源、发改、城乡建设、人防、消防、生态、卫健、税务等众多政府部门,报批和建设过程"繁杂",对内则涉及投资、营销、涉及、财务等多部门合作,环环相扣,不可或缺。从开发周期来看,少则三五年,多则七八年,包括一级开发、投资管理、土地确权、规划设计、施工图设计、项目施工、项目预售、竣工验收、项目交付等多个阶段。行业特征从根本上决定了房价涨跌不同于普通商品价格的涨跌。

1. 同国外相比,我国的房地产行业还具有局部垄断特征

这具体表现为3次垄断定价:政府对土地的垄断性定价、开发商对新建商品房的垄断性定价和二手房市场的垄断性定价。首先,我国的土地市场是由政府独家垄断的市场,房地产是政府税收的重要来源。因此,房地产市场也是政府政策调控的主要对象,房地产税收政策对房地产价格具有显著的影响。对开发商而言,土地的所有权是由政府独家垄断的,建设住宅所需土地是政府按计划供应的,这可以看成外生给定变量。由于信息不对称,政府供应的土地按照招拍挂方式定价,出价高者可得到土地。土地供应的多少对土地价格具有举足轻重的影响。其次,住房供给是垄断竞争市场。由于土地资源的有限性和房地产商的准入限制,一个房地产商一旦取得了某一地块的开发权,土地资源的垄断就转换成了房地产商对本地段新建商品房的垄断,开发商也取得了地上建筑物的垄断(或寡头垄断)定价权。同一地段往往只有一个或有限几个开发商,为了最大化地获得利润,他们可以合谋:他们一般不会向市场一次性提供开发地块建造的所有住房,而是分期开发,控制销售节奏,实行阶梯形垄断定价。同一地段的土地开发和土地上的物业一旦被开发商掌握,就会被开发商视为有限的资源,房屋买一套少一套,属于稀缺资源,所以从拿地到房屋售完,某些开发商往往将这一过程持续几年甚至十几年。对每一个开发商而言,其房地产销售策略执行的是动态垄断定价策略。最后,二手房市场的垄断性定价。大多数人买房的目的毕竟是自住。由于自住房一般不进入二级市场流

通,所以大部分存量住房类似股票市场的非流通股。剩余的可流通的二手房特别是中心城区的二手房资源会随着城镇化的推进越来越稀缺,房价极易被投资和投机势力操纵,进而出现非理性上涨。①

2.成本上涨因素也是推高房价的重要因素

一般而言,房地产开发项目成本包括土地成本、开发建设成本、各项税费、融资成本等。自从2003年实行严格的招拍挂之后,土地价格直线上升,带动了房价预期和交易价格的上升。土地成本在房屋开发成本中所占比例较高,一般在30%~40%,是影响房价的关键因素。开发建设成本包括工程开发成本、工程建设配套费用等。房地产行业还是一个税费环节相对较多的行业,开发环节涉及契税、耕地占用税、印花税,建设阶段涉及增值税(营业税)、印花税、城市维护建设税、教育附加,房屋交付环节也涉及契税、增值税、城市维护建设税、教育附加、所得税等。无论是哪一种税收,只要是开发商缴纳的,都会最终转嫁给购房者。此外,资金对房地产开发商异常重要。以目前的市场价格来看,很多开发商的融资成本都在10%左右,高杠杆和高利率提高了开发成本,最终都会体现在房价中。通过对个案项目的研究发现,工程费用约占整个项目投资总额的6成左右,政府收取的费用(含土地出让、税费等)占到3成左右。其中,建筑材料和人工成本随着房地产市场的繁荣,价格也水涨船高,直接推高了房价。

商品房作为大宗商品,其价格也会受到货币供应量的影响。在国内外多因素的相互交织和影响下,近20年来,中国基本处于货币超发状态。历史数据表明:我国每年的广义货币增长和官方广义货币增长超过实际经济增长率。2000年以来,中国共有5轮货币超发达到峰值的时期,其中自2008年以来,货币超发的规模远超过去水平。过量的货币最终流入以房产为代表的金融市场以及实体市场,直接导致资产价格上涨。在货币超发的大环境下,一线城市房地产增速与其基本持平。②

---

① 参见赵志君:《我国房地产市场特征和影响房价的因素分析》,《新疆财经》2019年第1期。

② 参见任泽平、甘源:《我国近20年货币发放量与资产价格比较研究》,《发展研究》2019年第2期。

三、高房价问题的对策建议

房价过快上涨，不仅是一个经济问题，更是一个严重的民生问题和政治问题，如不能予以妥善处理，极易阻断正常的社会阶层流动，并有可能撕裂当下来之不易的社会共识。需要注意的是，中国的房价问题不同于国外的房价问题，受制于特定的人口规模、政策土壤、市场条件和发展阶段，很多分析问题的方法和解决问题的路径早已超越纯经济学的范畴。过去几年间的事实证明，仅凭供需理论推导出的宏观调控政策，不仅没有起到应有的效果，反而火上浇油，我国房价出现多轮报复性反弹，沦为"中央空调"。此外，由于我们仍然处于经济社会转型升级阶段，而且国土辽阔，东部、中部、西部、南方、北方，一线城市、二线城市、三四五线城市，区域之间的发展水平又有所区别，甚至迥然相异。所以，从全世界来看，任何一个社会问题在当下中国都会表现出绝无仅有的复杂性和长期性，高房价问题也不例外。相应的，在提出政策建议的过程中，不仅要看树木，更要见森林，避免头痛医头、脚痛医脚；不仅要治短期，更要重长效，防止政策大起大落。

（一）建立科学有效、动态管理的中央和地方财税分成体制，并优化地方官员的政绩考核与选拔机制

过去10多年中，中央政府对房价"十年九调"，甚至动用严厉的行政干预手段调控房价，并建立了稳定房价的"问责制"，但效果仍不显著，其根源就在于房价决定机制嵌入在现行行政管理体制和财税分担体制中。因此，首先要解决长期以来中央和地方政府财权、事权不对等的问题，重点解决财力过度上收、事权过度下放的问题。应在加大中央财政转移支付力度的基础上，增加由中央统筹的公共事务；积极探索增加地方政府税源，适度调增增值税地方分成比例；调整土地出让金分配模式，明确中央和地方分配比例和形式，从源头上让地方政府摆脱对土地出让金的"路径依赖"。其次，应针对各地区经济发展阶段和水平，因地制宜，完善科学有效的政绩考核和官员考核机制，丰富指标内容，采取差异化权重考核方

式，更加注重地区可持续和高质量发展。

（二）保持宏观调控战略定力，坚持"房住不炒"，坚决遏制投机性需求，并针对区域差别，实施差异化的住房调控政策

在未来一段时间内，应保持战略定力，坚持"房住不炒"的原则，根据国民经济社会发展需要制定合理的发展目标和速度，改革基础制度，建立长远机制，发挥好房地产行业在国民经济体系中的作用，做到不过分依赖、不过分打压。同时，应继续完善目前中央和地方合作的房地产宏观调控机制。中央要多做"裁判员"，出台原则性意见，强化地方政府"第一责任人"角色，突出主体责任，即"谁家的孩子谁抱走"。坚决遏制投机性需求，增加持有环节成本，对二套以上住宅征收累进制财产税，提高二套房首付比例等，严厉打击"囤房""捂房"等投机行为，规范房地产市场，进而为稳定房价引路。同时，还要根据房价上涨自上而下的空间逻辑特征，对不同能级的城市采取差异化的调控措施。比如，对于大城市而言，其主要问题是房价上涨压力过大，因此，宏观调控的主要任务是增加供给、抑制需求，控制房价过快上涨。对于中小城市而言，其主要问题是库存过大，因此，宏观调控的主要任务是抑制供给、刺激需求，防止房价过快下跌。

（三）优化城镇化进程的规模和路径

十九大报告清晰阐述了"两个一百年"的目标：在2020年全面建成小康社会、实现第一个百年奋斗目标的基础上，再奋斗15年，在2035年基本实现社会主义现代化。从2035年到本世纪中叶，在基本实现现代化的基础上，再奋斗15年，把我国建成富强民主文明和谐美丽的社会主义现代化强国。可以预见，在未来的数十年当中，城镇化依旧是未来支撑并推进中国现代化建设的重要动力源，我们必然要迎来大规模的"人口城镇化"和"户籍城镇化"，且房地产投资的热情还会持续一段时间，房价在短期内快速下降的可能性很小，也不现实。因此，地方政府在推进城镇化进程中，应着力注意以下3个方面：一是坚持有序的城镇化，引导人口合理流动，根据城市未来规模和城市国土空间边界，制定人口落户"路线图"，并在

户籍、教育、医疗、社保等方面出台相应的落户政策。二是坚持产城融合发展。产业与城市融合发展，要以城市为基础，承载产业空间和发展产业经济，要以产业为保障，驱动城市更新和完善服务配套，进一步提升土地价值，以达到产业、城市、人口之间互为依托、互相促动、高效优质的发展模式。要推动实现城市土地集约化，扩大产业空间加速产业聚集；要增加就业人口，规避盲目城市化带来的空城现象；构建城市产业生态体系，增强产业自我更新能力；要促进城市一体化建设，防止"空城""睡城"和"鬼城"。三是要注重公共资源的均等化配置，特别是在教育、文化、医疗、卫生等重点领域，要努力消解差异化公共资源推高房价的影响，避免"天价学区房、商住楼"等现象。

（四）加快完善住房保障体系

保障社会成员的基本居住权是政府的重要职责。住房是一种特殊的商品，仅仅依靠市场的手段不能完全解决全体社会成员的住房问题。反过来说，全民买房也是不现实的。因为各个阶层在满足住房需求的能力上有巨大的差异，其中，中低收入家庭依靠自身收入无法满足住房需求。然而，恰恰是出于各种各样的动因，反而从需求方面推高了房价。因此，加快完善住房保障体系就显得尤为必要。在中央层面，应加快推动住房保障立法，明确国家层面住房保障顶层设计和基本制度框架，夯实各级政府住房保障工作责任，同时为规范保障房准入使用和退出提供法律依据。在执行层面，对于人口净流入较多、住房保障需求较大的大中城市，要加大公租房保障力度，因地制宜发展共有产权住房，加快促进解决城镇中低收入居民和符合条件新市民住房困难问题；对于人口流入一般的中小型城市，应加大政府购买（建设）经济适用房的力度，在化解库存的同时，满足"夹心层"家庭的住房需求。在公租房领域，对低收入家庭要完善准入与退出机制，灵活运用公租房政策，增加公租房实物供给，鼓励有条件的地区逐步推广政府购买公租房运营管理服务，积极推进租赁补贴，满足其多样化需求，保障其基本居住权益。

第五章 医疗卫生问题

一、医疗卫生的含义

(一) 医疗卫生的含义

在国际上,医疗卫生事业通常指的是健康或卫生事业,其涵盖范围比较广泛。"2013 年世界卫生组织报告提出了全民健康覆盖的概念,'全民健康覆盖'的界定是:所有人都应当享有所需要的有质量的卫生服务,包括健康促进、预防、治疗和康复等,并且不因利用这些服务而出现经济困难。全民健康覆盖的目标是确保现在和将来所有人都可以获得所需的卫生服务而不会有经济损失或陷入贫困的危险。"[①]

在中国,医疗卫生事业的发展正在从以治病为中心转向以预防为中心的"健康中国"建设。在 2015 年的全国卫生与健康大会上,习近平总书记指出,要以普及健康生活、优化健康服务、完善健康保障、建设健康环境、发展健康产业为重点,加快推进健康中国建设,努力全方位、全周期保障人民健康。健康不仅仅是治病,而是包含预防、治疗、康复、安宁等一系列环节的服务,更是包括健康理念宣传、健康行为转变、健康环境维护、健康心理营造等内容的全方位的健康环境再造,也是包括政府、市场、社会组织、社区、家庭和个人通力合作,人人有责、人人尽责、人人共享等内容的健康治理格局的构建。因此,广义的医疗卫生指的是健康卫生,是政府和社会通过配置医疗卫生资源,以预防疾病和促进、保护或恢复国民的健康为目标而采取的一系列规定和行动的总称。[②]

[①] 参见蒋春红等:《我国"全民医保"在"全民健康覆盖"进程中作用分析》,《中国卫生事业管理》2015 年第 2 期。

[②] 参见王思斌:《社会政策》,中央广播电视大学出版社 2010 年版,第 199 页。

(二) 医疗卫生的内容

医疗卫生事业的发展具有三大重要目标：其一，通过降低死亡率和发病率等措施提高国民的健康状况；其二，通过医药服务和保障体系的优化避免国民由于健康问题而面临经济和社会风险；其三，不断满足国民对健康的个性化、多元化和高质量的需要。我国的医疗卫生体系是"四位一体"的立体系统，包括公共卫生、医疗服务、医疗保障和药品供应保障四大体系。

1. 公共卫生

公共卫生是从社会整体出发开展的疾病预防、健康促进和健康保护活动，其直接对象是全体国民，偏重于预防和促进而非治疗。我国的公共卫生体系包括疾病预防控制、健康教育、妇幼保健、精神卫生、应急救治、采供血、卫生监督和计划生育等专业公共卫生服务网络，还涉及重大职业病防治、食品卫生、动植物检验检疫等。2003年"非典"之后，政府加大了对公共卫生体系的建设力度，特别是基本公共卫生服务的均等化建设。目前，国家基本公共卫生服务项目共计14项，即建立居民健康档案、健康教育、预防接种、儿童健康管理、孕产妇健康管理、老年人健康管理、慢性病患者健康管理、严重精神障碍患者管理、结核病患者健康管理、中医药健康管理、传染病和突发公共卫生事件报告和处理、卫生计生监督协管、免费提供避孕药具、健康素养促进行动。

2. 医疗服务

医疗服务指的是各类医疗服务机构提供的预防、医疗、康复、教育等一系列服务活动，包括医疗机构的建立、医疗资源的合理配置、医疗服务技术的提高、医疗服务绩效的管理等。在不同国家，医疗服务的供给方式具有较大的差别。在中国的相关实践中，由政府投资兴建医疗设施，配置医疗资源，并通过政府行动来促进医疗技术进步和医疗服务质量的提高是最主要的一种方式。随着社会发展，社会办医受到越来越多的重视，对于医疗资源的充分供给、均衡配置和效率提高具有重要的推动作用。总体而言，医疗服务是医疗卫生体系中的中间环节，也是当前医药卫生体制改革的中心环节，其质量和效率直接影响公众的健康水平和医疗负担。

3. 医疗保障

医疗保障是从社会统筹的角度来分散个人由于疾病所带来的经济风险，从而增强个人抵御风险能力的政策。医疗保障包括社会医疗保险、商业医疗保险、补充医疗保险和医疗救助等，对普通公众来讲，社会医疗保险和医疗救助的影响最大。目前中国的社会医疗保险主要包括城乡居民医疗保险和城镇职工医疗保险两大类别，此外还有逐渐得以并轨的新型农村合作医疗以及正在改革中的公费医疗等。医疗保障是影响医疗卫生事业发展的关键力量，其在降低医疗费用、控制医院行为和改变医疗服务运行机制上发挥着巨大作用。

4. 药品供应保障

药品供应保障涉及药品的生产、流通、采购、使用和监管等一系列环节，其目标是提高药品的可得性和可及性。药品的可得性指的是能生产出品种充分、质量可靠、产量充分的药品，以满足群众多样化的用药需求。基本药物制度的建立与完善、短缺药品供应体系的不断健全、仿制药供应保障制度的不断完善都与此相关。药品的可及性指的是药品的定价合理、用药适当、报销范围和报销水平适度，其目标是群众能够负担。

医疗卫生体系的这4个内容相互影响，其中医疗保障、医疗服务和药品供应制度联动性强，被称为医保、医疗和医药的"三医联动"，是当前医药卫生体制改革的重点。为更加聚焦，本章着重以医疗服务为核心，阐述医疗卫生问题的成因、现状与解决对策。

二、医疗卫生问题的形成

从某种意义上讲，当人们开始试图保护自身健康和应对疾病时，医疗卫生即已存在，只不过在正式的医疗卫生制度产生之前，健康服务往往是个人的、慈善的、社会的行为，而不是常规的、成体系的制度行为。现代医疗卫生制度是随着工业革命的发展而产生的，同时受到战争、政治和技术进步等复杂因素的影响，是有组织的健康保护行动，尤以政府的系统性干预为重要特征。从世界范围来看，许多国家根据自身情况于20世纪中期建立了不同的卫生体系，如英国的国家保障型、德国的社会保险型、美国的市场主导型卫生体系等。从20世纪60年代末开始,医疗卫生费用的不断上涨和医疗资源分布的不均衡使全球卫生体系面临重要挑战。在这种情况下,倡导初级卫生保健,特别是认真做好基础的卫生服务、安全食品、安全饮水和改善基本卫生条件成为各国医疗卫生改革的重点。但是这些改革并不能从根本上解决问题,而且由于对需求的反应不足而导致改革并不尽如人意,因此许多国家开始加大资金投入,努力确保贫困者获得必要的服务,同时开始尝试医疗服务供给的多元化。这种情况使20世纪末的医疗卫生体系的改革呈现出明显的市场化趋势。进入21世纪,如何建立一个更为科学的医疗卫生体制,以满足人民日益增长的多样化健康需求,同时做到公平、可及与高效正逐渐成为摆在各国政府面前的共同问题。

(一)医疗卫生问题是世界性的改革难题

1. 卫生支出是世界各国公共支出中的重要组成部分

从世界范围来看,卫生支出在政府开支中一直占据较大的比重。根据世界银行可比数据,世界多数发达国家卫生总费用占GDP的比重都接近甚至是超过10%,如2015年美国卫生总费用占GDP的比重达到16.8%,德国为11.2%,瑞典为11%,英国为9.9%,而中国仅为5.3%。数据显示,多数发达国家的政府卫生支出占政府总支出的比重也超过了15%,如2015年美国政府支出中的22.6%投入了卫生事业中,德国则为21.4%,瑞典为18.4%,英国为18.5%,而中国仅为10.1%。[1]但是巨大的资金投入并不一定能带来高效的卫生服务。以美国为例,无论是卫生总费用、人均医疗费用或占国内生产总值的比例甚至是政府卫生支出所占的比重等都堪称世界最高,但衡量其卫生效果的健康指标却不尽如人意。2016年,美国的人均预期寿命只有78.5岁,远低于西欧国家及澳大利亚、加拿大和日本等国[2],婴儿死亡率为3.7‰,也远高于英、法、德等一些欧洲国家和澳大利亚、日本等国,甚至尚有15%的人口因未参加任何医疗保险而无法享

---

[1] 参见国家卫生健康委员会:《2019中国卫生健康统计年鉴》,中国协和医科大学出版社2019年版,第392—399页。

[2] 国家卫生健康委员会:《2019中国卫生健康统计年鉴》,中国协和医科大学出版社2019年版,第360—367页。

受应有的医疗服务。

2. 医疗卫生改革是一项高度复杂的改革工程

医疗卫生是一项高度复杂的系统。其一,其专业性和技术性比较强。医疗是高度专业化的行业,从业人员需经过较长时间的专业技能培训和实践锻炼,对经验和技术都高度依赖。医疗卫生领域有其自身的发展规律,它既是一项事业,带有公益性同时也带有产业性特点,市场规律会发挥重要的作用。因此,医疗卫生改革需要综合利用专业化理论、行政性力量、市场化力量,既不能过度"行政化"干涉医院的自主运行,也不能过度市场化,任由其自然"野蛮"演化。在中国,"医改"主要改的是政府,改的是其传统的医疗管理和医疗供给模式,所以其艰难和复杂程度可想而知。

其二,医疗卫生服务的联动性非常强。在中国,仅围绕医疗卫生服务,就涉及公立医院改革、社会化办医、分级诊疗、医药价格改革、编制薪酬改革、中医药发展、药品供应保障、医疗保险等多项内容的改革,所涉及部门也比较多,包括卫健、医保、人社、财政、发改、编办等各个部门,可谓牵一发而动全身。

其三,医疗卫生机构运行机制的惯性比较强。一个卫生机构的顺畅运转需要多环节匹配和联动,所涉及的利益部门和群体较多,一旦运转起来自有其惯性。在中国,多数公立医疗机构特别是三甲医院每天都在高速运转;诊疗人数多,服务压力大,运转有节奏和规律。仅靠外力推动医疗卫生,其改革难度无疑较大。所以,就需要充分调动医院和医务人员的积极性。

其四,医改的公众关注度非常高,争议比较大。医改关乎公众基本利益,是公众高度关注的基本民生问题,群众的体验感较强。医改同时也关乎医护人员的切身利益,有关编制改革、薪酬改革、运行机制和管理机制的相关改革都会影响到医护人员的工作积极性。医改同样关乎医院利益、药品和医疗器械公司利益、医疗保险公司利益、民营医院利益等,改革的声音比较多,社会舆论和专业研究目前都尚未形成明显的共识。

3. 医疗费用的不断上涨是世界各国面临的普遍难题

21世纪以来,世界各国都面临医疗费用居高不下的严峻挑战,高额的医疗费用引发了许多经济、社会和政治矛盾，成为医疗卫生改革的主要动因。医疗卫生费用上涨的原因主要有以下几个：

一是现代医疗的高科技特征推动医疗费用水涨船高。随着生物医学研究的飞速发展，特别是基因技术、内窥镜技术、制药技术、各种放射诊断技术的研发、制造和普及，现代医疗取得了飞速的进步，并在救治病人、提高生活质量上发挥了巨大作用。然而这也造成了医疗费用的大幅度提高。

二是民众对健康的需求越来越高。随着人们生活水平的提高，政府、单位和个人对健康的重视程度越来越强，人们的可支付能力也在不断提升，相应的，民众对医疗健康服务和产品的需求也在日益增加，对医疗质量和水平的要求也越来越高。

三是医疗保障体系的不断完善，进一步放大了公众的医疗需求。第二次世界大战后，世界各国普遍建立了医疗保障体系，一些国家还有发达的商业医疗保险，医疗保障的覆盖面与可支付水平都在不断提升。医疗服务的支付与消费分离，进一步放大了民众的医疗消费需求。

四是全球人口老龄化加剧了对医疗资源的消耗。世界主要发达国家和地区都逐渐进入了老龄化时期。联合国《世界人口展望2019》显示：2019年全球65岁以上老年人占比9.1%，这一数据在2030年将会达到11.7%，在2050年将会达到15.9%[1]。这就意味着每6个人中将有一个人是65岁以上的老年人，而这一数据在欧洲和北美洲更高。人口的老龄化使医疗费用的支出越来越高，而人均预期寿命的延长也使得许多致命性疾病在现代医疗手段下成为可控的疾病，换言之，患者生命的延长同时也意味着医疗费用的增加。

五是随着环境与生活方式的变化，人类的疾病谱系发生了改变，致使医疗负担不断加重。环境污染、化肥与农药、转基因、生长激素和抗生素的使用正在深刻改变着人类的饮食结构，高糖、高盐、高脂肪、高热量、高添加剂问题随着饮食的快餐化也越来越普遍。加之不健康的生活方式，

---

[1] 参见 United Nations, Department of Economic and Social Affairs. *World Population Prospects* 2019. New York, 2019, p. 18.

人类的疾病谱系正在发生重大变化。恶性肿瘤、心血管疾病、高血压、糖尿病等慢性疾病的发病率越来越高,新型传染病也层出不穷。数据显示,近10多年来,中国恶性肿瘤发病率每年保持约3.9%的增幅,死亡率每年保持2.5%的增幅。① 与2002年相比,我国居民高血压患病率10年间增长了6.4个百分点。②

(二)中国医疗卫生问题的形成具有复杂的历史原因

新中国成立以来,我国一直坚持构建具有自身特色的医疗卫生体系,曾创造出以赤脚医生、三级卫生保健站和农村合作医疗为主的"三位一体"的农村医疗卫生服务体系,被世界卫生组织誉为"发展中国家解决卫生经费的唯一范例"。在城市,我国依靠省、地、县三级卫生网络和劳保与公费医疗,以较低的投入实现了较为广泛的健康保障。据数据显示,卫生事业费支出从"一五"时期占国家财政支出的1.08%发展到了1980年的2.49%。③ 人民身体素质全面提高,人均寿命从新中国成立前的35岁提高到了1981年的67.9岁,婴儿死亡率从新中国成立前的200‰下降到1981年的34.7‰。但是,随着经济社会的发展,计划经济时期所形成的这套卫生体系逐渐暴露出大量问题,主要是政府管得太多、太死,服务的质量和效率不高,医疗资源的浪费现象比较严重。

改革开放以后,中国的医疗卫生体系开始改革,但由于受到经济体制改革的影响,一度出现了"市场化"改革的趋势。1979年,卫生系统在县级以上的医院中试行"全额管理、定额补助、结余留用"的改革。1981年3月颁布的《医院经济管理暂行办法(修改稿)》与《关于加强卫生机构经济管理的意见》,迈出了向"市场化"改革的第一步。在农村,由于家庭联产承包责任制的推行与农村集体经济的解体,高度依赖农村集体经济的赤脚医生制度与合作医疗制度逐渐退出历史舞台,三级医疗卫生体系也出

---

① 参见郑荣寿等:《2015年中国恶性肿瘤流行情况分析》,《中华肿瘤杂志》2019年第1期。
② 参见国家卫生健康委员会:《2019中国卫生健康统计年鉴》,中国协和医科大学出版社2019年版,第270页。
③ 参见《1996年中国卫生统计提要》,中华人民共和国国家卫生健康委员会网站,http://www.nhfpc.gov.cn/mohwsbwstjxxzx/s7967/201307/0bef3281325040f7b55d854f5f69dc2a.shtml。

现断裂。1985年，有12.65%的行政村没有设立医疗点，在已有的卫生室中，私人开办的占了41.6%①，农村卫生事业自负盈亏、自我经营的市场化趋势明显。

在城市，"运用经济手段管理卫生事业"的思路也逐渐明晰。1985年，全国卫生厅局长会议提出要贯彻党的十二届三中全会《关于经济体制改革的决定》精神，部署全面开展城市卫生改革工作。在国务院批转卫生部《关于卫生政策工作改革若干政策问题的报告》中，提出了"放宽政策，简政放权，多方集资，开阔发展卫生事业的路子，把卫生工作搞活"的政策。1989年，国务院批转《关于扩大医疗卫生服务有关问题的意见》，提出要开展各种形式的承包制、开展有偿业余服务、"以副补主""以工助医"等重要的政策。1992年，《关于深化卫生医疗体制改革的几点意见》提出，"建设靠国家，吃饭靠自己"的精神，医疗卫生改革出现明显的市场化趋势，这刺激了医院"创收"的积极性，但也影响了医疗机构公益性的发挥，并进而引发了广为诟病的"看病贵、看病难"的问题。1997年，《中共中央、国务院关于卫生改革与发展的决定》开始对医疗卫生的市场化趋势进行调整。1998年"三改并举"开始，如何处理医改中的经济效益与社会效益之间的关系成为本次改革的焦点。此后，中央出台了13项配套改革的政策，全国还拉开了医院产权改革的序幕，医药分家改革也开始试点。然而，对于医疗卫生改革的争论比较大，许多改革措施并未收到明显的效果。2005年，国务院发展研究中心的一份医改报告震惊了社会："目前中国的医疗卫生体制改革基本上不成功"的论断为这一时期的医改下了一个并非官方的结论，并激发了新一轮的改革。2006年9月，中央成立了医疗卫生体制改革协调小组，新一轮的医改方案开始酝酿。

（三）中国目前医疗卫生问题形成的重要现实原因

中国的医疗卫生改革面临着与世界其他国家的共性问题，同时面临一些中国式的难题。

---

① 王思斌：《社会政策》，中央广播电视大学出版社2010年版，第215页。

1. 政府卫生投入长期不足，个人卫生负担较重，公立医院逐利取向明显

改革开放初期，医疗卫生事业的发展受到经济体制改革的重要影响，政府对卫生事业的投入特别是对医疗机构的投入减少，医疗机构的盈利性驱力较大，客观上导致了"看病贵"问题的产生。数据显示，改革开放初期，政府卫生支出约占卫生总费用的1/3强，高于个人卫生支出。但是随着改革的不断深入，政府卫生支出所占比重不断下降，而个人卫生负担不断加重，1996年占比达到一半，最高时接近60%。

政府对公立医院的投入也严重不足。结合公布数据进行计算可以看到，在公立医院的收入结构中，来自政府的财政补助一直不足10%，医院绝大部分收入来自自己提供的医疗服务收入。而在公立医院的医疗收入中，药品所占比重一直较大：2008年达到46.98%，接近一半为药品收入。近年来，随着各项改革的推进，2018年药品占医疗收入的比重下降为32.71%。[①]

2. 政府垄断式提供医疗服务，医疗服务的"市场"发育极不充分

在计划经济时期，我国医疗卫生事业主要由政府和集体共同举办，社会性力量的参与较少。改革开放以来，医疗卫生事业搞活，社会力量大量进入，但其规模和水平依然远远赶不上政府办医。从现实情况来看，当前医疗服务的供给模式依然是公立医院占据大片江山。数据显示，2018年我国各类医疗机构床位数共651.97万张，其中公立医院为480.22万张，占比73.66%。[②]公立医疗机构体现了国家意志，是维护医疗服务公平性和可及性的主要机构，在传染病防治、重点人群服务、边远地区服务、贫困人群医疗保障重大自然灾害、突发性事件、医学研究、疑难杂症攻克等方面发挥着不可替代的重要作用。然而，公立医疗机构在医疗服务市场中占据压倒性地位，不仅不利于多元化医疗服务的充分发展，还更加不利于其自

---

① 数据经作者计算而来，原始数据来自国家卫生健康委员会编：《中国卫生健康统计年鉴2018》，中国协和医科大学出版社2018年版；国家卫生健康委员会编：《中国卫生健康统计年鉴2019》，中国协和医科大学出版社2019年版。

② 国家卫生健康委员会编：《中国卫生健康统计年鉴2019》，中国协和医科大学出版社2019年版，第84页。

身管理和运行效率的提高。政府完全主办并同时监管公立医院，还会带来行政化干预过强而科学化、专业化监管不足的问题，这是造成当前政事不分、管办不分、医药不分和营利性与非营利性不分的重要原因。公立医院不仅无法成为自主运行的市场主体，其功能定位也不清晰，因而难免与基层医疗机构、专科医院和民营医院形成一片混战之势，客观上导致了医疗资源配置的不均衡和运行的低效率。

3. 医疗卫生的管理方式和监管手段相对滞后，政事不分、管办不分

政府垄断式提供公共服务的传统造成了政府对医疗服务的管理长期存在"政事不分、管办不分"的问题。政事不分，指的是所有权与经营权没有分开。政府是公立医疗机构的所有者和举办者，而公立医院自身是自主运营的事业单位。政事不分是政府习惯按照行政化的思路去干预公立医疗机构的具体运行，导致医疗机构缺乏自主性，无法成为独立运行的市场主体。管办不分指的是监管权与运营权没有分开，作为卫生全行业系统监管的卫生健康部门，往往也是医疗机构的主办部门，"既是运动员，也是裁判员"的现象非常普遍，对行业的监管方式也是行政化的考核方式缺乏专业化的、科学化的监管手段，这不仅不利于医疗机构运行效率的提高，也不利于其他非公医疗机构的公平发展。

4. 医疗保障发展相对滞后，制度公平性与可持续性问题日益明显

改革开放以来，我国逐渐形成了"统账结合"的医疗保障制度。进入21世纪之后，医疗保障的覆盖面和保障水平都在不断提高，但与群众的期待相比还有较大的差距。首先，医疗保障的碎片化比较明显，公平性有待提高。目前我国基本医疗保险主要包括城乡居民医疗保险、城镇职工医疗保险两大种类，大部分地区新型农村合作医疗还未并入居民医保，长期护理险则刚刚开始试点，生育保险也在逐渐并入其中，社会上还存在一部分的公费医疗，加上各不同部门和群团组织的医疗救助制度，医疗保障制度的种类是比较多的。2018年机构改革之前，医保制度还分散在人社、卫健、民政等各个不同部门之中，碎片化比较严重，客观上影响了医保谈判能力的提高。随着医疗保险整合与统筹力度的逐渐加大，城乡居民医疗保险已逐步被整合起来，居民与职工医疗之间可实现衔接，公费医疗逐渐改革，但地区之间、城乡之间、不同单位和身份之间的保障范围和水平仍然

存在较大的差距。其次，医疗保障的范围和水平仍有待提升，可持续性发展的压力较大。党的十六大以来，医保制度不断健全完善，覆盖范围不断扩大。截至2018年末，基本医疗保险参保人数达到134452万人，参保覆盖面已稳定在95%以上①，基本实现了基本医疗保险全覆盖。此外，医保的报销水平也在不断提高。2018年政策范围内主要费用职工医保和居民医保统筹基金支付的比例分别达到70%、80%左右，住院最高支付限额分别达到职工和居民年人均可支配收入的6倍左右。②但是随着人口老龄化进程的不断加快，人均寿命的延长、慢性发病率上升、新药物和新技术的不断退出，医保基金的支出压力增大，部分地区开始出现基金收支不平衡、赤字日益突出等问题。

5. 人口老龄化和人均寿命的增长对卫生事业发展形成巨大压力

世纪之交，我国进入老龄化社会，人口结构的转变对经济社会发展产生重要影响，医疗卫生事业的发展面临前所未有的压力。数据显示，2018年我国65岁以上老年人口占比达到11.9%，劳动年龄人口的下降，老年人口抚养比从2000年的9.9%上升至2018年的16.8%。③这意味着医疗保障将有较少的人供款，而有较多的人进行资源的消耗。此外，我国人均预期寿命大大提高，2018年，我国人均预期寿命达到77岁，按照《"健康中国"2030规划纲要》的规划目标，人均预期寿命在2030年将达到79岁。人均寿命的延长对健康事业特别是医疗卫生事业的发展提出了重要要求，人们对医疗资源的需求必将迎来一个井喷式的爆发。这些挑战迫使我们必须重新审视卫生事业发展的思路。以往，以治病为中心的发展模式、粗放的服务供给模式必须加以改变。

---

① 国家医疗保障局：《2018年医疗保障事业发展统计快报》，中国医药创新促进会网站，http：//www.phirda.com/artilce_19437.html?cId=4.
② 《国家医疗保障局关于政协十三届全国委员会第二次会议第0901号（社会管理类第087号）提案答复的函》，国家医疗保障局网站，http：//www.nhsa.gov.cn/art/2019/10/15/art_26_1853.html.
③ 参见国家统计局：《国家数据》，国家统计局网站，http：//data.stats.gov.cn/easyquery.htm?cn=C01.

三、医疗卫生问题的现状

"看病贵"与"看病难"是当前医疗卫生事业面临的突出问题。前者指的是卫生费用的可负担性,集中表现为个人自付费用的负担情况,在实践中表现为医疗费用的过高与过快增长。后者在横向上表现为医疗资源的配置不足与不均衡,实践中主要表现为横向上医疗资源在地区之间、城乡之间的发展不均衡,公立与非公立医疗机构的发展不均衡;纵向上表现为不同层级医疗机构的协同能力差,特别是基层医疗机构能力不强、大医院虹吸效应过强等问题。

(一)"看病贵"的问题有所缓解,但群众医疗负担依然较重

近年来,通过综合施策,医保制度不断健全与完善、医药分开深入推进、基本药物制度实施并完善、医院补偿机制和运行机制开始不断转变,医改的效果不断惠及群众,居民的看病负担有所减轻。首先,医疗保障的水平不断提高,切实减轻了老百姓的看病负担。2018年,城镇职工医保政策范围内住院费用支付比例达到80%,城乡居民住院费用支付比例达到70%左右,门诊费用支付比例达到50%。城镇职工和居民患有大病,在经过基本医疗保险报销后,还可以通过职工大额医疗费用补助和居民大病保险等得到进一步补偿。2019年,居民大病保险起付线下调至2018年人均可支配收入的50%,政策范围内报销比例由50%提高到60%,对贫困人口的支付水平也相应提高。① 近几年,国家基本医疗保险目录不断调整与完善,一些临床必需、疗效确切、参保人员需求迫切的罕见病药品和肿瘤治理药品开始纳入医保目录:2018年,17种肿瘤药品纳入目录后平均降幅达到56.7%。大部分药品的支付标准低于周边国家或地区的市场价格,

---

① 参见《国家医疗保障局关于政协十三届全国委员会第二次会议第0901号(社会管理类第087号)提案答复的函》,国家医疗保障局网站,http://www.nhsa.gov.cn/art/2019/10/15/art_26_1853.html;《国家医疗保障局对十三届全国人大二次会议第3307号建议的答复》,国家医疗保障局网站,http://www.nhsa.gov.cn/art/2019/7/30/art_26_1580.html。

平均支付标准低36%①。其次，医院运行机制的转变特别是药品加成的取消，降低了群众的药费负担。数据显示，在门诊病人的次均医药费用中，药费的占比从2010年的51.3%下降至2018年的40.9%，住院病人的次均医药费用中，药费的占比从2010年的43.1%下降至2018年的28.2%②。

但仍要看到的是，群众看病的负担还是较重的。2018年城镇居民医疗保健支出占消费支出的比重为7.8%，比2017年增长了0.5个百分点；农村居民医疗保健支出占消费支出的比重为10.2%，比2017年也增长0.5个百分点。③ 2013年，第五次国家卫生服务调查发现，门诊患者不满意的首要原因是医疗费用，占比达到40%。此外，由于疾病谱系的变化，重特大疾病的发生率越来越明显，给许多家庭带来沉重的负担，且仍有一些居民由于经济困难而未能及时进行治疗。2013年，第五次国家卫生服务调查发现，调查地区医生诊断需住院患者中有7.4%因为经济困难而未住院。④

（二）"看病难"的问题有所缓解，但医疗资源配置不均衡、发展不充分的问题仍然存在

1. 医疗资源的供给总量不断增加

数据显示，我国医疗卫生机构的数量从2010年的93.69万个增长到2018年的99.74万个，其中医院增加1.2万个，基层医疗卫生机构增加4.1万个。每千人医疗卫生机构床位数从2010年的3.58张增加至2018年的6.03张，每千人口卫生技术人员数从2010年的4.39人增加至2018年的6.83人。⑤

---

① 参见《17种抗癌药纳入医保报销，有人欢喜有人"愁"》，亿欧网，https://www.iyiou.com/p/83171.html。

② 参见国家卫生健康委员会编：《中国卫生健康统计年鉴2019》，中国协和医科大学出版社2019年版，第110页。

③ 参见国家卫生健康委员会编：《中国卫生健康统计年鉴2019》，中国协和医科大学出版社2019年版，第97页。

④ 参见国家卫生计生委统计中心编：《第五次国家卫生服务调查分析报告》，中华人民共和国国家卫生健康委员会网站，http://www.nhc.gov.cn/mohwsbwstjxxzx/s8211/201610/9f109ff40e9346fca76dd82cecf419ce.shtml。

⑤ 参见国家卫生健康委员会编：《中国卫生健康统计年鉴2019》，中国协和医科大学出版社2019年版，第3页；参见国家卫生健康委员会编：《中国卫生健康统计年鉴2018》，中国协和医科大学出版社2018年版。

然而，医疗服务资源的发展依然远远滞后于群众的需求。据世界卫生组织可比数据显示，2007年至2016年，中国每千人口中医师数为1.8人，而美国为2.6人、英国为2.8人、日本为2.4人。在这方面，中国的差距还比较大。从居民就医感受来讲，许多调查显示，排队时间长是百姓就医时遇到的最突出问题。

2. 医疗资源布局也更加均衡化

其一，基层医疗机构的发展速度较快。数据显示，近几年一级医院与二级医院的增长，特别是一级医院的增长速度远远快于三级医院。其二，社会力量办医发展速度较快。数据显示，民营医院诊疗人次数占各类医院诊疗人次数的比重从2010年的8.13%上升至2018年的14.71%。[1] 其三，居民就医的方便性日益增加。2013年，84%的家庭15分钟内可到达最近的医疗机构，城市居民为87.8%，农村居民为80.2%，就医的方便性大大增加，但城乡差距依然明显。此外，居民就医等候时间明显缩短，入院等候时间由2008年的3.55天下降为1.24天。[2]

但是，医疗资源发展不均衡的问题依然突出，特别是城乡之间、区域之间的发展不均衡非常突出。在每千人医疗卫生机构的床位数上，城市几乎是农村的2倍，而在每千人卫生技术人员上，城市是农村的2倍还多，且差距有加大趋势。2013年城市居民距离最近医疗机构不足1公里的比例为71%，远高于农村的56.7%。从地区分布来看，东部、中部、西部差距明显，东部每千人卫生技术人员数为7.2个，中部、西部则为6.2、6.9个，其中北京每千人卫生技术人员数为11.9，遥遥领先于其他城市，包括上海（8.1）。[3] 从不同层级的医疗卫生机构来看，尽管基层医疗机构的数量在不断增加、分级诊疗在不断推进，但实际基层医疗机构的诊疗人次数在总诊疗人次数中的占比却在不断下降，即从2010年的61.87%下降至

---

[1] 参见国家卫生健康委员会：《中国卫生健康统计年鉴2019》，中国协和医科大学出版社2019年版，第124页。

[2] 参见国家卫生计生委统计中心：《第五次国家卫生服务调查分析报告》，中华人民共和国国家卫生健康委员会网站，http://www.nhc.gov.cn/mohwsbwstjxxzx/s8211/201610/9f109ff40e9346fca76dd82cecf419ce.shtml。

[3] 参见国家卫生健康委员会编：《中国卫生健康统计年鉴2019》，中国协和医科大学出版社2019年版，第175页。

2018年的53.04%。① 这一数据表明：大医院的虹吸效应依然存在，居民的就医习惯还存在极强的惯性，也说明基层医疗机构的服务能力和水平仍有待提高。

（三）政府对医疗卫生事业投入不断增加，但地区间存在较大的差别

新医改以来，政府对卫生事业的投入不断增加，从2009年的4816.26亿元上升至2018年的16399.13亿元，政府卫生总费用占财政支出的比重从2009年的6.31%上升至2018年的7.56%。② 政府卫生投入的增加，客观上带来了个人卫生总费用占比的下降。个人卫生费用占卫生总费用的比重从进入新世纪之后逐渐得以逆转，最近几年已低于政府卫生事业的投入。此外，从公立医院的收入结构来看，政府财政补贴占医院收入的比重也在不断提高，至2018年底达到9.54%。

从不同地区的数据来看，2018年，东部地区政府财政补助占所有医疗机构收入的比重为13.9%，中部地区为13.6%，而西部地区则高达17.9%。③ 不同省市之间差别也较大，2017年的数据显示，北京政府财政补助占医疗机构收入的比重为15.75%，但山西、内蒙古、吉林、海南、西藏等地区则超过20%。

（四）医疗卫生机构的运转效率和服务质量仍需进一步提高

1. 医疗卫生机构的运转效率有待进一步提升

数据显示，与2010年相比，医疗机构的平均住院床日从10.5天下降到2018年的9.3天④，平均住院时间缩短，效率有所提高，但依然高于经

---

① 参阅国家卫生健康委员会编：《中国卫生健康统计年鉴2019》，中国协和医科大学出版社2019年版。
② 参见国家卫生健康委员会编：《中国卫生健康统计年鉴2019》，中国协和医科大学出版社2019年版，第96页。
③ 参见国家卫生健康委员会编：《中国卫生健康统计年鉴2019》，中国协和医科大学出版社2019年版，第104页。
④ 参见国家卫生健康委员会编：《中国卫生健康统计年鉴2019》，中国协和医科大学出版社2019年版，第141页。

合组织国家7.3天的水平。然而,病床使用率的提高却不明显:从2010年的86.7%提高到2013年的89%之后,以后逐年却呈现下降趋势,至2018年降至84.2%。如仔细对比不同的医疗机构,可以发现公立医院的病床使用率(91.1%)远远高于民营医院(63.2%),三级医院的病床使用率(97.5%)远远高于二级(83%)和一级医院(56.9%)[1],说明公立医院特别是三级公立医院病床利用率特别高。这虽是一件好事,但同时也说明公立医院和大医院的虹吸效应比较强,不同级别医疗机构服务能力的不均衡程度依然较大。

2. 医疗服务质量的改善情况日益受到重视

第五次国家卫生服务调查显示,2013年门诊就诊患者的总体满意率为76.5%,满意情况较好,但在不满意的原因中,占前五位的分别是"医疗费用高""技术水平低""服务态度差""收费不合理"和"等候时间过长"。住院患者的总体满意率为67.2%,低于门诊患者。在不满意的原因中,占前5位的分别是"医疗费用高""技术水平低""服务态度差""收费不合理"和"提供不必要服务"。随着生活水平、健康意识和教育水平的提高,公众对医疗服务的治理要求越来越高,不仅有技术上的要求,更有对服务态度的要求,诸如知情权、医护人员的耐心程度、病情解释的清晰程度等,而由于这方面的原因所带来的医患矛盾也在不断增多,致使暴力伤医事件频发。

(五)医疗卫生服务的需求量大幅增加

人口结构的变化、疾病谱系的变化使得医疗服务的需求呈爆炸式增长。调查显示,城乡居民两周患病率从2003年的14.3‰上升至2013年的24.1‰,其中恶性肿瘤患病率从0.9‰增加至1.7‰、糖尿病患病率从2.2‰增加至26.5‰、精神病患病率从0.8‰上升至1.5‰、心脏病患病率从7.2‰增加至10.2‰、脑血管疾病从3.7‰增加至6.1‰。最令人震惊的是,高血压患病率从11.9‰增加至98.9‰。2003年至2013年间,城乡居

---

[1] 参阅国家卫生健康委员会编:《中国卫生健康统计年鉴2019》,中国协和医科大学出版社2019年版。

民的慢性病患病率快速上升：2013年城乡65岁以上人口慢性病患病率分别高达89.4%和65.6%，农村增长幅度大于城市，城市地区与农村地区慢性病患病率差距逐渐缩小。这些重大变化为中国医疗卫生事业的可持续发展带来了重大挑战。据经合组织测算，如果不采取有效的成本控制，未来40年，中国政府医疗卫生及长期护理支出占GDP的比重将是目前的3倍。

四、医疗卫生问题的应对

中国的医药卫生问题具有非常复杂的历史和现实原因，并在实践中表现为联动极强的政策系统。面对新时代全面建成小康社会的要求和推进"健康中国"建设的国家战略要求，医疗卫生体系的改革必须紧紧围绕把以治病为中心转变为以健康为中心，坚持保基本、强基层、建机制的重要方针，以"三医联动"为杠杆，统筹推进各项改革。

（一）全面推进"健康中国"建设

2016年，"健康中国"上升为国家发展战略。在全国卫生与健康大会上，习近平总书记强调，没有全民健康，就没有全面小康，指出要把健康放在优先发展的战略地位，加快推进健康中国建设。《"健康中国2030"规划纲要》明确提出了2030年"主要健康指标进入高收入国家行列"的目标。因此，全面、深入地推进健康中国建设，已成为全面建成小康社会的重要一环，更关系到人民的改革获得感，是当下和未来一段时期全社会普遍关心的重点问题。

推进健康中国建设，既要从全社会着手，构建健康治理大格局，多角度全方位营造健康生活新环境，将健康目标融入所有政策，更要从医疗卫生体系入手，构建整合型医疗服务体系，增强医疗服务的系统连续性和公平可及性。同时，还要从医疗机构特别是公立医院改革入手，提升其医疗服务的质量和效益，增强医疗服务能力。健康中国建设，不仅仅是医疗卫生领域的事情，它需要运用包括医学、管理学、经济学和社会学等各种综合手段，协调微观、中观、宏观不同层面的健康维护、改善和促进行动。健康中国建设也不仅关乎个体身心健康，而是指个体、家庭、组织、社区、城市乃至国家的一种健康状态,是不同层次的健康环境和健康行为的构建。政府、社会、市场和家庭必须通力合作,形成人人参与、人人负责、人人享有的良好氛围。

(二)加大政府投入,改革投入方式和补偿机制

其一,要不断加大政府对卫生事业的投入,重点向基层、农村地区进行倾斜。要不断加大对公立医院的投入,重点保障医院的基本建设经费、大型设备购置费、重点学科建设、公共服务项目、政策性亏损和非医方责任的医疗欠费等,使医院的收入结构从依靠药品加成、服务收费和政府补助3个渠道向主要依靠服务收费和政府补助两个渠道转变。其二,要改革政府财政补偿的方式,从"养人"向"养事"转变。通过购买服务的方式,根据医院提供服务的数量、质量、效率等工作来核定补助,以最大限度调动医院提高绩效的主动性。有必要适当调整医疗服务的收费,改变以往挂号费、预防保健费、健康促进定价低于成本的情况,引导公立医院向提高医疗服务而不是过度检查转变。此外,应当积极撬动社会性资源投入医疗卫生事业,探索以政府与社会资本合作的方式,推进医疗卫生事业的发展,特别是在医养结合领域、高端医疗领域、专科医疗领域探索以政府投入撬动社会资本投资的方式。

(三)合理规划医疗资源布局

按照《"健康中国2030"规划纲要》的要求,到2030年,中国要"全面建成体系完整、分工明确、功能互补、密切协作、运行高效的整合型医疗卫生服务体系",不同层级、不同举办主体、不同功能的医疗机构之间需逐渐建立目标明确、权责清晰的分工协作机制,在预防、治疗、康复、安宁疗护、慢性病管理、健康促进等全链条健康服务和儿童、老人、妇女等不同重点人群的全生命周期健康保障上发挥重要作用。为此,要区别公立与非公立医疗机构、营利与非营利医疗机构、综合性医院与专科医院、诊所、社区卫生院、县医院、地级及以上不同层级医院的功能定位与规范性要求,并制定差别化的扶持与管理政策。要注重发挥公立医疗机构在基本医疗服务领域中的核心和支柱性作用,控制公立医院单体规模的过快增

长，引导非公医疗机构在弥补政府不足、活跃医疗服务市场、灵活配置医疗资源方面发挥作用。要发挥综合性医院在区域医疗服务中的中心作用和专科医院在服务特定人群和特定疾病方面的专门作用，区别不同层级医院的服务半径，发挥三级医院在提供急危重症和疑难杂症方面的诊疗作用，发挥基层医疗机构在康复、慢病管理、护理服务、预防保健和基础治疗中的作用等。区域规划应综合考虑纵向不同层级与横向不同产权类别医疗机构的发展，还应根据人口规模、疾病特点在机构数量、床位规模、人员配备等方面进行专业细致的规划。

（四）推动医疗服务市场的充分发展与均衡配置

1. 积极支持社会办医规范发展

医疗服务市场的充分发展是解决供给不足和资源配置失衡的根本对策。其中，社会力量的参与是关键。政府应从理念上充分认识民营医疗机构发展的重要意义，深入研究并制定有关社会化办医的政策。应当建立更加健全的医疗服务问责和监管框架，不断提升医疗服务的全行业监管能力，逐渐树立公众对民营部门的信任。应当简化社会办医的准入手续、降低准入门槛、注重事中事后监管。应当建立公平竞争的市场环境，给予民营医院税收优惠和医保定点准入支持。应当推动公立医院编制改革和多点执业制度改革，增强医疗技术资源的流动性，解决民营医疗机构人力资本短缺的问题。

2. 切实推动分级诊疗

分级诊疗是将病人的疾病按照轻重缓急和治疗的难易程度进行分级，由不同的医疗机构承担不同疾病的诊疗。分级诊疗可切实缓解"看病难"和"看病贵"的问题，减少病人对医疗资源的消耗。加强基层医疗服务能力关键要处理好3对关系：一是分工与协作的关系。各级医疗机构功能定位应有差别，但应实现资源共享、统一施治。要探索以医疗联合体的方式，形成区域性的、目标明确、权责清晰、功能互补的整合型分工协作机制。二是激励与约束的关系。既要利用"社区首诊"等强制性手段，也要利用好财政分级补贴、医保差别补偿和付费制度改革等机制，激励基层机构主动留住病人，引导公立医院主动转向疑难杂症，避免与基层医疗机构竞争。三是做强与下沉的关系。既要能吸引大医院的专科医生到社区坐诊，也要提升基层全科医生、家庭医生的服务水准。为此，有必要全面推行家庭医生签约制度，切实提升家庭医生的服务能力，特别是提升其主动服务等意识和能力。

3. 规范推动互联网医疗发展

互联网医疗可借助现代互联网技术，发挥医疗服务的长尾效应，在均衡配置医疗服务资源特别是分级诊疗方面发挥重要作用。同时，要创造处方外流的重要市场空间，对医务技术资源的自由流动也大有帮助。据媒体统计，2018年我国约有80家互联网医院建立[1]。自2018年始，伴随《关于促进"互联网＋医疗健康"发展的意见》（以下简称《意见》）的出台，《互联网诊疗管理办法（试行）》《互联网医院管理办法（试行）》以及《远程医疗服务管理规范（试行）》等配套改革文件相继出台，明确了互联网医疗的各种疑问。《意见》明确表达了促进互联网＋医疗健康事业发展的态度，同时也明确了互联网诊疗行为必须依托医疗卫生机构和禁止首诊的基本原则。

（五）深入推进公立医院综合改革

在整个医疗卫生服务体系中，公立医院是极其特殊同时又是极其重要的医疗机构。公立医院的床位数、诊疗人数、入院人数都超过医疗机构总量的80%以上，是医疗服务供给体系中当仁不让的主体和主导。改革医疗卫生服务体系，最核心的是改革公立医院，而改革公立医院最关键的是改革体制机制，推进管办分开、政事分离。

1. 深入推进医院管理体制改革，推动政事分开、管办分离

要合理界定政府作为公立医院出资人的举办、监督职责和公立医院作为事业单位的自主运行管理权限，推动政事分开，将所有权与经营权相分离，建立合理的政府办医机制，通过法人治理结构多层次赋予公立医院真正独立的自主运营权。政府主要管规划、管方向，并行使公立医院举办

---

[1] 《伴随新规出台，看似前景十分广阔的互联网医疗行业仍需审时度势》，亿欧网，https://www.iyiou.com/p/91652.html。

权、发展权、重大事项决策权、资产收益权。政府应当运用好决策、监督与问责的权力来审议公立医院章程、发展规划、重大项目实施、收支预算等。应当逐步取消公立医院行政级别，建立公立医院以公益性为导向的考核评价机制，并将考核结果与财政补助、医保支付、绩效工资总量以及院长薪酬、任免和奖惩挂钩。

要合理界定卫生监督部门作为全行业统一监管的职责与政府作为公立医院举办者的职责，推动管办分离，建立专业规范的监督机制。要重点加强对各级各类医院医疗治理安全、医疗费用以及大处方、欺诈骗保、药品回扣等行为的监管。对重大医疗事故和严重违反行业规范的行为，要建立问责机制。应当完善机构、人员、技术、装备的准入和退出机制。此外，还有必要加强对营利性社会办医院盈利率的管控。

要落实医院的经营管理自主权。推动医院形成法人治理结构，将党的建设与法人治理结构有机融合。应当完善现代医院管理制度，规范民主决策机制，健全人力资源管理制度、绩效考核制度、信息化管理等制度，全面落实医院依法依规进行经营管理和提供医疗服务的权力，特别是要落实公立医院的用人自主权。

2. 不断转变医院运行机制，促进服务全面提质增效

应当通过取消药品加成、医用耗材加成、设立药事服务费、严格控制医药费用不合理增长等措施，逐步理顺医疗服务价格，实现医院收入结构的"腾笼换鸟"，破除医院的逐利机制。应当通过不断加大政府投入、改变财政补偿方式、医保支付等方式引导医院主动向提高医疗服务质量和效益的方向转变。应当建立以公益性为导向的考核评价机制，从医疗质量、运营效率、持续发展和患者满意度等多个维度对不同层级公立医疗机构展开全面考核。应当强化医院内部管理的精细化，通过成本核算与控制来改善医院信息化管理、医疗服务质量等。

（六）强化医保在控费、监管和引导就医方面的作用

其一，不断深化医保支付方式的改革。要充分发挥医保在降低医疗费用方面的谈判能力，通过各种不同的付费方式改革，如从以项目付费为主转向按人头、病种和总额预算付费，探索并建立按病种即DRGs方式付

费,逐渐建立对医疗服务供给方的正向激励机制,不断降低医疗服务价格。其二,充分发挥医保对药品价格的引导作用。深化药品集中带量采购制度,发挥医保资金的谈判作用,通过"带量采购、量价挂钩、招采合一"的方式,促使药品价格回归合理水平,切实健全患者用药负担。其三,充分发挥医保在改变公众就医行为方面的作用。通过对不同层级医疗机构报销标准的差别化激励,逐渐扭转医疗服务利用在各级医疗机构间不合理的分布,推动分级诊疗。比如,病人如果在三级医院接受了本可以在基层医疗机构开展的服务,应当设定更高的起付线和自付比例。

(七)不断激发医务人员的改革积极性

在全国卫生与健康大会上,习近平总书记指出,要着力发挥广大医务人员积极性、营造全社会尊医重卫的良好风气。医改进入深水区之后,越来越多人意识到:医务人员的参与是影响医改成败的关键。近几年,医改在调动医务人员的积极性上出台了诸多文件、许多地方也在探索从提高待遇如薪酬制度改革、调整医疗服务价格等方面,从改善执业环境如编制改革、多点执业和构建和谐医患关系入手,综合施策激发医务工作者的积极性。大致看来,调动医护人员工作积极性可着重从以下几个方面入手:

1. 推动编制与薪酬制度改革

落实医院的自主权、盘活现有医疗技术资源,必须从编制与薪酬制度改革入手。编制改革是大势所趋,但编制改革所涉及的利益面较多,在有效的激励与约束机制建立之前,应审慎推行,避免带来新的改革问题,特别是医疗失序等。因此,可从剥离编制所附着的利益入手,逐步使编制失去吸引力,如隔断编制与各类社会保障之间的关系、取消行政级别、改变财政按人口拨款的方式等。应当逐步推行编制备案制管理,有条件的地方可取消编制,将人才管理从身份管理转变为岗位管理,形成能上能下、能出能进的灵活用人机制。应当推动医疗服务行业薪酬制度的合理化,使医务人员的薪酬能反映出其医疗服务的技术价值,通过绩效考核、优绩优酬等合理确定医务人员收入水平。实践中,一些地方探索实行了院长年薪制、协议工资制、项目工资制、工资总额制等制度,积累了大量经验,可不断研究追踪,并相应推出示范案例。

2. 推动医生多点执业

医疗服务资源的根本在于医务人员的技术价值，它不应被局限于一个单位内部。在推动编制改革的同时，也应当探索灵活的人事管理制度，逐步放开医生多点执业与自由执业，简化手续、分步实施、合理监管，使医务人员成为其专业技术的真正所有者。当然，这一过程必须要处理好激励与约束的关系。2016年医师区域多点执业在广东取得突破，其经验可供其他地区借鉴。

3. 不断改善医患关系

就激发医务人员的工作积极性而言，除了使其收入与其技术价值相挂钩之外，还必须从改善医生的从业环境入手，着力提升其职业尊严，营造全社会尊医重卫的氛围。最近几年，有关医患矛盾的事件频发，其中既有媒体炒作、医闹横行的原因，更多的则是医疗行为不规范、医患沟通不畅的原因。对此，首先应当加强法制化建设，对医闹和暴力伤医行为进行严厉惩戒，切实保护医务人员利益。2018年10月1日，《医疗纠纷预防和处理条例》正式实施，该条例对医疗机构及其医务人员、患者、政府各部门和新闻媒体在医疗纠纷中的责任义务进行了说明。同时还应当加强医患关系沟通。应当减轻医生的工作负担，使医生有条件、有精力去主动改善医患关系。应当重视医务社工在妥善化解医疗纠纷，构建和谐医患关系中的作用。最重要的是，要在全社会弘扬遵医重卫的良好社会氛围。

第六章　食品安全问题

民以食为天，食以安为先。习近平总书记指出，"能不能在食品安全上给老百姓一个满意的交代，是对我们执政能力的重大考验。我们党在中国执政，要是连个食品安全都做不好，还长期做不好的话，有人就会提出够不够格的问题。"[①] 食品的属性包括数量、种类、质量、营养、口味等要素。相应地，食品安全综合概念体系包括粮食数量安全、食品质量安全和食物营养安全3个层次。人们通常所说的食品安全是指食品质量安全。根据《中华人民共和国食品安全法》规定，食品安全是指食品无毒、无害，符合应当有的营养要求，对人体健康不造成任何急性、亚急性或者慢性危害。

在传统农业社会，农产品和食品生产具有家庭和本地化特征。食品安全主要表现为卫生清洁、食物中毒等个体问题。20世纪初，随着食品工业化生产和国内统一市场形成，西方国家开始从政策层面关注不特定多数人的食品安全，如美国国会于1906年通过《纯洁食品和药品法》，促进产业利益和公众健康双赢，合作优化了转型年代国家与社会关系。以工业化、城镇化、全球化为标志的现代化进程加速了社会重组的步伐，以至于不断制造出了大规模、系统性、制度化的社会风险，食品安全便是其中的典型。20世纪90年代以来，食品生产和销售集中度在全球化背景下进一步提升，食品供应链日益国际化，美国沙门氏菌（Salmonellosis）、欧洲疯牛病（BSE）、我国三聚氰胺（Melamine）等事件均具有跨国界特征，食品安全成为必须由各国协作应对的全球公共卫生问题。[②] 可以说，食品安全属性经历了个体安全—群体安全—非传统国家安全的历史演变。也正因为

[①] 《十八大以来重要文献选编》（上），中央文献出版社2014年版，第672页。
[②] Sandra Hoffmann and William Harder, "Food Safety and Risk Governance in Globalized Markets", *Health Matrix*: *Journal of Law and Medicine*, 20 (1), July 2010, pp. 5—54.

如此，我们有必要从历史、比较和实证视角来分析食品安全问题。

一、食品安全问题的界定和主要成因

食品安全是世界性难题，发展中国家和发达国家都无法独善其身。由于发展阶段差异，各国面临的食品安全主要类型也不尽相同，这种多样性加剧了全球食品安全治理难度。[①] 美国学者斯宾克等人根据主观动因和目标结果两个维度，将广义食品安全问题进行了细分（如表6—1所示）。这种细化的分类有助于我们深入比较各国食品安全问题的差异。

表6—1 广义食品安全问题分类

目标结果 \ 主观动因	有意	无意
经济利益	食品欺诈（food fraud）如假冒伪劣、非法添加	食品质量（food quality）如生产工艺落后、质量管理体系缺陷
其他（如政治、社会等损害）	食品防护（food defense）如投毒、恐怖袭击	狭义食品安全（food safety）如微生物污染、重金属超标

资料来源：John Spink & Douglas Moyer, "Defining the Public Health Threat of Food Fraud", *Journal of Food Science*, Vol. 76, Nov 2011, pp. 157—163.

如果分区域看，撒哈拉沙漠以南非洲地区等最不发达国家（Least developed countries）的经济社会发展水平较低，食品安全问题主要来自新鲜食物腐烂变质、不洁净的街头食品以及生产力落后，属于传统的食品卫生和食品质量问题。处于高速工业化进程中的新兴经济体（Emerging economies），其面临的食品安全问题多源自化学投入品过度使用和环境恶化带来的污染，总体属于食品欺诈。欧美发达国家逐渐步入后工业化社会，消费

---

① FAO/WHO, "Assuring Food Safety: Guidelines For Strengthening National Food Control System", *FAO Food and Nutrition Paper 76*, Rome: Food and Agriculture Organization of the United Nations, 2003.

者则更关注食品新原料、新品种、新工艺带来的不确定安全风险,如转基因食品、新资源食品等。当然,各国都面临微生物污染、重金属超标等真正意义上的食品安全问题。此外,在"9·11"事件后,美国政府开始考虑食品供应链遭受恐怖袭击的可能性,例如恐怖分子向牛奶罐装车投毒以造成大面积社会恐慌等。随着食品防护等问题被提上政策议程,美国国会扩展了监管部门在进口食品监管、食品防护、食品供应等方面的职权。

根据这一框架并考虑现实差异,我们对2017年全国食品安全监督抽检情况进行了计算和分类识别。在全部5.6万批次不合格样品中,狭义食品安全问题(微生物污染超标、农药兽药禁用及残留不符合标准、重金属污染超标)占50.3%;食品欺诈问题(食品添加剂超范围、超限量使用)占23.9%;食品质量问题(质量指标不符合标准)占19.9%;食品防护的数据尚不可及,但基本可用刑事犯罪中的投毒罪替代。这不仅有助于我们准确界定食品安全问题类型,也为政策实践中监督检查、抽检、应急处置等监管力量配置与风险分布的结构性匹配提供了基础依据。那么,为什么会出现诸多问题呢?我们需要从经济社会的深层次视角分析食品安全所面临的矛盾。

(一)日益增长的消费需求与供给质量不高的矛盾

当代公共治理政策议题愈来愈具有多样性和相互关联特征。[①] 食品安全同样深度嵌入经济社会背景,其本质是社会问题。经验表明,代表一国消费结构的恩格尔系数(食品支出占消费支出总额比例)与食品安全状况存在相关性。[②] 某研究选取权威数据库,基于不同国家和地区经济社会发展水平差异,用横截面数据替代时间序列数据,将2015年全球73个主要国家(地区)恩格尔系数和食品质量安全状况得分进行标准化处理,通过对数回归后发现:高水平消费需求与高质量食品供给显著关联。当恩格尔系数处于30%~50%时,对应的食品安全状况波动较大。当恩格尔系数小

[①] 参见薛澜、俞晗之:《迈向公共管理范式的全球治理——基于"问题—主体—机制"框架的分析》,《中国社会科学》2015年第11期。

[②] 参见陈晓华:《完善农产品质量安全监管的思路和举措》,《行政管理改革》2011年第6期。

于30％时，其与食品安全状况的负相关性显著增强。即便在美国，2013年全美仍有1750万家庭（占美国家庭总数14.3％）存在食品不安全问题，其主要的原因是很多家庭缺少足够收入来购买品质较高、较为安全的食品，特别是那些低收入家庭、单亲家庭和有残疾人的家庭，其只能购买廉价低质食品，从而推高了食品变质风险。①

根据国家统计局公布的数字，2018年全国恩格尔系数为28.4％，其中农村地区高达30.1％。② 由此可见，我国食品安全形势在总体稳定中蕴含着不确定性，处于转变的重要拐点阶段。一方面，低端市场依然广泛存在，可能诱发企业机会主义行为，③ 因此，必须守住不发生系统性食品安全风险的底线。另一方面，随着人们对食品种类、安全、营养需要的日益提升，高质量消费需求增长但供给严重短缺，在实践中加剧了假冒伪劣、夸大宣传、输入型食品安全等问题的严重性。尤其是在有机食品、进口食品、新型食品等高端领域，已经出现了相关风险。

（二）"大产业"与"弱监管"之间的矛盾

产业是监管的基础，监管是产业的保障。发达国家经验表明，强大的食品产业与强大的监管体系互为支撑。食品行业是我国国民经济支柱产业。2017年，全国规模以上食品工业企业主营业务收入11.47万亿，占全部工业总产值的9.8％，食品行业有6000多万从业者和2.3亿多农民。然而食品产业结构多、小、散、低，企业诚信守法意识不强，产业素质系统性薄弱。在全国1.03亿户市场主体中，④ 有证食品生产经营者约有1300多万家，⑤ 占比为13％，这还不包括360万家"三小"食品生产经营者。

---

① 参见李秉新等：《保障食品安全各国难唱"独角戏"》，《人民日报》2015年4月7日。
② 参见国家统计局：《中华人民共和国2018年国民经济和社会发展统计公报》，《人民日报》2019年3月1日。
③ 刘亚平：《中国式"监管国家"的问题与反思：以食品安全为例》，《政治学研究》2011年第2期。
④ 市场监管总局：《2018年上半年市场环境形势分析》，国家市场监督管理总局网站，http://samr.saic.gov.cn/xw/yw/xwfb/201808/t20180807_275446.html.
⑤ 食品药品监管总局：《2017年度食品药品监管统计年报》，原国家食品药品监督管理总局网，http://samr.cfda.gov.cn/WS01/CL0108/227377.html.

在数量如此庞大的食品生产经营者中,绝大部分为10人以下小企业,规模以上食品生产企业仅有3万余家。

与"大产业"和广阔地理区域形成鲜明对比的是我国食品安全监管体系的整体薄弱。通过梳理中美两国食品产业和监管总体情况(如表6—2所示),我们可以发现3个方面的显著差距:一是我国每万人口监管人员比例约为1.8,美国则高达3.6,监管资源基础不同。二是我国食品经营环节市场主体超过1280万家,美国仅有105万家,监管对象规模存在差异。三是在监管机构平均承担的监管任务上,我国远多于美国。在这种监管资源和监管能力的硬约束下,静态行政许可和"运动式"专项整治成为主要政策手段。由于"重审批、轻监管"的监管风格导致审管脱节,审批往往在现实中异化为了政府对企业的背书和包办,进而制约了日常监督检查的有效性。

表6—2 中美两国食品产业和监管总体情况对比

	中 国	美 国
人口(亿人)	13.9008	3.231
面积(万平方公里)	963.4057	962.9091
监管人员(万人)	25(全国)	1.6(联邦)+10(州)
监管机构(个)	3216(县以上行政区划)	3615(城市、县郡)
食品生产加工企业(万家)	14.9(食品)+0.3685(食品添加剂)	4.4
食品流通许可(万件)	1284.3(食品批发企业、食品经营企业、餐饮单位)	11.4(超市、杂货店、食品批发店)
餐饮服务许可(万件)		93.5(餐馆和机构的食品服务点)
农场(万个)	——	200(FDA与各州或地方共同管辖)

资料来源:《中华人民共和国2017年国民经济和社会发展统计公报》《2017年度食品药品监管统计年报》"FDA-What We Do",经作者整理。中国为2017年数据,美国为2012年数据。

（三）城乡发展不均衡的矛盾

研究表明，食品安全问题与所在国家和地区城镇化进程态势密不可分。在农业人口数量下降到总人口50%以下时，食品安全问题容易集中爆发。"从农田到餐桌"的食品产业链变长，加大了问题发生概率。① 同样是基于数据的可获得性，研究用对数回归分析了2015年全球73个主要国家（地区）城镇化率与食品质量安全得分的相关性，其拟合优度（R^2）为0.46。当城镇化率超过50%后数据离散度明显增加，风险波动性增大；当其超过80%后开始收敛，即不确定性减弱。例如，19世纪中期美国北方城市化发展迅速，周边农村鲜奶供应跟不上大量涌入城市的人口，不法商人通过催乳、掺假手段生产"儿童卫生奶"，最后终于爆发1858年纽约"泔水奶"事件，导致5.3万名婴儿受感染，1年内有近8000名儿童死亡。② 英国、德国、日本工业化进程中的食品安全问题同样也经历了类似的路径。

我国正处于高速城镇化进程中，2018年，我国常住人口城镇化率为59.58%。③ 从这个意义上说，食品安全风险依然高发，食品安全事件容易集中爆发。在农业生产环节，一些地方工业"三废"违规排放，全国耕地土壤点位超标率高达19.4%。④ 农业投入品使用不当导致内源性污染严重，全国每年消费农药32万吨，农业塑料薄膜使用量达250万吨，化肥长期不合理过量施用，⑤ 农药兽药残留和添加剂滥用成为食品安全的最大风险。在食品生产经营环节，基于利益驱动的主观故意造成的食品违法犯罪问题仍较严重。根据前述《2017年度食品药品监管统计年报》中的相关数据，

---

① 袁端端：《"消费者掌握食品安全知识才能避免恐慌"——访原美国农业部副部长任筑山》，《南方周末》2015年9月17日。
② 参见南晨：《百年前震惊美国的"泔水奶"事件》，《文史博览》2009年第2期。
③ 参见国家统计局：《中华人民共和国2018年国民经济和社会发展统计公报》，《人民日报》2019年3月1日。
④ 参见环境保护部、国土资源部：《全国土壤污染状况调查公报》，中华人民共和国生态环境部网，http://www.zhb.gov.cn/gkml/hbb/qt/201404/t20140417_270670.htm。
⑤ 参见张桃林：《农业面源污染防治工作有关情况》，中国网，http://www.china.com.cn/zhibo/2015-04/14/content_35308013.htm。

2016年，全国食品药品监管部门共查处食品案件171221件，涉案金额52620.9万元，查处无证7741户，移送司法机关1514件。应当说，我国仍处于食品安全风险隐患凸显和食品安全事件的高发期，食品安全形势依然严峻。

二、食品安全问题的现状及特征

描述食品安全状况的基本面，是分析食品安全问题的前提和依据。进入21世纪以来，我国食品安全形势总体稳定向好，人民群众饮食安全得到切实保障。2017年，原国家食品药品监管总局在全国范围内共组织抽检了23.33万批次样品，总体平均抽检合格率为97.6%，比2014年提高了2.9个百分点，在统计上具有显著性。① 国际社会评价也印证了这一点，如英国《经济学人》(The Economist)杂志每年发布的《全球食品安全指数报告》(GFSI)。近年来，中国在"食品质量与安全"方面得分排名全球40位左右，其中2017年排名第38位，远高于人均国民生产总值和人均收入70位开外的国际排名。②

(一) 全球食品安全区域分布与中国表现

正如环境污染本质上讲是源于发达国家与发展中国家权力和财富分配不均一样，食品安全同样面临全球区域间的不均衡问题。由于大部分食品安全问题最终却表现为食物中致病因子进入人体造成的健康危害，因此由掺假、化学污染、生物病原体导致的食源性疾病（foodborne disease）开始成为衡量食品安全状况的重要指标。

20世纪末，随着全球食品生产物流消费模式的转变，食源性疾病在各国频繁爆发，并迅速跨国界传播，并在不同程度上引发了全球食品安全危机。据世界卫生组织《全球食源性疾病负担估算报告》显示：2015年，全

---

① 参见刘云涛：《2017年食品总体抽检数据显示我国食品安全状况持续稳中向好》，《中国医药报》2018年1月23日。

② The Economist, *Global Food Security Index* 2017: *Measuring food security and the impact of resource risks*, http://foodsecurityindex.eiu.com/Resources, September 26, 2017.

球有 6 亿人口因食用受污染的食物而生病，由此造成 42 万人死亡，其中 5 岁以下儿童 12.5 万人。① 在每 10 万伤残调整生命年中（是指从发病到死亡所损失的全部健康生命年，英文简称 DALYs），北美、日本、欧盟等发达国家和地区因食源性疾病损失总体低于 50。这一数值在东南亚和中南美洲大部分国家约为 300，一些南亚国家为 600 左右，许多非洲国家则高达 1000 以上。由此可见，全球食品安全状况具有明显区域性差异，且呈现出连片聚集效应。

各国对自身食源性疾病状况开展了更为细致的评估。据美国疾病预防与控制中心最新统计数据显示，每年有 4800 万美国人患食源性疾病，其中 12.8 万人需住院接受治疗，约 3000 人最终死亡，导致了巨大的经济损失。② 发展中国家情况显然更加严峻。根据世界卫生组织上述估算，我国食源性疾病负担为每 10 万伤残调整生命年 293，总体处于全球中游水平。监管部门统计的数据表明，2015 年，全国通过突发公共卫生事件管理信息系统收到的食物中毒类突发公共卫生事件报告 169 起，中毒 5926 人，死亡 121 人。③ 实际情况则可能更为复杂。

从某种意义上讲，中国现阶段的食品安全问题表现为"不设防的农村，高风险的城市"。中国用全世界 9% 的耕地养活了 20% 以上的人口。但这一成就的代价是每年消耗 32 万吨农药、250 万吨农业塑料薄膜和数千万吨化肥。粗放的农业生产模式过度依赖化学投入品，农药残留已成为食品安全最大的风险。食品产业是全过程链条，食用农产品源头治理压力加大必然传递到下游生产加工、流通消费各环节。过去发生的三鹿婴幼儿奶粉事件、瘦肉精事件都说明了这一点。随着城市流动人口增多，"陌生人社会"滋生了各类利益驱动行为，安全风险不断聚集。为回应消费者诉求，

---

① 参见 WHO, "Foodborne Disease Burden Epidemiology Reference Group 2007—2015", *WHO Estimates of The Global Burden of Foodborne Diseases*, Geneva: World Health Organization, 2015.

② 参见 US CDC, *Burden of Foodborne Illness: Overview*, US Center of Disease Control and Prevention, https://www.cdc.gov/foodborneburden/estimates-overview.html, July 15, 2016.

③ 参见卫生计生委办公厅：《关于 2015 年全国食物中毒事件情况的通报》，原国家卫生和计划生育委员会网站，http://www.nhfpc.gov.cn/yjb/s7859/201604/8d34e4c442c54d33909919954c43311c.shtml.

政府加大了城市食品安全监管力度，但城乡之间基本监管服务并不均等，"问题食品"又转而流向农村监管薄弱地带。于是，"不设防的农村，高风险的城市"成为双向的恶性循环。

(二) 新中国食品安全监管体制和理念演变

新中国食品安全监管体制和机构经历了多次变迁。尤其是改革开放40多年来，食品安全工作经历了混合过渡阶段（1979—1993年）、全面外部监督阶段（1994—2002年）、科学监管阶段（2003—2011年）、治理现代化阶段（2012年至今）。研究发现，食品产业基础和消费者饮食需求是影响食品安全状况的基本因素，市场失序和突发公共事件是导致食品安全政策议程变化的重要契机，法律法规、监管体制、政策工具随政策目标变化。2012年以后，中国进入国家治理现代化新时期，食品安全被提升至公共安全新定位和国家战略的新高度。从温饱到放心再到质量，不仅反映出食品安全工作范式的转变，更折射出了监管型国家的中国路径，其在一定程度上塑造了我国食品安全问题的基本特征。

回顾2011年以前的中国食品安全监管历程，我们发现，其理念和实践变迁符合历史制度逻辑。改革开放初期，国民经济百废待兴，解决群众温饱问题是食品领域的主要矛盾，加之当时食品卫生问题主要表现为生产力落后导致的"前市场"风险，调动行业管理部门和地方政府壮大食品产业的积极性成为理性选择。因此，不论是法律法规、监管体制抑或是政策手段都带有鲜明的混合过渡色彩，兼具计划体制和商品经济两类特征。之后，中国食品行业无序发展，市场秩序混乱，体制弊端逐渐暴露。在社会主义市场经济体制逐渐形成的宏观背景下，二次改革势在必行。国家试图通过全面外部监督管理打击地方保护和部门局部利益，将食品卫生管理带入法制化轨道，并提出食品安全新理念以符合全产业链条发展需求。此时，尽管经济发展依然是"最大的政治"，但食品安全和卫生问题显然已经受到政府更多的关注。

市场经济体制逐步完善和中国加入世贸组织推动了食品产业快速发展，食品产业链条的延伸和新型风险的出现，要求制度设计要有新变化。政府逐步意识到，保障消费者食品安全的公众利益比食品产业发展的商业利益更为重要。"综合协调、分段监管"模式的提出和地方政府属地责任体系的明确，正是其实现上述政策目标的有益尝试。面对频繁发生的重大食品安全事件，体制机构正在不断调整，现代化监管手段也在接连出现。监管理念和经验最终在2009年版的《食品安全法》中得以明确。而国务院食品安全委员会的成立更是有助于从顶层制度设计高度保障食品安全政策目标的实现。归纳而言，产业基础决定了特定历史阶段食品领域的主要矛盾及其风险类型，政府对食品安全议题的关切因此而产生变化。不同政策目标通常在市场失序和突发公共事件中固化和放大，法律法规、监管体制、政策手段都会随之发生相应变化。也就是说，有什么样的产业基础和社会需求，就有什么样的食品安全监管法律、体制和政策手段。不论是外力推动的强制性制度变迁，还是内生自发的诱致性制度变迁，食品安全监管上层制度设计必须随着经济社会基础的变化而调整。

党的十八大以来，在国家治理现代化的新背景下，中国食品安全也进入了新阶段。当前，食品安全工作既有对过去经验的继承和发扬，也有新的理念和实践。2011年年初，中央首次将健全食品药品安全监管机制作为加强和完善公共安全体系、创新社会管理的重点工作，一举改变了过去市场监管职能的定位。党的十八大、十八届三中全会、十八届四中全会进一步围绕健全公共安全体系，提出了食品药品安全体制机制改革任务和法治化要求。2013年，国务院副总理汪洋明确提出，要构建企业自律、政府监管、社会协同、公众参与、法治保障的食品安全社会共治格局。之后，监管部门提出食品安全治理现代化的全新理念，旨在突破线性监管的传统方式。2014年，全国食品安全宣传周主题为"尚德守法，提升食品安全治理能力"；2015年，全国食品安全宣传周主题为"尚德守法，全面提升食品安全法治化水平"；2016年、2017年，全国食品安全宣传周主题为"尚德守法 共治共享食品安全"；2018年，全国食品安全宣传周主题是"尚德守法 食品安全让生活更美好"；2015年全国食品药品监督管理暨党风廉政建设工作会议主题为"深化改革强化法治 努力提升食品药品安全治理能力"；2016年全国食品药品监督管理暨党风廉政建设工作会议的主题是"深化改革创新 强化监管执法 加快构建严密高效的食品药品安全治理体系"；2017年全国食品药品监管工作和表彰先进会议暨党风廉政建设工作会议主题为"坚持'四个最严'严守安全底线 全力以赴保障人民群众饮食用药安全";2018年全国食品药品监督管理暨党风廉政建设工作会议主题则是"不忘初心再出发 奋力谱写食品药品监管工作新篇章"。而要将食品安全监管嵌入经济结构调整、政府职能转变和社会治理创新的战略布局中,亟须一个高层次、综合性监管机构来统筹食品领域的监管政策和相关经济政策、社会政策,并协调食品产业发展、质量安全等目标。习近平总书记在2015年5月29日在中央政治局第二十三次集体学习时强调,要编织全方位公共安全网,加快建立科学完善的食品药品安全治理体系,并实施食品安全"党政同责"。党的十八届五中全会更是创造性地将食品安全提升到共享发展高度,提出推进健康中国建设,实施食品安全战略,形成严密高效、社会共治的食品安全治理体系,让人民群众吃得放心。①

（三）新时代食品安全面临新的重大风险

在梳理历史和进行比较的基础上,我们需要聚焦当下中国。中国特色社会主义已经进入新时代,随着社会主要矛盾转化为人民日益增长的美好生活需要和不平衡不充分的发展之间的矛盾,具体到食品安全领域,则是需求、供给和监管之间的结构性不匹配凸显。除了前述农业面源污染、利益驱动行为、消费者食品安全知识缺失等老话题外,新风险亦不断涌现。

1. 消费结构多元化

2017年,我国60周岁及以上人口占全国总人口比重为17.3%,同时"全面二孩"政策推行,人口老龄化与"婴儿潮"趋势并存。随着人口结构深刻变化,市场对保健食品、特殊医学用途配方食品、婴幼儿配方乳粉等特殊食品的数量、种类和品质提出了更高要求。其中,仅保健食品年产值就超过3000亿元,并保持着较高的复合增长率（CAGR）。基于特定消费群体和功能用途,特殊食品对审评水平和监管能力提出了较高要求。普通食品消费结构同样呈现两极化趋势,食品安全标准、认证认可、监督执法都面临全新课题。例如,受资本市场青睐的茶饮、轻食、全营养食品等新型品种,其相应安全标准和生产工艺规范均不同程度地缺失。根据笔者

---

① 参见胡颖廉：《食品安全理念与实践演进的中国策》,《改革》2016年第5期。

从2018年全国食品安全宣传周启动仪式上获取的数据，我国每年有70多亿份外卖，销售额高达2000亿元，但其中的60%属于低端餐饮。在城乡二元社会结构下，农村地区食品消费水平整体偏低，容易诱发企业机会主义行为。尤其是农村3046万绝对贫困人口的食品安全风险脆弱性较高，成为脱贫攻坚的不确定因素。

2. 产业基础依然系统性薄弱

相比发达国家集中生产和有序流通的食品产业链条，我国食品产业呈现出"供需两头大、中间流通散"的格局。需求决定供给，在消费升级和产业转型过程中，食品数量充足、质量安全、营养健康的多层次消费需求与产业基础系统性薄弱的不协调性凸显。传统渠道与新业态并存，内生原发型隐患与输入型风险并存，产业集中化和专业化趋势并存。尤其是第三方平台、共享经济、微商、科工贸纵向一体化等新业态的蓬勃兴起，① 必然会伴生新的不确定风险。以输入型食品安全风险为例，美国已经有约50%的新鲜水果、20%的新鲜蔬菜以及80%的海鲜来自国外。② 近年来，我国食品跨境电商销售额同样激增，而国内产业供给不足给走私冻肉提供了巨大的市场空间，为此，必须审慎对待食品全球产业链。

3. 监管体制适应性有待提升

在世界上国土面积超过200万平方公里的大国中，我国是唯一采取食品安全治理单一制结构形式的国家。广阔的治理边界考验着监管执法的有效性。1998年国务院机构改革以来，食品安全监管体制几经变迁，总体经历了从"垂直分段"到"属地综合"的转变。③ 2018年，党和国家机构改革整合工商总局、质检总局、食品药品监管总局等职能，组建了国家市场监督管理总局，实行消费品市场统一监管。机构改革的本质，是适应于新时代市场环境的监管权责结构权威性再分配。使属地管理和综合执法有利

---

① 参见新华社记者赵文君：《"让人民群众买得放心、用得放心、吃得放心"——专访国家市场监督管理总局局长张茅》，中国政府网，http://www.gov.cn/xinwen/2018-04/10/content_5281388.htm。
② 参见刘昌孝：《国际药品监管科学发展概况》，《药物评价研究》2017年第8期。
③ 参见胡颖廉：《剩余监管权的逻辑和困境——基于食品安全监管体制的分析》，《江海学刊》2018年第2期。

于改变破碎化机构格局，加大监管资源动员力度，借助地方政府组织架构和工作网络，通过"人海战术"开展监督检查，排查并消除点多面广的食品安全风险点。然而，该体制在提升监管专业性、打破地方保护、助推新经济体系等方面作用尚存争议。

三、食品安全治理的对策建议

食品是一种特殊商品，其生产必须遵循一般市场规律，同时还应兼具市场秩序和公共安全双重属性。市场的基本关系是供给和需求，理想状态是形成优胜劣汰的质量发展市场机制。由于信息不对称、外部性、公共产品等因素的存在，食品市场存在较严重的失灵现象，需要监管加以纠正。作为市场的供给侧，食品产业成为监管的对象和基础。然而以许可、检查、处罚为主要政策工具的线性监管模式难以适应新时代食品产业大规模、高质量、差异化等特征，基于福特主义的监管在面临中国的广大非标准化的环境下不可避免地出现失灵。[①] 只有超越监管看安全，以产管并重为理念重构市场嵌入型食品安全监管体系，才能实现从监管到治理的范式转变，不断提高人民群众安全感、获得感、幸福感。这就构成了"食品—市场—监管—产业—治理"的逻辑关联。

（一）"大市场、大监管、大治理"框架

国内外既有的理论研究和政策实践也为我们提供了启示。例如2011年《美国食品安全现代法案》（FSMA）明确提出预防、控制、响应三大原则，主张从风险评估、风险管理、风险沟通3个方面降低食品全生命周期风险。[②] 又如欧盟食品安全局（EFSA）在成立之初就构建起"个人—企业—政府—超国家"的多层级治理模式。日本"食育推进基本计划"则强调统筹厚生劳动省、农林水产省等部门监管职能，提升国民食品安全和营养水

[①] 参见刘亚平、梁芳：《监管国家的中国路径：以无证查处为例》，《学术研究》2018年第9期。

[②] 参见 FDA, *Food Protection Plan of 2007: Prevention, Intervention and Response*, Silver Spring, MD: U.S. Food and Drug Administration, 2007, p.5.

平。世界银行则提出将人力资本、基础设施、管理体系和制度规范作为一国食品安全管理能力的四大要素。① 结合上述文献,可以提出"大市场、大监管、大产业、大治理"的框架思路,通过统一食品市场、优化政府监管、促进高质量发展、协同社会治理为重点,配以法规、投入、人才等措施,以构建新时代食品安全战略"四梁八柱"的顶层设计。接下来将着重对大市场、大监管、大治理三大体系加以阐述,特别是这些体系在新的监管体制和市场环境下展现的新特征。

1. 统一开放竞争有序的现代化市场体系

现代市场是包含产品服务、信息信用、交易要素在内的综合体系。大市场语境下的食品安全需要抓住市场体系这一关键,从关注主体资质、行为合规、产品质量的传统模式,转变为以信息信用为基础的新型机制。② 首先是贯通生产和流通两大环节,整合工业产品、流通商品、特殊品(食品药品、特种设备)三大品类,统筹公共安全、市场秩序、产业发展等政策目标,构建统一的产商品全链条质量体系,真正形成末端倒逼机制。其次,摆脱市场主体资质静态认可的"重审批"模式,嵌入市场经济活动,对生产经营行为和产品服务质量实施动态监测监督。通过加快完善全国商事主体多维度信用数据库,综合合同审查、价格监督检查、广告监测、反垄断、产品抽检等行为轨迹记录,用大数据为食品企业"立体画像"和预测行为,有靶向性地开展风险全生命周期管理。此外,还应建立统一的市场要素体系。监管的本质是纠正市场失灵而非取而代之,除了监督执法,商标、专利、标准、计量、产品认证、检验检测、地理标志等现代市场交易要素外,都是政府借助市场力量实现自我规制(self regulation)的手段和途径。过去这些要素散布在不同监管部门,机构改革后有望整合,协同提升市场要素统一性。

2. 优化协同高效的政府监管体系

监管体系是机构设置、人员编制、财政投入和权责关系等组织制度的

---

① 参见 Steven Jaffee et al., *The Safe Food Imperative*: *Accelerating Progress in Low-and Middle-Income Countries*, Washington, D. C.: World Bank Group, 2018, p. 70.
② 参见张茅:《在全国市场监管工作座谈会上的讲话》,国家市场监督管理总局网站,http://samr.saic.gov.cn/xw/yw/zj/201807/t20180705_274924.html.

总称，本质上是行政资源配置方式。完善食品安全监管体系有 3 个重点：一是简政放权释放监管资源。监管的根本任务是实现公众健康、商业利益、政治考量的均衡，这其中，监管者（regulator）与促进者（enabler）是有机统一的。一方面，可通过保健食品注册备案"双轨制"等改革减少行政审批事项，释放事中事后监管资源，降低市场主体负担；① 另一方面，还可积极创新出口食品农产品生产企业内外销"三同"（即出口企业的内外销产品在同一生产线、按相同的标准生产，达到相同的质量水平——作者注）和"放心肉菜示范超市"等市场嵌入型政策手段，从政府为企业背书转变为企业为自己负责。二是综合执法加大监管力度。区分原食药监的技术专业性和原工商的执法专业性，整合审核查验、稽查办案、督察审计等队伍，充分发挥综合执法的资源优势和协同效应。例如，2018 年 5 月媒体曝光的"有机蔬菜事件"就涉及食品安全、虚假宣传、产品认证等问题。过去分属食药监、工商、质监等部门管辖，容易出现事件定性困难和职能边界模糊。综合执法则能妥善解决执法标准不统一、监督执法力量分散、基层专业能力薄弱等问题，从而形成市场综合治理的合力。② 三是优化服务放大监管效能。不论是第三方平台等新业态抑或移动送餐车等新技术，都需要监管部门与企业充分沟通，采取简约治理和审慎监管的理念。这是智慧监管不断创新的基础，也是食品产业高质量发展的重要前提。

3. 共建共治共享的社会治理体系

党的十九大报告指出，要打造共建共治共享的社会治理格局。食品安全风险的多元性决定了需要动员社会各方力量予以共治的必要性，并实现从"少数人管多数人"向"多数人盯少数人"的转变，具体包括格局共建、风险共治、成果共享 3 个层次。尤其是要提高食品安全治理社会化、法治化、智能化、专业化水平，最终实现食品安全与高质量发展共享、食品安全与市场秩序共享以及食品安全与社会和谐共享。上述三大体系的内在逻辑关联是：以"大监管"构建统一市场，以"大市场"提升产业素质和监管效能，以"大治理"应对现代市场与产业的复杂风险。食品安全战

---

① 参见冯鸣：《食品安全监管体系的短板与解决路径》，《光明日报》2013 年 8 月 8 日。
② 参见胡颖廉：《用大监管护航大市场》，《人民日报》2018 年 5 月 25 日。

略的具体政策工具如下（如表6—3所示）。

表6—3 食品安全战略政策工具体系

主体 阶段	政府监管	市场机制	社会共治
事前资格审核	行政审批（许可、备案、"负面清单"）	准入（标准、认证、商业责任保险）	社会认知（信用体系、科普宣传）
事中行为规范	监督检查（信息监管、风险监测、"双随机、一公开"）	经济激励（资本市场调节、产业政策引导）	社会监督（投诉举报、媒体监督、行业自律）
事后责任承担	法律责任（行政处罚、终身禁业、刑事责任）	行业惩戒（协会推介、产品质量基金）	社会惩处（公益诉讼、惩罚性赔偿）

正如上文所述，党的十九大将食品安全战略落脚到"让人民吃得放心"，可见食品安全治理必须嵌入新时代人民日益增长的美好生活需要中，以提升全社会食品安全满意度。这种从客观指标到主观评价的转变，绝不是简单的线性关系，而是治理体系改善和治理能力的整体性提升。有必要制定战略时间表和路线图，以确保制度短期、中期、长期的一致性和可预期性。第一步是到2020年也就是全面建成小康社会之际，坚决守住不发生食品安全系统性风险的底线，持续提升食品安全保障水平。第二步是到2027年也就是党的二十一大召开之际，形成严密高效、社会共治的食品安全治理体系，人民群众食品安全满意度显著提升。第三步是到2035年，与社会主义现代化进程同步，基本实现食品安全治理现代化，让人民吃得放心。第四步是到2050年，全面实现食品安全治理现代化，食品安全状况在全球具有较高水准，为中华民族伟大复兴中国梦奠定基本基础。

（二）食品安全重在监管①

1. 政府有效监管有助于食品产业良性发展

只有建立强大的监管，制定对质量安全的权威评价标准，有效解决质

---

① 参见邱琼、欧阳俊：《关于加强食品安全政府监管的若干思考》，《人民论坛·学术前沿》2016年第20期。

量安全信息严重不对称问题,才可以稳定消费者信心,降低交易成本,推动市场交易的实现。在食品安全领域,政府监管不仅是消费者所必需的,也是农业和食品工业发展所必需的,是切实为市场创造价值的活动。从这个意义上来说,在食品供应有关的产业演进发展的过程中,政府监管不是食品产业发展的阻碍力量,而是重要的推力。美国在过去一个世纪里不断加强监管的实践,就是一个对食品产业加强监管、推动产业发展和创新、提升产业国际竞争力的成功案例。

比较各国食品安全状况,我们也会发现,凡是食品安全问题解决得比较好的国家和地区,其食品产业发展一般都比较好,均具有以下一些共性特征:

一是产业生态比较健康,上下游相互服务、相互制约。在英国,四家遍及全国的大型连锁超市集团占据了80%的英国食品消费份额,超市集团的食品安全标准可以对供应链上游企业形成有效制约,政府监管因此可以减少很多工作。在美国,大企业高度关注食品安全法规,积极参与法规制度的建设,建言献策,并有强烈的行业代表的意识,主动充分表达行业利益。他们在法规制定阶段即与监管部门保持良好合作,一旦法规出台,企业自觉执行的意识和意愿也比较强烈。对于一些能力弱的小企业,市场上也能产生相应的大企业提供解决方案帮助合规。典型的案例是,美国艺康公司从一家提供清洗剂、消毒液产品的公司发展成为食品安全企业解决方案的提供者,可以为购买其洗消产品的餐馆、宾馆提供符合 HACCP 要求的整套解决方案,包括流程设计、员工培训、定期检查、纠错反馈等。

二是提供各种食品安全服务的第三方发达。英国、法国等欧洲国家在食品研发、生产、包装、储运、销售的各个环节都有专注于本环节的协会组织。这些协会组织既为企业的发展提供人员培训、市场拓展、科研开发、管理体系认证和产品认证等专业服务,也承担政府的委托项目,为政府的政策制定提供技术咨询、决策参考等服务。例如,英国的卡姆登食品研究协会作为一家由一些食品企业发起成立的、专注于食品工业研究与创新的跨国公司,拥有非常先进的食品检验检测技术,在微生物、化学及物理异物污染分析等方面实力雄厚,其既为烘焙企业提供新产品研发生产线和实验室,也为食品生产企业提供第三方检查和认证,甚至可为食品的可追溯性提供咨询。政府部门也愿意支持这类第三方组织的发展和工作开展,甚至会将很多原由政府承担的工作也交由行业组织来承担。例如,法国监管部门会定期将企业检查情况反馈给行业协会,要求协会组织企业整改。

三是整个产业对于监管的依从性比较好。多数企业都能够按照法规要求针对自身特点制订保障食品安全的计划,形成有特色的做法。例如,美国荷美尔公司建立了自己的食品安全委员会,负责企业内部的食品安全审计,包括对常规检查、收购、产品召回等工作进行审核;对企业投资的新项目,要进行分析研究,确保原料采购、生产加工过程和生产环境中的化学、物理和微生物风险都能够得到正确识别并被有效控制。中小企业则借助咨询公司、行业协会等力量,因地制宜地落实法规要求。整个社会也会理性考虑产业的实际情况,要求监管部门保持适当的监管弹性。

2. 政府有效监管要教育与惩治并重

政府监管的目标是维护良好安全状况和市场交易秩序,最理想的状况是整个市场的自我约束和自我规范。为实现这一监管理想,政府监管必须紧紧依靠科学。只有掌握食品安全的科学规律,并将其转化为法规标准,才能教育、引导、规范食品产业行为,才能发现、控制食品安全隐患,才能及时惩罚违法犯罪,保护公众健康。政府监管是一项系统工程,需要开展的工作很多,其中有两个重要的基本点。

一是正面教育。其重点是支持对食品供应体系上各个环节的所有利益相关方开展正面教育。对食品从业人员进行教育,提高食品业界保障食品安全的意识和能力,从根本上提高食品的安全性。一般来说,此类教育主要由企业自行组织和安排,监管部门不直接开展。但也有的国家认为合格的从业人员对于维护食品的竞争力至关重要,因此在相关从业人员培训方面投入巨大。例如,法国农业部有大量预算资金用于建设维护国民教育体系中的职业教育机构,并支持这些机构开展对农民和食品生产企业员工的职业技术教育。随着互联网技术的发展,监管部门对于从业人员的教育形式也在日益多样化。例如,美国食品药品管理局(FDA)通过制作动画片和宣传页、通过编制系列课程、开放网络会议对从业人员进行免费教育。对消费者进行教育,旨在使消费具备更多食品安全知识,在选购食品时更容易选择安全食品,在面对食品安全事故时也能更理智地面对以及有能力维护权益。此类教育一般由协会学会等社会组织来开展,监管部门需要积极参与。如美国马萨诸塞州设立了"食品安全教育伙伴关系"项目,地方卫生官员、教育工作者、食品产业界和消费者加入其中,共同开展食品安全教育活动,使食品业的从业人员和消费者能够通过合作、交流和协调利用资源与服务,轻松地获得有关食品安全的信息、教育和培训。消费者教育活动通常都具有简单实用、易读易懂的特点,重视"从娃娃抓起"。

二是严惩违法犯罪。2008年9月1日至2009年2月17日,美国发生了由鼠伤寒沙门菌导致的食源性疾病暴发,44个州报告了642个实验室确诊病例,9人死亡。流行病学及实验室检测结果表明,致病食品为污染了鼠伤寒沙门菌的花生酱。这一事件引发了美国历史上最大规模的食品召回,最终导致肇事花生酱公司破产倒闭。2015年9月,肇事公司老板被法院判处28年的重刑,这是美国司法史上首次用刑事罪来审判食物中毒案件。这一事件对美国食品安全现代化法的修订与通过产生了重大推动作用,同时也是对企业和社会的最好教育。监管部门积极作为,对于所有可能的违法犯罪行为都采取"可置信的惩罚"。这是对产业最好的服务,也是对违法犯罪最有力的震慑。

3. 不断提高我国食品安全政府监管的现代化水平

当前,我国食品安全问题多发易发,食品安全状况与人民群众的期待仍有很大差距。考虑到我国农业和食品工业生产力水平还不高的实际情况,更应当加强监管,加快提高政府监管的现代化水平,以提高质量效益为中心,综合施策,实施食品安全战略,推动供给侧结构性改革,为消费者创造安全可靠的食品消费环境,同时为食品行业提供强大的发展助力,切实提高我国的食品安全供应保障水平。

一是建立与我国食品供应保障体系发展现状相适应的现代食品安全监管体系。食品安全是一个随生产力水平提高而内涵不断得到丰富的概念。广义的食品安全涵盖数量安全、质量安全、营养安全3个层次的内容。主要面对数量安全问题时,需要加强产业发展和促进部门的职能。当数量安全的问题基本得到解决,质量安全的问题就会凸显出来。为此,需要加强监管执法部门的职能,特别需要强调司法体系的配合。当质量安全的问题基本得到控制时，营养安全的问题便会受到重视，则更需要强调专业监管和科学监管。当前，我国基本解决了数量安全问题，正在下大力气解决质量安全的问题，营养安全的问题也在逐步成为关注热点。遵循健康产品安全监管规律，建立一个顺应食品生产供应生产力发展方向的现代化监管体系，才是系统管控安全风险、回应人民群众食品安全诉求的治本之策。

二是高度重视源头治理，防控动物源食品安全风险。西方国家以肉、蛋、奶为主要食物，许多食品或食品原料为工业化生产，且广泛存在生食习惯，因此对动物源食品安全风险更为重视，监管更为严格。在我国，受传统饮食结构和饮食习惯影响，长期以来，动物源食品并未得到过于严格的特殊对待，因而缺乏对动物源食品安全监管的经验积累。随着人民生活水平的提高、西餐饮食文化的引入，我国动物源食品安全风险问题开始凸显。近年来，"病死猪"、非法进口肉、上海福喜等肉类和奶制品加工领域安全事件频发，更是敲响了监管的警钟。在现行体制下，如何从各个环节加强对动物源食品质量安全的监管，已经成为我国监管工作中的一个难题。参考国外（特别是欧美国家）长期建立起来的兽医制度，探索建立我国驻厂/场兽医官制度，从源头加强对动物源食品的监管，不仅能起到事半功倍的作用，而且有利于更好地与国际接轨。一方面，兽医（特别是执业兽医）制度设计了完备的课程，涵盖食品（特别是动物源食品）安全的科学和实践基础，保证了从事食品安全监管人员的专业性；另一方面，官方兽医巡回派驻制度可以有效强化养殖、屠宰、加工等环节的食品安全监管，减少流通消费环节的工作压力。

三是要建立食品检查员制度，加强对食品生产流通过程的检查。落实企业责任除了需要严密的法规制度、有效的食品追溯体系外，更需要有力的执法体系。执法体系中最重要的是执法人员的能力和素质。只有能够发现问题，才能够对违法犯罪行为实施"可置信的惩罚"。否则，监管就会形同虚设，不能形成震慑。从各国经验来看，培养一支专门队伍，经过科学训练，对食品生产流通环节实施过程监管是十分必要的。欧盟、美国、加拿大等国家和地区都建立了食品检查员制度，以提高监管工作的科学性和有效性。长期以来，受检查力量不足等因素的限制，我国食品生产流通环节的现场检查不足。缺了现场检查这个"事中监管"，事前源头把关就扭曲为了"重审批、轻监管",事中事后监管则容易成为"运动式"整治和"走过场"。要强化食品安全的事中事后监管,就要建立职业化检查员队伍,体现专业性、技术性特点,以现场检查为骨干、实验室检验为技术支撑,形成少数人留办公室、多数人在一线的检查体系。

四是有效提高监管工作服务于社会的能力和水平。食品安全监管不能只依靠法律法规的制修订,还须更重视大量具体的安全指南的作用。通过指南可以发挥食品安全风险交流的作用,更好地服务于食品安全监管机构、食品生产经营企业、消费者、行业协会,加强他们相互之间的沟通,以实现信息共享,携手共治。通过安全指南积极引导社会公众、使媒体舆论共同参与食品安全的监管,提升公众的食品安全意识和依法维权的能力,为食品安全工作构建最为广泛的群众基础,以获取普通公众对食品安全监管工作的支持和理解。

五是切实加强食品安全监管的国际合作。食品生产有国界,食品风险无国界。我国是食品进出口大国,积极参加食品安全领域的国际合作更加重要。加强与世界贸易组织(WTO)、世界卫生组织(WHO)、世界粮农组织(FAO)等国际组织的合作,加强与食品法典委员会(CAC)等食品安全"三姊妹"组织的合作,积极参与国际标准的制修订过程,不仅有利于我国食品产业的发展,更重要的是可以通过学习国际监管经验提高我国的食品安全监管水平。阳光底下没有新鲜事。发达国家在食品安全方面有经验也有教训,各国食品安全监管部门在面临具体问题时所体现出的监管理念、方法和监管措施值得深入比较、分析和借鉴,可以帮助我们尽快提高监管能力。此外,一些国际组织在食品安全领域有关实验室建设、检验检测能力提高等提高技术支撑体系水平的合作项目,值得我们高度重视并充分加以利用,以尽快提高我们在食品安全监管方面的技术能力。

(三)党政同责保障"舌尖上的安全"

1. 用党的领导解决监管型国家中国路径的独特挑战

现代国家政府与市场关系的演进模式有两类:西方工业化国家从自发的市场经济向规范的市场经济条件下的监管演进,社会主义国家从计划经济向市场经济条件下的监管演进。独特的路径使我们在监管体系构建中必须兼顾活力和秩序,作为体验品(experience goods)的食品尤其容易引发安全与发展、公众健康与商业利益的政策目标内生冲突。曾经,食品数量安全是主要矛盾,制度设计更倾向于产业利益。以人民健康为中心的范式转变要求我们更加重视食品质量和安全,保障和促进公众健康。正如十九大报告所强调的那样,统筹发展和安全,是我们党治国理政的一个重大原则。这对基本矛盾,应当也只有党政同责方能解决。我们高兴地看到,在最新法规和政策实践中,有关部门在政策协同、纵向事权划分、属地责任、监管体系和能力建设、产业发展等制度上均有所涉及,其基本原则便是兼顾安全、发展和创新。

2. 科学监管和尊重市场相互衬托

现代市场监管的主要任务是要解决两大问题,即信息不对称和市场稳定预期。经过上百年的发展,美国、欧盟的食品安全监管已演变至监管科学阶段。我们所说的科学监管(scientific regulation)区别于工业化国家的监管科学(regulatory science),前者主要处理监管与产业的关系,后者更关注政策法规与科技进步的关系。这是源于中国的市场经济是由计划体制演变而来,市场失灵和市场不健全并存、产业结构不优、产业基础系统性薄弱,从源头带来风险和安全隐患所致。相应地,"中国式"市场监管脱胎于传统行政管控,全能主义的制度惯性带来"路障多、路标少"的管理模式,扭曲了正常市场竞争和价格信号,降低了监管效能。与此同时,社会力量仅仅被作为政府监管的延伸和补充,并未自主地、专业地发挥社会共治作用。

长时间以来,上述市场、监管、社会的"三重失灵",成为各类公共安全问题的基本成因。这种结构一旦形成,市场就会失去自发解决失灵问题的能力,过度管控可能就会进一步扭曲市场机制,从而使公共安全问题陷入"防不胜防、管不胜管"的恶性循环。在"放管服"改革的背景下,政府与市场关系面临基础性重构,将政府对市场资源的直接配置和市场活动的过度干预转变为加强事中事后监管,从而降低制度性交易成本,防范和化解重大风险。不论是智慧监管、职业化检查员队伍以及上市许可持有人制度,都是科学监管的具体体现。

3. 打造食品安全社会共建共治共享格局

包含食品安全在内的公共安全问题,其本质特征在于"民生性",也就是关系人民最关心最直接最现实的利益问题。习近平总书记强调,"要坚持群众观点和群众路线,拓展人民群众参与公共安全治理的有效途径。"① 上升到理论层面,则是国家与社会关系的新定位。新中国成立70多年来,我国国家与社会关系经历了单边吸纳、弹性依附、共建共享三大阶段,表现为从总体社会(totalism)到整体性治理(holistic governance)的演进路径。理想的国家与社会关系并非此强彼弱的二元对立。随着社会日益成为相对独立的领域,要求国家在巧妙嵌入社会前提下的甄别性吸纳,这一做法符合整体性治理特征。

食品安全具有广泛的命运共同体意义。《食品安全法》与《食品卫生法》两部法律将社会共治作为基本原则,致力于食品安全格局共建、风险共治、成果共享。首先,在格局上,通过制度建设界定各主体权责边界,从而形成协同共治的良性格局,包括多元主体、多方政策、多维空间。其次,在手段上,推进共治社会化、法治化、智能化、专业化。此外,在目标上,食品安全与高质量发展、市场秩序、社会和谐共享。

---

① 《牢固树立切实落实安全发展理念 确保广大人民群众生命财产安全》,《人民日报》2015年5月31日。

第七章 青年问题

作为一种承前启后、富有生命力和创造力的社会代群，青年在社会发展与社会稳定中发挥着重要的作用。在中国社会的转型期，受种种因素的影响，出现了一些同青年相关的社会问题。这些问题解决不好，对于社会的安全运行和健康发展无疑会产生不利的负面影响。

一、青年的婚恋、教育和就业问题

（一）青年的婚恋问题

目前，青年的婚恋问题已成为一种既定的"社会事实"，同时它对社会和谐稳定的影响也已经是一个不容忽视的"社会问题"。具体而言，青年的婚恋问题主要表现在以下三个方面。

1. 青年的婚姻挤压

受计生政策的影响和重男轻女传统观念的影响，我国的出生性别比出现了失调，这对青年的婚恋问题带来了负面的影响，即出现男多女少的现象。社会和人口的变迁对农村青年婚恋的影响非常大，性别比例的失衡和人口的流动都造成了对农村男性青年婚姻的挤压，也导致了许多农村地区的"光棍"现象日益突出。有学者发现，依照调查资料推算，1980年至2000年出生的人口中，男性比女性"盈余"3331万人。[①] 此外，由于受经济条件、社会观念、交际方式、家庭压力等多重因素的影响，"婚恋焦虑"导致的婚姻挤压也成为一种新的社会问题。与这种焦虑相伴的是单身青年在适婚青年中的比例日益上升，大龄青年的"不婚"情况越来越多。这种

[①] 参见《中国男女比例失调剩男危机更严重》，华声在线，http://hunan.voc.com.cn/article/201108/201108191536483916.html.

现象在北京、上海等大城市更为突出，"剩女"和"剩男"群体数量都很庞大。据《中国青年报》社会调查中心的数据显示，67.7%的受访者表示，身边异地婚姻现象常见。目前中国有超过5800万人在过着"一个人的生活"，其中独居青年（20～39岁）达到2000万。①

2. 青年的高离婚率

受青年价值观的影响，青年高离婚率已成为当前我国凸显的一个重要社会问题。据国家统计局和民政部发布的数据显示，2018年4季度，全国结婚登记人数为1010.8万对，结婚率（结婚人数/同期总人口数）仅有7.2‰，创2013年以来新低。②

再从离婚情况来看，2018年全国离婚登记人数为380万对，离婚率连续15年上升。全国离结比（离婚对数/结婚对数）从2010年的21%上升到2018年的38%。③

3. 青年的婚恋观

青年婚恋出现的这些现状，究其原因，就在于社会经济急速变迁导致青年的婚恋观念与行为差异表现出了不少的差异性。当前，在婚恋观念上，青年持有与传统观念大不相同的理念。当前，单身、丁克家庭、离婚等越来越被新生代青年所认可和接受。调查显示，在被问及"婚姻要有感情基础，如果两个人在一起不快乐，是否可以好聚好散"这一问题时，"同意"和"非常同意"所占比例分别为44.8%和30.1%，两者合计高达74.9%。④尤其是从青年的角度来看，离婚的含义已经发生了很大的变化——原来是感情不好才离婚，现在是感情好才离婚。如若有青年现在离婚，很可能是感情很好，而不是感情很差。⑤另一项调查显示，"对于社会上出现的为买房而假

---

① 参见陶舜：《空巢青年是一种新的风尚和潮流》，《中国青年报》2017年6月7日。
② 参见民政部：《民政统计季报（2018年4季度）》，民政部网，http://www.mca.gov.cn/article/sj/tjjb/qgsj/2018/20181201301328.html。
③ 《2018年全国结婚率创6年来新低，离婚率连续15年上升》，《中国经济周刊》2019年第6期。
④ 数据来源于笔者主持的国家社科基金项目《转型期城乡新生代青年对社会稳定的影响研究》的调查数据，样本数为1939份。
⑤ 参见廉思：《中国青年发展报告NO.3：阶层分化中的联姻》，社会科学文献出版社2017年版，自序第8页。

离婚的社会现象",只有25.82%的青年"表示不理解这种行为,自己也不会这么做";而有46.76%的青年"表示理解,但自己不会这么做";"表示不理解但会这么做"和"理解并会这么做"的青年有27.43%。① 此外,"闪婚、闪离"现象增多,"试婚"成为单身青年追求理想婚姻的一股"潮流"。同时,由于青年具有更加开放的性观念,他们注重个体的权利和肯定性的价值,追求性爱婚姻的统一,这些都是导致青年婚恋变化的重要因素。

(二)青年的教育问题

改革开放40多年来,伴随着经济的高速增长,我国的教育事业也得到了快速发展,这为当下中国青年的教育和就业创造了良好的环境条件。然而,随着改革的不断深入,教育和就业的机会竞争日趋激烈,现在青年所承受的各种竞争压力远远高于以往的"青年代"。据《中国青年报》开展的"2019全国两会青年期待"调查显示,教育(79.8%)和就业(77.1%)是受访青年最期待的两会议题。②

1. 青年教育的现状及特点

青年是国家的未来和希望。一个国家能够培养出什么样的青年,决定着它的前途和命运。反之亦然,一个青年不善于学习的国家,是一个没有希望的国家。显然,重视促进青年的教育问题显得非常重要。正如有研究指出,通过学校生活技能教育和课外休闲教育,可以有效预防和干预青少年危险行为。前者能够有效地减少焦虑、紧张和调整情绪,促进儿童青少年的心理健康,后者则可以减少危险行为的发生,还能提高青少年的生活质量和幸福指数。③

一是国家对青年教育的重视前所未有。当前,经济高质量发展对我国

---

① 参见廉思:《中国青年发展报告 NO.3:阶层分化中的联姻》,社会科学文献出版社 2017年版,自序第 8 页。
② 参见杨杰、刘世昕:《青年人最关心的就业问题,政府工作报告放到了"优先"级》,《青年时讯》2019 年 3 月 8 日。
③ 参见邓伟志、孙抱弘、张建:《关注青少年的日常生活与教育》,《南京社会科学》2010 年第 2 期。

的教育提出了新的更高要求。特别是在青年教育问题上，我们国家更是对其给予了高度重视，习近平总书记曾在多个场合谈到青年的教育问题。对此，中共中央、国务院还于2017年4月13日印发并实施了《中长期青年发展规划（2016—2025年）》，对青年教育提出了一些具体的发展目标和要求：青年受教育权利得到更好保障，基本公共教育服务均等化逐步实现，教育公平程度明显提升；新增劳动力平均受教育年限达到13.5年以上，高等教育毛入学率达到50%以上。这些对于提高学校育人质量、科学配置教育资源、促进青年终身学习、培育青年人才队伍有着重要的指导作用。

二是当代青年接受教育的机会日益增多。由于受经济发展水平和政府公共教育服务提供情况的影响，不同年代的青年有着不同的教育机会。相比较而言，当代青年（主要出生于20世纪80年代、20世纪90年代的年轻人，也被称为"80后""90后"）接受教育的机会要远远多于以往代际的青年。据有关数据显示，99%的"80后"和"90后"都有机会进入学校接受教育；88.9%的"80后"和97.6%的"90"后小学毕业生都能接受初中教育，其比例分别高于"60后"14个百分点和22个百分点；53.6%的"80后"和70.5%的"90后"初中毕业生都能接受高级中等教育（高中/中专/职高等），其比例分别高于"60后"14个百分点和31个百分点；50.8%的"80后"高级中等教育毕业生能够进入大学，其比例高于"60后"约20个百分点。再从大学毛入学率来看：现在的新生代青年接受高等教育的机会更多。"40后"人群只有3.%的人能上大学，"50后"有4.2%能上大学，"60后"为6.8%；"70后"为13.2%，几乎是"60后"的两倍；"80后"的比例上升了11个百分点，达到23.8%；"90后"的比例则更高，约有1/3的人有机会上大学。①

三是青年接受教育的途径和方式日趋便利和多元。随着科技、互联网、人工智能的飞速发展，人们获得信息、资源、知识的途径和方式将不断增多，相应的，青年接受教育的方式发生了很大的变化，势必朝着更加多元化、国际化、便捷化发展。首先，传统的面授方式还一直延续在义务

---

① 参见李春玲、科兹诺娃：《青年与社会变迁：中国和俄罗斯的比较研究》，社会科学文献出版社2014年版，第149—150页。

教育和高等教育，以及无数培训机构的课堂中，对于青年教育起到了重要的推动作用。其次，其他教育和学习方式如雨后春笋一般出现在青年人的生活中，如在线学习、O2O线上＋线下等多种方式并行且优势互补，加上手机、App客户端、学习软件的开发，让青年的学习教育成为更加随心所欲和自由的行为。再次，出国接受教育的青年越来越多。随着中国中产阶级的崛起，能够支付留学费用的家庭正不断增加。此外，青年接受各种职业培训的方式也多种多样，有力提升了自身的综合素质。

2. 青年教育面临的主要问题

在中国现阶段，青年教育还面临一些问题：一是区域差距造成教育资源分配上的不公平，从而影响了不同区域间青年接受各种教育的公平性。把那些在接受教育方面本已面临相当不利地位的偏远地区、贫困地区的青年置于接受教育的不利地位，从而造成很多这样的青年很难通过教育来改变其社会地位。这种分化会通过代际传递下去，以至于影响城乡贫富差距缩小，不利于和谐社会的建设。[1] 尤其是在不同地区高等教育投入上的不平等，导致高等教育质量的巨大差距，这又导致城乡青年接受高等教育机会不公平现象的加剧。事实上，这一问题与政府投入有着很大的关联。[2]

二是城乡青年教育机会不平等上升。城乡不平等和家庭背景的阶层差异影响了青年一代的受教育机会，教育分化现象开始凸显。然而，教育机会的不平等使得来自农村家庭和弱势群体的孩子在教育机会竞争中处于劣势地位，这最终会导致青年人的就业和社会经济地位的差异。一方面，城乡青年接受高等教育的机会不一样。在我国高等教育所在地，通常是直辖市优于省辖市、大城市优于中小城市、城市优于农村、经济发达的省份优于边远省份、长江流域和沿海省份优于内陆省份，也就是说，我国高等院校大部分建在大城市，小部分建在中等城市，小城镇和农村基本为零。[3] 这也是由城乡青年在基础教育上的入学机会不平等所造成的，体现在现阶段逐渐不被农民所重视的基础教育特别是高中教育上。因为高中教育在我

---

[1] 参见谷满意：《我国城乡青年接受高等教育的公平性研究》，《河北青年管理干部学院学报》2013年第5期。

[2] 参见张翼：《教育财政投入的五大问题》，《中国社会科学院院报》2004年第7期。

[3] 参见施芳：《我国高等教育城乡差距在缩小》，《人民日报》2005年2月16日。

国已不属于义务教育的范畴,这就必然导致相应的学费会增加,致使很多低收入的农村家庭无力支付高中教育的学费,也必然会造成高等教育入学上的劣势。再加上现阶段大学生就业问题突出,毕业等于失业,从而导致诸多农民家庭及青年不愿接受高等教育。另一方面,城乡青年接受职业培训的机会不均等。我国农民工中接受过职业技能培训的仅占30%,缺乏技能成为影响他们融入城市、成为新型产业工人的重要障碍。加强农村新成长劳动力的职业教育和农民工职业技能培训,把农民工打造成一支高素质的产业工人队伍,对于促进农民工转移就业、增加农民收入、提高劳动密集型企业竞争力、提升产业结构都具有积极的促进作用。①

(三) 青年的就业问题

就业是民生之本。就业是青年最普遍、最迫切的需求之一。就业问题事关青年的基本生存和人生发展。青年就业问题解决得如何,不仅事关青年的切身利益和生存发展,而且事关社会和谐稳定。从微观的个体层面来看,通过就业有助于促进青年自身能力的提高。如果青年难以就业和实现自我价值时,则其易产生焦虑、失衡、对抗、抱怨等情绪。一旦这种情绪失控,就可能会出现危害他人生命、公众利益和社会秩序的行为。② 2010年突尼斯的"茉莉花革命"蔓延至许多阿拉伯国家,被西方称为"阿拉伯之春"。在这些出现骚乱的国家和地区有一些共同性的特征:青年人口比重大和青年失业现象比较突出。从宏观社会稳定的视角来看,青年面临的巨大就业压力是影响我国社会稳定的潜在因素,如果不能有效缓解青年大学生的就业压力,可能就会严重影响到我国社会的和谐与稳定。③ 有学者基于阿拉伯国家的研究指出:青年大量失业会导致不良的后果:增加经济负担,易引发家庭矛盾,导致家庭关系疏离以及其他社会危害和风险,如

---

① 参见桂杰:《我国农民工中接受过职业技能培训的仅占30%》,《中国青年报》2014年8月7日。

② 张婷婷:《青年就业:中国就业面临的新难点》,《河北青年管理干部学院学报》2008年第2期。

③ 张剑:《从社会稳定的视角解读青年大学生的就业压力》,《中国青年研究》2014年第10期。

药物滥用、犯罪以及极端宗教主义等。①

1. 青年就业的现状特征

总的来看，我国青年的就业压力很大。2019 年我国城镇新增劳动力仍然保持在 1500 万人以上，高校毕业生规模再创历史新高，达到 834 万，这些现实都在不断向"就业"施压。同时，我国青年的就业也呈现出一些新的特征：

一是青年成为创业的主力军。根据相关调查显示，我国参与创业人员随年龄增长而增加，主要集中于 25 至 44 岁之间，青年成为创业活动的主体，29 至 34 岁的青年尤为积极，其原因在于这个年龄段的青年比较成熟，自主创新的意识和能力也比较强。青年作为创业活动的骨干力量，主要包括青年知识分子、流动中的农村青年、大学毕业生、留学回国青年和下岗失业青年等。同时，我国青年生存型创业比例正在下降，机会型创业比例缓慢提升。中国人民大学劳动和人事学院课题组发布的《阿里巴巴电商平台就业吸纳与带动能力研究（2017 年度）》报告指出，2017 年，阿里零售生态创造就业机会总量达 3681 万个，其中平台产生了 1405 万个交易型就业机会。平台型就业最显著的特点是以一种"生态系统"的模式发展，其就业机会以青年人为主体。统计数据显示，互联网行业从业人员的平均年龄为 28.3 岁，平均工作年限为 2.5 年，学历背景以本科为主。在"互联网＋"的新型劳动关系下，出现了不少非传统劳动关系的工作种类，如网约车公司的专车司机、外卖平台的外卖员、网上预约上门的私人厨师等诸如此类的新型劳动工作内容，开始成为越来越多青年的就业新选择。②

二是青年就业观念不断更新。当前，青年对就业有了新的看法和选择：首先，越来越多的青年不再将工作视为人生中最重要或最有意义的事情，也反对"一个人的生活目标应该以工作为重"的观点，他们更加遵循自己的兴趣，也更加倾向于选择具有挑战性的工作岗位，以实现自我的人

---

① 黄慧：《中东动荡视野下的阿拉伯青年发展问题探析》，《中国青年研究》2015 年第 1 期。
② 中国宏观经济研究院课题组：《我国劳动就业新趋势新特征》，《经济日报》2016 年 12 月 15 日。

生价值。其次，青年不再满足于"朝九晚五"的工作，端国企"铁饭碗"或者当外企白领已经不再是青年就业的首选。麦克思研究院发布的《2016年中国大学生就业报告》指出，大学毕业生就业重心正在发生变化，民企、中小微企业、地级市及以下地区等成为主要就业去向，中小微企业雇用了超过一半的大学毕业生。再次，很多创业青年认为，自主创业独立性强、时间灵活、效益可观，同样可以实现人生价值。① 调查显示，1/3的青年是主动选择创业，因找不到工作而被迫创业的只占15%。② 另有调查显示，青年中有创业愿望的占调查总数的一半以上。"慢就业"现象凸显。毕业半年后仍未就业的大学生。比例逐渐增长，"慢就业"现象开始凸显。据新华社报道，2016年7月，腾讯QQ浏览器发布的一份毕业季大数据报告显示，52%的"95后"选择找一份稳定工作，但剩下48%的人选择回避就业。③

三是个人发展成为影响青年择业的首要因素。一项调查显示，最受青年关注的选择就业时要考虑的两项因素中，有51.83%的学生选择能提供给自己发展空间的企业单位；50.23%的选择了薪酬高、福利好、环境好的企业或单位；43.53%的学生选择符合自己兴趣的企业单位；只有17.78%的学生选择考虑工作是否与自己的专业对口。④ 从上述数据中可见，越来越多的青年关注自我价值的实现和个人目标的追求，这种个人发展层面的因素越来越影响着他们的就业选择行为。

2. 青年就业面临的突出问题

一是青年就业压力大。从国际来看，青年的就业问题日益凸显，如若解决不好，容易留下重大的安全隐患。国际劳工组织发布的《2017年全球青年就业趋势报告》指出，2016年，全球青年失业率稳定在13%，2017

---

① 《就业蓝皮书：2016年中国大学生就业报告》，中国社会科学网，http://ex.cssn.cn/dy-bg/gqdy_sh/201606/t20160623_3081988.shtml? COLLCC=4046560792&.
② 中国青少年研究中心"新世纪中国青年发展报告"课题组：《新世纪中国青年发展报告（2000—2010）》，《中国青年研究》2012年第4期。
③ 参见詹丽华：《毕业季大数据显示：近半数95后对找工作不着急》，《钱江晚报》2016年7月13日。
④ 参见共青团中山市委课题组：《青年就业创业特点与青年工作对策》，《中国青年研究》2016年第12期。

年全球失业人口中,青年人口7090万,占35%以上。① 从国内来看,2018年我国城镇新增就业1361万人,城镇调查失业率在4.8%至5.1%之间,城镇登记失业率为3.8%。另据《上海市青年就业状况报告(2019)》的数据显示,2019年在上海登记就业的16～35岁青年共有493.8万人,约占上海市登记就业人数的48.7%。② 从这些数据中可见,青年的就业形势不容乐观。

二是青年就业结构性矛盾比较突出。当前,我国青年就业困难主要是结构性矛盾比较突出,即青年人才供给与劳动力市场对青年人才的需求存在结构性矛盾,属于供给和匹配的结构性矛盾问题。③ "有人无岗"和"有岗无人"两种现象同时并存,究其原因,既有现行高校毕业生就业制度、户籍制度、干部人事制度与市场就业机制还不完全适应的问题,又有青年所学的专业知识与市场需求不匹配的问题。比如,我国在产业结构升级过程中,需要大量具有实际操作技能的人才,但实际上我国培养的高技能青年人才严重不足。据《2018年中国人才发展报告》的数据显示:我国技能劳动者总量超1.65亿,占21.3%,高技能人才占比不足6%,日本为40%,德国为50%,高级技工缺口高达上千万。④ 当前,我国存在的结构性失业和技术工人严重不足的现状,在很大程度上和青年所参加的技能培训不足有关。

三是职业满意度不高。职业满意度是劳动者对其所从事职业的一种总体评价和心理感受状态,它是影响青年群体职业稳定性的一个重要因素。有观点认为,职业满意度与职业稳定性呈负相关关系,满意度越高,职业稳定性就越高。在所有相关因素中,不满意的感受都远远超出满意的比例。其中,最不满意的是职业权利,选择"很不满意"和"不太满意"的比例高达74.5%;其次是工作环境和住房条件,"很不满意"和"不太满

---

① 参见《国际劳工组织发布〈2017年全球青年就业趋势报告〉》,《中国财政》2017年第24期。
② 参见王舒嫄:《上海市发布2019青年就业状况报告 16—35岁青年占就业人数半壁江山》,《中国证券报》2019年7月10日。
③ 参见屈小博:《客观分析青年就业困难》,《中国青年报》2014年1月20日。
④ 参见叶昊鸣、齐中熙:《我国技能劳动者超1.65亿人 高技能人才占就业人员仅6%》,《新华视点》2018年1月25日。

意"的比例分别为 66.8% 和 63%。① 同时，青年对就业质量的要求也在提高，包括追求更稳定的就业岗位、更合理的工资水平、更完整的社会保险等，这些都会转化为劳动成本的上升，从而加大用人单位的压力，成为影响就业的因素。

四是青年同质化创业问题突出。《中国青年创业现状报告》指出，从事个体经营和创办有限责任公司是青年创业的主要形式。从创业项目的注册类型来看，注册个体工商户的最多（43.8%），其次是有限责任公司（29.8%）。青年创业者的创业项目遍布了所有行业，其中最多的是批发零售业（34.5%），其次为信息传输和计算机服务和软件业（13.7%），此外，居民服务和其他服务业（9.5%）以及住宿餐饮业（8.6%）的比重也较大。② 同行竞争过度的问题是造成青年创业压力增大的一个主要因素。当前，青年创业的领域比较集中，如青年学生群体倾向于电商、计算机技术支持等方面，而青年农民更愿意从事自己较为熟悉的种养殖业。同质化的创业可以形成一定的规模效应，同时也难免会带来过度竞争。③

二、青年的思想价值观问题

青年一代的思想观念在很大程度上决定着一个国家和民族的前途。④ 他们的思想变化也总是与国家的政治经济文化社会等诸方面的变革相伴而行的。如果说变革时代的社会是一个瞬息万变的万花筒，那么青年的思想则是其晴雨表。青年作为网络的使用者和塑造者，其思想变化尤为突出，无论是在社会认知、社会认可、社会认同，还是参与意识等方面，其都表现出一些新的动态。

---

① 参见陈海平：《当前青年就业群体的职业稳定性问题研究》，《中国劳动》2014 年第 6 期。
② 参见人力资源和社会保障部劳动科学研究所课题组：《中国青年创业现状报告》，《中国劳动》2016 年第 9 期。
③ 参见桂杰：《四成青年创业项目盈利》，《中国青年报》2016 年 4 月 13 日。
④ 参见房宁：《以爱国主义为核心：对当代青年思想观念变化的考察》，《中国青年研究》2009 年第 1 期。

(一) 关注社会热点问题，社会认知度显著提高

当今时代是网络新媒体普及的时代，是青年思想认知、规律变革的时代，是沟通交流扁平化、大众化的时代。在这个时代中，网络已成为青年生活中重要的一部分。网络信息技术的发展不但使社会生活的信息传播更加快速便捷，而且也为青年提供了了解社会热点和国家大事的渠道，并有力地促使了他们的关注和参与。正如研究者所指出的，互联网的普及对中国青年具有全方位、划时代的意义，使青年们的成长发展跃上了一个极为广阔的平台，从而使其成长环境发生了很大程度上的质变，使他们迅速进入属于自己的新时代，并成为全新的自己。如果说互联网改变了中国，那么它首先改变的就是中国青年。①

青年处于发散思维的高峰期，信息社会带来的海量的最新信息、多样的思想和观念，增加了青年接触外界的信息量，拓宽了他们的视野。正如有研究者所指出的，在数据时代，"人类的每一代都会比上一代更加数字化"②。从 2018 年发生的热点事件来看，如"阴阳合同事件""长生疫苗事件""'昆山龙哥'砍人反被杀事件""刘强东事件""重庆公交车坠江事件"等，都受到了青年的广泛关注和热议。除关注外，各种网站的评论也在快速增长，而这些评论的主体就是青年，他们对社会热点问题有自己独特的看法和见解。与以往的代际相比，青年对社会热点的关注度明显有了很大的提高。

(二) 易于接受新生事物，社会认可度不断增强

每一代青年的思想理念都趋于活跃，他们善于超越旧习惯，更乐于接受和认可新生事物，而新生代青年则处于时代潮流的最前沿，掌握着最丰富的时代信息，熟悉网络并善于在网络空间里发现机会，也更愿意和容易接受互联网上的各种新生事物，其创新理念也要更强，对新生事物的普及

---

① 参见袁贵礼:《中国青年的世代与第六代青年的诞生》,《中国青年研究》2015 年第 1 期。
② 〔美〕尼葛洛庞帝著，胡泳、范海燕译:《数字化生存》，海南出版社 1997 年版，第 272 页。

和引领作用也就更加显著。青年常常是创新的源头,网络世界中的创客、博客、红客、极客、威客、黑客、闪客等无不与他们有关。正如有研究所指出的,不论是对于计算机网络的接受能力,还是对于"人机互动"等最新信息技术的灵敏程度,青年都比其他年龄的人更得心应手。①青年不但凭借对新生事物的高接受能力从而在网购、共享等新兴方式的介入水平上远高于年长者,而且对新出现的工作就业、生活方式、婚恋观念等都表现出高度的认可。例如,在生活方式上,青年是试验者和倡导者。与其他人群比较而言,青年的思想开放,思维活跃,更易于接受新的生活方式和新生事物。正如有研究者所指出的,无论是服装、音乐、流行语、影视潮流等,敏锐的市场早就发现:得青年者得天下。②特别需要指出的是,青年的思想意识又与大众传媒、网络新媒介等有着天然的关系,他们最擅长利用网络进行宣传和推广自己,他们所倡导的生活方式常被社会各界所模仿,是各种时尚潮流的引领者。

(三)价值评判标准多元,社会认同日趋复杂

社会认同是较感性认可更进一步的理性认同,是经过理性思维和价值选择之后趋于稳定状态的认同。社会认同既具有观点相同的意思,也不再仅仅是认可,更意味着下一步会转化为实践行为。

1. 价值取向与标准日趋多元

无论是从家庭价值观到职业价值观、从政治价值观到经济价值观,还是从个体道德价值观到社会整体价值观,青年的价值取向与价值评判标准正呈现出日趋多元的趋势,遑论共识的达成。一方面,青年自我意识和自主观念越来越强,崇尚个性自由、机会和能力,重视个人成就,追求自我价值的实现。有学者对广州1682位青年的调查发现,54.3%的青年认同

---

① 参见肖峰、窦畅宇:《青年的网络行为特征及其伦理导引》,《中国青年社会科学》2016年第4期。
② 参见郭雪:《青年群体的"佛系"现象分析及其引导策略》,《普洱学院学报》2018年第5期。

"每个人都可以掌握自己的命运",肯定自致性因素对获取成功的重要性。①另一方面,青年也关注公共性和社会性问题,但这种态度却发生了很大的变化,显得更加世俗和理性,往往取决于其利益诉求的满足程度。青年常常将"利益问题取代政治理想,生活琐事取代宏大叙事,成为影响青年政治判断的重要影响因素"②。马克思曾有过这样经典的论述:"思想"一旦离开"利益",就一定会使自己出丑。③ 此外,不管是青年还是其他青年,他们对传统的说教方式都不太感兴趣,也不太愿意且不习惯用传统的词语来表达其政治观点,如"主义""模式""道路"之类的词语。

2."去中心化"思维日趋凸显

互联网中没有了统一的"主义",也缺乏绝对的权威,那种森严壁垒的藩篱也变得支离破碎。网络将权力分散开来,使个人享有更多的自由。数字传播大师、《数字化生存》的作者尼古拉斯·尼葛洛庞帝曾这样说过,"在广大浩瀚的宇宙中,数字化生存能使每个人变得更容易接近,让弱小孤寂者也能发出他们的心声"。④ 在数字化的过程中,青年改变了原有的认知结构和价值结构,他们对传统的社会秩序和分工逻辑日益不满,"去中心化"思维的倾向在他们身上表现得尤为明显,并逐渐形成新的价值认同。这种数字化、网络化和智能化赋予了青年更大的权力,加速了整个社会的"去中心化"。同时,青年更加依赖和信任网络信息,如果学校、企业、政府或是它们的理念和管理方式跟不上时代的步伐,就会遭到青年的质疑,其原有的权威就可能受到挑战,甚至可能难以为继。据调查显示,有83.2%的人认为,与电视、广播、报刊相比,互联网提供的信息更为全面深入;有67.9%的人认为,互联网是最能表达民意和反映社会真实情况的渠道;80.3%的人认为,互联网对政府工作能起到一定的监督作用。⑤

---

① 参见魏国华等:《广州青年发展报告(2012—2013)》,社会科学文献出版社2013年版,第73—74页。
② 参见廉思:《当代中国青年诉求的变迁》,《学习时报》2015年5月5日。
③ 《马克思恩格斯文集》,人民出版社2009年版,第286页。
④ 〔美〕尼葛洛庞帝著,胡泳、范海燕译:《数字化生存》,海南出版社1997年版,前言。
⑤ 参见崔岩:《"90后"青年社会认知特征和社会评价分析》,《青年研究》2016年第4期。

3. 主流价值认同被削弱

当前,青年的价值观出现了多元化、庸俗化和不确定性等趋势,对主流意识形态的认同出现了一定程度的迷失。青年知识分子作为青年重要的构成群体,对主流意识形态的认同状况意义非同寻常。譬如,有青年被人误导,造成对"马克思主义理论的曲解,不仅无视中国特色社会主义建设的成就,甚至存在故意夸大社会主义事业建设过程中的矛盾与问题,例如将底层弱势青年在现实遇到的困境,归结于社会主义制度有问题"。无疑,青年的这种价值认同现状令人担忧,迫切需要引起各界的高度重视。

三、互联网背景下的青年行为

(一)网络给青年所带来的变化

现如今,网络化、数字化、智能化技术等已经渗透到中国社会的每一个角落,无论是学习教育、工作就业、社会交往还是日常生活和休闲娱乐,新生代青年的各种行为都无不与此紧密相关。具体而言,青年网络行为具有如下几个重要特征。

1. 学习工作网络数字化

当代青年的一个显著特征就是学习和工作网络化倾向越来越明显。一方面,各种理论知识和技术技能的学习都越来越依赖互联网,如各种知识搜索查询、在线教育、网络课堂、网络干部学院等,在青年中有一句很流行的话,"不懂就问百度"。需要引起重视的是,这种学习具有严重的碎片化特征。另一方面,青年的工作就业越来越网络数字化。许多青年的工作是依靠网络渠道获得的,他们将网络视为最主要的求职通道,有不少青年从事的工作就是与网络数字化紧密相关的。据统计,60%的青年电商从业者年龄在20~30岁之间,超过95%的电商从业者年龄在35岁以下。"80后""90后"是电商从业者的绝对主力。广东省的青年电商从业者中,超过一半的人是全职电商从业者,近20%的电商从业者是在校学生。[①]

---

① 参见尹来:《广东青年创业热情高"实操"少》,《南方都市报》2015年5月22日。

2. 生活娱乐网络数字化

当前，网络消费呈现出青年化的趋势，这与新生代青年具有的个性化需求、叛逆精神、好奇心理等一系列特征紧密相关。现如今，新生代青年在消费市场中占据的地位越来越重要，他们有着众多的消费需求、强烈的消费欲望和巨大的消费潜力，其消费观念和消费行为会极大地影响着今后社会的消费走势。特别是随着互联网与智能手机的广泛使用，使得新生代青年这一群体成为网络消费的主力军。正如有研究所指出的，网络为青年群体提供了一个没有现实边界、极具便捷化、充满欲望意识的消费空间。[①] 当前，无论是在日常生活，如出行、购物、饮食等方面，还是休闲娱乐，如旅游、游戏等方面，青年都在依赖网络和数字化设备。有研究指出，青年能够熟练运用电脑进行有形和无形商品的交易，B2C、C2C 形式的网络交易形式已经被广大青年所掌握，一些青年甚至到了"无网络，不消费"的程度。在网络购物中，中青年居民位居第一位，从年龄构成来看，18～40 岁的中青年占 74.7%，处于主体地位。[②] 同时，青年非常乐意接受移动支付、共享单车、共享汽车等消费方式。据调查，青年普遍认同和接受网络支付，通过网络进行支付的青年，占到被调查者总数的 80.03%。[③] 另据研究者针对大学生的一项调查显示，在 3063 名受访大学生中，有 2231 名大学生参与过"双十一"网购，占受访总人数的 72.84%。[④]

3. 社会交往网络数字化

网络新媒体给社会带来了一种新的社会组织方式，它以其普遍性迅速扩展到全世界，给每个人的生活带来了冲击。在网络数字化时代，空间不再是固定的，成为"流动的空间"，利用高速传播，人们可以立刻进入一个不同的空间，并参与其中，这种新的时空感潜移默化地改变了青年的社会交往圈子。如今，QQ、微博、微信、抖音等成为青年进行各种社交的

[①] 参见员宁波、陈淑珍：《青年群体网络消费特征及影响》，《中国青年研究》2015 年第 7 期。
[②] 参见《网络购物谁最强？中青年占绝对主导地位》，《郑州晚报》2014 年 12 月 10 日。
[③] 参见薛桦：《未来已来：移动互联网时代青年调查报告》，《营赢》2014 年第 11 期。
[④] 参见李华锡：《大学生双十一消费调查：超 7 成参与网购》，中国青年网，2016 年 11 月 12 日。

重要平台,他们当中不少的人利用"圈粉"来宣传和扩大自己的影响。对此,正如曼纽尔·卡斯特指出的,网民的交往活动进一步加速,满足其生活需要的各种活动更为方便快捷,由于减少了面对面的接触,人们也就变得更为独立自由,产生了一种普遍的解放感。① 同时,青年对互联网的认同率也在升高。数据表明,"90后"青年对互联网这一信息来源较为依赖。有83.2%的人认为,与电视、广播、报刊相比,互联网提供的信息更为全面深入。有67.9%的人认为,互联网是最能表达民意和反映社会真实情况的渠道。当然,"90后"青年对互联网的认识也比较客观,74.2%的人认为,网民仅是老百姓中的一小部分,他们的意见不能代表全体老百姓的意见。同时,他们认为,互联网对政府工作具有正面影响。80.3%的人认为,互联网对政府工作能起到一定的监督作用,因而,政府部门可以利用互联网这一媒介,建立与"90后"青年的沟通。② 根据中国青少年上网行为研究报告,64.3%的青少年网民愿意在互联网上进行分享;49.2%的青少年网民愿意在互联网上发表评论;58.4%的青少年网民对互联网非常依赖或比较依赖互联网;60.1%的青少年网民信任互联网上的信息;54.6%的青少年网民认为我国网络环境是安全的。③

4. 诉求表达网络数字化

在社会网络化的今天,网络数字化的诉求表达正在成为公众参与政治的新形式,也正在成为一种时尚。青年善于借助智能手机和移动终端,通过网络这个"信息互通、资源共享、自由表达、平等对话"的载体进行充分的诉求和意见表达。这样,民意可以"直白"地呈现在网络上,"直达"各级领导,极大地激发了公众参与政治的积极性。作为青年的重要构成,青年白领非常乐意接受这种诉求表达方式,网络已经成为他们获取信息、表达思想和诉求意愿的集散地,也是他们进行政治参与的重要平台。调查显示,86.0%的青年白领以互联网作为获取信息的最主要方式,他们习惯以网络为媒介来参与国家政治生活,其主要是通过互联网发表评论、进行

---

① 参见〔美〕曼纽尔·卡斯特著,夏铸九、王志弘等译:《网络社会的崛起》,社会科学文献出版社2006年版,第41—53页。
② 参见崔岩:《"90后"青年社会认知特征和社会评价分析》,《青年研究》2016年第4期。
③ 参见贺亚兰:《当代青年面临的价值困惑源自哪里》,《北京日报》2015年10月26日。

讨论、表达政治意愿与主张来行使自己的政治参与权利。[①] 当前，青年运用网络维权的行为越来越多。互联网对于新生代青年的权利意识、公平意识、自主意识等的增强起着重要的推动作用，也影响着新生代青年维权方式的变化。当前，突发事件网络舆论作为特定领域多种社会矛盾的集中而激烈的反映，特别容易受到青少年的强烈关注。近些年来，越来越多的青年在利用互联网参与公共舆情议题的设置。"90后"已经登上了互联网的舆论舞台，青年个体权利意识正在觉醒，并热衷于对"身边事"积极表态。

(二) 网络对青年带来的不良影响

然而，还需要看到的是，网络也会给青年带来某些不良的影响，这主要表现在以下几个方面：

1. 网络充斥着各种虚假信息，容易造成价值观的扭曲

当前，由于技术的原因，网络信息的审核与过滤依然困难重重，这使得有用与无用的、正确与错误的、先进与落后的网络信息并存，思潮"鱼龙混杂"。同时，移动社交媒体上的不少"信息来自朋友，许多青年懒得思考，也没有时间思考，就轻易相信这些信息来源的真实性、科学性和可靠性，并对此深信不疑"[②]。这不但改变着"新生代青年"的生活和思维模式，也对他们的政治态度、道德风尚和价值取向产生了不小的影响。在这个过程中，各种敌对势力利用各种社交媒体对我国青年一代进行意识形态领域渗透并借机推销普世价值，对世界各地的年轻人尤其是中国青年一代进行反复的"洗脑"，从价值观层面使其腐化、堕落，这非常不利于国家和民族认同感的形成。此外，青年作为使用网络最频繁的群体，一直通过各种网络社交工具而连接在一起，他们可能在不知不觉中就受到了这些价值观念的影响，甚至被价值观西化了。而且，处于叛逆期的青年以多元社会为大背景，更容易接受反传统的事务，特别是承受压力后，更容易出现思想上的"反抗"。在2010年至2011年的中东北非国家变局中，青年的价值观西化所带来的破坏作用不容忽视。青年人的需求和价值观极易受到国

---

① 参见李路路：《城市青年白领有着什么样的精神风貌》，《人民论坛》2018年第22期。
② 参见葛志亮：《微信与青年思想意识：影响及应对》，《中国青年研究》2019年第1期。

际和国内变化的影响,该次国家变局就反映出了阿拉伯青年人越来越倾向于西方化的生活和民主方式。①

2. 网络使用的无节制化造成网络依赖,使得网络病症层出不穷

一方面,网络的依赖性与日俱增。不少青年表示,"没有网络的一天,还真是不太习惯""没网络啥都干不了",甚至相当一部分青年认为"报纸电视可以不看,每天不能不上网"。如今,被称作第四媒体的互联网已经成功超越电视、报纸、广播,成为青年关注程度和运用频率最高的传媒体系。据中央综治委预防青少年犯罪小组和中国青少年研究中心联合对2.4万名25岁以下网民的调查显示:青少年每天平均上网时长为5.3小时,为全国平均水平的2.3倍。另一方面,这种基于互联网形成所谓的"室中屋"正在进入各自的虚拟世界,非常不利于有效的交际和沟通,还会导致很多的生理和心理疾病。正所谓"过犹不及",因为对网络的过度依赖所导致的"网络上瘾症""网络孤独症""网络模仿症"等各种网络病症层出不穷,直接影响到了社会的稳定与和谐。

3. 网络群体极化的风险增大,容易导致网络暴力

网络的传播可以授予个人无限过滤的能力,而也正是这种无限的过滤能力会导致极度的分裂。网络之所以能够制造出群体极化的大危机,只因它能让志同道合的人更容易相互沟通——最后走向极端甚至暴力一途。和青年兴趣点相同的信息会被强化,让他们认为世界就是如此的。和他们兴趣点不同的信息会被弱化,并最终消失掉。这种群体的出现,带来的另一个结果则是"极化现象"。思想的极化,是社交网络的鲜明特点,尤其是当相同的人汇聚时,有相同的观点形成。无论年轻人还是成年人、线上还是线下,人们都更加容易选择"站队"。近年来,网络群体的极化风险不断增大,使得网络暴力现象时有发生。当中间派感到无力之时,社会便很难取得共识,也难以达到有利各方的妥协行动。2013年12月,一名高中女生投河自尽的消息引发了热议。18岁少女在一次购物中被指偷窃服装,店主将监控录像发到微博上并要求进行人肉搜索。网友疯狂转发后,女孩

---

① 参见张永汀:《中东北非国家变局中的青年问题及对我国青年工作的启示》,《中国青年研究》2011年第8期。

的姓名、所在学校、家庭住址和个人照片均遭到曝光,后因不堪重负她选择了自杀。可见互联网的助推,客观上容易导致"80后"人群对社会安全产生某些不利的行为。近年来欧美及中东地区发生的社会骚乱中,网络手段扮演了加重社会矛盾冲突的重要角色,卷入者往往是有效地借助网络工具,助推了社会骚乱的形成和蔓延。① 为此,要高度关注新闻媒体与互联网在青年骚乱中的作用。

4.青年的网络组织化行为增多,加入极端组织的危险增加

近年来,我国网上青年自组织的发展势头迅猛,呈多元化趋势,涉及领域逐步拓展,其社会影响力也在不断增强。然而,大部分青年对网络自组织概念的认知程度不高,对其行为所带来的影响认识还不是很足。有些青年是无意中加入,有些甚至加入其中也没有认为自己能成为某一组织的成员。如果这种网络青年组织得不到有效的引导,可能会带来安全隐患,或被境外组织所利用,甚至有演化成极端组织的可能。英国《卫报》曾刊文指出,伦敦极端主义国际研究中心跟踪了190位来自西方国家的"圣战者"在过去12个月中的社交媒体使用情况,结果发现:这些被招募的人很多都是缘起于社交媒体上的简单交流。强大的网络社交平台对招募年轻人常能起到"一呼百应"的作用,"他们只是通过在社交媒体相互鼓动,就心甘情愿地成为'伊拉克和黎凡特伊斯兰国'的支持者!看起来像是经过了洗脑一样"。②

四、青年社会问题的形成原因

(一)青年社会问题的内生性因素

1.青年社会压力因素

一方面,青年压力会影响社会稳定,如果青年长期处于一种紧张的压

---

① 参见吴忠民:《"80后"人群对社会安全影响的分析》,《中国特色社会主义研究》2014年第5期。

② 参见黄培昭、李博雅、鲍捷:《欧美青年加入极端组织案例增多 引起西方国家反思》,《人民日报》2014年8月30日。

力（就业、经济收入、人际关系等）状态下，一旦突破临界点，则可能演化为一种群体的破坏性力量爆发出来，对社会稳定造成严重冲击。如张华在对山东城市在业青年调查后指出，现代社会给青年提供了前所未有的发展机遇，也使青年承受着超出以往任何时代的生存压力（经济压力、工作压力、子女教育压力）。① 另一方面，有研究者指出，社会转型的急剧加速也引起了青年心态的变化，使青年出现了严重的社会焦虑和社会不满甚至是社会怨愤情绪，集中表现在生存与发展、人际关系、身份认同和爱情婚姻等诸多方面，且将会对社会稳定造成一定的影响。例如，城镇化进程中的不协调因素使失地青年在文化素质、价值观念、行为习惯等方面难以融合城市文化，进而形成巨大的人际压力，在人际压力情境下，失地青年所产生的消极情绪与行为会对社会稳定产生不利影响。② 在现实生活中，青年往往是社会的弱势群体之一，在社会上处于较低的位置，他们面临着生存和发展的极大压力，很容易产生不公正感和被剥夺感，加之青年群体正处于人生阶段的特殊时期，具有心理不成熟的特点，情绪波动大、从众倾向强烈，容易参与事件，进而对社会稳定产生不小的影响。③

2. 青年婚恋挫败因素

婚姻挤压和高离婚率都容易引发各种社会失范行为，造成家庭结构的脆弱化，进而加剧社会阶层的固化，致使社会失序和社会问题增多，严重影响家庭稳定与社会和谐。有研究指出，高离婚率不仅会使"80后"群体对婚姻产生恐惧，同时"80后"离婚率趋高也严重地影响着家庭婚姻结构的稳定和整个社会的和谐发展。同时，在我国人口出生性别比持续偏高的情况下，中国婚姻市场上已经出现了严重的男性婚姻挤压问题，而这一问题的严重性更多地体现在广大农村地区或贫困地区。婚姻挤压问题显然是一个社会学上的事实，它势必会引发一系列社会问题，从而严重阻碍社会

---

① 参见张华：《青年压力来源与社会支持系统优化策略》，《当代青年研究》2012年第3期。
② 参见曾东霞、李斌：《城镇化背景下失地青年的人际压力与社会稳定》，《中国青年研究》2014年第10期。
③ 参见宣飞霞、蔡鲁南：《青年网络政治参与的方式和特点研究》，《青年探索》2013年第5期。

的健康发展。①

3. 青年价值观认同因素

正确的价值观引导是帮助青年形成对民族和国家价值认同的前提。当前，受多元社会思潮的影响，青年的思想文化观念每天都会受到激烈的冲击，这就大大增加了青年对社会主流价值观认同的难度，进而容易引发各种矛盾冲突。当前，西方的价值观渗透对我国青年群体的主流意识形态认同构成了一定程度的消解和侵蚀，进而危及主流意识形态在我国青年群体精神生活中的主导地位。②有研究者指出，大学毕业生对主流意识形态的认同度相对低一些，对社会和政府的不满意情绪有所上升，对西方所谓"民主"理念的赞同有所上升。此外，新生代农民工也是思想政治教育工作的一个"短板"。③

（二）青年社会问题的外诱性因素

1. 青年的人口膨胀因素

青年人口、失业青年和贫困青年群体的迅速膨胀，会带来巨大的社会压力，容易使青年思想不稳定、工作不稳定，诱使其卷入各种社会矛盾冲突，造成群体事件或骚乱事件的增多，从而影响社会的稳定。青年人口的高速增长将对教育、就业、社会福利、生活满意度等提出严峻的挑战，并带来高失业率和不充分的就业率。大量青年人缺乏教育和工作机会，将成为难以解决的社会问题，并成为社会动荡的重要因素。④

2. 青年的被边缘化因素

不少学者认为，当前青年在社会整合过程中常处于被排斥的境遇，甚至沦为边缘性群体，他们在教育、职业技能、收入分配、住房、婚恋、社会参与等方面均处于不稳定的状态。青年是一个很容易被忽视的边缘群

---

① 参见常进锋、陆卫群：《"80后"青年离婚率趋高的社会学分析》，《青年探索》2013年第5期；陆卫群：《我国农村适婚青年婚姻挤压状况分析》，《社会科学论坛》2013年第2期。
② 参见于春江：《当代社会思潮与青年主流意识形态研究要略》，《高等函授学报（哲学社会科学版）》2010年第8期。
③ 参见李春玲：《当下青年群体思想动态的喜与忧》，《人民论坛》2016年第16期。
④ 参见旷勇：《中东北非政局动荡凸显的青年问题及其启示》，《中国青年政治学院学报》2012年第1期。

体,这群生存在愤怒和失望中的年轻人,对国家有着日益增长的怨愤。他们无所顾忌,甚至能做一些可怕的事情。① 研究者通过对阿拉伯国家青年的研究指出,教育水平普遍偏低、青年职业技能匮乏、青年就业困难、青年成家推迟、青年公民参与渠道不畅等问题环环相扣,并最终导致一些阿拉伯国家的青年与政府之间的矛盾激化。同时,进城的农村青年难以融入城市社会,受城乡二元体制、户籍制度、城乡生活方式和文明程度的巨大差异、务工青年所从事的工作等方面的影响,务工青年目前只能生活在城市的边缘,处在一种漂泊的状态,他们既不完全属于农村,也不属于城市。② 他们处于被边缘化的境地,容易产生报复社会的行为,构成社会稳定的潜在威胁。

3. 互联网的助推因素

互联网是一把双刃剑:它既有助于促进社会矛盾的缓解和社会稳定的维护,又有可能成为孕育和激化社会各类矛盾与冲突的温床,特别是其在培育和酝酿社会负面情绪的环节中,扮演了重要角色,容易加剧社会舆论的极化。互联网的助推,客观上容易导致"80后"人群对社会安全产生某些不利的行为。近年来,欧美及中东地区发生的社会骚乱中,网络手段是加重社会矛盾冲突的重要因素,卷入者往往是有效地借助网络工具,助推了社会骚乱的形成和蔓延。③

4. 社会流动的因素

社会流动与社会稳定具有正相关关系。一个国家的社会流动越畅通,就越能打破社会阶层间的壁垒,增进人们改变社会地位的机会,从而缓和社会关系和消解矛盾冲突。有研究者指出,横向流动与纵向流动同时受阻就可能出现暴力革命。当前中国社会的横向流动相对顺畅,有效减缓了纵向流动变慢对社会结构造成的冲击。因此,缓解中国青年的问题,既要增

---

① 参见黄敬宝:《英国青年骚乱的经济学反思》,《中国青年政治学院学报》2012年第1期。
② 参见陆玉林、张羽:《改革开放以来农村青年研究的回顾与思考》,《中国青年政治学院学报》2006年第2期。
③ 参见吴忠民:《"80后"人群对社会安全影响的分析》,《中国特色社会主义研究》2014年第5期。

强纵向的流动性，又要继续保持比较高的横向流动的顺畅。① 当前青年群体的社会流动出现了滞缓的现象，长此以往，会切断正常的社会流动链条，导致未来不同群体之间的区隔甚至冲突升级，不利于和谐社会的构建。②

五、青年社会问题的应对策略

针对青年对社会稳定具有的双重影响，不少研究提出，要从内部和外部两个方面来着手应对，这样既可达到规避青年对社会稳定的负面影响，又可以引导和激发青年对社会稳定的积极影响。

（一）青年社会问题的规避性策略

1. 调整青年政策

当前国家和社会应聚焦青年问题的解决，建立有利于青年发展的政策体系，为青年人提供更多发展的平等机会和发展空间。任何国家无论发达与否都要将青年政策纳入社会经济发展的主轴，把青年的生存和发展放在解决民生问题的突出位置上。在某种意义上，青年稳定是社会稳定的重要基石。③ 为此，应重建有利于年轻人发展、创新创造的青年政策体系：重建完善的青年管理服务政策和旨在缩小贫富差距的收入分配政策、重构有助于创业的青年就业政策、改革创新旨在降低生活成本的年轻人公共房屋政策、构筑促进社会互动、尊重包容的青年交流政策。④ 一些阿拉伯国家，如突尼斯、摩洛哥、埃及等都建立了青年部机构，专门负责青年政策的制定和实施，以此来改善青年与政府间的关系。

2. 改善青年的民生问题

青年民生问题的解决不仅有利于青年的发展，也有助于化解社会矛

---

① 参见廉思、袁训会：《中国底层青年的生存困境和出路》，中国改革论坛网，http://people.chinareform.org.cn/L/liansu/ft/201411/t20141113_211639.htm.
② 参见邓志强：《青年的阶层固化："二代"们的社会流动》，《中国青年研究》2013 年第 6 期。
③ 参见苏颂兴：《伦敦骚乱与突发群体事件的难题破解》，《中国青年研究》2012 年第 1 期。
④ 参见陶希东：《全球社会危机与青年政策建设——基于"占领华尔街"视角》，《当代青年研究》2011 年第 11 期。

盾、消除社会隐患。因此,既要解决好青年生存层面的民生问题,如就业、住房、收入等,也要解决好青年的人生发展问题,如婚恋、向上流动的机会等。有研究指出,除了重视就业、住房等青年与社会大众共有的传统民生问题外,还要重视青年群体特有的民生问题,如青年的婚恋问题、"独生父母"的育儿问题、传统户籍制度下"民二代"的身份问题、青年白领的生存压力等,充分调动社会各方面的积极因素,促进全社会一起共同营造、建立改善青年民生、促进青年发展的社会支持系统和良好的社会环境。① 尤为值得指出的是,要从就业和农民工平等方面公正有效地解决好"80后"人群的重大利益诉求问题,确保社会的安全运行和健康发展。②

3. 加强网络监管

政府要对重要的特别是对异常的互联网舆情进行分析判断,并加强监管,以使互联网真正成为广纳民情、表达民意、监督社会和政府的有效渠道。青年问题的有效解决,必须充分运用与青年结合紧密的先进科技来促进青年工作的开展,以实现社会资源的整合、社会认同和凝聚力的增进。一方面,要努力净化网络文化环境、有效监管网吧运营、加强网络相关立法等。③ 另一方面,青年是网络社会中的主力军。为此,不但要加大力度培育网络社会青年的责任意识,切实提高青年在网络社会中的主体意识,而且还要培育网络社会青年积极分子的公民意识,强化其观念,尤其要发挥网络社群中"舆论领袖"的力量。④

(二)青年社会问题的引导型策略

1. 扩大青年社会参与

青年对政治、经济、社会生活的充分参与以及他们的建议能受到重视,可以避免不必要的矛盾。经过"阿拉伯之春"事件之后,阿拉伯国家

---

① 参见黄洪基:《关注青年发展 改善青年民生》,《上海青年管理干部学院学报》2011年第1期。
② 参见吴忠民:《"80后"人群对社会安全影响的分析》,《中国特色社会主义研究》2014年第5期。
③ 参见王珑玲:《网络对青年心理健康的负面影响及对策》,《中国青年研究》2011年第3期。
④ 参见武超群:《青年网络社群中舆论领袖的特征研究》,《中国青年研究》2012年第2期。

开始重视创建青年参政议政的合法渠道：阿盟设立了青年论坛联盟，为来自不同国家、不同阶层的阿拉伯青年提供交流经验、分享心得的平台，以促进阿拉伯青年形成共识，参与到阿拉伯世界的稳定发展之中。① 青年的社会参与只有与人民群众的社会实践保持一致的方向，才能有所作为或大有作为，否则就会走弯路，甚至走偏方向。实现个人价值与服务社会的统一，是青年社会参与必须遵循的基本原则。② 针对当前我国的社会组织发展不足、志愿服务机制不健全等问题，有研究者指出，要进一步完善政治参与制度，扩大青年社会参与的空间，以引导青年的有序参与，从而促进社会的和谐稳定。

2. 增进青年的文化价值认同

青年思想价值观念的快速变迁告诉我们，要强化青年群体的思想文化建设，特别是要通过培育青年的社会主义核心价值观来增进青年的社会认同，形成社会的凝聚力，促进社会和谐。毫无疑问，要使青年践行社会主义核心价值观，就必须要进行社会主义核心价值观的青年化，即使青年主体性得到认可和尊重。只有将核心价值观落实为青年所乐意接受和践行的价值规范和行为方式，即在青年中的具体化和现实化，才能使青年坚持下去并见之于行动。③ 同时，青年群体的生存状况和思想动态是影响社会稳定的一个关键因素，为此要密切关注青年群体的生存状况和思想动态，及时发现青年群体中有可能引发社会风险的因素，通过宣传教育工作预防以青年人群为主体的群体事件和社会运动，这将是维持社会稳定的关键。④

3. 引导青年自组织行为

针对当前青年自组织的快速发展及其对社会稳定的影响，不少研究者提出，要从政府、共青团组织、青年自组织自身等方面来加强对青年自组织的管理和引导。尤其是共青团必须将青年自组织纳入工作视野，加强对

---

① 参见黄慧：《中东动荡视野下的阿拉伯青年发展问题探析》，《中国青年研究》2015 年第 1 期。
② 参见张华：《1949—2009：中国青年社会参与的特点和历史经验》，《中国青年研究》2009 年第 10 期。
③ 参见陆玉林：《论社会主义核心价值观培育中的代际问题》，《中国青年政治学院学报》2014 年第 1 期。
④ 参见李春玲：《当下青年群体思想动态的喜与忧》，《人民论坛》2016 年第 16 期。

其的引导、扶持和管理,在青年自组织的创建、管理、评价等方面,应采取的相应措施,使其在共青团的领导下为社会发展建功立业。[①] 具体来说,可以从建设先进网络文化、构建健康网络校园文化、开展网络法制化以及加强组织自身建设等方面加强网络青年自组织管理。[②] 还有研究者提出,除了要加强政府的引导外,青年自组织自身要加强能力建设和提高管理水平。

[①] 参见何跃、马素伟、易炳翀、施康振:《浅析新时期共青团组织在青年自组织建设中的作用》,《青年探索》2010年第1期。

[②] 参见陆茹、马素伟:《网络青年自组织对社会稳定的影响研究》,《山东省团校学报·青少年研究》2012年第2期。

第八章　人口老龄化问题

人口老龄化是一个世界性趋势，而且这一趋势是不可逆的。人口老龄化是"合力"的结果。面对人口老龄化的严峻形势，需采取相关的经济社会政策和举措，但关键还是理念更新要先行，即应当以关于"老年人""老龄化"的新理念为指导，做好"一老一小"顶层制度设计。一方面，要健全和完善"一老"政策和制度体系，削减人口老龄化带来的经济社会影响；另一方面，要健全和完善"一小"政策和制度体系，主动作为有效延缓人口老龄化进程。

一、我国人口老龄化的总体趋势

新中国成立以来，由于社会进步、经济发展，特别是医疗卫生事业的发展，我国人口的身体健康素质大幅提高，人口平均预期寿命有了大幅度提高。国家统计局报告显示，中国人平均预期寿命1949年为35岁、1957年为57岁、1981年为68岁、2018年为77岁。[①] 20世纪70年代以来，我国人口的生育水平迅猛下降，现在已经低于人口正常世代更替水平。由于我国人口生育率下降速度快，生育水平将在较长时间里保持较低水平，在人口预期寿命较快延长的共同作用下，我国人口老龄化速度之快也将是世界所罕见的。

（一）人口老龄化及其衡量标准

在老龄化研究文献中，"老龄化"有两种含义："一是人类个体的老龄化，是指伴随时间的推进，个人年龄从童年、少年、青年、中年到老年的

---

① 参见《70年，中国人均预期寿命翻了一倍多》，新华网，http：//www.xinhuanet.com/politics/2019-09/05/c_1124963756.htm。

增长变化";"另一种是人口群体的老龄化,即在特定区域范围内人口的群体性老化,是老年人在总人口中的比重不断上升或群体平均寿命延长的过程。"① 不过,在人口老龄化研究中,人们通常都是从后一种含义上来理解人口老龄化的,也即人口群体的老龄化。笔者所使用的老龄化一词,也是采用后一种含义,即老年人口在总人口中所占比重不断提高的过程。所以,我们讲的老龄化,都是人口群体的老龄化。

人口老龄化的程度、速度和抚养比是反映一个国家或地区人口老龄状况的3个主要指标。联合国曾经在1956年的《人口老龄化及其社会经济后果》一书中提出,从老年人口比例、少儿人口比例、老少比、人口年龄中位数等方面来判定一个国家或地区是否进入老龄化社会。衡量一个国家或地区是否进入老龄化国家或地区的主要标准,即如果一个国家或地区60岁及以上人口占该国家或地区人口的10%或以上,或者65岁及以上人口占该国家或地区人口的7%及以上,那么该国家或地区就进入了老龄化。后来,联合国在2001年的《世界人口老龄化报告(1950—2050年)》再次使用和肯定了这一标准。

2000年,发达国家65岁及以上老年人口所占比重达到14.3%。预计到2035年左右,发达国家65岁及以上老年人口所占比重将达到21.2%。② 据此,一些学者把65岁及以上老年人口占总人口的14%以上称为"深度老龄化";把65岁及以上老年人口占总人口的20%以上,称为"超级老龄化"。

(二)我国人口老龄化的现状

"21世纪是我国人口老龄化程度最高的世纪。30多年前人们未能察觉我国人口老龄化正悄悄到来,但是到20世纪90年代以后,我国人口老龄化步伐明显加快,并在步入21世纪后人口老龄化特征凸显。"③ 历史是不能假设的。30多年前,我们没有察觉我国人口老龄化的悄悄到来,然而我

---

① 苏振芳:《人口老龄化与养老模式》,社会科学文献出版社2014年版,第1页。
② 参见杨燕绥:《中国老龄社会与养老保障发展报告(2013)》,清华大学出版社2014年版,第12页。
③ 苏振芳:《人口老龄化与养老模式》,社会科学文献出版社2014年版,第5页。

们不能也没有理由去指责当时的人们为什么没有能够察觉到。关键是今天我们面对人口老龄化的严峻现实时，我们必须严肃地思考我们应该做点什么，我们怎么样才能更好地应对人口老龄化的现实。

我国目前正在经历着世界上规模最大同时也是速度最快的人口老龄化过程。有数据显示，1953 年，我国 65 岁及以上的老年人口占总人口的比重为 4.4%，1964 年为 3.6%，1982 年为 4.9%，1990 年为 5.6%，2000 年为 7%，2010 年为 8.9%，2018 年为 11.9%。① 这说明，我国自 2000 年开始就已经跨入了老龄化国家的行列，并且正在以较快的速度发展。

可以说，我国用较短的时间就实现了人口再生产类型的转变，从年轻型人口国家转变为成年型人口国家，继而转变为老年型人口国家。

全国老龄办曾经对我国 21 世纪的人口老龄化发展趋势作过预测，认为从 2001 年到 2100 年，我国的人口老龄化发展趋势可以划分为 3 个阶段：从 2001 年到 2020 年是快速老龄化阶段。这一阶段，中国将平均每年增加 596 万老年人口，年均增长速度达到 3.28%，大大超过总人口年均 0.66% 的增长速度，人口老龄化进程明显加快。到 2020 年，我国老年人口将达到 2.48 亿，老龄化水平将达到 17.17%。从 2021 年到 2050 年是加速老龄化阶段。随着 20 世纪 60 年代到 70 年代中期的新中国成立后第二次生育高峰人群进入老年，我国老年人口数量开始加速增长，平均每年增加 620 万人。同时，由于总人口逐渐实现零增长并开始负增长，人口老龄化将进一步加速。到 2023 年，老年人口数量将增加到 2.7 亿，与 0—14 岁少儿人口数量相等。到 2050 年，老年人口总量将超过 4 亿，老龄化水平推进到 30% 以上。从 2051 年到 2100 年是稳定的重度老龄化阶段。2051 年，中国老年人口规模将达到峰值 4.37 亿，约为少儿人口数量的 2 倍，老龄化水平基本稳定在 31% 左右。② 该报告认为，21 世纪的中国将是一个不可逆转的老龄社会。

---

① 参见国家统计局社会统计司：《中国社会统计资料》，中国统计出版社 1985 年版，第 24 页；国家统计局：《中国统计年鉴 2019》，中国统计出版社 2019 年版，第 33 页。
② 参见全国老龄办：《中国人口老龄化发展趋势预测研究报告》，《中国妇运》2007 年第 2 期。

（三）我国人口老龄化的主要原因

我国人口老龄化水平之所以会持续快速地提高，其原因是多方面的，但主要是由人口预期寿命延长和生育率下降两大因素所导致的。这同其他人口老龄化快速发展的国家大体是一致的。

首先，人口预期寿命的延长，增加了进入老年期人口的寿命，进而提高了老年人口在总人口中所占的比重，导致了人口的老龄化。新中国成立初期，我国人口的平均预期寿命只有35～40岁。剔除20世纪50年代末60年代初的三年困难时期人口平均预期寿命大幅下降的特殊时间段，我国人口的平均预期寿命是稳定增长的。20世纪50年代以来，我国人口的平均预期寿命增长速度超过每年3个月；20世纪70年代以来的近50年，我国人口的平均预期寿命每10年延长2.7岁，已十分接近国际经验表明的每年延长3个月的水平。[①]

根据2010年第六次全国人口普查详细汇总资料计算，我国人口平均预期寿命达到74.83岁，比2000年的71.40岁提高3.43岁，高于同年世界人口的平均预期寿命。2010年，世界人口的平均预期寿命为69.6岁，其中高收入国家及地区为79.8岁，中等收入国家及地区为69.1岁。2018年，我国人口预期寿命进一步提高到了77岁。我国人口平均预期寿命不仅明显高于中等收入国家及地区，也大大高于世界平均水平，但比高收入国家及地区平均水平仍然低5岁左右。

人口平均预期寿命的不断提高是一系列经济社会因素综合作用的结果，是"合力"产生的必然结果。这种合力包括我国社会经济的快速发展和人民生活水平的不断提高，也包括医疗卫生保障体系的逐步完善。人口平均预期寿命的延长，说明我国国民整体健康水平有较大幅度的提高。

其次，生育率的下降，使少儿人口在总人口中所占的比重下降，而随着生活水平的提高、医疗技术的发展和卫生环境的改善，人口死亡数量正不断下降，必然导致老年人口在总人口中所占比重上升，进而不断加重人

---

① 参见杨翠迎主编：《国际社会保障动态——社会养老服务体系建设》，上海人民出版社2014年版，第219页。

口老龄化。

反映一个国家或地区生育水平的常用指标，包括人口出生率、育龄妇女总和生育率等。所谓总和生育率，是指一个国家或地区在某一特定时期（通常为一年）中各年龄育龄妇女的生育率之和。假设妇女按照给定时期的年龄别生育率度过生育期，其终身生育的子女数就等于总和生育率。与总和生育率相联系的另一个重要概念是更替水平生育率，即能够满足世代更替的生育率水平，也就是目前出生的孩子在成长到生育年龄时能够与其父母一代规模相当的生育水平。考虑到新生人口在成长到生育年龄前存在各种各样的死亡风险，在出生性别比正常（每100个女婴对应105～107个男婴出生）的情况下，更替水平生育率在2.05～2.10，具体数值因死亡率水平而存在差异。当总和生育率保持在更替水平生育率时，新生人口刚好能替代上一代，人口将最终实现稳定，即不增不减的情况。当总和生育率高于更替生育水平，因为新生人口增加，少儿人口所占比重加大，人口趋向年轻化。反之，当总和生育率低于更替生育水平，因为新生人口减少，少儿人口所占比重下降，就会出现人口的老龄化。"通常认为，当总和生育率为2.1时人口处于稳定的世代更替状态，而低于2.1时，就会出现人口老龄化。"①

新中国成立以来，我国妇女的总和生育率也是呈明显的下降趋势。根据人口统计资料，20世纪50年代我国妇女的总和生育率为5.88，20世纪60年代下降到5.68，20世纪70年代下降到4.01。从1992年开始，我国育龄妇女总和生育率已降到更替水平以下。2000年，全国育龄妇女总和生育率为1.22，除贵州省以外，全国所有省份的总和生育率均低于更替水平。2010年的第六次人口普查数据则显示，当年全国育龄妇女总和生育率仅为1.18，各省总和生育率均在1.8以下，其中北京、上海、天津、辽宁、吉林、黑龙江等省市的总和生育率已经降到1以下，平均一对夫妇生育的子女数不足一个。在生育率低、死亡率低、人口平均预期寿命延长的共同影响下，我国人口的老龄化是必然的。

---

① 杨翠迎主编：《国际社会保障动态——社会养老服务体系建设》，上海人民出版社2014年版，第216页。

二、应对人口老龄化的理念更新

理念是行动的先导。做好应对人口老龄化的顶层制度设计，既要遵循世界人口老龄化的一般规律，以马克思主义唯物论辩证法和相关科学理论为指导，又要及时更新理念。要树立"老年人"不是绝对的而是相对的，老年人不是负担和累赘而是经济社会发展的参与者、贡献者、发展成果共享者，人口老龄化是不可逆转的世界性趋势，但其进程与影响是可以延缓和减轻的理念。促进健康老龄化，更要引导和推动积极老龄化的新理念，以新理论引领顶层制度设计和应对策略的制定实施。

（一）"老年人"不是绝对的，而是相对的

根据人体的生理机能、心理状态和在社会中扮演的社会角色，我们可以把人的生命周期划分为青少年期、中年期、老年期。但是，划分青少年、中年人、老年人的具体年龄标准则不是固定的。在不同的人口预期寿命条件下，划分的具体标准是变化的。目前，多数国家和国际组织以及专家学者都是按照生理年龄来界定老年人的。

但是，各个国家采用的老年人具体标准是不同的，这在各个国家退休年龄的差异上体现得尤为明显。实际上，世界各国都默认了老年人退出工作岗位的起始年龄就是退休年龄。世界上大多数国家都对退休年龄作出了具体规定：21世纪初，男性平均退休年龄约为60岁，女性平均退休年龄约为58岁。随着人口预期寿命的延长，当然也是为了应对人口老龄化和日益加大的养老金支付压力，许多国家纷纷提高退休年龄。美国于2000年将退休年龄从65岁延长到目前的66岁，并将于2027年进一步延长到67岁；[1] 德国自2001年起至2012年将退休年龄男女分别为63岁和60岁统一提高到65岁，并从2012年起至2029年逐步延长到67岁；[2] 英国拟由现在的男性65岁、女性60岁退休调整为男女均为65岁退休，并将进一步提高

---

[1] 参见郑功成主编：《中国社会保障发展报告2016》，人民出版社2016年版，第340页。
[2] 参见郑功成主编：《中国社会保障发展报告2016》，人民出版社2016年版，第301页。

到男女均为 68 岁退休。

新中国成立初期，我国人口的平均预期寿命只有 35～40 岁。根据 2010 年第六次全国人口普查详细汇总资料计算，我国人口平均预期寿命已经达到 74.83 岁。但是，按照我国现行相关制度安排，男职工年满 60 周岁、女干部年满 55 周岁，女工人年满 50 周岁即可办理退休手续。这项退休政策制订时，全国人口平均年龄为 50 岁，而目前我国人口的平均寿命已经超过 70 岁。随着我国经济社会的不断发展和人均寿命的不断延长，相应推迟退休年龄已成为一种必然趋势。但是，退休年龄的调整是一项复杂的社会经济政策，涉及人口结构、人力资源供求、代际关系、社会保障基金平衡等多方面因素。目前，我国有关政府部门已经启动了延迟退休。

老年人也有一个年龄渐长的过程。世界卫生组织曾经将老年人区分为初老期老年人（60～74 岁）、中老期老年人（75～85 岁）和老老期老年人（85 岁以上）。[①] 实际上，在一个国家或地区，在既定的总体人口预期寿命条件下，不同人群的预期寿命是有差异的，正因为这样，德国把泥瓦工等重体力劳动者的退休年龄从法定退休年龄减去了 3 年。

如果说在以往我国人口预期寿命只有 35～40 岁时，"人生七十古来稀"，70 岁的老人确实很少有了，那么，在我国人口预期寿命已经达到 77 岁的今天，70 岁的老人就太普遍了，连人口预期寿命都还没有达到。因此，随着人口预期寿命的延长，划分老年人的年龄标准必须得到相应地调整和提高，这也是国际上通行的做法。目前，美国人口平均预期寿命约为 78.6 岁，退休年龄从 65 岁延长到 67 岁后，平均余命（人口预期寿命和退休年龄之差）从 13.6 年下降到 12.6 年；德国人口平均预期寿命约为 81.3 岁，退休年龄从 65 岁延长到 67 岁后，平均余命将从 16.3 年下降为 14.3 年；英国人口平均预期寿命约为 81.2 岁，按现在的退休年龄标准计，平均余命为 16.2 年。[②] 参考世界各国的人口预期寿命和退休年龄之差，我们可以考虑将人口预期寿命减 15 年作为退休年龄的标准，也即划分老年人的标

---

① 参见王德文、谢良地：《社区老年人口养老照护现状与发展对策》，厦门大学出版社 2013 年版，第 2 页。

② 平均余命是笔者根据各国人口统计数据换算得出的。要说明的是，各个国家公布的人口平均预期寿命并不是同一年份的，美国为 2016 年，德国为 2017 年，英国为 2013 年。

准。这一标准不是固定的,而是随着人口预期寿命的延长而变动的。从这一角度来讲,当我国人口平均预期寿命接近 75 岁的时候,60 岁的退休年龄应该说是合适的。但随着人口平均预期寿命的延长,延迟退休年龄则不仅是必要的,也是完全可能的。我国将采取小步慢走、渐进到位的方式,从 2022 年起每年推迟几个月的时间,经过一个相当长的时间再达到新的法定退休年龄的目标。这一渐进式延迟退休年龄的政策,既有对目前我国部分人群退休年龄偏低、不同人群退休年龄差异比较大的现实考量,更考虑到了人口平均预期寿命每几年延长 1 岁而为延迟退休年龄提供的可能性,且并不是仅仅考虑到养老金负担问题那么简单。但是,对这一问题,目前媒体和学界是没有充分向公众说明清楚的,相关部门也没有向公众解释清楚制定有关政策的理论依据和现实背景,这是造成公众对延迟退休政策不理解甚至不满意的一个重要原因。

树立"老年人"不是绝对的而是相对的这一理念是非常重要的。对我们每一个人来讲,60 岁并不意味着就成为要被养起来的"老人""闲人",成为社会和家庭的负担。今天的 60 岁、今后的 60 岁同 20 年前、50 年前的 60 岁是不一样的。随着人口平均预期寿命的不断延长,老年人的年龄起点是在不断提高的。对国家和社会来讲,正是因为人口平均预期寿命是不断延长的,老年人的年龄起点才可以提高,才可以施行延迟退休。这是延迟退休年龄政策最重要的依据。

(二)老年人不是负担和累赘,而是经济社会发展的参与者、贡献者

快速的人口老龄化进程和迅速壮大的老年人口规模,对于一个事实上还没有充分做好应对人口老龄化相关准备工作的、尚处于发展中的国家,无疑是一个巨大的挑战。一方面,养老金制度虽然已实现制度的全覆盖,但责任分担失衡、互助共济功能弱化、多层次养老保险格局还没有真正形成等问题仍然存在,养老保险基金的支付压力和国家财政"兜底"的压力仍在增大。另一方面,我国社会化养老服务体系虽然有了很大的发展,但是,养老服务供给尤其是居家养老服务供给总量不足,供需结构失衡,老年人的人文关怀与精神慰藉、医疗护理服务需求剧增,却难以得到有效满

足。随着我国经济社会的发展进步和老年人社会权利意识的提高，老年人日益增长的美好生活需要同养老保障体系不平衡不充分的发展之间的矛盾越来越凸显，老年人对民主、法治、公平、正义、安全、环境等方面的需要也在日益增长。

面对数亿老年人日益增长的养老保障需求和其他方面需求给国家、社会和家庭带来的挑战，积极应对者自然占多数，但漠视者也有之，无所适从者亦有之，把老年人看作负担和累赘者更是有之。漠视人口老龄化带来的挑战、对人口老龄化带来的挑战无所适从，既是不负责任的表现，也会延误有效应对人口老龄化的有利时机。把老年人看作负担和累赘，既是不客观的、片面的，更是对老年人的不公平。

老年人是经济社会发展和各方面事业的参与者、贡献者，当然也是发展成果的共享者。首先，老年人在他们年轻的时候为经济社会发展作出了贡献，可以把老年人在他们年轻时所作出的贡献看作"存款"，他们年老后享受的养老金和其他社会福利则是"支取"和"消费"。其次，老年人即使已经进入老年期，按照传统的观点应该"安度晚年"，但是实际上，现在大多数老年人仍然在以不同的方式在各个领域和方面继续为国家发展、经济社会进步和家庭和谐作出贡献。美好生活的共建共治共享是全体人民的共同事业，分享经济社会发展成果是老年人的基本权利，也是一个社会文明进步的标志。

树立老年人不是负担和累赘而是经济社会发展的参与者、贡献者这一理念同样非常重要。一方面，现在一些年轻人视老人为负担，特别是个别年轻人不愿意履行赡养老人的法定义务，致使一些老年人衣食无着、居无定所。近年来，这方面的例子在媒体上屡见不鲜。尽管这不是一种普遍现象而是个案，但这种现象严重背离了社会道德规范，也背离了做人的基本行为底线和良心。对这种现象进行应有的谴责是必要的，更重要的是应加强正面的引导。应当引导年轻人树立老年人不是负担和累赘而是经济社会发展的参与者、贡献者、发展成果共享者的理念，还应当在全社会养成养老、敬老、孝老的良好风尚。

另一方面，尽管全面、客观、理性的分析始终是主流，但学术理论界尤其是相关政策制定部门在反思欧债危机或福利国家的教训时，也多多少少陷入了反福利主义思潮的误区之中,把欧债危机的根源归因于欧洲国家的社会福利制度,尤其是老年人福利过于优厚。① 客观的讲,"在经济低迷且复苏乏力、人口老龄化进程不断加剧、改善财政状况的压力持续增大等经济社会背景下,欧洲主要国家——德国、法国、英国、意大利以及北欧诸国",社会保障领域的改革"出现了一大共性,即通过增收减支等方式来改善公共财政状况,确保财政稳健,实现财政可持续和社会保障制度的可持续"。② 但是,绝不能据此推断欧债危机的发生是因为欧洲国家的社会福利尤其是老年人福利水平过高。事实上,综观世界各国,凡是追求经济社会持续稳定健康发展的国家都高度重视老年社会保障体系建设;反之,凡是不重视老年社会保障或者老年社会保障体系残缺不全、老年社会福利水平低的国家,通常都是社会矛盾尖锐、社会问题丛生、社会危机不断的国家。从欧美发达国家到新兴工业化国家,再到其他发展中国家,我们都可以找到充分的证据。

在全社会形成老年人不是负担和累赘而是经济社会发展的参与者、贡献者的理念是十分重要的,但更重要的是要创造更多的机会、条件和平台,更加充分地调动老年人参与经济社会发展和公共事务的积极性,以为国家经济发展、社会和谐、家庭和睦作出更大贡献。

(三)人口老龄化是不可逆转的世界性趋势,但其进程与影响是可以延缓和减轻的

人口老龄化是一个世界性趋势,而且这一趋势是不可逆的。人口老龄化是"合力"的结果,但其中起决定性作用的是人口预期寿命和生育率两个主要因素:一方面,人口预期寿命延长的趋势是不可逆的。公元前欧洲人的平均预期寿命仅有 20 岁左右,1850 年左右达到 40 岁。也就是说,在

---

① 参见胡继晔:《欧债危机的教训及其对中国发展个人养老金的启示》,《行政管理改革》2013 年第 9 期;张林坤:《欧债危机产生根源的国际政治经济学分析》,博士论文,郑州大学 2013;郑秉文:《欧债危机下的养老金制度改革——从福利国家到高债国家的教训》,《中国人口科学》2015 年第 5 期;杨露:《欧洲福利国家福利制度的经验教训及其启示》,《理论与改革》2013 年第 4 期。

② 郑功成主编:《中国社会保障发展报告 2017》,中国劳动社会保障出版社 2017 年版,第 347 页。

漫长的近2000年时间，欧洲人的平均预期寿命仅仅延长了一倍，即平均每100年增长1岁。但是，欧洲人口的平均预期寿命在工业革命以后得到了快速的增长。在1850年以来的100多年时间中，欧洲人的平均预期寿命大约增加了30多岁。自从1840年以来，人类预期寿命的延长是非常稳定的，而且从来没有出现过下降的迹象，延长速度一直保持在每年3个月左右。[①] 另一方面，随着人们生活水平的提高、医疗技术的发展和卫生环境的改善，婴幼儿和孕妇的死亡率大大下降，而此时的生育率也是在同时下降的。生育率下降对人口增长的效应远远超过婴幼儿和孕妇死亡率对人口增长的效应，导致少儿人口在总人口中所占比重下降、老年人口在总人口中所占比重上升，进而导致了人口老龄化程度的加剧。

虽然人口老龄化是不可逆转的世界性趋势，是各国面临的共同难题，但事在人为，只要及时应对、科学应对、综合应对，措施有针对性有力度、相关经济社会政策配套衔接得好，人口老龄化的进程是可以得到适当延缓的，人口老龄化对经济社会发展的负面影响也是可以尽可能减轻的。在这方面，苏联和北欧一些国家的做法值得我们学习借鉴，其最主要的做法是鼓励和支持生育，重视老年社会保障，在人口老龄化高峰已经和可以预见必将到来时及时做好政策设计、资金储备、人才培养和养老、孝老、敬老社会氛围的养成等。

确立和坚持人口老龄化是不可逆转的世界性趋势，但其进程及负面影响是可以延缓和减轻的理念，对于当下的我们国家具有重大的现实意义。如果仅仅看到人口老龄化是不可逆转的世界性趋势，而看不到我们在面对人口老龄化进程时是可以主动作为、有效应对，从而延缓和减轻人口老龄化的速度和经济社会负面影响的，那么在面对老龄化大潮来临时，我们只能是消极以待、坐以待毙、无所作为。在人口老龄化已经来临且不可避免的情况下，我们必须有所作为，主动应对，最关键的就是采取各种综合措施抑制生育率的下降趋势，使生育率尽可能回归人口正常世代更替水平。

---

① 参见杨翠迎主编：《国际社会保障动态——社会养老服务体系建设》，上海人民出版社2014年版，第219页。

（四）促进健康老龄化，更要引导和推动积极老龄化

在漫长的人类历史上，除蒙昧野蛮时代在一些部落和民族曾经发生过"弑老"的恶习外，尊老、养老仍是主流，是大多数民族的良好传统。从世界范围看，从人类进入文明时代一直到工业革命以前，一方面，人类生育率高、人口预期寿命短；另一方面，传统的大家庭占主体，家庭具备养老功能。换言之，老年人口总量相对比较小，依靠家庭成员的互助共济就可以解决老年人的养老问题。自工业革命以来，人口预期寿命快速延长，老年人口占总人口的比重不断上升，"老龄化"才逐步成为社会问题。"从历史发生学的国际社会视角来看，人口老龄化最早出现在西方发达国家20世纪70年代以后""一些西欧国家迅速完成了由低死亡率、高生育率和高自然增长率到低死亡率、低生育率和低自然增长率的人口转变。由此，进入了人口零增长的发展时期，这也标志着这些国家率先开始了人口老龄化的进程。"[①]

面对20世纪70年代以后世界范围内日益严重的人口老龄化问题，1987年5月召开的世界卫生大会首次提出了健康老龄化理论，这一理论是基于老年人的健康需求而建构起来的。尽管人们对这一理论的内涵存在分歧[②]，但其核心要义是清晰的：它的目标是整体提高老年群体的生命长度和生活质量，同时，不仅关注平均预期寿命，而且更加关注生命的质量；既要提高预期寿命，更要提高健康寿命。显然，该理论暗含着把老年人视为社会负担的消极观点，虽然关注到了老年人的健康需求，但目的恰恰是通过提高老年人的健康质量减轻社会和家庭的负担。

20世纪90年代末至21世纪初，一种基于老年人社会权利的新的老龄化理论应运而生，这就是积极老龄化理论。该理论不仅关注老年人的健康需求，而且强调要关注老年人的社会参与权利和需求。该理论认为，老年人在需要帮助时，应获得充分的安全保护和照料，而且能够按照自己的需

---

① 宋全成、崔瑞宁：《人口高速老龄化的理论应对——从健康老龄化到积极老龄化》，《山东社会科学》2013年第4期。

② 参见佟新：《人口社会学》，北京大学出版社2006年版，第165页。

要、愿望和能力参与社会经济文化和公共事务,使在工作中退休下来的老年人和那些患病或有残疾的人能够仍然是他们亲属亲友社区和国家的积极贡献者。这一理论的积极意义在于其改变了以往人们把老年人视为社会负担的观点,强调"老年人是被忽视的宝贵的社会资源,他们健康地参与社会经济文化与公共事务,将依然是社会财富的创造者和社会发展的积极贡献者。"①

积极老龄化是比健康老龄化更全面更概括的老龄化概念和理论。我们既要促进健康老龄化,更要引导和推动积极老龄化。老年人不仅需要健康而长寿,而且需要积极参与社会经济文化生活和公共事务。老年人是社会的宝贵资源,他们仍然是社会财富的创造者和社会发展进步的积极贡献者。进入新时代,我国社会主要矛盾已经转化为人民日益增长的美好生活需要和不平衡不充分的发展之间的矛盾。同全国人民一样,广大老年人的美好生活需要也日益广泛:他们不仅要求分享经济社会发展的成果,而且要求有更多的机会、在更广泛的领域、更加积极主动的参与社会经济文化和公共事务。因此,必须适时地把我国应对人口老龄化战略和政策体系从健康老龄化转向积极老龄化。这不仅仅是因应国际社会人口老龄化理论的发展,更主要是因应老年人群对积极参与社会从而享有更加美好生活的需要。

坚持既要促进健康老龄化,更要引导和推动积极老龄化的理念,对发展我国老龄事业和老龄产业具有重要的指导意义。老年人不仅要老有所养、老有所依,也要老有所学、老有所乐、老有所为。

三、应对人口老龄化的顶层设计

养老问题已经成为牵涉面广且公众日益反映强烈的重大民生问题,而我国事实上还未做好充分的准备。为此,应当积极做好应对人口老龄化问题的顶层设计事宜。就此而言,应当特别解决好3个关键问题,即健全和

---

① 宋全成、崔瑞宁:《人口高速老龄化的理论应对——从健康老龄化到积极老龄化》,《山东社会科学》2013年第4期。

完善"一老"政策和制度体系、解决好老年人的养老问题以及健全和完善"一小"政策和制度体系。

（一）健全和完善"一老"政策和制度体系

随着人口老龄化、生育率下降和家庭小型化，传统的家庭养老保障功能越来越弱化，人们对社会化养老保险及相关的服务需求不断上升，养老后顾之忧日益加重。在此背景下，党的十七大明确提出、十八大和十九大再次强调，要实现全体人民"老有所养"的目标。

要实现全体人民"老有所养"这一目标，必须解决好两大问题：一是养老保险，或者说养老金。人口老龄化问题导致老年人口数量的大幅增加，老年人口在总人口中所占比重上升，从而对社会养老保险提出了更多更高的要求，对整个养老保险体系提出了新的挑战。二是养老服务。随着人口老龄化、生育率下降和家庭小型化，传统的家庭养老保障功能越来越弱化，人们对社会化养老服务的需求在不断上升。这两大难题正是人口老龄化对我国养老保障体系建设提出的两大挑战。面对数亿老年人持续高涨的养老保障诉求和人民群众对钱从何来、谁来服务、怎样服务的疑虑，必须尽快健全我国养老保险、长期护理保险的制度体系和居家为基础、机构为补充、医养相结合的养老服务政策体系，从而构建起保障全体人民"老有所养"的顶层制度和政策框架。

健全覆盖全民的养老保险制度是实现人人老有所养的基础性条件。健全和完善我国社会养老保险制度，要抓住以下几个突出环节。

第一，要按照全面实施全民参保计划的要求，精准扩面，把法定参保人员全面纳入社会养老保险，织密扎牢全体人民老在所养的安全网。2018年年末，全国参加基本养老保险人数为94293万人，[①] 距离全民参保的目标比较接近了。但是，仍然有一部分应该参保的人员游离在社会养老保险这一安全网之外。只有实现养老保险制度的全面覆盖，才能免除所有国民

[①] 参见国家人力资源和社会保障部：《2018年度人力资源和社会保障事业发展统计公报》，中华人民共和国人力资源和社会保障部网站，http：//www.mohrss.gov.cn/SYrlzyhshbzb/zwgk/szrs/tjgb/201906/t20190611_320429.html.

的老年后顾之忧。

第二，要尽快实现基本养老保险的全国统筹，破解基金的两极化困境。2009年底，各省均出台了基本养老保险省级统筹制度，尽管基本养老保险基金实行省级核算，但结存基金受托存储在市（地）县一级，形成了1000多个小规模基金，缺少保值增值机制和手段。在基本养老保险基金省级统筹的背景下，一些地区基本养老保险基金结存过多，缴费费率下调，征缴力度放缓，养老保险待遇随意增加；一些地区基本养老保险基金则存在比较大的缺口，依靠本地区的征缴无法实现收支平衡，在高费率的情况下，每年仍然需要中央财政大量的转移支付。

为此，实现基本养老保险基金在全国范围的统筹使用，提高基金使用的规模效应，应是基本养老保险全国统筹要解决的核心问题。我国已经设立调剂金制度，使部分资金加上中央财政对地方基本养老保险的转移支付，可以在全国各省市之间统一调剂使用。然而，中央调剂金制度只是走向基本养老保险全国统筹的过渡性措施。要在此基础上，尽快实现全国统筹，逐步形成中央与省级政府责任明晰、分级负责的养老保险基金管理体制。

第三，要着力解决制度的"碎片化"问题，以促进社会公正。我国的社会养老保险制度曾经是相当"碎片化"的，自建立城镇职工基本养老保险制度，先后建立了新型农村社会养老保险制度和城镇居民社会养老保险制度，随后又将机关事业的退休养老制度改建为社会养老保险制度。除了这些大的养老保险制度外，我国还为农民工建立了不同于城镇职工也不同于农村居民的养老保险制度，一些地方还为失地农民建立了失地农民养老保险制度，为农村干部建立了村干部养老保险制度等。党的十八大率先将新型农村社会养老保险制度和城镇居民社会养老保险制度整合为城乡居民养老保险制度，随着又实现了机关事业单位养老保险制度与城镇基本养老保险制度的"并轨"。虽然如此，但在一定程度上仍然存在着诸如"碎片化"和"不平等"等弊端。社会养老保险制度的"碎片化"以及整合或并轨之后不同人群养老保险待遇仍然存在的相当大差距，脱离了社会保障作为维护和促进社会公正的最重要制度安排的本源职责，同中国共产党秉承的公平正义执政理念更是相悖离的。

第四，要努力补齐养老保险的"三支柱"，构建多层次的养老保险体系。我国的养老保险制度应该是一个"三支柱"的体系。其中"第一支柱"是基本养老保险制度,"第二支柱"是企业年金和职业年金,"第三支柱"是个人储蓄性养老保险和商业养老保险。目前,"第一支柱"包括城镇职工基本养老保险和城乡居民基本养老保险两大制度平台。"第二支柱"包括企业年金和职业年金两个年金制度,其中参加企业年金的职工人数达到2300多万人,参与人数仍然太少,必须扩大参与率。相对于"第一支柱"的突飞猛进和"第二支柱"的积极跟进来讲,"第三支柱"是亟待补齐的短板。因此,在确保"第一支柱"基础不动摇的前提下,通过政策创新做大做强"第二支柱"和"第三支柱",适时调整养老保障"三大支柱"的结构比重,是至关重要的。

第五,要妥善处理好适当降低用人单位养老保险缴费负担与增加养老保险基金的关系。面对人口老龄化高峰日益临近的挑战,增强养老保障的物质基础已成为关系我国社会养老保障制度可持续发展的关键。面对复杂的经济形势,2016年4月,国务院决定阶段性降低企业职工基本养老保险费率,相应减少基本养老保险基金缴费收入。为此,党中央、国务院把加快推进包括养老保障在内的社会保障体系建设作为保障和改善民生的重要举措,使公共财政支出更多地向社会保障领域倾斜。2016年,各级财政对社会保险的支出达到1万亿元,其中补贴基本养老保险基金就达6511亿元。财政投入和弥补因实施视同缴费年限政策形成的企业职工基本养老保险基金缺口而采取的国有资本划拨,有力地支持了养老保险事业的可持续发展,确保了养老保险待遇的及时足额支付。需要重视的是,适当降低用人单位养老保险缴费负担只能是临时性、阶段性的措施,这方面的基金收入减少必须有其他渠道来弥补,否则将影响养老保险基金的可持续财务能力。

第六,要确保养老保险基金的保值增值,要确保养老保险基金规模不断扩大,抗风险能力显著增强。截至2018年底,城镇职工基本养老保险基金累计结存50901亿元,企业年金基金累计结存14770亿元,[①] 机关事业

---

① 参见国家人力资源和社会保障部:《2018年度人力资源和社会保障事业发展统计公报》,中华人民共和国人力资源和社会保障部网站,http://www.mohrss.gov.cn/SYrlzyhshbzb/zwgk/szrs/tjgb/201906/t20190611_320429.html。

单位的职业年金也已经积累基金几千亿元。2018年末,作为养老金战略储备的全国社会保障基金,其权益总额达到了创纪录的20573.56亿元。① 据测算,全国社会保障基金自成立至今的年均投资收益率约为8.7%,保值增值成效较为显著。但是,养老保险基金中最大的基本养老保险基金的投资运营管理仍然没有从根本上得到解决,这样大基金的保值增值,必须有可靠的投资渠道和严格的监管制度。

第七,提高保障水平要尽力而为、量力而行。经济不断发展、社会不断进步,在此基础上必须不断提高养老金水平。2005年至2019年,国家已经连续15年调高退休人员养老金,全国退休人员基本养老金水平提高了大约3倍,广大退休人员切实分享到了社会经济发展的成果。同时,我们必须清楚地认识到,我国仍然处于并将长期处于社会主义初级阶段,人口多、底子薄、差别大是我国的基本国情,而养老金属于刚性福利,待遇水平具有不可逆性。因此,政府组织实施的基本养老保险,必须始终坚持"保基本"的方针。提高保障水平要立足现实发展阶段量力而行,既要不断满足群众的合理诉求,又要防止"泛福利化"倾向,并注意逐步缩小地区之间、城乡之间和各类群体之间的待遇差距。这是养老保险制度可持续发展的必然要求。

(二) 着力破解养老服务难题

要实现全体人民"老有所养"这一目标,就必须在健全和完善养老保险制度,并随着经济的发展让老年人的养老金水平不断有所提高,使其共享经济社会发展成果的同时,健全和完善养老服务体系。改革开放以来,中国在"老有所养"方面取得了显著的成绩。据国家民政部公布的数字显示,截至2018年底,全国各类养老服务机构和设施16.8万个,养老床位合计达到727.1万张,每千名老年人拥有养老床位29.1张。其中,社区养老照料机构和设施4.5万个,社区互助型养老设施9.1万个,社区留宿和

---

① 参见全国社会保障基金理事会:《全国社会保障基金理事会社保基金年度报告(2018年度)》,中国社会保障基金理事会网站,http://www.ssf.gov.cn/cwsj/ndbg/201907/t20190711_7611.html。

日间照料床位达到347.8万张。①

我国养老服务的发展成就很大,但目前存在的问题也不少:一是发展不平衡。这既表现在区域发展的不平衡上,也表现在城乡发展的不平衡上。二是同养老服务机构和设施建设取得较大进展相比,养老服务水平的提升相对比较缓慢。在国家强调养老服务机构和设施建设,特别是在有关强制性规划和政策要求下,各地养老床位、社区日间照料中心、居家养老服务等设施建设逐步达标,但是服务质量低、服务方式单一等问题比较突出。三是养老机构经营发展困难的问题仍然突出,尤其是大部分民办养老机构是主要通过租赁房屋经营,依靠收取入住老人服务费用维持日常运营。由于租期短、装修改造和维护费用高等原因,随着租赁费用和人工成本逐年递增,其赢利能力正在下降,运营发展比较困难。四是养老机构人才队伍建设成为养老服务发展的一大瓶颈。由于劳动时间长、劳动强度大,导致护理人员长期处于超负荷工作状态,其待遇又低,工作没有上升空间,致使养老机构护理员队伍很不稳定,甚至难以招到护理员。五是养老机构的建设与老年人的养老服务需求存在脱节。过去的几年,养老床位数量有了大幅度的增加,但同时出现的问题是:一方面,老年人想入住养老机构时面临"一床难求"的困境;另一方面,目前养老机构当中的大量床位又处于空置状态。这说明,目前养老床位的发展出现了明显的结构性失衡问题。

面对上述难题,有必要采取如下对策:

1. 对养老机构必须分类分级管理

长期以来,我国对养老机构的管理习惯按照所有制性质、分城乡实行差别化管理。这种管理方式已经不适应养老机构发展变化的新情况。这里所说的分类管理,是根据养老机构实际提供养老服务的种类进行管理。养老服务机构可以分为4类:一是老年公寓,多以年轻老人和有一定经济能力的老年人为入住对象。二是养老院、托老所、敬老院等以基本自理和半自理老人为入住对象的养老机构,这类养老机构有比较完整和配套的养老

---

① 参见民政部:《2018年民政事业发展统计公报》,中华人民共和国民政部网站,http://www.mca.gov.cn/article/sj/tjgb/。

服务，一般是作为老年公寓入住老人中生活自理能力下降、需要更多专业化养老服务的老年人的接续服务机构以及居家养老老人中随着生活自理能力下降、不再适宜居家、需要更多能够提供专业化养老服务的老年人养老服务机构。三是护理院，这类养老服务机构以失能半失能老年人为入住对象，提供全方位的养老服务，特别是专业化的医疗护理服务，这类养老服务机构必须是医养结合型的。四是临终关怀机构，这是为护理院入住的老人以及居家的老人在人生的最后一程而设立的养老服务机构，也是目前我国养老服务机构发展的短板。

上述4类养老服务机构形成了一种接续性的养老服务机制，老年人首先入住的是老年公寓，之后转入养老院，之后转入护理院，最后在临终关怀机构走完人生最后一程。不论是公办养老服务机构还是民办养老服务机构，都应该明确自身的定位，究竟其是属于上述4类养老服务机构中的哪一类。当然，对于规模比较大的养老服务机构来说，可以分区设立4类养老服务下设机构，在机构内形成接续性养老服务链。

2. 建立健全居家养老支持政策

因为中国人的传统养老观念和当前我国养老服务体系建设的滞后，决定了我国绝大多数老年人选择的是居家养老。据有关方面调研，选择居家养老的老年人超过90%，只有不到10%的老年人选择机构养老。北京的"9064"和上海的"9073"等地方性养老服务体系建设方案，正是根据老年人的这种养老意愿设计的。同家庭养老相比，居家养老是专业、高效的养老服务方式，具有明显的优势。同机构养老相比，居家养老是一种投入小、经济和社会效益更高的养老方式。[①] 近年来，国家在发展居家养老服务方面出台了许多政策，关键是落实到位。

第一，要进一步落实家庭成员赡养和扶养老人的法律责任。作为赡养人的家庭成员对老年人经济上供养、生活上照料和精神上慰藉的义务，在法律层面上已经作出相关规定，要制定具体保障落实的政策措施。

第二，要进一步健全居家养老的支持政策，实施有利于家庭发展的户

---

① 参见青连斌：《我国家庭养老的困境与居家养老服务发展的趋势》，《晋阳学刊》2016年第4期。

籍政策、住房政策和税收政策，鼓励和支持家庭成员与老年人共同或就近居住，特别是要制定鼓励和支持家庭成员与老年人共同生活或者就近居住的政策以及用人单位按照国家有关规定保障赡养人探亲休假和请假照护老年人的权利的具体政策。

第三，政府要加大对居家养老的财政投入。政府财政投入的方式很多，包括政府的直接投入，也包括在用于养老服务的公益彩票金中列支合理比例以支持居家养老服务，还包括政府为特殊人群的老年人购买居家养老服务。在当前各级政府加大公共服务体系建设，并加大政府购买基本公共服务的背景下，各级政府及相关部门应当将发展居家养老服务列入当地经济社会发展规划，纳入公共服务体系建设的重点领域，强化对发展居家养老服务的政策引导和扶持。

第四，要改进居家养老服务以更好的满足老年人的养老服务需求。一方面，现在相当多的居家养老服务并不一定符合老年人的需求；另一方面，老年人的居家养老服务需求又无法得到满足。也就是说，有供给无需求、有需求无供给的问题比较突出。因此，整合各类居家养老服务资源、提高居家养老服务资源的利用效率，是当前发展居家养老服务必须着力解决的一个现实问题。

3.政府"兜底"与公办养老机构的职能定位必须精准到位

我国老年人权益保障法规定：老年人无劳动能力、无生活来源、无赡养人和扶养人，或者其赡养人和扶养人确无赡养能力或者扶养能力的，由地方各级人民政府依照有关规定给予其供养或者救助。这说明，在我国相关法律中，政府对老年人养老服务的"兜底"对象规定是明确的，即主要是城市的"三无"老人和农村的"五保"老人。现在的问题是如何"兜底"。不论"三无"老人还是"五保"老人，他们的具体情况千差万别：有的能够自理，有的能够半自理，也有不少是既失能又失智完全不能自理的。因此，他们的养老服务需求存在很大的区别，政府需要为他们提供的养老服务和养老服务费用也存在巨大的差异。这就要求政府的相关政策必须是多样化并且是精准到位的。

其一，在公办养老机构改革中，必须解决形式单一、功能雷同、千篇一律的问题，要把公办养老服务机构建设成功能互补、各具特色的"专科"型养老机构，可以是针对失能半失能老人的普通型养老院，也可以是针对某类特定失能失智老人的护理型养老机构，还可以是以临终关怀为主的特色型养老服务机构。

其二，对公办养老机构收住老人的资格条件必须作出严格的规定，即主要是失能半失能老人，重点是"三无"老人、低收入老人、经济困难老人中的失能半失能老人。申请入住公办养老服务机构的失能半失能老人必须经过相应的评估才能决定公办养老服务机构是否应该接受入住以及入住什么样的养老服务机构。

其三，对于入住公办养老服务机构的"三无"和"五保"老人中的失能半失能老人，政府应按照失能半失能的具体情况以及养老机构提供服务的质和量给予其全额经费补偿。公办养老服务机构对低收入老人、经济困难老人中的失能半失能老人应提供减免收费或使其低收费入住，应提供差额补偿。面向社会上的失能半失能老人提供的经营性服务，则应按照市场定价收取照料和护理费用。

其四，对政府养老服务"兜底"对象中能够自理的老人，政府应该鼓励他们居家养老，也可以采取购买公共服务的方式，鼓励他们入住民办养老机构。

4. 建立健全长期照护保障体系

长期照护保障，主要包括长期护理保险和长期照护服务两个大的方面。建立老年人长期照护保障体系，是近年来我国政府和学术界、养老服务机构和保险业界共同关注的一个重要议题。这是因为：我国几千万高龄老人、失能老人、空巢老人大多数体弱多病，需要接受长期照护服务。但是，一方面，老年人的长期照护费用高昂，一般家庭难以承受；另一方面，我国家庭结构已经高度核心化，尤其是家庭的小型化，使得家庭成员越来越难以承担其他家庭成员的照护服务重担。只有适时建立长期护理保险制度和长期照护服务体系，才能有效解决高龄老人、失能老人、空巢老人的长期照护问题。可以说，建立我国长期照护保障体系，已经没有向后推延的时间了。要在总结试点经验的基础上，全面建立长期护理保险制度，并确定为我国社会保险制度体系的"第六险"。要建立专业化长期照护服务提供体系。无论是政府主导的长期护理保险还是商业保险机构举办的商业护理保险,都只是解决护理费用的问题。失能失智老人的长期照护必须有专业化的长期照护服务机构和人员来提供。要鼓励商业保险机构建立长期商业护理保险,开发更多的老年护理保险产品,鼓励老年人投保长期护理保险产品,为国家对商业保险机构开办长期照护保险和老年人参保提供政策支持。

(三)健全和完善"一小"政策和制度体系

对人口老龄化进程起决定性作用的两个主要因素中,人口预期寿命的延长是不可逆转的趋势,因而只有生育率才是主动作为延缓人口老龄化进程的可变因素。在生育意愿和生育率双下降的背景下,只有采取各种综合措施抑制生育率的下降趋势,使生育率尽可能回归人口正常世代更替水平,才是主动作为有效延缓人口老龄化进程的根本之策。

1. 我国生育率已经低于人口世代更替水平

社会可持续发展的一个重要前提就是人口的可持续发展。在人口预期寿命相对稳定的条件下,要保证人口相对于上一代既不增加也不减少的世代更替,平均每对夫妇需生育两个孩子。因为各种原因,总有一部分小孩不能长大成人,因而人口正常世代更替率要大于2。国际上通常认为,2.1是人口正常世代更替水平,也就是说,平均每对夫妇要生育2.1个孩子,才能保证人口的正常世代更替。如果生育率高于世代更替水平,人口会增加,反之则会减少。当然,世代更替水平并不是一个常量,而是一个变量,因为婴幼儿死亡率、孕妇死亡率、性别比等的不同,处于不同发展阶段的国家的世代更替水平是存在差异的,但毫无疑问,必须大于2。

从国际上看,无论是发达国家还是发展中国家,出生率下降是各个国家的共同趋势。从19世纪初期开始,欧美发达国家就出现了生育率的大幅下降。据世界银行的数据显示,高收入国家尽管近20年生育率略有回升,但也仅仅整体保持在1.62的水平。从20世纪60年代开始,中等收入国家出生率就开始出现稳定下降。目前,中低收入和低收入国家虽然出生率仍然比较高,但也呈现出稳定下降的趋势。

我国从2016年1月1日开始实施全面二孩政策,但事实上"60后""70后"绝大多数已经错过适龄生育的时机,处在想生而不能生,也不敢生的窘境，"80后""90后"则处在能生而不想生，也不敢生的纠结状态。假若全社会生一孩、二孩、三孩的家庭各占1/3，家庭平均生育孩子数是2，再考虑1/8不孕不育的比例，平均生育孩子数只有1.75，远低于更替水平。因此，不管对低生育率如何争论，中国进入低生育率时代已经是一个不争的事实，也已经成为各界的共识。

2. 解决"一小"问题是关乎国家长治久安、民族永续发展的根本战略

"一小"问题，包括生育和抚育，这不仅是事关延缓人口老龄化进程的大问题，也是有效应对人口老龄化顶层制度设计的一个重要方面，更是事关国家长治久安、民族永续发展的战略问题，必须将其提到国家根本战略的高度来认识。

近代以来，中国人口增长速度远低于世界平均水平。我国人口占世界总人口的比重在1820年、1900年、1950年、1980年分别为36.6%、25.6%、21.8%、22.1%，目前约为18.7%。从历史的长河来看，我国人口占世界总人口的比重是不断下降的。从1950年到1980年，我国人口占世界总人口的比重是上升的，但也仅仅上升了0.3个百分点，但是，从1980年到2015年则下降了3.4个百分点。也就是说，后30多年中我国人口占世界人口比重的下降速度相当于前30年上升速度的10倍。虽然2015年我国人口数达13.75亿人，是1950年5.52亿人的2.49倍，但2015年仅仅出生了1655万人，远远低于1950年到1954年平均每年出生2100多万人的水平。

根据2010年人口普查数据显示，"80后""90后""00后"的人口分别是2.19亿、1.88亿、1.47亿。从"80后"到"00后"不到一代人时间，出生人口就萎缩了32%。有学者作过测算，如果生育率一直维持在1.4左右的水平，那么总人口将以每50年减少一半的速度萎缩。现在人口还没有萎缩，只是因为过去的生育率高于人口世代的更替水平，且人口预期寿命不断延长。但长期的低生育率已经决定了未来几十年乃至上百年我国人口将面临急剧衰减的情形。

过低的生育率将对我国的未来发展，特别是中华民族的伟大复兴构成严峻的挑战。一方面，目前面临的人口老龄化问题将会更趋严重。只有努力使生育率尽可能回归人口正常世代更替水平，才能有效延缓人口老龄化

进程，降低人口老龄化对经济社会发展的影响。另一方面，人口始终是经济社会发展和民族复兴的第一资源。过低的生育率不仅将使我国总体人口规模不断萎缩，更将使我国人口数占世界人口总数的比重快速下降，从而导致我国逐步失去人口优势。所以，必须从国计民生和中华民族伟大复兴的高度，把解决"一小"问题特别是提升生育率问题上升为国家发展战略。

3. 促进生育政策与相关经济社会政策的配套衔接

十九大报告提出，要"促进生育政策与相关经济社会政策的配套衔接"①。这是具有极为重大现实意义的宏观导向。针对我国生育成本越来越高、国民生育意愿下降、生育率持续走低的现实，要实现"全面二孩"政策的目标，并进而实现全面放开生育，促进我国人口的可持续发展，必须制定和实施与生育政策相配套的一系列经济社会政策。

根据2015年原国家卫计委进行的生育意愿调查结果，因为经济负担、太费精力和无人看护而不愿生育第二个子女的人数分别占到调查总人数的74.5%、61.1%、60.5%。② 此外，用人单位因对女职工生育二孩提高人工成本而产生的就业歧视、女性产假、哺乳假等权益落实不到位、母婴设施缺乏、女性在兼顾家庭和事业发展方面存在很多顾虑等问题也是育龄妇女生育意愿走低、不愿意生育第二个孩子的重要原因。因此，要实现同社会主义现代化强国目标相适应的人口可持续发展战略目标，必须针对目前育龄人口生育意愿低迷、生育率持续下降的主要原因，借鉴世界一些国家和地区的经验，制定和实施鼓励生育的相关经济社会政策。具体来说，应从以下几个方面着力。

第一，大力发展幼托服务。十九大报告将保障和改善民生的目标从"五有"拓展为"七有"，其中第一个"有"即为"幼有所育"。"幼有所育"首先要解决的就是入园难的问题。入园难、入园贵，是许多育龄夫妇不愿生、不敢生第二个孩子，甚至一个小孩也不愿生、不敢生的重要原

---

① 习近平：《决胜全面建成小康社会 夺取新时代中国特色社会主义伟大胜利——在中国共产党第十九次全国代表大会上的报告》，《人民日报》2017年10月28日。
② 参见吴佳佳：《全面两孩实施一年生育率升至1.7仍低于正常更替水平》，《经济日报》2017年2月14日。

因。因为托幼服务发展的滞后和供给不足,许多女性因为担心看护婴儿不得不放弃工作,或者无法全身心投入工作,将影响到自己的职业发展而选择放弃生育。为了解决这一问题,国家有关方面制定了"十三五"期间要实现学前适龄儿童毛入园率达到85%,其中80%的儿童要进入普惠性幼儿园的发展目标。

发展幼托服务,有两个问题值得研究和解决:一要转变对幼托的认识。托幼服务不是单纯的学前教育,它还是国民福利的重要方面。因此,要实现从赋予幼托单纯的教育职能向教育职能与国民福利并重的理念转变。二是发展幼托服务必须走公益性与市场化相结合之路。政府要鼓励企业、机关事业单位、社区利用闲置场地举办托幼机构,鼓励社会资本进入托幼服务领域。政府要对托幼服务提供货币补贴和政策扶持。政府、市场和社会既要有分工,更要有合作,要充分发挥多元主体的积极性和作用。

第二,完善和严格落实带薪产假、陪产假制度。我国在法律制度上解决了带薪产假的制度安排,但关键是完善和落实。一些育龄夫妇不愿意生育,同产假时间短及担心休产假将影响职业发展等有关。

产假制度的完善和落实,要解决好3个问题:一是我国目前法定的产假时间相对比较短,要在避免过度影响企事业单位生产经营的前提下适当延长假期。一些国家的做法值得我们借鉴。比如德国的产假时间,从1927年的6周延长到了1992年的3年;俄罗斯的产假时间则从原来的12周,延长到了现在的4年半;瑞典则规定,在孩子满8岁前,父母有权享有共计480天的育儿假。[①] 显然,我国的产假时间要延长到数年是不现实的,为此,要认真研究究竟应该且能够延长到多长时间的问题。二是机关事业单位和企业要切实保障员工生育期间产假休假权利,这是机关事业单位和企业必须履行的法定责任和义务,不得以任何理由随意缩短假期,全国妇联和全国人大有责任定期或不定期开展执法检查监督。三是政府要通过税费减免等扶持政策补偿员工生育增加的企业成本。生育是女性对人类繁衍后代所做出的巨大贡献,生育行为的成本不应该主要由用人单位承担,更不应该由女性及其家庭为主承担,而应该由全社会合理分担。由全社会合

---

① 参见闫肖锋:《解决低生育率需要系统思维》,《中国新闻周刊》2018年第6期。

理分担的最现实途径，就是政府对用人单位和家庭的生育成本进行补偿。

第三，借鉴国际经验，建立和实施生育津贴和育儿津贴制度。为了鼓励生育，许多国家都建立和实施了生育津贴、育儿津贴或综合性的家庭津贴等制度。尽管各个国家的津贴名目不同，但目的都是为了减轻家庭在生育、育儿等方面的负担。

北欧国家的生育津贴支付时间大多在1年以上，且支付水平有所差异。芬兰的产妇最长可以享有44周、相当于原工资70%～90%的生育津贴；丹麦和挪威的产妇分别可以享有50周和47周、相当于原工资100%的生育津贴，也可以按原工资的80%享有57周生育津贴；对于低收入或无收入的家长，瑞典设立了每天180克朗的最低生活保障线。在北欧国家，从怀孕到生育的所有检查项目和住院治疗都是免费的，家长照顾生病的子女还可以享有照顾津贴。比如瑞典政府规定，父母一年中照顾一个病患儿童可以享受原工资的80%、最长享有120天的照顾津贴。法国的家庭津贴项目繁多，覆盖了一个家庭的子女从出生到独立成人、从照护养育到入学受教育的各个阶段的全部需求，该制度面向所有居住在法国、有两个及以上子女的家庭，津贴标准随子女数量的增加而增加，有4个以上子女的家庭每增加1个小孩，还会增加一份额外津贴（额外津贴项目在2015年的家庭津贴制度改革中被取消）。日本为了使女性更好地兼顾家庭和工作，使婴幼儿得到更多照顾，2015年4月开始将6个月以内的育儿休假津贴从原工资的50%提高到67%，3岁以下的儿童每月享有1.5万日元儿童补贴，3岁以上15岁以下的儿童为每月1万日元。在俄罗斯，小孩出生时就一次性付清14500卢布的儿童津贴，并从第3个孩子起发放另外的儿童津贴，另外，有小孩的家庭还可以获得一笔45300卢布的母亲家庭资本。[①]

其他国家在生育津贴、儿童津贴、家庭津贴方面的做法值得我们借鉴和学习，但不可能照搬。建立和实施我国的生育津贴、育儿津贴和家庭津贴制度，要理顺和解决好3个问题：一是不能以生育保险取代生育津贴，也不能以建立了生育保险制度为由反对建立生育津贴制度。我国为有就业单位的女性劳动者建立了生育保险制度，截至2017年参保人数达到1.924

---

① 参见郑功成：《中国社会保障发展报告2016》，人民出版社2016年版，第318—358页。

亿人，没有就业、没有单位的女性则参加不了生育保险。生育保险属于社会保险范畴，其资金主要来自用人单位缴费形成的生育保险基金；生育津贴则属于社会公共福利范畴，其资金主要来自国家财政。因此，两者不能互相取代，而是相互补充的。二是生育津贴和育儿津贴是两个独立的津贴项目，前者是对生育的父母在生育期间因为失去收入或收入减少而提供的一种社会补偿，后者是对家庭养育婴幼儿的成本提供的一种社会补偿，两者都是普惠性的社会福利。三是鉴于我国尚处于社会主义初级阶段的基本国情而制定和实施这两项津贴制度的目的是鼓励生育，因而既可以考虑从"二孩"开始才能享受生育津贴和儿童津贴，也可以考虑一个孩子只能享有一半的津贴，以更好地发挥这两项津贴制度的激励作用。

第四，个人所得税方面对多子女家庭实行税收减免或扣除。许多生育率低、人口老龄化严重的国家，在个人所得税的设计上都对多子女家庭实行了税收减免，这一方面减轻了多子女家庭的经济负担，另一方面也是对多子女家庭在人口发展和种族繁衍方面做出的贡献的一种社会补偿，因而促进了社会公平。税收减免的具体方案主要有两种：一是根据家庭孩子的数量进行一定的税收抵免；二是对多子女家庭实施分等级税收制。

在美国，每个孩子每年可减免400美元个税。在西欧一些国家，按家庭子女的多少，设计了不同档次的个人所得税税率。在德国等国家，多子女家庭中的夫妻一方可免除个税。

近年来，在我国学术界甚至全国两会上，家庭抚养费用抵扣个税的呼声也越来越高。新近公布的个人所得税法修正案（草案）在专项附加扣除中把子女教育等支出纳入其中，这显然是一大进步，但却仍然是不够的。为此，必须把应对低生育率和人口老龄化的制度设计体现到包括个人所得税等制度和政策制定和实施的全过程之中。

从许多国家和地区鼓励生育的政策、措施的制定和实施情况看，政策、措施实施后通常要5—10年才能显现其效果。面对我国目前生育率持续走低、人口老龄化加速的严峻现实，时不我待，必须加速进行应对人口老龄化的顶层制度设计。

第九章　农民工市民化问题

在一个有着数千年农民帝国历史的中国，让农民工最终融入城市，成为现代城市的一分子，是一个需要数代人方能够完成的宏大历史进程。新中国成立70多年来，我国城镇化率从不足11％到2019年的60.6％，城镇化进程进入中后期。但是农民工在身份、职业实现市民转化后，其主体地位的确立和社会心理的市民化还需要相当长的时间，正如习近平总书记所指出的那样，"现代化的本质是人的现代化，真正使农民变为市民并不断提高素质，需要长期努力，不可能一蹴而就。"① 可以说，未来二三十年将是中国农民工市民化最为关键的时期。

一、农民工市民化：相关概念及发展历程

（一）农民工及相关概念

按出现的时间先后为序，从古至今，中国主要存在6种与农民工相关的社会称谓。

1. 流民

在商品经济不发达的古代，现代意义上的主动进城务工经商的农民较为罕见，更多的是被迫离开土地和家乡四处流亡的农民，一般将这些农民统称为"流民"。我国古代治国名篇《管子》曾经提出，"禁迁徙，止流民，圉分异。"意即只有通过禁止地区之间的社会流动，让流民这一社会不稳定因素安定下来，让其安心定居、努力耕作，才能形成巨大的生产力。基于社会稳定以及重农抑商的考虑，在一般的情形下，中国以往的传

---

① 中共中央文献研究室编：《习近平关于社会主义经济建设论述摘编》，中央文献出版社2017年版，第164页。

统社会一般都是限制超出一定限度的社会流动。不过由于战乱等一些特殊的历史原因，中国历史上也出现过一些大规模的人口迁徙活动，像是魏晋南北朝的人口南迁、南北宋之交的人口南迁、明初的山西洪洞大移民以及后来的"湖广填四川""闯关东""下南洋"等，这些都是延绵数十年甚至上百年的流民大潮。

在历史上，对于流民还有以下一些相近的称谓：（1）流人，如《后汉书·贾逵传》中有："后累迁为鲁相，以德教化，百姓称之，流人归者八千户。"（2）流亡，如《诗·大雅·召旻》中有："瘼我饥馑，民卒流亡。"（3）流户，如《新唐书·殷侑传》中有："于时瘼荒之馀……以仁惠为治。岁中，流户襁属而还。"（4）流冗，如《汉书·成帝纪》中有："水旱为灾，关东流冗者众，青、幽、冀部尤剧。"颜师古注曰："冗，散失其事业也。"（5）流庸，如《汉书·昭帝纪》中有："比岁不登，民匮于食，流庸未尽还。"颜师古注："流庸，谓去其本乡而行，为人庸作。"（6）流者，如《后汉书·来歙传》中有："陇西虽平，而人饥，流者相望。"

由于历史上的流民大多是失去土地的流浪人口，因此流民这一称谓实际上包括着很明显的"蔑视、排斥、异类、底层"等意蕴。但同时，流民这一称谓还带有"恐惧对象"之意在内，是统治者最为忌惮的一个群体。这是因为流民一直是反映社会矛盾激化程度的"晴雨表"。古代流民规模的增加一般都是社会矛盾激化的结果和表现形式，土地兼并加剧、自然灾害频仍、赋税大增等都会制造大量的流民。

2. 盲流

"盲流"是新中国成立后，在计划经济体制下，为了建立和维护城乡分割的两元经济社会体制，对无序外流的农村人口的一种特殊称谓。所谓"盲流"，主要是指进入城市后长期无正式工作、无可靠生活来源的农村人口。20世纪50年代初期，由于还没有实行严格的户籍迁移管理制度，每年都有大量农村人口流入城市，对城市的经济发展、就业、社会治安等带来了巨大的冲击。1953年4月，国务院发出了《劝止农民盲目流入城市的指示》，首次在正式的官方文件中提出了"盲流"的概念。国务院于1956年底发出《防止人口盲目外流的指示》，并于1957年初对该指示做了补充后再次下发。1959年3月，中共中央、国务院再次联合发出了一个《关于制止农村劳动力盲目外流的紧急通知》，指出不仅要制止农民外逃，而且指示各省、市将"盲目流入"城市和工业矿山地区的农民可以收容、遣返。改革开放之初，农村人口流入城市再次成为普遍现象，"盲流"一词再次火热。1982年，国务院发布《城市流浪乞讨人员收容遣送办法》，对于家居农村流入城市乞讨的、城市居民中流浪街头乞讨的，其他露宿街头生活无着的人员予以收容、遣送。但随着城市对农村劳动力需求和依赖程度的不断增加，该词的使用率不断下降，目前在公开场合已经完全消失。

从词义上讲，"盲流"最初是指政府认为盲目流入城市的农村人口，本身就具有明显的负面评价的色彩。伴随着时代的变迁，这一指称特定群体的词语被添加了大量具有道德评价色彩的内涵，"盲流"成为一个有着共同的"流入城市"行为的松散群体，被想象性地建构为行为、人品与道德方面都呈高度负面性的同质性群体，与人格低下、道德败坏的人群直接相关，如小偷、乞丐、罪犯、拾荒者、票贩子、辍学青少年、超生户、上访户等。由此，"盲流"成为城市的负担，成为社会不稳定的代名词。

3. 打工妹、打工仔

打工妹、打工仔是一个在20世纪八九十年代一个与农民工一词同样流行的社会称谓。这一称谓因为一部反映打工者生活和劳资关系的电视剧《外来妹》的火爆而在社会上流行。在20世纪80年代中期，大量农村剩余劳动力涌向东南沿海地区，其中农村外出打工的女性——打工妹，是一个有着鲜明特点的群体。她们大多集中在玩具、服装、电器等体力消耗相对较小的企业。而"打工仔"一词是由"农民工"这一概念分化出的新名词，在日常用语中被广泛理解为在各大城市中打工的年轻男子。他们一般学历较低、工作辛苦、薪水较低。后来，在"打工妹打工仔"一词中又分化出了"高级打工仔""打工皇帝"等概念，来指称文化知识水平较高的企业中的高级经营管理人员。

"打工妹打工仔"这一概念是传统观念中以城市为中心进行狭隘思考的产物，带有一定的贬义。但同时，从"打工妹打工仔"这一概念中，又可以看到这一群体有吃苦耐劳及拥有一定的专业技能等优秀品质。由于"打工妹和打工仔"这类称谓具有明显的珠三角地区的称谓色彩，这类称谓在长三角地区和其他地区流行程度较低。后来正式的中央和地方政府文件中将这类称谓正式定名为外来务工人员、农村外出务工人员、农民工等,使该名词逐步消失在人们的视野。

4. 农民工

农民工的最早的称谓是"民工",早在新中国成立前就有这种称呼。但"农民工"则是改革开放以来中国经济社会加速转型这一历史新时期出现的一个具有中国特色的独特概念。根据现有的文献追溯,1982年初,"农民工"一词首次出现在中国计划学会和国家计委经济研究所共同主办的《计划经济研究》上。在该杂志当年第1期上发表了庄启东等人写作的《关于贵州省盘江、水城矿务局使用农民工的调查报告》。在社会学研究中,"农民工"一词最早出现在1984年中国社会科学院《社会学通讯》中,当时,跟随费孝通先生研究苏南乡村发展的中国社会科学院张雨林教授强调了该词。

从"农民工"这一称呼来看,该社会称谓最初主要是指进入本地乡镇企业、"离土不离乡"的农民,后来转变为主要指称数以亿计的外出务工经商、"离土又离乡"的农民。1991年7月,国务院发布的第87号令《全民所有制企业招用农民合同制工人的规定》第一章第二条规定,"进城务工农民被称为农民合同制工人,简称'农民工'"。以此为标志,"农民工"一词被正式列入国家法律,获得法律意义上的认可,用以区别在城市的全民所有制和集体所有制企业中拥有城市户口的工人。此后,从中央到地方,各种有关"农民工"的法律规章相继出台,使"农民工"这一称呼不断合法化和明确化。

进入21世纪以来,农民工一词全面进入政策话语体系、大众传媒话语体系、学术话语体系和民众话语体系,甚至替代了其他一些相关的称谓,成为最流行的称谓。目前,狭义的农民工一般指外出农民工、跨地区外出进城务工人员;广义的农民工则既包括跨地区外出进城务工人员,也包括在县域内第二、三产业就业的农村劳动力。在国家的正式统计口径上,"全年农民工"包括年内在本乡镇以外从业6个月以上的外出农民工和在本乡镇内从事非农产业6个月以上的本地农民工两部分。至2019年底,全年农民工总量为2.91亿人。

相对此前的社会称谓而言,从字面上看,农民工这一称谓其负面意涵已经大大减弱。但随着时代的变迁，农民工这一称谓所具有的内在局限性开始被人所提及。人们诟病最多的是"农民工"一词人为地在本已扭曲的城乡二元结构中的加入，使二元结构演变为"三元社会结构"，导致长期在城市工作和生活的农民工群体无法享受城市居民的各项权益，农民工"半城市化""浅层城市化"或"伪城市化"现象严重。有学者指出，"'农民工'这一带有歧视性的称谓既不符合现代社会和市场经济的平等规则，也不符合国际上的通行规则，因而必定会产生严重的负面效应：它人为地强化了不平等的意识，伤害了为数众多的社会成员的尊严；加重了就业歧视，影响了一视同仁、普惠的社会政策的制定和实施；固化了城乡二元结构，妨碍了正常的城市化进程；甚至对已有的较大的贫富差距也是起着推波助澜的作用；降低了整个社会的公正程度。"① 而在政府层面上，2011年以来，最大的农民工输入省份广东省和输出省份河南省都逐渐取消了"农民工"称谓，而改为诸如"新市民""新生代产业工人"等新的社会称谓，说明农民工社会群体的社会形象正在回归常态。

5. 新生代农民工

2001年，中国社会科学院王春光研究员首次提出了"新生代农民工"的概念。之后十几年来的相关后续研究大多将"年龄"和"代际"作为"新生代农民工"最重要和直接的定义标准。在政策层面上，2010年，中共中央、国务院"一号文件"《关于加大统筹城乡发展力度进一步夯实农业农村发展基础的若干意见》首次正式在中央文件中使用"新生代农民工"这一说法。2020年1月公布的国家《新生代农民工职业技能提升计划（2019—2022年）》指出，1980年及以后出生的新生代农民工逐渐成为农民工主体，已占农民工总量的一半以上。②

"新生代农民工"这一提法将两代农民工分隔开来进行审视，提醒人们关注两者的差异，有利于因人制宜、制定适当的经济社会政策。同时，这一提法也在提醒人们：新生代农民工更多地是城市的一员，与普通市民

---

① 吴忠民：《应当逐渐淡化"农民工"的称谓》，《中国经济时报》2003年5月20日。
② 参见《新生代农民工职业技能提升计划（2019—2022年）》，人力资源和社会保障部网站，http://www.mohrss.gov.cn/gkml/zcfg/gfxwj/201901/t20190115_309073.html。

的区别正在日益缩小,他们是未来新型城镇化的主力军,更是决定中国经济社会发展方向的基本力量。

6. 农民工市民化

农民工市民化是指农民工在身份、职业融入现代城市经济社会体系后,在生活方式和思维方式等方面向现代转变的过程和状态。因此,与城镇化等相关概念比较,市民化这一概念更加强调农民工的社会属性的现代化趋势。虽然用城镇化率可以直接衡量城镇化的发展程度,但市民化这一概念内涵要更加深切。如果要衡量农民工的城市融入度和其作为现代人的发展程度,测量的难度相对较大。所以,农民工市民化这一概念对真正城镇化的促进作用更加深远。

(二)农民工市民化的历程

从1984年10月,国务院以通知形式给予农民入城务工经商权利。至今,当代中国的农民工市民化已经走过了36年的历程。回顾历史,我们可以看到:在20世纪八九十年代,第一代农民工还比较满足于能够"进厂又进城",愿意在城乡之间徘徊。而在21世纪以来的20年间,随着新生代农民工日益成为农业转移人口的主力,农民工融入城市尤其是大中城市的需求迅速增加,农民工市民化进程大大提速。

1. 城市排斥阶段

在20世纪80年代甚至90年代早期,城市社会中不少人对农民工持排斥态度,城市和主流社会对农民工一直是以"流民"和"盲流"来称呼的。在城市群体日常的习惯称呼中就体现出了城市人对农民工群体的歧视:上海人称外地农民工为江北人和乡巴佬,重庆人称农民工为"棒棒",南京市民称农民工为"二哥""二姐"。这些称谓都突出了农民工低下的社会身份和社会等级。生活中歧视性的语言体现了城市群体自我优势的意识以及对农民工身份的歧视心态。社会学家德沃金曾提出两种偏好的分析架构:一种是内在偏好,主要是为个人的选择;另一种是外在偏好,主要是为他人的选择。内在偏好说明了个人自己的利益和机会,但外在偏好则会忽视和不尊重别人受到平等关怀与尊重的权利。可以说,早期社会上对农民工存在歧视的根源也就在于极大地依赖于那些基于外在偏好的选择。

2. 全面依赖阶段

自20世纪90年代邓小平南方谈话之后，农民工大规模进城。一段时间后，城市社会对农民工的排斥期逐渐成为过去，开始为农民工留下了一定的生存发展空间。随着进城农民工数量的不断增多，城市各行业职业（如化工、棉纺、建筑等）中最累、最苦、最脏、最危险的事务大都是由农民工来承担的，各生活性行业如餐饮、家政服务等大多也是由农民工来承担的。可以说，一旦农民工退出这些空间，城市社会的生产生活将难以正常运行。因此，城市社会开始进入对农民工的不可摆脱也不愿摆脱的状态，反映在农民工相关称谓中，就是"农民工""打工仔打工妹"等称呼的出现。"农民工"一词的负面性减少，国家政策开始在20世纪90年代对农民工进行系统的管理，并有条件地为其提供一些服务。在影视作品等大众传媒中，农民工也成为城市经济社会生活的一个必要组成部分，城市已经无法想象把农民工全面赶回农村后的景象。从总体上讲，在过去的30多年里，农民工为城市建设和社会经济的发展做出了重大贡献，农民工已经成为我国经济建设中一支不可替代的重要力量，成为推动我国经济发展和社会结构变革的巨大力量。

3. 利益让渡阶段

21世纪初叶，随着以人为本等理念的流行以及和谐社会建设的不断推进，农民工在城市生活的长期化倾向不断明显，其权利意识日益增强，利益诉求也在增多，开始要求利益共享。与此同时，不愿摆脱农民工的城市社会为了吸纳和留下农民工，也会主动对农民工进行利益让渡。于是，在劳动过程中，一部分农民工开始拥有了医疗保险、工伤保险，其子女上学也可以在部分城市地区借读，甚至很多中小城市对农民工的身份转变敞开了大门。这种利益过渡既是一个主流社会的主动选择过程，也是一个被动的利益让渡过程，它说明城市社会的先天优势地位开始受到现实的挑战。反映在农民工的称谓中，新生代农民工的利益诉求和对未来城市美好生活的向往，已经让"新生代农民工"一词所含有的贬义几乎消失殆尽。而中央政府对青年农民工也要求地方政府像对待自己的孩子那样关心和爱护他们。在影视作品等大众传媒中，新生代农民工与城市青年之间的形象差距也越来越小，他们也日益走向正面的角色和社会形象。

4. 完全融入阶段

21世纪以来尤其是党的十八大以来，随着进城农民工不断地被城市化和市民化，城市社会对农民工的态度开始转向平等相待和完全融入的阶段。譬如，中央的农民工服务管理政策出现了"一视同仁"的说法，在政府正式使用的农民工相关称谓中出现了"非户籍常住人口"的概念，十八大报告中出现了"努力实现城镇基本公共服务常住人口全覆盖"的提法。十九大报告进一步指出，要保证全体人民在共建共享发展中有更多获得感。可以说，这是现代社会权利理念不断深化的结果，更是农民工与城市社会长期博弈的结果。2015年，党的十八届五中全会强调要推进以"人"为核心的新型城镇化。2012年至2018年间，我国城镇化率年均提高了1.2个百分点，9000多万农业转移人口成为城镇居民。2017年，党的十九大提出，要推动新型工业化、信息化、城镇化、农业现代化同步发展，保证全体人民在共建共享发展中有更多获得感，不断促进人的全面发展、全体人民共同富裕。未来的总体趋势应当是：在尊重农民工主体性的基础上，经过两三代甚至更长时间的互动，对城市社会与农民工分别进行社会调适，使其相互适应对方的存在，并因此改变其自身的一些权利、声望和资源的配置状态，最终达到完全融合的境地。最终，要使农民工的相关社会称谓不再出现，人们只以居住地点和职业来区分，如常住人口与流动人口、农民、工人与职员。这种状态在城乡基本实现了平等化后才有可能出现，是未来追求的方向。

二、农民工市民化面临的新问题

自1984年以来的30多年间，进城农民工对社会融合的诉求与相应制度变迁滞后之间的矛盾不断累积和解决，近年来演化形成一些新的问题，对实现以人为核心的新型城镇化带来了新的挑战。

（一）身份转换问题

在身份转换方面，这种新矛盾表现为农民工所享受的福利水平与身份转变的难易程度呈现负相关变动的规律，致使一些农民工的市民化有其形而无其实，进而无法公平地获取市民化红利。

在过去数十年间，由于城市的户籍身份制度变革涉及的利益主体、改革的冲击面和承受力不同，不同规模和类型的城市都在依据自身状况适时适度地进行改革，农民工的身份转变难易程度也因市民身份所附带的福利水平高低而呈现出一种"梯度递减"的新格局。第一种是全面开放型。这类城市以居住状态来界定城市居民的范围，并在城市中实行全域统一的户籍制度，农民工可以在城乡间自由迁移，并享有平等的基本公共服务，其身份转变与福利水平实现了完全的契合。第二种是主体融入型。部分大城市虽然没有实现自由迁徙，但对农民工身份转变的限制相对较少，希望农民工的主体都能够融入城市，享受市民福利。这类城市以全国大多数小城市和小城镇为主，由于市民本身福利较少，农民工身份转变后所获得的社会福利也相对较少。第三种是逆向筛选型。全国一些中心城市，如广州、深圳、天津等都在以行政力量出台硬性规定，实行资格准入制度，对农民工的身份转变实行筛选，仅有优秀者才能获得大中城市的市民身份及附带的各种市民福利，而条件较差的则有可能获得小城市的市民身份，没有任何优势的弱势农民工则没有融入城市的机会。目前，逆向筛选模式的主要表现形式是实行居住证制度，以居住证为过渡手段，通过积分等形式，对农民工进行市民资格的筛选。从2010年开始，广东省全省近3000万农民工开始使用居住证。居住证实行积分制，符合条件的农民工可以申请常住户口，但主要是限于广东的中小城市和小城镇对农民工开放，而且只有是广东省本省的农民工才可以申请。第四种是事实拒斥型。2019年12月，中共中央办公厅、国务院办公厅印发的《关于促进劳动力和人才社会性流动体制机制改革的意见》提出，全面取消常住人口300万以下城市的入户限制。但是，人口在300万以上的特大城市的入户限制的开放难度很大。以北京和上海为代表的极少数大城市的市民身份附带的福利水平高、种类多，这类城市往往承载力有限但却对外来人口极具吸引力，因此，这类大城市一方面采取各种改良性措施来吸引城市发展所需的各类农民工，另一方面却通过各项有形或无形的限制性规定事实上拒绝了普通农民工成为本市市民，使其无法享受和利用本地区的优势资源，由此在整座城市中形成了由数量相当的市民与农民工公民相互依存又相互区隔的局面。

由以上所述可以发现，除了个别大城市外，在城市户籍身份所附带的福利种类越少、水平越低，城市对农民工身份转变的需求越大的城市中，农民工的身份转变就越容易；反之，如果城市身份附带的福利越多、水平越高，城市对农民工的身份转变的需求就越小，农民工的市民化也就越难。现有的市民化格局使农民工在实现身份转变的同时，不仅享受到的市民福利相对较少，而且必须放弃作为农民的一系列权利，如承包地、宅基地和林地带来的保障和收益，两者一"减"一"增"相抵，结果就使农民工在城市里的生活成本大增，发展前途不明、不可预测的社会风险日益增多，最终严重地阻碍了农民工公平和顺利地融入城市。

（二）利益分配问题

在利益分配方面，这种新矛盾主要表现为农民工财富分配过少与风险分配过多一直在恶性互动，从而使农民工在城市中长期被底层化，无法实现中产化。

从财富分配与风险分配的组合形式来看，当前，农民工处于财富分配过少与风险分配过多两者并存的状态。农民工财富分配过少的表现形式很多，如一是其职业梦想难以实现。农民工在城市里只能从事当地居民不愿意做的脏、累、苦、险等工作，在行业和职业等方面都呈现出"孤岛化"的倾向。二是农民工权益保障力度有待加强，对其就业权益的保障力度差。三是农民工劳动时间长，劳动合同签订率低，城镇社会保险参保率低。四是其在公共服务上遭受的歧视令人难以忍受，如多数农民工只能参加老家的"新农合""新农保"等。五是农民工诉求表达渠道不畅通，农民工的政治、经济利益诉求很难表达，成为城市中最大的一个失语的群体。与此同时，农民工本身所分配的社会风险却有过高的自然倾向，因为农民工的风险承受能力差，这必然导致风险对农民工的威胁和实际损害程度相对较大。如在饮食方面摄入毒奶粉、毒大米、转基因食品和塑化剂的风险和在居住方面靠近污染源、房屋质量差的风险以及在职业方面受职业病侵害、受金融风暴影响而失业的风险，一般都由收入较少、声望较低、话语权较弱的农民工来承担。

不仅如此，农民工的财富分配过少与风险分配过多之间还会形成恶性循环。具体而言就是：社会风险通过自然累积、人为转嫁以及风险认知等机制的不断作用积累在农民工群体之中，并直接导致农民工在下一轮分配中获得的财富更少。一是自然累积机制、风险分配本身具有"马太效应"，客观上会自然而然地使不同人群在下一轮的风险分配中所处的位置有优劣之差。二是人为转嫁机制。强势群体会进行人为的风险转嫁。正如社会学家贝克尔所说的，社会机构会想方设法否认风险发生，隐藏其根源，阻止赔偿或管理，从而导致了一种有组织的无人承担责任的"总体共谋与责任缺失相伴"的奇怪现象[①]，使本应由强者承担的风险被转嫁给农民工等弱势群体。三是风险认知机制。不同人群对风险的认知能力各不相同，结果就是风险意识分配不均，不同人群对大众传媒所传导的风险信息的接收能力和解码能力不同，使风险对不同人群的实际伤害程度不一样，地位高、财产多、文化知识水平较高的人群，风险预防意识强，应对风险的知识丰富，风险给其带来的伤害就相对较少。反之，其对农民工等弱势群体的伤害就大。这三大机制的共同作用，必将进一步加剧和固化农民工在下一轮风险分配和财富分配过程中的弱势地位。

农民工财富分配过少和风险分配过多这两者恶性互动的直接后果就是城市对农民工所构筑的"玻璃隔板"或隐或现，严重阻碍了农民工在工作和生活方面实现市民化的进程。长期处于"浅度市民化"状态，或称为"半城市化""伪城镇化"状态[②]，最终必然导致农民工长期陷于底层境地不可自拔。而一旦农民工被凝固在城市的社会底层中无法实现中产化，就有可能被主流社会隔离，形成一个独立存在和发展的社会空间统一体，如贫民窟、蚁族聚居区。由于教育机会等社会资源的不公平分配，农民工的风险与财富分配恶性互动的格局将会出现代际传递的现象。经过十几年几十年的累积，农民工对于社会底层的阶层认同感开始形成，最终的后果就

---

① 参见〔德〕乌尔里希·贝克：《风险社会》，译林出版社 2004 年版；参见乌尔里希·贝克、约翰内斯·威尔姆斯著，路国林译：《自由与资本主义》，浙江人民出版社 2001 年版，第 43 页。
② 参见王春光：《农村流动人口的"半城市化"问题研究》，《社会学研究》2006 年第 5 期；辜胜阻：《统筹解决农民工问题需要改进低价工业化和半城镇化模式》，《中国人口科学》2007 年第 1 期。

是贫困文化流行，农民工成为城市底层的主要来源，城市社会阶层间的抗争将会持续不绝。

（三）公共服务问题

在公共服务方面，这种新矛盾主要表现为农民工所做贡献的享受者和农民工所需服务的提供者严重错位，致使推动农民工市民化的合力难以形成。

从城乡间的贡献与责任分配来看，在20世纪八九十年代，我国长期对农民工实施"低工资、低福利、无保障"的政策，从而将大多数农民工创造的价值作为改革发展的原始资本来使用，而人口红利期的红利包括劳动力廉价、社会抚养比低等也大多由农民工来提供。可以说，农民工为城市发展做出了巨大贡献。但时至今日，由于城市"梯度递减"式的身份筛选机制的存在，大城市把最优秀的人才留在了本地，中小城市吸纳的是较优秀的农民工，小城镇吸纳的是一般的农民工，而最差的农民工如年老、无技能的农民工则只能回到农村生活和养老，他们既无存款，也无作为工人和市民的各项比较优厚的社会保障，年老后的养老、医疗等费用都将由受益最少的小城镇、农村和农民工自身来承担，这既是城乡二元结构的必然后果，也会让这种城乡二元结构进一步固化。

从地区间的贡献与责任分配来看，在改革开放40多年的时间里，东部发达的农民工输入地得到了农民工创造的大部分财富，却不用负担农民工养老等费用。作为欠发达地区的农民工输出地只得到了农民工工资中的一部分存款，却需要为他们的养老保险、医疗保险和子女教育等付费。在目前的财政体制下，省级以下地方的财政实力很大程度上决定着该区域的经济发展后劲和民生改善程度，这就导致了得到利益少的地区负担的责任多，进而会迟滞欠发达地区的民生改善步伐和进度。与此形成鲜明对比的是发达地区的负担却较小。比如，2018年，北京、上海、广东、江苏、浙江五省养老保险大量结余，而河南、安徽、江西、湖南、湖北等劳动力主要输出省份的养老保险收支则大量亏空，其中一个主要原因就是农民工所交养老金的社会统筹部分只能留在工作地，而农民工几乎没有人在打工地养老。未来全国应当形成区域间的人力资本成本—收益补偿理念，即由于改革成果与成本分配不均，不同地区之间要形成区域间改革"成本—收益"分配不均的补偿机制，如提高中央对中西部地区的财政转移支付系数以及提供专项基金和配套项目等。

从代际间的贡献与责任分配来看，一般而言，一位社会成员的工资仅是其实际创造价值的一部分，其余部分则由政府和企业掌握，或用于再投资，或用于公用事业，或转移给同代人中的被抚养人口，或以各种社会保障基金的形式存留下来以供该代人年老时使用。但第一代农民工在工作期间，国家长期实行低工资政策，而养老、医疗等社会保险的参保率长期低迷。可以说，国家和社会在对农民工贡献进行转移时基本没有考虑农民工财富的代际存留和转移。在第一代农民工退出历史舞台之际，经济发展和各级财政收入的增速在放缓，少子化的不利后果正在日益显现。当计划生育政策也无法进行大规模调整时，人们才发现一个悲剧性的现实：无人能够为2.88亿农民工的代际需求提供充分的资源供给[1]。

可以说，这3个方面的"贡献—责任"分担不均的矛盾直接关系到农民工的生存和发展质量，在更深层次上，它实质上是关系到不同地区、不同人群在不同时期的利益均衡分配问题，关系到代际间、人群间的分配正义。在我国，这一问题至今还没有得到真正破解，很多由此伴生的社会问题还没有全部突显。随着全国范围内老龄化高潮的席卷，这种贡献、收益和负担间的分配不均矛盾将会更加明显，它对公共服务均等化、对国民权利的平等化都提出了新的、更高的要求。

（四）社会心理问题

在社会心理方面，这种新矛盾主要表现为农民工群体的焦虑程度日益增强与缓解机制的极度匮乏并存，造成农民工的群体性焦虑可能会不断地转化为群体性愤怒。如果这一趋势持续下去，将会直接危及社会整体的长期和谐稳定。

在快速转型的中国，几乎所有的社会群体都对社会身份、社会环境、

---

[1] 参见中华人民共和国国家统计局：《中华人民共和国2018年国民经济和社会发展统计公报》，国家统计局网站，http://www.stats.gov.cn/tjsj/zxfb/201902/t20190228_1651265.html。

社会预期缺乏一种安全感和确定感。因此，从某种意义上讲，中国正处在全民焦虑的时代。但如果从焦虑转化为愤怒并演变成爆发的概率来看，农民工的群体性焦虑转化为群体性愤怒的可能性最大，理由主要有以下3点：其一，农民工身兼流动性和弱势性这两大风险性因素。2018年，全国外出农民工约有1.73亿[①]。作为城市中最弱势的群体，农民工的社会地位可能还不如城镇"低保"户。"流动"意味着一种不确定、不稳定的变化状态，而"弱势"则意味着底层生活和需要进行抗争的风险。如此庞大规模的人口处于这种流动的、弱势的状态，所蕴含的社会、经济和政治风险都是难以估量的。其二，农民工群体面临的焦虑具有全面性和累积性。100多年前，社会学家齐美尔就发现柏林市民通过追求时尚来解决群体心理焦虑的现象。[②] 经济学家刘易斯也说过：置身于市场经济中的民众无人能预测社会制度中的各种动力，以及伴随的经济危机、通货膨胀等，总是惶惶不可终日。可以说，焦虑并不可怕，关键在于不同群体焦虑对象应当各有侧重。但是农民工却在几乎所有方面都处于焦虑境地：作为一个外出群体，会因为买房、社交、结婚甚至交通拥堵而有生活焦虑；作为一个边缘性群体，会因为社会保障缺失、诉求难以表达等而有安全焦虑；作为一个追梦群体，会因为职业梦想难以实现、精神需求难以满足、前途方向不明而产生焦虑。正因为农民工的焦虑是全面的，摆脱焦虑的难度就会大大增加，社会焦虑也就具有了很强的累积性，甚至有可能进行代际间的传递。其三，应对农民工焦虑的制度安排和个体经验严重不足。农民工成长和外出工作的时间段正是中国改革最为频繁、变动最为剧烈的时期，提升群体安全感的制度安排有的缺位、有的形同虚设，群体心理的疏导机制更是极少有人关注。从个体来讲，现在的新生代农民工基本上都是所谓的"三门"群体，即从家门到校门再直接到厂门。由于涉世不深、社会阅历不足，致使其遇到挫折后就可能会反应激烈。

正是因为以上3点原因的存在，农民工的群体性焦虑极有可能演化为

---

① 参见中华人民共和国国家统计局：《中华人民共和国2018年国民经济和社会发展统计公报》，国家统计局网站，http://www.stats.gov.cn/tjsj/zxfb/201902/t20190228_1651265.html。

② 参见〔德〕齐奥尔格·西美尔著，费勇、吴曜译：《时尚的哲学》，文化艺术出版社2001年版；〔德〕齐奥尔格·西美尔著，陈戎女等译：《货币哲学》，华夏出版社2002年版。

群体性愤怒。当农民工中产生的压抑、烦躁、不满、非理性冲动等紧张心理聚集到一定程度时，就会在该群体中形成一种普遍性的愤怒，即群体性愤怒。群体性愤怒是处于群体性焦虑和群体性行动之间的社会态度，它让群体性焦虑这个内隐的心理状态外显化，是集体行动的准备状态。群体性愤怒的不断累积，会形成巨大的社会张力，最终会借助于某个契机以社会冲突或其他方式释放出来。

现实中，农民工的群体性愤怒的表达形式尤为极端。2011年的广东增城事件、中山事件就是本地人与外来农民工的大规模对峙事件。2010年广东南海本田工厂工人停工事件、2012年郑州富士康工人停工事件、2014年以来东莞裕元鞋厂工人多次停工事件以及2018年深圳嘉士事件等，却是新生代农民工与资方甚至是农民工内部相互间进行激烈对抗的事件。近年来，农民工的群体性愤怒的集中爆发，使得在劳资矛盾、干群矛盾和贫富矛盾之外，突显出了新旧市民矛盾，隐隐有与前三者共同构成人民内部"四大利益矛盾"的趋势。目前，在农民工问题上，中央和地方的政策层面仅仅涉及就业、社会保障等客观层面，对于群体性心理变化等主观层面仍少有关注，因此，未来急需进行系统的政策干预和制度建设。

三、农民工市民化问题的主要成因

要实现进城农民工的市民化，首先面临的一个问题就是如何正确对待进城农民工这个庞大的社会群体。正如时任总理的温家宝在2010年6月召开的新一代农民工代表座谈会上指出的，农民工是当代产业工人的主力军，要关心、爱护、尊重农民工，尤其是年青一代的农民工，政府以及社会各界都应该像对待自己的孩子一样对待年轻农民工。[①] 但是，在中国这个具有浓厚家长制和等级制传统的国度里，目前侧重在做的是"关心"和"爱护"进城农民工。在政府和民众眼中，要做到"尊重"农民工和像孩子一样对待这一群体是极为艰难的，这是因为要尊重进城农民工首先就要

---

① 参见《新华时评：像对待孩子一样关爱新生代农民工》，腾讯网，https://news.qq.com/a/20100616/001164.htm。

求人们要把进城农民工放在平等的地位上与之进行协调对话。也就是说，需要人们对进城农民工这个主体的客体地位、主观意愿等有一个更深入的体悟，并在体悟的基础上与此平等互动，最终形成有关进城农民工的政策体系。

从这个角度来看，农民工市民化过程中面临的这种新型矛盾后果的背后，有着深层的作用机制。

一是社会歧视定型化。2006年，时任联合国秘书长安南在《国际移徙与发展》报告中指出，"移徙的成功在于移徙者和东道国社会的相互适应。为了完成这一适应，人们越来越意识到，尽早促进移徙者在居留的目的地国融入当地社会，符合移徙者和东道国社会的最大利益。融入社会的基石是平等待遇和禁止任何形式的歧视。"[①] 如前所述，对于农民工这一群体，官方和老百姓对其还有其他一些正式或非正式的称呼，比如称其为"盲流""民工""打工妹""打工仔""流动人口""农村剩余劳动力""农村富余劳动力""农村外出务工人员""暂住人口""常住非户籍人口"等。从此以后，农民工就一直成为学界、政界和民众最为关注的社会群体。农民工不同于"城里人"这一歧视性界定也开始长期在社会大众的心理层面沉淀，并日益定型。

二是农民工被客体化。由于长期受到社会歧视，农民工在学术研究和政策体系中开始被客体化、他者化，造成农民工的自我言说无法表达。"他者"是一个与主体相对应的概念，正如法国社会学家西蒙娜·德·波伏娃所指出的，"他者"是指"没有或丧失了自我意识、处在他人或环境的支配下、完全处于客体地位、失去了主观人格的被异化了的人。"[②] 在长期的农民工问题研究中，农民工大多处于他者的位置，在政府和大众传媒中都是一种被异化的状态，即农民工不是作为一个主体而存在的，而是作为与城市相对的、处于次要地位的、被对象化了的客体。农民工是外来者、是后来者、是弱势者，也是无力表达者。正是在这种方法论的支持

---

① 《秘书长报告：国际移徙与发展（A/60/871）：人权、性别、融入社会和应享权利》，联合国网站，http://www.un.org/chinese/focus/migration/10.htm。
② 〔法〕德—波伏娃著，陶铁柱译：《第二性》，中国书籍出版社1998年版，第5页。

下，在农民工研究中，我们可以看到政府的话语、传媒的话语、市民的话语，但农民工的自我诉说却很少能够被听见。尽管很多学者尤其是社会学者都已经认识到这一点，并且努力从农民工主体的视角出发为之鼓与呼，但这种同理心并不能完全取代农民工主体本身，因为学者群体毕竟不是农民工群体。

三是公正制度依然部分缺失。正因为任何他人都无法取代农民工自身的主体性，所以很多对农民工很重要的社会经济制度仍然处于缺位、错位的状态。反之，公正的制度缺失会进一步造成农民工长期主体缺位，其中对进城农民工的管理制度就是一个代表性的案例。众所周知，发达国家的流动人口管理一般都不采用以户籍管理为主的形式。西欧国家流动人口管理的主要内容是人口信息登记制度，多叫"生命登记""民事登记"或"人事登记"，印度、南非、巴西等国家和地区也多采取这种制度。我国长期实行的"行政审批"式的人口迁移管理方式则与苏联东欧的通行证制度有较强的历史渊源。在当代世界，西欧、美国、日本、印度、巴西等国家和地区的流动人口管理制度都有其自身的特点，但它们都是主要依靠市场和法制手段来管理流动人口的。户籍管理是世界各国普遍采用的一项重要的国家行政管理制度，其主要功能有：政府职能部门通过对公民基本情况的登记管理，确认公民的民事权利能力和民事行为能力，证明公民的身份，方便公民参加各种社会活动；通过户籍登记，为政府制定经济社会发展规划、实施包括治安管理在内的各项行政管理提供人口数据及相关基础性资料。这些都可以说是户籍制度的"本位"功能。但是，中国严格的户籍迁移管理制度被赋予了更为特殊的功能，包括就业安置、福利房分配、义务教育、公费医疗、工伤保险、养老保险以及城市居民最低生活保障制度等，不同的户籍具有不同的收益，这些必然导致进城农民工在公正层面上无法享受制度建设带来的利益。

四是农民工自身受农民文化的严重约束。从农民工自身来看，农民文化的影响尤其是小农思想对农民工的影响很大，也在一定程度上助长了主体缺位基础的各种新型矛盾的发展。从历史上看，传统的小农胆小怕事、谨小慎微，往往知足乐天，缺乏权利意识。所有这些都使农民工在争取主体回归的道路上一步一回首，徘徊不定，也难以形成合力。在文化层面上，当前的农民工是文化正在艰难转型的过渡群体。列宁在《俄国资本主义发展史》一书中针对19世纪末期俄国有300多万农民外出务工的现象指出，"与居民离开农业而转向城市一样，外出做非农业的零工是进步的现象，它把居民从偏僻的、落后的、被历史遗忘的穷乡僻壤拉出来，卷入现代社会的旋涡中，它提高居民的文化程度及觉悟，使它们养成文明的习惯和需要。"① 借用列宁的这段话，我们可以看到，当前中国的农民工也正在主动地进行着"传统人—现代人"的艰难转型：他们的生活方式正在现代化，行为方式正在理性化，现代市民意识正在形成，新生代和第三代流动人口正在成为主体力量。但是农民工生活方式、行为方式、思维理念的转变是非常艰难的、漫长的，也是最彻底的。一旦实现文化层面的"去农民化"，那么农民工也就真正完成了自身脱胎换骨的过程。这个文化转型过程是非常漫长的，需要内外力的共同作用来加以推进。

四、进一步推进农民工市民化的政策思路

经济学家斯蒂格里茨曾经说过这样一句名言：影响21世纪人类文明进程的两大事件，一是以美国为首的新技术革命；二是中国的城市化。② 未来二三十年是我国从一个传统农民大国彻底转变成一个现代市民中国的关键时期。有鉴于此，2012年以来，国家开始从战略层面思考全面推进农民工市民化问题。2013年，党的十八届三中全会提出，要推进农业转移人口市民化，逐步把符合条件的农业转移人口转为城镇居民。2013年12月，党中央首次以中央的名义召开中央城镇化工作会议，提出以人为本的新型城镇化之路。2014年3月公布的《国家新型城镇化规划（2014—2020年）》则进一步明确提出，"到2020年，要努力实现1亿左右农业转移人口和其他常住人口在城镇落户。"2015年以来，党中央不断强调要推进以人为核心的新型城镇化，并在城镇管理、户籍制度改革、财政保障、公共服务等

---

① 《列宁全集》第3卷，人民出版社1959年版，第527页。
② 参见仇保兴：《应对机遇与挑战：中国城镇化战略研究主要问题与对策》（第二版），中国建筑工业出版社2009年版，第12页。

方面进行了系统安排。习近平多次强调指出,"解决好人的问题是推进新型城镇化的关键""坚持以人民为中心的发展思想,坚持人民城市为人民。"①

可以预见,无论从实践还是从中央的政策安排来看,未来一段时期将是中国农民工市民化的高峰期。在农民工市民化面临新型问题的现实背景下,中国所需要做的是:以社会合作理念为基础,从短期和长期两个方面共同着力,在行动上协调解决农民工市民化进程中的各种问题,在制度上彻底理顺农民工市民化进程中的各种关系,最终形成推进农民工与其他社会群体之间相互调适、互惠共融的格局。

(一) 迁移自由化

迁移自由化,即以权利与义务对等为原则,让每一个社会成员能够按照自己的意愿进行自由迁徙。这是实现农民工市民化的基础性条件。

从国外经验来看,西方国家在移入民管理方面,一般都遵循权利与义务对等的基本原则,即履行一定义务后方可享受一定的权利。② 当代中国,在城市社会的总体承受能力相对不足的情况下,也应当按照"权利与义务对等"的原则,构筑起有利于人口在全国范围内自由流动的制度框架,让包括农民工在内的所有群体在各领域内都能够真正实现国民待遇。

对于一些特大城市而言,具体可以从权利、义务和居留时间3个方面来实施"权利与义务对等"的基本原则。其一,权利。目前,农民工关心的权利主要包括企事业单位招聘权、子女教育权、就业培训权、纳入社会保险权、住房保障权和社会救济权等。高层次的权利可以包含低层次权利,相互之间也可以是交叉关系。在城市,稳定的工作岗位、可靠的收入来源、合法的固定住所是保证一个人体面生存的基本条件。对具有谋生能力和居留愿望的农民工,理应赋予其参与城市建设和社会经济发展的权利。对于无居留意愿的农民工,应提供个别化的临时性福利政策,如短期

---

① 中共中央文献研究室编:《习近平关于社会主义经济建设论述摘编》,中央文献出版社2017年版,第162、194页。
② 参见梁茂信:《1940—1990年美国移民政策的变化与影响》,《美国研究》1997年第7期。

的社会救济等。其二，义务。权利的享有应当与农民工所履行的义务或所做的贡献直接挂钩。义务或贡献涉及的范畴应当包括无犯罪记录、依法纳税、个人信用状况良好、体面的居住条件、较高的文化素养、投资能力或自我负担能力等。这些要素是对农民工的社会经济参与能力和在城市立足条件进行的界定。其三，梯度划分。权利义务的梯度划分可以采用连贯制，也可以采用间断节点，比如，居留时间在1年、3年、5年以上，可按规定享受不同范围的社会福利和公共服务。在具体实施的过程中，可以考虑采用广东省等地在实践中实行的积分制，通过梯度划分进行细化。

可以说，依据"权利和义务对等"的原则进行梯度划分，整合各种制度安排，体现了城市社会对初到城市的农民工的接纳、包容和鼓励，对于已经为本地区发展做出多年贡献的农民工而言也是一种公平的制度设计，而且此举对原有城市市民的冲击相对较小，其心理接纳程度较高，因此这一做法符合公平性和城市发展的可持续性原则，可以在农民工和市民、农民与市民、不同城市的市民之间形成一个较为畅通的流动渠道。只要能够保证流动渠道的规则是公平的，那么所有市民、农民工和农民都可以借此自愿地进行身份转变。

（二）农民工主体化

所谓农民工主体化，即以自我管理和社会参与为主要形式，实现农民工主体地位的回归。社会学家英格尔斯认为，现代制度只是表象，"如果一个国家的人民缺乏一种能赋予这些制度真实生命力的广泛的现代心理基础，如果执行和运用着这些现代制度的人，自身还没有从心理、思想、态度和行为方式上都经历一个向现代化的转变，失败和畸形发展的悲剧结局是不可避免的。"[①] 因此，未来农民工要积极行动，通过自主管理和参与政策等形式在社会经济政治等领域表达自身意志，实现对相关政策的主体参与，从而促使农民工实现角色转换，减轻群体性焦虑程度，防止以群体性愤怒的形式进行意志表达，进而成为一名合格的城市社会行动主体。

---

① 〔美〕阿历克斯·英格尔斯等著，殷陆君译：《人的现代化》，四川人民出版社1985年版，第4页。

一是构建支撑农民工自我管理并融入城市的组织体系。人的自我管理是人的主体地位的最直接表现。马克思早在《论犹太人问题》中就认为："只有当人认识到自己的'原有力量'并把这种力量组织成为社会力量因而不再把社会力量当做政治力量跟自己分开的时候……人类解放才能完成。"① 组织是自我管理的基本依托。加强农民工自我管理必须从政府和农民工两方出发，构建一个由现有工会、农民工自发性组织共同构成的、可供农民工自由选择的多层次组织体系。为此，政府要强化针对农民工自发性组织的公共服务职能，出台相应的法律、法规和政策，积极引导、鼓励农民工参与工会组织和其他自组织。譬如，到2017年底，全国仍有1.4亿以上农民工没有参加工会，未来，可以采取多种入会方式，如源头入会制、广覆盖式、流动会员制等，重点在中小企业和临时外出就业的农民工中发展工会会员。再如，主动联系和发展农民工的自发性组织。数年前，北京和广东全面推行的以工青妇等群体组织为"枢纽型组织"并联系和引导各种民间社会组织的做法值得参考。对于进城农民工而言，共青团和志愿者协会可以联系新生代农民工中的民间组织，如"小小鸟"打工热线、同乡会等，妇联、法律协会可以联系女性农民工中的一些民间组织，如"打工妹之家"等，科协可以联系具有较高知识和技能水平的农民工等。

二是多方推动进城农民工的社会参与。"参与"集中体现了农民工的主体性，是进城农民工主体意识和主体地位的集中表现。因此，未来要完善进城农民工参与城市政策制定的具体路径：首先要采取有效措施让民主参与的法律规定落到实处。2011年《民政部关于促进农民工融入城市社区的意见》指出，符合一定条件的农民工可以参加流入地社区居民委员会的选举。② 考虑到农民工在城市的民主参与权利长期被边缘化的现实问题，应该制定实施细则，以保证长期在城市生活的农民工真正享有公民的基本民主权利。其次，要进一步提高农民工自主参与的程度。"一个群体的意见可能由它本身表达，也可能从这个群体中的某个人或群体外代表这个群

---

① 《马克思恩格斯选集》第1卷，人民出版社1995年版，第443页。
② 参见《民政部发布促进农民工融入城市社区意见（全文）》，中国新闻网，http://www.chinanews.com/gn/2012/01-04/3580121.shtml。

体的个人来表达，但更多的、更有效的是有这个群体内部发育产生出来的一定团体表达。"① 要扩大农民工社会参与范围，扩大农民工的知情权、参与权和决策权。比如，对于劳动仲裁、社会福利发放、社会救助的实施等事宜，应当考虑以一定的方式让农民工代表和农民工民间组织参加讨论或者参与听证，给予农民工以自由选择权等。要适时在部分地区探索建立农民工组织领导职业化的路径，实行组织领导的任期制，对其权利义务进行明确的规范，并在农民工、政府、企业、工会之间建立一个畅通的沟通协调机制，以形成多元参与的制度平台。

（三）城市共融化

在强调农民工主体性的前提下，农民工市民化所要实现的不仅是农民工的"城市融入""城市融合""城市接纳"，而且是不同社会行动主体相互间都应分别进行调适。政府、市民和农民工等直接相关行动者都应当行动起来，在互惠、合作、协调的基础上最终实现社会的"共融"。

社会"共融"的基本特性是共容、共熔、共融。共容是心理基础，共熔是必由之路，共融是典型特征。共容、共熔和共融的最终目标都是社会和谐。具体而言，第一步是共容，即不同社会群体在社会中能够共同生存下去，使"集体排他"现象不再存在。当前的中国城市社会中，这种共容已经成为基本的事实，但仍然存在一些阻碍不同社会群体共容的制度设置，如针对外来人口的一些专门性制度壁垒，需要进一步进行消除。第二步是共熔，即从不同社会群体开始，从间隔疏离走向交互共融的超越与扬弃。正如亚里士多德所认为的，"作为社会最小构成分子的单个人无法独立生存，应当过群体生活，城邦就是群体生活的载体。……我们确认自然生成的城邦先于个人，就因为（个人只是城邦的组成部分），每一个隔离的个人都不足以自给其生活，必须共同集合于城邦这个整体（才能大家满足其需要）。"② 第三步是共融。形成共融性社会的基本途径有 3 个：营造平等的社会气氛，使社会各个人群享有平等的机会；消除彼此的隔膜，促

---

① 朱光磊：《当代中国政府过程》，天津人民出版社 2002 年版，第 98 页。
② 〔古希腊〕亚里士多德著，吴寿彭译：《政治学》，商务印书馆 1965 年版，第 8—9 页。

进相互的了解；接纳文化上的差异，尊重彼此的观念及生活方式。特别需要指出的是，社会共融不是单方面地要求社会群体的哪一方应该适应、变成另一方，而是应突出彼此的平等、接纳、尊重和独立。只有不同的社会群体之间彼此互相尊重和关怀，在生活中的各个层面互相接纳与了解，才能达到共融性社会的目标。共融性社会就是逐步建立一个"互相沟通，消除歧视，彼此尊重"的具有共融性的和谐社会。因为和谐是对立事物间在一定条件下的具体、动态、相对、辩证的统一。在肯定个性差异、存而不同的前提下，和谐中的统一是相互激励、相互促进的。和谐是不同事物之间的相同相成、相辅相成、相反相成、互助合作、共同发展，其目标是共融基础上的共赢共生。

在农民工市民化的过程中，要真正实现城市社会的社会共融，国家、市民和农民工三者如何定位是其中的关键。

对国家而言，要形成以国家为轴心的社会共融体系。社会合作理念和新合作主义都强调合作，但合作之中形成的社会共融总要有一个核心的主体。实际上，新合作主义也有各种不同的用法和侧重。威廉姆斯（Williamson）认为，新合作主义可以进一步划分为三种原初类型——同意型、权威型和松散合约型。[①] 其中，在权威型合作主义中，国家准许利益中介组织存在，反过来它们也准许国家的行动，否则社会行动者的经济自由将受到限制；合作系统内各组织在价值和目标方面存在有限度的一致，国家控制的存在可以在很大程度上改变经济和社会秩序。合作结构的建立为的是尽可能地保证国家的控制权。在改革开放以前，国家替代一切成为社会和几乎所有社会群体的主宰者，这一由国家主宰一切的社会融合体系的形成过程也表现为由国家创造的政治关系取代中国传统社会关系的过程和以党政伦理取代社会日常伦理的过程以及以官僚组织取代各种社会中自发形成的社会实体的过程。实践证明，这一体系是不适合当代中国社会发展趋势的。相比较而言，不论过去还是现在，在我国国家一直处于轴心地位。因此，应当以国家为轴心来推进社会共融进程。要形成以国家为轴心的社会合作和社会共融过程要求，一方面要适度调整政府的权力，另一方面政

---

① 参见张静：《"合作主义"理论的中心问题》，《社会学研究》1996 年第 5 期。

府还要在利益协调中发挥积极作用。政府应发挥主导作用，正视利益主体多元化的现实，建立一种和谐的、互利的利益结构，构建有序的利益表达和利益整合机制，有效防止利益冲突，以促成利益整合的局面。

对城市市民而言，要强调城市市民的主动调适。正如尚塔尔·墨菲所指出的那样："某些现存的权利正是以排斥或依附其他一些范畴的权利而被建构起来的。如果想要确认一些新的权利，那些身份首先必须被加以解构"①。但我国改革已经走过了普惠期，一种改革让所有群体都受益的时期已经一去不复返。今后的改革都涉及利益的调整，改革的共识更难达成，从既得利益群体中进行利益协调困难重重。因此，必须通过各种渠道把社会合作的理念贯彻下去。因为从社会共融的角度来讲，我国现有城市居民的公民权既不是什么"标准"的公民权，农民工争取获得公民权的过程也不是农民工向城市居民单向靠近的过程，而应当是一个双方共同变化的过程。在这个变化的过程中，一直作为"强者""主体""自己人"的城市居民也要改变将农民工作视为弱者、客体和他者的基本理念，并从平等与公平的角度出发，对自身做出相应的调适。

对农民工而言，要争取自身公民权的全面回归。T. H. 马歇尔认为，西方文明社会在18世纪发展出公民权利，19世纪又发展出政治权利，进入20世纪发展出社会权利，这些权利共同保证了所有公民拥有"一种普遍富裕、有实质内容的文明生活"②。苏黛瑞援引布莱恩·特纳（Bryan S. Turner）的观点，认为现代公民权问题由两个方面构成：第一是社会成员资格或身份的问题，即归属于某个共同体的问题；第二是资源的分配问题。在这种公民权概念下，苏黛瑞认为，那些没有城市户口的农民工在自己国家的城市中的身份，则就像是其他地方的外国移民，是"非公民"（Noncitizens）。因此，对于进入城市中的农民流动者（农民工）来说，根本问题不在于直接去争取维持生计的收入、福利、服务等，而是争取获得

---

① 〔英〕尚塔尔·墨菲著，王恒、藏佩洪译：《政治的回归》，江苏人民出版社2005年版，第93—94页。
② 〔英〕哈特利·迪安著，岳经伦、温卓毅、庄文嘉译：《社会政策十讲》，上海人民出版社2009年版，第19页。

这些待遇和机会的"资格",也就是争取"公民权"①。在社会合作理念下,在国家政策方面,不论是城里人还是农村人、不论是本地人还是外来的人,只要是本国公民,就应享受同等的待遇或权利,当然也应承担同等的义务。正如有学者所认为的那样,只有当把问题视作乡城迁移者如何获得市民权的问题而不是视作"农民工"的权利问题时,农民工的问题才可能获得真正解决。②

可以说,农民工自身只有真正地从"他者"和"客体"转变为"主人"和"主体",农民工市民化进程中遇到的各种矛盾现象才会消失,农民工才能真正成为市民化进程的主导者,农民市民化才会真正名副其实,整个城市社会也才是共融共生的。届时,农民工、新生代农民工等概念就可以进入历史的故纸堆,被后人所淡忘,而新型城镇化以人为本的核心目标将会成为现实。

---

① 〔美〕苏黛瑞著,王春光、单丽卿译:《在中国城市中争取公民权》,浙江人民出版社 2009 年版,第 2—10 页。
② 参见陈映芳:《"农民工":制度安排与身份认同》,《社会学研究》2005 年第 3 期。

第十章 征地拆迁问题

改革开放 40 多年来,特别是近些年来,随着国家全面现代化战略的推进,我国经济体制和社会体制不断完善创新,我国经济社会发展驶入了发展的"快车道",随之而来的是各种项目建设也进入了新的快速发展阶段。有数字显示,2018 年城镇常住人口 83137 万人,占总人口比重(常住人口城镇化率)为 59.58%,户籍人口城镇化率为 43.37%。2018 年建设用地供给量为 64.3 万公顷,同比增加 6.6%。其中,工矿仓储用地 13.2 万公顷,同比增长 7.2%;房地产用地 14.4 万公顷,同比增长 24.6%;基础设施等用地 36.8 万公顷,同比增长 0.7%。① 2018 年房屋施工面积为 822300.24 万平方米,房屋竣工面积为 93550.11 万平方米。② 在这一经济社会发展转型的关键时期,征地拆迁工作已成为各级政府保稳定、促增长、惠民生的重要的基础性工作。可以说,我国城镇化快速推进的速度举世瞩目,但同时也伴随着征地拆迁带来的各种社会问题。

世界各国实践表明,城市化进程不可避免地会伴随征地拆迁矛盾。国外一些学者在基于土地私有制的制度背景下对征地拆迁引发的矛盾问题进行了阐述和分析。关于矛盾诱因,他们主要从制度变革、社会经济问题、公民的参与状况、宗教信仰等方面进行了分析。关于解决的主要途径有成立社区土地管理委员会、建立网络信息系统、让公众参与协调过程等。国外研究涉及层面广,大多采用定量和定性相结合的方法,无论在理论还是实践方面都有很强的参考价值,研究成果可资借鉴。

我国实行城市土地国有和农村土地集体所有制,其征收制度具有计划性和市场性双重特征,其制度模式是一种强制性制度供给,被征收人只能

---

① 参见国家统计局:《中华人民共和国 2018 年国民经济和社会发展统计公报》,国家统计局网站,http://www.stats.gov.cn/tjsj/zxfb/201902/t20190228_1651265.html。

② 参见国家统计局:《中国统计年鉴 2019》,中国统计出版社 2019 年版,第 614 页。

在国家确立的制度框架内进行选择，因此我国社会征地拆迁中的社会矛盾有其特殊性。由于征地拆迁是一种非自愿性拆迁，这一过程不具有市场选择性，而是一种政府规划行为，因而这种行为的一个直接后果就是加重了社会的进一步分化：这种社会分化是多方面的，特别是互联网的快速发展导致了网络社会的迅速崛起，各种社会分化变得更加复杂。更为严重的是，快速的城市化进程不仅把已经深刻分化的社会差别集中到高度密集、范围窄小的地域空间之中，而且在有限的社会空间中使人们对社会差别的认识更加深刻，全面扩大了社会分化和社会差别。当作为社会分化的客观事实和对社会差别的主观认识都比较明确，且二者被在密集而窄小的城市空间中集中起来时，社会分化和社会差别必然会引发种种社会矛盾。由此，社会风险也就可能由潜在性转化为现实性。正因为如此，城市化过程中的征地拆迁矛盾已成为当前我国社会最为凸显的矛盾问题之一。尽管如此，征地拆迁仍是我国从乡村型社会向城市型社会转型过程之中的必经阶段，"拆迁"也成为当代中国农民为了国家的工业化和城市化所必须要承担的"代价"。这种"牺牲"并不是中国所独有的，全世界任何一个经过工业化和现代化洗礼的国家都曾经历过这一阶段——非自愿性拆迁过程。虽然西方城市化也伴随着社会分化，但西方的社会分化既不是在计划经济体制下整齐划一的社会基础上产生的，也不是在不平衡的发展中被不断扩大的，所以西方相同时期城市化进程中的社会分化远不及中国严重。究其原因，一方面，这与我国快速的城市化进程有关系。原本束缚在土地上的农民在尚未来得及考虑好自己未来的生活规划时，就被迅速地卷入到城市化浪潮之中。另一方面，这还与我国农村集体土地所有制有着不可分割的关系。我国农村土地为集体所有，但是村委会并不能完全代表农民的集体利益。在经历了近40年的联产承包责任制之后，农民每家每户所拥有的土地价值和房屋价值并不如当初分配时所承诺绝对平均和等价。当每家每户的利益诉求不尽相同的时候，冲突和纠纷的发生就在所难免了。当前失地农民与地方政府之间的冲突不仅频繁发生于经济发达区域，而且已经蔓延到全国各地，成为普遍存在的社会问题，这对地方政府的权威与和谐社会的建设都造成了巨大的影响。

一、征地拆迁中存在的问题

征地拆迁是事关群众利益的一个最重要的问题,也是最容易引发群众不满的问题。征地拆迁中暴露的社会矛盾不仅是新闻媒体关注的热门话题,而且也成为社会学界高度重视的重要课题。大量的媒体报道和社会学的研究表明:征地拆迁问题涉及群体利益冲突、制度安排及政策执行等诸多方面,其主要表现有以下几个方面。

(一)经济补偿标准相对较低

在征地拆迁中,群众最为关心关注的是经济补偿问题。从征地拆迁工作实践中来看,各地都会按照国家的有关规定给予被拆迁者经济补偿,但因为存在地区差距,被征拆群众会与国内发达地区进行比照,因而造成补偿标准难以满足被征迁群众的诉求。以征地补偿为例,《中华人民共和国土地管理法》第四十七条明确规定:"征收耕地的补偿费用包括土地补偿费、安置补助费以及地上附着物和青苗的补偿费。征收耕地的土地补偿费,为该耕地被征收前三年平均年产值的六至十倍。征收耕地的安置补助费,按照需要安置的农业人口数计算。需要安置的农业人口数,按照被征收的耕地数量除以征地前被征收单位平均每人占有耕地的数量计算。每一个需要安置的农业人口的安置补助费标准,为该耕地被征收前三年平均年产值的四至六倍。但是,每公顷被征收耕地的安置补助费,最高不得超过被征收前三年平均年产值的十五倍。"[1] 虽然作出了这样的明确规定,但在市场经济条件下,该补偿标准依然偏低,这主要表现在以下几方面:一是补偿费用远低于土地的出让收益。征地价格与土地出让价格之间的悬殊较

---

[1] 2004年8月28日第十届全国人民代表大会常务委员会第十一次会议通过的修正版。2019年8月26日,在第十三届全国人大常委会第十二次会议上又进行了修正,并将自2020年1月1日起施行。其中明确征收补偿的基本原则是保障被征地农民原有生活水平不降低,长远生计有保障,并将相应补偿原则上升为法律规定,以以区片综合地价取代原来的年产值倍数法,在原来的土地补偿费、安置补助费、地上附着物和青苗补偿费的基础上,增加农村村民住宅补偿费用和将被征地农民社会保障费用的规定,从法律上为被征地农民构建了更加完善的保障机制。

大，被征收人并没有分享土地出让后的增值；二是补偿费用远低于土地的真实市场价值。我国对征地实行的是部分补偿原则，国家只是针对具体的直接的损害给予补偿，而没有考虑间接损失。这种补偿方式的显著特征是补偿金低于土地市场价格，不能反映土地的位置、地区经济发展水平、人均耕地面积等影响土地价值的经济因素。因此，经济补偿标准相对偏低，是征拆中最显著的问题。

（二）征拆安置工作相对滞后

安置是征地拆迁工作中普遍存在的问题。为此，国土资源部提出要"采取多元安置途径，保障被征地农民生产生活"，近年来，各地也都在积极探索被征拆群众的安置问题。目前，我国主要采取以货币补偿为主、社会保障为辅的安置方式，还有些地方采用了如土地入股、划地安置、购买社会保险等方式，取得了较好的效果，但是大部分地区采取的还是货币安置方式。这种安置模式是指土地征地部门对被征收人给予一次性的经济补偿作为他们未来生存和发展的保障。这种方式简便易行、运行成本低、省心省力，是一种效率较高的安置方式，因此许多地方政府倾向于用这种方式解决农民的安置问题。这种"一锤子买卖"其实体现的是一种生活补助措施而并非是就业安置引导，这样就导致了相当一部分失地农民可能就此成为"上岗无业、种地无田、低保无份"的"三无"人员。可以说，农民一旦失去了土地，就相当于失去了工作。不能否认，各地各级政府把推进项目建设作为增加有效投资、拉动经济发展的重要举措，因而都高度重视征拆工作。不过，相比之下，不少地方政府对安置工作有所忽视或延缓，加上建设保障安置户受地区财政实力的制约，导致安置户安置工作缓慢。又由于市场因素的影响，安置房一般往往选择的是环境、条件相对较差的地区，配套设施、工程质量、绿化美化等方面都不如商品房条件好，进而导致被征拆群众不愿去，造成安置户入住率低。

（三）社会保障体系不够完善

这里所说的社会保障主要是指土地被征收人的后续生活保障，包括养老、医疗、教育以及对于有劳动能力的被征拆群众的就业安排问题等。用村民的话说:"土地没有了,口粮要买,钱从哪里来?"尽管这句话很短,却道出了村民对未来生活的担忧和顾虑。以失地农民为例,目前我国一些地区已经建立了失地农民的社会保障体系,并取得了一定的成绩,部分失地农民得到了妥善安置,获取了一定的生活保障,具体如表10—1所示。从我国已进行的失地农民社会保障实践来看,欠发达地区失地农民参保积极性不高,大多数地方的保障水平维持在最低生活保障水平之下。从保障模式来看,对失地农民的保障主要以货币补偿为主,大多数农民愿意参保最低生活养老保险和新农合医疗保险等费用支出较少得项目,住房、失业、生育、医疗等项目则少有人问津,尤其是针对农民的就业、知识技能相关的保障措施更为缺失,整体上农民的保障水平过低。从失地农民社会保障安置的实践看,虽然各地在探索创新的基础上形成了日益多样化的失地农民社会保障安置模式,但是这些安置模式仍存在一些值得探讨的问题。例如,将失地农民纳入具有低保障、广覆盖特点的农村社会养老保险体系,并不利于建设城乡统一的社会保障体系;将失地农民纳入城镇社会保障体系则面临着资金来源不足等问题;将失地农民纳入商业保险,在政府、代管商业保险机构以及失地农民之间存在着信息不对称和"委托—代理"风险问题,而且只能覆盖到有限的高收入群体中。这些问题归纳起来,表现出目前对失地农民社会保障安置的探索往往还是以解决眼前的困难和问题为重,很大程度上呈现出了不可持续性、低水平性、多样性、不稳定性等特征。

表10—1 失地农民的社会保障安置模式

安置模式	代表地区	基本操作
纳入农村社会养老保险体系	青岛	被征地农民按规定缴纳费用,村集体和地方财政按相同比例给予补助
纳入小城镇社会保险体系	上海	被征地农民按规定一次性缴纳不低于1年的基本养老保险、医疗保险费,并缴纳一定比例的补充社会保险
纳入城镇社会保障体系	北京 成都	被征地农民纳入城镇职工基本养老、医疗和失业保险体系,纳入城镇居民最低生活保障体系

续 表

安置模式	代表地区	基本操作
纳入商业保险体系	重庆 福建	通过招投标，将保障资金交由承包机构运营，再由承保机构与每个参保的被征地农民签订保险合同
建立失地农民社会保险制度	天津 广东 西安 安徽	建立被征地参保人员社会保障基金和被征地养老人员社会保障基金，资金来源于征地补偿费和政府补贴
建立失地农民基本生活保障制度	浙江 江苏 河北	设立被征地农民基本生活保障专项资金账户，由政府、集体和个人共同筹集资金，定期向农民发放一定数额的生活费用

因此，在我国农村社会保障体系尚未完全建立的今天，土地依然承载着农民不可或缺的保障功能。农民失去土地后，他们要么另行创业，要么进城市打工，既失去了依赖于土地的基本生活保障，又无法享受与城市居民同等的社会保障。此外，由于种种原因，很多地区的失地农民对养老保险、医疗保险等社会保险认识不足，农民实际参保率不高，无法享有与城市居民相同的社会保障。由此，在具体构建我国失地农民社会保障制度中依然存在诸多问题。

（四）被征收人期望值过高

由于房产和土地权属纠纷以及使用人、权属人变更和各种历史和现实的原因，在征地拆迁过程中出现了不少难题，其中最突出的问题之一就是被征收人往往过分追求额外利益，从而引发征地拆迁冲突。在调查实践中，被征拆群众普遍对征拆补偿标准期望值过高，提出的要求均比评估补偿均价高出了不少，甚至有个别群众将征地拆迁作为"一夜暴富"的大好机遇，无理提高补偿要求。还有些被征拆群众为了达到获得更多补偿款的目的，就选择在自家房前屋后搞违章建筑，或在老房子上加盖楼层，如此等等。这种行为对其他被征迁群众来说是严重不公的，同时，也增加了征拆成本。可以说，一些群众期盼拆迁，但是真正开始拆迁的时候，他们总体上的过度的谋利行为又直接导致了征地拆迁工作的"公地悲剧"现象。

二、引发征地拆迁问题的原因分析

国外很多研究表明：征地拆迁中的社会问题主要源于社会经济发展水平相对较低时存在的一些特有的现象，如贫困率、失业率较高等。改革开放以来，我国经济发展取得了很大的成就，但我国正处于社会主义初级阶段，是一个发展中国家，经济发展状况无法和一些发达国家相比，这是引发征地拆迁中社会矛盾的大环境。同时，40多年的改革开放使得当代中国社会变迁置身于一个全球化和民主化的社会大环境之中。因此，中国社会的转型和变迁是一种综合性的变迁，它体现为经济体制的转轨、社会结构的转型及文化模式的转换等。同样，征地拆迁过程中的冲突也不仅仅是一个利益补偿的问题，其生成原因涉及一场广泛而深刻的社会变迁过程中出现的制度、认同、心理适应以及行动选择等多方面的因素。

（一）制度失范因素

改革开放以来，我国先后颁布了许多与征地拆迁相关的法律法规。我国正处于高速转型时期，这一时期社会承受力相对较为脆弱，也容易出现制度失范现象。所谓制度失范，是指随着社会的发展，社会原有的规章制度影响力下降，逐渐失去指导社会行为的功能。同时，现代社会新的制度和价值体系尚未完全树立起来，或是有效性不足，以至于不足以十分有效地指导社会行为。新旧交替之间，出现了某种"制度真空"现象，即为制度失范。同样的在征地拆迁制度的变迁过程中，也出现了相关制度滞后、虚置、冲突、模糊、虚无等诸多失范现象，这是引发矛盾的深层原因。当前，我国涉及征地拆迁的法律制度主要有《中华人民共和国宪法》《中华人民共和国土地管理法》《中华人民共和国物权法》《关于完善征地补偿安置制度的指导意见》《城市房屋拆迁管理条例》《城市房屋拆迁估价指导意见》《国有土地上房屋征收与补偿条例》等，其中对于征地拆迁都有相应的法律规定。但总体来说，这些相关法律制度的针对性和操作性都还有待加强。比如，我国宪法对于土地的征用有着明确的规定：公民的合法的私有财产不受侵犯。国家依照法律规定保护公民的私有财产权和继承权。国家为了公共利益的需要，可以依照法律规定对公民的私有财产征收或者征用并给予补偿。这种关于土地补偿的规定相对不够具体，还需强化与之配套的法律法规体系，出台切实符合各地实际情况的地方性法规来进一步健全。《中华人民共和国土地管理法》中对土地征用后的经济补偿标准有着具体的规定，但描述比较笼统，可操作性不强，地方政府有时在执行过程中无从着手。但同时，为了保证征地拆迁的顺利进行，各地又必须出台相应政策，从而导致了政出多门的现象，其中有的或以政府利益为主，或以开发商的利益为准绳，一定程度上损坏了群众的利益。再比如，2011年中华人民共和国国务院令第590号《国有土地上房屋征收与补偿条例》中规定，市、县级人民政府负责本行政区域的房屋征收与补偿工作，由此就有可能导致各级地方政府在执行涉及上级投资的各类项目中尽可能地采取本位主义的做法，想方设法用上级项目的相关资金来填补本区域项目资金的不足。同时，尽管该条例出台后行政强迁被取消，但是司法强迁时间仍然漫长。《中华人民共和国行政诉讼法》规定的行政诉讼期由原来3个月调整到6个月，上诉期也增加到6个月，使征收期限被延长，个别被征收人又可能会利用司法程序和期限有意拖延，加大执行程序履行难度，使得征地拆迁无法高效、稳妥地进行，从而引发矛盾。

（二）政府组织因素

地方政府向来有着发展地方经济和高效推进城市化的雄心和蓝图，这无可厚非，而且也是当政者应当和必须做的。他们既是经济发展政策的制定者，也是经济发展实践的推动者和直接参与者。同时，当征地拆迁中的利益冲突发生时，地方政府又自然成了业主与被征拆人之间矛盾的调停者。对地方政府而言，要产生政绩，就必须发展经济。同时，在地方政府看来，征地办厂也好，城市拆迁也好，其本身是一项关乎群众的"公共利益"。拆迁尽管会损害一小部分群众的利益，但最终有利于整个地方的"公共利益"，所以，他们认为群众理所当然地要支持征拆工作。如此这般，地方政府有时可能难以真正体会被征拆群众的真实感受，从而引发矛盾问题。同时，地方政府作为一个利益主体，同样拥有自身利益最大化的动机和积极性。一般来说，如果政府能尽其财力所能，多开展一些有益于地方公共利益的提高和福利增加的工作，那么政府与群众的利益将会一致。但是地方政府的利益往往与政府官员的个人偏好、追求业绩、地位和物质利益等目标相关。这种政府利益最大化有时并不一定等同于本地群众的利益最大化，有时甚至可能会损坏群众的利益。比如，如果地方政府热衷政绩工程，他们作为征地拆迁实践的快速推进者，可能会让征地实践更多地变成了一种追求"短期效益"的"形象工程"，而群众对征地拆迁需要一段较长时间的认同过程，这样就产生了矛盾。此外，我国的征地拆迁是一种由政府主导的自上而下的拆迁，在这样的制度安排下，征地拆迁中政府角色由于职责权限划分不清，很容易催生越位、错位、缺位现象以及导致政府寻租、腐败、乱作为等行为，从而使得矛盾问题加剧。

（三）被征收人自身因素

被征收人作为征地拆迁场域中的利益主体，基于经济理性选择，同样会追求自身利益最大化。以房产为例，首先，房产是最重要的财产。在被征收人看来，他们对自己的房产应有处理权和收益权，但不会随意、盲目地处理自己的房产。比如在城市拆迁中，因为被拆迁人一般都会被安排到城郊，导致其生存成本大大增加。除了购买住房和家用物品外，被拆迁人的谋生手段也往往要从头再来，交通、购物、子女入学都将立刻成为其最棘手的问题。其次，房产也是最重要的商品。在被征拆人看来，房产的变动流转自然必须遵从基本的市场交易规则。但他们也明白，在由政府支配、政府决策的拆迁补偿格局中，被征拆人得到的安置补偿费与他们失去土地房屋后所要面对的风险和支出相比较，可能完全不成正比，更与政府及开发商从中获取的巨额利益相差悬殊。尤其是在城市中，随着城市中心地段地价与房价的飞涨，这种差距就更大了。因此，被征拆人的这种经济理性会导致其不太愿意轻易卖地或者卖房，从而造成不管政策如何，他们还是会抗争，从而引发冲突的局面。再者，一般来说，拆迁意味着要移民，被拆迁人将远离曾经生活的那个熟人社区，那个有着血缘、地缘和情缘关系的、可以让他们获得强烈的安全感和归属感的熟悉的"家"。一旦走出这个社区，不但会打破他们对熟悉环境的依赖，而且原有的社会关系自然也随之被打破。走入一个新的"陌生地域"，则犹如进入"异国他乡",自己原来的生活方式在这里可能完全行不通了。所以,从这个意义上讲,被拆迁人原本已经具有的"生活方式"和对"熟人社区"的归属感并不是用货币可以计算和补偿的。对于拆迁,西雅图当地一名评论家曾经说过:"人们往往在生活过程中与所居住的地方融为一体,就像岩石、树木或山峰。可是社会在发展的过程中并不会考虑这些,很多人想的只是尽快达成经济目标、尽快赚钱,也许在博弈的过程中,那些房子迟早也许最终都会走向自己的命运——利益最大化,但是这种对房屋的处理方法并没有考虑到那些只希望安安静静住在房子里的人……这也是很多拆迁冲突的根本所在。基于社会理性选择,被征拆群众不愿意离开自己的居住地,从而引发冲突。"[1]

三、不同群体对征地拆迁的影响评价

对征地拆迁的影响进行评价分析,有利于了解征地拆迁矛盾的社会层面和经济层面的整体状况,同时可以厘清社会不同群体对征地拆迁的整体认同程度,从而有助于把握征地拆迁的整体状况和发展趋势。基于此,这里以湖南为例,对征地拆迁进行了相关实证研究:[2] 首先对征地拆迁的整个影响进行评价,然后,对这种影响所涉及的实质内容进行具体分析。详细操作是:影响评价+实质内容。评价标准是分值赋予,比如1分为"最不满意",10分为"最满意"。调查对象根据自己的实际感受,对征地拆迁影响进行赋值。由于1分到10分是两个极端值,连接两个极端值的线构成了统计值的分布,中间值为6分,1—6分为"负面评价区间",1—3分为"极端负面区间",6—10分为"正面评价区间",8—10分为"非常正面区间"。如果统计值散落在负面区间,说明调查对象的总体影响评价趋于负

---

[1] 《美最牛钉子户老太不在乎钱 给一百万美元不搬家》,搜狐网,http://news.sohu.com/20091217/n269026408.shtml.
[2] 本研究的调查在湖南长沙、株洲、娄底、岳阳四个地区进行。居民问卷调查对象是四个样本区中的成年居民,年龄范围为20—70岁。政府工作人员问卷调查对象是四个样本区中的处级、科级干部及普通工作人员。为考虑到样本的代表性和科学性,考虑到调查对象的身份、年龄和职业对问卷回收质量的影响,此次问卷的抽样方法采取配额抽样的方法而非等额抽样。按照以上的抽样思路及方法,共对政府工作人员发放问卷150份,回收有效问卷133份,有效回收率为88.67%,居民问卷420份,回收有效问卷407份,有效回收率为96.9%。

面；如果统计值散落在正面区间，则说明调查对象的总体影响评价趋于正面。

（一）不同群体对征地拆迁的总体影响评价

总体影响评价主要包括对经济补偿满意度、政策法规满意度、政治维稳满意度、社区和谐满意度以及总的影响评价共五个方面。具体评价结果如表10—2所示。

表10—2 不同群体对征地拆迁总体影响评价

	政府工作人员			普通民众		
	样本量	均值	标准差	样本量	均值	标准差
经济补偿	127	7.0	2.193	392	6.44	2.683
政策法规	127	7.17	2.386	395	6.37	2.743
政治维稳	127	7.17	2.254	395	6.56	2.683
社会效益	128	6.89	2.298	395	6.55	2.704
总体上的评价	128	7.01	2.19	395	6.64	2.654

总体来看，政府工作人员对征地拆迁的影响评价无论是在总体上还是经济补偿、政策法规、政治维稳、社会和谐等评价上均高于普通民众的评价，并且二者的评价均处在正面评价区间。其中，普通民众对征地拆迁总体影响评价分数均值为6.64，政府工作人员对征地拆迁影响评价分数均值为7.01，这两个数值都高于中间值5分，因此散落在"正面评价区间"。这组数据说明，普通民众和政府工作人员对征地拆迁的总体认知是基本一致的，即同时给出肯定态度，且他们都认为目前的征地拆迁受到了积极影响。不同之处在于，政府工作人员在总体影响评价上明显高于普通民众0.37个百分点，这说明，政府工作人员和普通民众对征地拆迁总体影响评价存在差异。在这方面，政府工作人员的肯定态度要强于普通民众。从普通民众和政府工作人员的评价均值来看，二者并没有落入"非常正面区间"，这说明，尽管普通民众和政府工作人员对目前征地拆迁呈现出肯定和满意取向的评价，但是，这种肯定评价除了二者之间存在差异外，并没有达到"非常正面区间"。这也从侧面说明了征地拆迁带来的影响并没有

达到帕累托最优,还有很大的提升空间。

(二)不同群体对经济补偿的评价

事实上,不同区域的民众在经济补偿方面往往存在较大的差异。不过,他们对由于征地拆迁所得到的经济补偿的主观满意度却是一致的。这种满意度主要是指主观感受的情绪和心理。如表10—2所示,普通民众对于征地拆迁所获得经济补偿满意度评价均值为6.44,政府工作人员对于征地拆迁目标实现程度的满意度评价均值为7.0。这说明,无论是普通民众还是政府工作人员,对目前征地拆迁所得到的经济补偿或经济目标的实现认识是一致的,也均持肯定的态度,评价较为积极正向。然而,与政府工作人员在经济补偿方面的评价相比,普通民众对此的满意度要略低于政府工作人员在这方面的满意度。

为了了解普通民众和政府工作人员在经济补偿满意方面的态度,本研究在问卷中设计了几个选项来测量。这些选项分别为"您认为政府对征地拆迁的货币赔偿、房屋安置等是否合理""相关部门对于征地拆迁的补偿落实情况如何"等。

1. 征地拆迁 VS 补偿合理性

在征地拆迁过程中,政府给予失地农民和拆迁居民的经济补偿主要包括货币补偿、房屋安置以及少量的社会保障等。为了解不同群体对经济补偿合理性的看法,本研究稿设计了选项:"您认为政府的征地拆迁的货币赔偿、房屋安置等是否合理?"具体调查数据如表10—3所示。

表10—3 不同群体对经济补偿的合理性评价

	政府工作人员		普通民众	
	样本量	百分比(%)	样本量	百分比(%)
非常合理	21	16.4	33	8.3
比较合理	55	43.0	150	37.7
一般	42	32.8	151	37.9
不合理	9	7.0	56	14.1
极其不合理	1	0.8	8	2.0

数据显示，普通民众认为经济补偿非常合理和比较合理的比例分别为 8.3% 和 37.7%，二者累计百分比为 46.0%。政府工作人员认为经济补偿非常合理和比较合理的比例分别为 16.4% 和 43.0%，二者累计百分比为 59.4%。由此不难发现，普通民众对征地拆迁所涉及的经济补偿合理性持怀疑和负面态度，认为经济补偿合理的不到一半，而认为经济补偿不合理的人数超过了调查总数的一半。另外，有 6 成的政府工作人员认为现在的经济补偿比较合理，这与普通民众的认知存在较大差异。由此可见，普通民众和政府工作人员在征地拆迁经济补偿的合理性评价方面呈现出两极分化，普通民众的合理性评价普遍较低，而政府工作人员的合理性评价相对较高。

2. 征地拆迁 VS 补偿落实情况

再好的政策，如果落实不到位，也会产生各种问题。因此，为了了解经济补偿政策的落实情况，本研究设计了选项："相关部门对于征地拆迁的补偿落实情况如何？"具体数据如表 10—4 所示。

表 10—4 不同群体对经济补偿落实情况评价

	政府工作人员		普通民众	
	样本量	百分比（%）	样本量	百分比（%）
非常及时	22	17.3	47	11.9
比较及时	65	51.2	149	37.6
一般	34	26.8	142	35.9
不及时，一拖再拖	6	4.7	45	11.4
说了就算，没有落实	0	0.0	13	3.3

数据显示，普通民众和政府工作人员在经济补偿落实的评价方面存在着较大差异和分歧。在经济补偿政策落实非常及时和比较及时方面，普通民众的有效百分比分别为 11.9% 和 37.6%，累计百分比为 49.5%。政府工作人员的有效百分比分别为 17.3% 和 51.2%，累计百分比为 68.5%。由此不难看出，普通民众对征地拆迁经济补偿落实情况并不满意，这说明，现实中仍存在着经济补偿政策落实不到位、不及时的现象。

(三) 不同群体对政策法规的评价

在征地拆迁过程中，无论是对普通民众还是政府工作人员来说，除了经济补偿外，相关的政策法规也同样重要。因此，我们在进行影响评价的调研时，特别注重了对征地拆迁相关政策法规的评价。如表10—2所示，普通民众对征地拆迁政策法规及实施影响的总体评价均值为6.37，处于评价的正值区间，而政府工作人员对征地拆迁法律法规及其实施影响的总体评价均值为7.17，远高于普通民众对此的评价。为了解不同群体对征地拆迁政策法规及其实施影响的总体评价，我们在问卷中同样设计了有关总体影响的评价选项。

1. 征地拆迁VS法规政策了解程度

"送法下乡"体现了国家重建乡村秩序的努力，普通民众对于征地拆迁的法律、法规一开始并非十分熟悉、了解，但随着其自身利益的卷入，普通民众会自发地学习国家的法律、法规，并会利用法律武器进行维权活动。法律为普通民众在征地拆迁问题中采取依法"集体抗争"的方式寻找到了合法性的依据，朴实、守法的普通民众为此逐渐向"不违法、争利益"的角色转变。

为了了解普通民众和政府工作人员对征地拆迁的法律法规的认识程度，本研究设计了选项："您对征地拆迁的法律及相应赔偿标准是否了解"，该选项的答案分为非常了解、比较了解、一般、不了解和一点都不清楚。具体数据如表10—5所示。

表10—5 不同群体对征地拆迁法律法规的了解程度

	政府工作人员		普通民众	
	样本量	百分比（%）	样本量	百分比（%）
非常了解	22	17.2	24	6.0
比较了解	59	46.1	155	38.9
一般	39	30.5	145	36.4
不了解	8	6.3	64	16.1
一点都不清楚	0	0.0	10	2.5

数据显示，普通民众对于征地拆迁的法律法规非常了解的人数占总调查人数的6.0%，比较了解的占调查总数的38.9%，二者累计表示普通民众对法律法规持比较了解态度的人数为45.0%。政府工作人员对于征地拆迁法律法规持非常了解、比较了解的态度的人数分别为17.2%和46.1%，二者累计表示政府工作人员对政策法规持了解态度的人数百分比为63.3%。由此可见，普通民众对征地拆迁的相关法律法规并不是十分了解，而政府工作人员在这方面的了解程度要远远大于普通民众。在普通民众的调查数据中，仅有4成多的调查对象认为自己对目前的征地拆迁的法律法规有所了解，而超过一半的人表示对政策法规不了解或不清楚。在政府工作人员的调查数据中，有6成多的政府工作人员都认为对目前征地拆迁的法律法规比较了解，不了解或不熟悉的仅是少数，占总调查人数的6.3%。这说明，普通民众和政府工作人员对于征地拆迁的法律法规的了解程度差异较大。

2. 征地拆迁VS法规政策具体看法

为了了解不同群体对征地拆迁法规政策的具体看法，本研究设计了"您对当前征地拆迁政策看法如何？"的问题，其对应的选项分别为"法规政策非常好，妥善安置了拆迁户""比较好，拆迁情况比其他地区好""一般，政策是好的，但是底下部门没有完全按照政策实施""比较差，拆迁时矛盾冲突比其他地区多"和"非常差，经常出现因征地拆迁暴力冲突"。为了更简练地说明问题，我们把5个选项分别简化为"法规政策非常好""法规政策比较好""法规政策一般""法规政策比较差"和"法规政策非常差"。如表10—6所示。

表10—6 不同群体对征地拆迁法规政策的评价

法规政策	政府工作人员		普通民众	
	样本量	百分比（%）	样本量	百分比（%）
非常好	27	21.3	49	12.3
比较好	50	39.4	134	33.8
一般	33	26	161	40.6
比较差	14	11	45	11.3
非常差	3	2.4	8	2

表10—6数据显示,普通民众认为目前征地拆迁的法规政策非常好和比较好的人数百分比分别为12.3%和33.8%,二者累计百分比为46.1%,该累计百分比表示了普通民众对政策法规持肯定态度的人数比例。政府工作人员认为目前征地拆迁的法规政策非常好和比较好的人数百分比分别为21.3%和39.4%,二者累计百分比为60.6%,该累计百分比代表政府工作人员对政策法规持肯定态度的人数比例。从这组数据中我们发现,普通民众对目前征地拆迁法规政策持肯定态度的人员相对较少,人数比例不到一半,仅为4成多。相反,政府工作人员对目前征地拆迁法规政策持肯定态度的人数比较多,人数比例有6成。因此,可以说,普通民众和政府工作人员对目前征地拆迁法规政策的态度存在差异,而且分歧较大,相差14.5个百分点。

（四）不同群体对维稳的评价

维稳无疑是征地拆迁过程中非常重要的政府工作人员考核目标,因此,在征地拆迁过程中,基层政府工作人员会把这个目标作为自己工作的重中之重。在对征地拆迁影响进行评价时,这一环节不能被忽视。本研究通过对行政介入满意度和政治目标实现满意度进行测量,然后,从实质内容群众的上访情况和暴力事件数量变化趋势来说明这个问题。表10—2数据显示,普通民众和政府工作人员对征地拆迁过程中的政治介入均持正面肯定的态度,前者的满意度评价均值为6.56,后者的满意度评价均值为7.17。这说明,政府工作人员对政治目标的实现程度满意度略高于普通民众对政治介入的满意度。

为了了解征地拆迁过程中这种维稳的情况,本研究设计了两个问题:"您所在的区域,因为征地拆迁老百姓上访的数量变化趋势?"和"您所在的区域,每年因为征地拆迁引起的暴力冲突事件数量变化趋势?"与其对应的选项分别为:急剧增多、增速缓慢、保持平稳、增速减少和下降很多。数据结果如表10—7所示。

如表10—7所示,征地拆迁过程中,普通民众认为由于征地拆迁而引发的上访数量"急剧增多"和"增速缓慢"的,其有效百分比分别为19.5%和23.0%,二者累计百分比为42.5%。政府工作人员则认为,由于征地拆迁而造成上访数量"急剧增多"和"增速缓慢"的百分比分别为14.5%和18.4%,二者累计百分比为32.9%。这些数字说明,无论是上访数量的增长速率还是暴力事件的增长情况都与征地拆迁有着重要的联系。

表10—7 不同群体对征地拆迁过程中普通民众上访数量变化趋势的认识

	政府工作人员		普通民众	
	样本量	百分比(%)	样本量	百分比(%)
急剧增多	56	14.5	77	19.5
增速缓慢	71	18.4	91	23.0
保持平稳	206	53.4	174	44.1
增速减少	23	6.0	22	5.6
下降很多	30	7.8	31	7.8

(五)不同群体对征地拆迁的社会效益的评价

为了解不同群体对征地拆迁与社会效益之间关系的看法,本研究对征地拆迁所引发的社区和谐问题和社会效益进行了满意度测量,向普通民众和政府工作人员设计了两个问题,即"您对目前征地拆迁中社区和谐稳定的满意度评价"和"您对目前征地拆迁中社会效益的满意度评价"。如表10—2所示,普通民众对征地拆迁所带来的社区和谐满意度持肯定态度,满意度评价均值为6.55;政府工作人员对征地拆迁社会效益的满意度评价也持肯定态度,满意度评价均值为6.89。尤其需要注意的是,无论是普通民众还是政府工作人员,在征地拆迁与社会效益之间关系的评价态度是高度一致的。

当然,征地拆迁的社会效益还引发了另外两个议题,就是民主参与和邻里关系问题。这两个方面也是征地拆迁中分析社会效益所要考虑的问题。民主参与在这里主要体现为"在征地拆迁过程中,当地政府是否召开居民协商会、听证会等活动"这一问题,而邻里关系在这里主要体现为"征地拆迁是否会影响社区和谐与邻里关系呢"这一问题。与这两项对应的答案分别为:"经常召开""偶尔为之""从来都没有"和"非常有影响""比较有影响""一般""稍微有影响""基本没有影响"。数据结果如表

10—8 所示。

表 10—8　普通民众对征地拆迁过程中民主参与和邻里关系的影响评价

邻里关系的影响	样本量	百分比（%）	民主参与的看法	样本量	百分比（%）
非常有影响	19	4.9	经常召开	111	28.4
比较有影响	95	24.5	偶尔为之	212	54.2
一般	126	32.5	从来都没有	68	17.4
稍微有影响	64	16.5	/	/	/
基本没有影响	84	21.6	/	/	/

如表 10—8 所示，在征地拆迁过程中，对于当地政府召开居民协商会或听证会的情况，"经常召开"的为 28.4%，"偶尔为之"的为 54.2%，"从来都没有召开"的为 17.4%。这组数据说明，目前的征地拆迁工作缺乏群众的广泛参与。尽管相关的政策法规规定要普通民众的参与，但是，在实际过程中，普通民众参与的有效途径非常少。另外，征地拆迁对邻里关系存在着一定影响，但普通民众并不特别在意。普通民众认为征地拆迁对邻里关系会产生非常重要影响和比较有影响的比例分别为 4.9% 和 24.5%，二者累计百分比为 29.4%。这说明，征地拆迁对邻里关系确实存在着一定的影响。访谈中，我们发现普通民众更在乎的是经济利益，这从一个侧面说明了当下征地拆迁过程中邻里关系不是其考虑的主要方面。

从以上分析中可以看出，对征地拆迁的影响评价无论是在总体上，还是在分项的经济补偿满意度评价、政策法规满意度评价、维稳的评价以及社会效益的评价上，政府工作人员的评价普遍要高于普通民众的评价。这也从一个侧面说明：在征地拆迁过程中，政府工作人员对征地拆迁的社会认同度普遍高于普通民众的社会认同度。换句话说，在征地拆迁过程中，"自上而下"的社会认同度相对较高，"自下而上"的认同度相对较低。但从具体数据来看，差距并不大。因此，通过一些积极的措施来提升普通民众对征地拆迁的社会认同度还是有较大的空间，这其中还是有大量的工作可做的。

四、解决征地拆迁问题的政策建议

(一) 构建征地拆迁矛盾问题的化解机制

事实上,由城市化进程而引发的征地拆迁问题是典型的社会矛盾问题,[①]也是人民内部矛盾,且主要是经济利益上的矛盾,而非对抗性的社会矛盾。从以上的分析中也可以看出,不同群体均不约而同地认为征地拆迁对于城市规划、城市发展、经济增长等的影响是正面的。这就说明,不同群体对于征地拆迁的城市认同、经济认同、文化认同等总体上是趋于一致的。作为与地方政府对应的被征拆群众并无意挑战国家政权,而是为了改善自己的生活状况或解决个体未来生存与发展中的一些具体问题而寻找一种制度性的保障。在这种"城市化意义"共识的基础上,如何能够把来自上层的规划性力量和来自基层的抗争性社会力量有效地整合到一起,从而实现"上下连接",共同推动征地拆迁矛盾问题的解决,其关键在于公正合理的征地拆迁制度和机制的建设。这是因为,"随着现代化过程的推进,广泛的社会矛盾在制度上越来越可能得到解决,尤其是在法律框架中"。[②]由此,构建征地拆迁矛盾化解机制,形成一种常态化的方式和渠道,让各利益主体以合作而非对抗的姿态在体制内活动就显得尤其必要。就此而言,需要做好以下几个方面的工作。

1. 构建平等的协商对话机制

征地拆迁中不同利益主体的社会角色、社会地位和相互关系是社会认同的重要基础条件。在现阶段,从某种意义上讲,我国的征地拆迁模式是一种强制性的制度供给:当事人不能独立地以对等的主体地位参与谈判,因此,政府的政策无法获得大众的广泛认同,这是导致征地拆迁矛盾形成的重要原因。让各利益主体平等地坐在谈判桌边进行协商谈判,是表达各方利益最有效的渠道,也是维护当事人利益、实现社会正义的重要组成部

[①] 参见吴忠民:《并非社会中的所有矛盾都是社会矛盾——社会矛盾概念辨析》,《中共中央党校学报》2015年第2期。

[②] 吴忠民:《社会矛盾与制度内化解》,《马克思主义与现实》2015年第6期。

分。十九大报告指出,"发挥社会主义协商民主重要作用。有事好商量,众人的事情由众人商量,是人民民主的真谛。"① 据此,国家在征用土地时,首要的是应建立一种平等的协商对话机制,为征地拆迁矛盾的化解提供一种民主化的方式。要让民众参与到征地过程中来,让其表达其正当权益和需求,特别是要让被征拆居民能够获得土地征用过程中的所有信息,以实现不同利益主体的信息对称,并且能就其经济补偿、就业安置、社会保障和生存发展等涉及被征拆居民核心利益的问题与代表国家的基层政权进行平等的谈判。这样,我们就可以有效地实现不同利益主体的一致性社会认同。随着网络社会的崛起,互联网已成为民众参与公共事务的主要渠道,已成为公众表达和反映舆论的重要载体。据《中国互联网络发展状况统计报告》显示,截至 2019 年 6 月,我国网民规模达 8.54 亿人,互联网普及率达 61.2%,② 互联网已成为人们工作生活中的一种重要生活方式。由于互联网的匿名性,人们通过互联网就可以较为自由和充分地表达自己的意见。在这样的大环境里,利用互联网建立协商对话机制、畅通民声言路,就更多能够拓展民众参与的渠道。因此,可以考虑使用各种邮件、论坛、留言板、微信、微博等新媒体渠道及时、广泛的对征地拆迁问题的相关网络舆情进行收集。面对公众网络时,应及时沟通,将征地拆迁相关的矛盾问题化解在萌芽状态,不至于使之激化。

2. 构建科学的价格评估机制

在征地拆迁中,现行的价格评估体系很大程度上同样是由政府主导的,从而导致被征拆居民对补偿价格的不认同,这是造成矛盾问题的一个重要因素。因此,有必要建立科学的价格评估机制。首先,要规范市场,确保科学公正的价格评估,可以考虑通过建立独立的评估机构等中介组织来实现。实践证明,农村社会各阶层之间利益关系的平衡可以促进社会认同和融合,其关键在于要建立一套解决社会矛盾的机制。从社会结构的角

---

① 习近平:《决胜全面建成小康社会 夺取新时代中国特色社会主义伟大胜利——在中国共产党第十九次全国代表大会上的报告》,《人民日报》2017 年 10 月 28 日。
② 参见中国互联网络信息中心:《中国互联网络发展状况统计报告》,中国互联网络信息中心网站,http://www.cnnic.net.cn/hlwfzyj/hlwxzbg/hlwtjbg/201908/t20190830_70800.htm。

度看，一个有利于社会冲突整合的理想社会结构是一个高度分化的社会，也是一个社会组织比较发达的社会。此外，根据现实需要，建议由多家不同的征地拆迁评估机构参与，进行公平竞争，这也是确保公正评估的有力措施之一。其次，要建立健全征地拆迁的相关法律法规，保障被征拆人的知情权、参与权与监督权。被征收人的广泛参与和监督不仅有利于决策的科学化与民主化，而且还有利于征地拆迁政策的有效执行政策目标的实现。因此，有必要通过听证来提高征地程序的公开性和公平性，促进政府与被征拆人的良性互动与合作。比如，政府在制定征地补偿标准时，一定要对土地价格实行听证制度，充分听取农民的意见，使他们对整个价格有一个清晰的认识。这是构建科学的价格评估机制不可缺少的一环。

3. 构建畅通的利益诉求机制

由于利益认同分化而引发的矛盾是征地拆迁中最主要的矛盾，所以，化解矛盾应该从利益诉求体系入手。首先，要建立代表不同利益主体的制度化的组织。由于制度、历史等原因，农民的自主意识、法律意识、平等意识等都比较弱，并且农民自组织不发达，当其利益受损时，诉求渠道的不通畅、维权组织的缺失等却导致了农民只能采取一些体制外的利益来作为表达方式，从而引起矛盾。因此，必须构建利益主体间平等对话的平台，特别是加强农民组织的建设，形成真正具有代表性的社会组织。2008年，党的十七届三中全会做出《关于推进农村改革发展若干重大问题的决定》，其中指出，要加强培育农民合作组织，形成一个真正具有代表性的制度化组织。亨廷顿曾经指出，"像中国这样的大国要进行土地改革，在政府和农民之间有两种组织联系是必不可少的。其一，政府必须建立一个新的、经费充裕的行政组织，并配备立志于改革大业的专门人才去主持其事，即建立专司其事的机构。其二便是农民自身的组织。"他进一步提到，"集中的权力能够颁布土地改革法令，但只有广泛扩展的权力才能使这些法令成为现实。农民的参与对通过法律或许并非必要，但对执行法律却不可或缺。如果没有农民组织参与其执行，此类法令只是官样文章。农民联盟、农民协会、农民合作社都是保证土地该给具有持久活力的必备条件。不管它们自己宣布的宗旨如何，组织本身就在农村形成了新的权力中心。"① 由此，农民合作组织的建立可以使农民在制度的范围内能够与其他利益主体进行平等谈判，从而更好地维护自身的合法权益。其次，应当完善信访工作制度。当前民众利益诉求的正当途径，最为典型的是信访制度。毋庸置疑，信访制度的实施为征地拆迁社会矛盾的缓解起到了积极的作用。但不能否认的是，信访制度也遭遇了底层困境，有时甚至俨然变成了群众与地方政府的利益博弈，反而激化了干群矛盾。近些年来，党和政府高度重视信访工作，信访工作制度得以改革和完善，总体上按照"三到位一处理"的原则，即"合理的解决问题到位、诉求无理的思想教育到位、生活困难的帮扶救助到位、行为违法的依法处理"，出台了不少相关文件，强调着力从源头上预防和减少信访问题发生、进一步畅通和规范群众诉求表达渠道、健全解决信访突出问题工作机制等。对于信访工作，习近平总书记非常重视，他强调，各地各部门要高度重视，强化责任担当，综合运用法律、政策、经济、行政等手段和教育、调解、疏导等办法，把群众合理合法的利益诉求解决好。② 如此，信访工作室才能真正发挥其作为窗口的作用，把冲突解决在萌芽状态。

4. 构建公正的利益协调机制

由于征地拆迁中利益协调不到位，相关主体经过横向、纵向比较后有可能会产生相对剥夺感，从而导致利益认同分化，严重地影响了被征地农民对政府征地拆迁的认同，这是当前征地拆迁出现矛盾问题的一个重要原因。因此，协调不同利益相关者之间的关系，找到其共同利益最大化的联结点，并建立公正的利益协调机制就显得尤为重要。具体来说，首先，应当明确公平补偿的原则。一是提高补偿标准的市场化程度，但不能完全交由市场来决定。市场经济的特点是公平竞争，但市场机制有其自身的功能缺陷，难以实现帕累托最优，难以协调个人利益与社会利益、短期利益和长远利益。二是市场调整本身不能保证公平竞争。市场经济是一种契约经济，任意达成的交易都可以视为交易双方达成或完成了一个契约。不过，

---

① 〔美〕塞缪尔·P. 亨廷顿著，王冠华等译：《变化社会中的政治秩序》，生活·读书·新知三联书店1989年版，第364—365页。
② 参见《习近平就信访工作作出重要指示强调 下大气力把信访突出问题处理好 把群众合理合法的利益诉求解决好》，《人民日报》2016年4月22日。

这并不意味所有交易都是公平的，比如交易双方信息的不对称、力量的不对称等很多因素都会影响公平。其次，应当转换政府职能。在征拆中，政府职能有时不到位，还有越位和错位等现象的出现，致使政府对利益关系的调整不力，从而人为造成了一些矛盾问题。因此，政府应当转换职能，尤其是要把促进社会公正作为政府的一项基本职能。

5. 构建透明的社会监督机制

加强监督，推进依法行政，是解决征地拆迁问题的关键。具体来说，应当建立征地拆迁责任追究机制。就此而言，可以考虑建立起目标责任制、加强岗位责任制、建立党风廉政建设责任制，并完善建立失职渎职犯罪惩罚体系，明确征地过程中的具体执行者的具体责任，切实增强其责任感和危机意识，从而减少征地决策带来的理解偏差、执行不力、执行错误等现象。如是，也就减少了征地拆迁当中的社会问题。

(二) 形成化解征地拆迁问题的具体路径

费孝通先生曾把20世纪的中国形象地概括为"三级两跳"，即"农业社会、工业社会及信息社会三种社会形态；从农业社会跳跃到工业社会，再从工业社会跳跃到信息社会两个大的跳跃"。[①] 由于城市化进程的加快，失地农民面临着在第一跳还没有完成的情况下不得不进行第二跳的局面，因而容易导致失地农民难以顺利融入城市的情形出现。可以毫不夸张地说，失地农民群体的社会融入过程直接影响着中国城市化的进程和城市化发展的质量。因此，解决好失地农民的问题，是城市化顺利推进的根本。具体来说，应当形成解决失地农民问题的具体路径。

1. 加强失地农民居住社区的公共设施建设

社区是"社会"和"地区"的结合，社区是聚居在一定的地域内的相互关联的人群形成的生活共同体。在新的历史条件下，"单位人"将向社区人过渡，社区也因此越来越成为人们的利益共同体。社区在沟通人与人之间的关系、凝聚区内成员的亲和感等方面的作用正日益呈现。土地被征收了，越来越多的农民实现城镇化了，一个新的社区就出现了。或者因为

---

① 费孝通：《"三级两跳"中文化思考》，《读书》2001年第4期。

房屋拆迁，来自不同地域的人们又重新组成了一个新的社区。随着生活发生了变化，弱势群体逐渐失去了原来帮扶照顾他们的对象。在此背景下，社区服务的重要性开始凸显。积极向上的社区文化不仅有助于丰富居民的精神生活、陶冶居民情操、开发居民潜能、增进居民交往、塑造居民素质，而且在促进农民尽快融入城市方面也发挥着重要的作用。因此，要大力加强失地农民居住社区的公共文化设施建设，夯实失地农民居住社区公共服务的基础设施。应当特别注重在农转居社区中花大力气建设和完善一批供失地农民使用的图书室、文化娱乐室、活动广场等设施。同时，要引导"洗脚进城"的农民们学习科学文化、公共卫生、社会公德等市民必备知识，了解并遵守城市的行为规范，使他们不仅从身份上进城，更要从生活方式、观念意识和情感上认同城市的生活和文化。

2. 重视对失地农民的就业安置

失地农民面临的最大问题归根结底在于经济补偿和就业安置。对于征地补偿来说，国家有相关的法律法规政策，因此补偿数有时是一个刚性数，很难有实质性的改观。但人生是一个漫长的渐进过程。所以，让失地农民有一个看得见的"收入流"是解决失地农民后顾之忧的根本条件。实践中，失地农民转为城市居民后最担心的问题就是就业问题，即土地没了、工作无着落、补偿款用完了，今后又该怎么生存的问题。因此，促进失地农民的就业就显得尤为重要。

如何有效地促进农民就业？一是应当加强对失地农民的就业培训。社区应当按照培训与市场相结合、培训与产业项目相结合、培训与失地无业农民的就业需求相结合的原则，加大对失地无业农民的培训力度，建立起培训机构与用工单位合作开展定岗、订单、定向等针对性技能培训机制。二是应当采取政府购买培训成果的模式，择优确定培训机构，根据培训协议验收培训成果，并给予其培训经费补贴，动员和组织社会各界培训力量共同做好失地无业农民的培训。三是应当鼓励失地农民参加职业技能培训。社区要从促进城乡充分就业资金中安排专项培训经费，用于失地无业农民职业技能培训和职业技能鉴定补贴。四是应当扶持失地农民自主创业。政府应建立失地农民创业孵化基地，并给予其必要的专项资金扶持。

3. 重构失地农民的社会交往网络

有着相近社会位置的社会成员之间的交往要比与其位置相差大的人们交往更加重要。一般来说，拆迁安置房社区失地农民的关系纽带仍在某种程度上带有血缘、地缘的成分，并具有某种传统乡村社会的特色。但是，地理空间的移动割裂了他们原有的社会关系，使其人际关系处于某种断裂重建的状态，也使原来在乡土社会长期积累的非正式的社会关系网络以及嵌于其中的社会资本面临重构的挑战。原先在农村社区，村民在日常生活事务中的相互帮助，往往是其日常生活和经济活动等各个方面必不可少的支持系统。进入安置小区后，建立在乡土社会的交往圈子在场域的变化下，联系方式也发生了变更。原先形成的社会关系网络和社会资本由于拆迁安置房社区失地农民场域的变更而贬值或失效。失地农民既是一个文化素养相对偏低的人群，同时又是鲜活的富含精神追求的个体的集合：他们在心理上和情感上具有较大的趋同性，但各自的天性和兴趣爱好的差异、个人对精神文化价值的追求的悬殊导致了他们在失地之后对自身将来的职业规划和生活理想的设想迥然相异。[1] 因此，政府应当积极创造条件，促进失地农民之间、失地农民与城镇居民之间以及失地农民与城市社会的各科层组织之间加强交往和互动，重构失地农民的社会交往网络，以增进其对城市的了解和认同。同时，应当对失地农民进行心理疏导，加强对其情感上的关怀，化解失地农民的心理失落感和对原住地的情感依赖，帮助其走出失地的阴影，从而顺利融入城市新生活当中。

4. 完善失地农民的社会保障体系

土地乃农民的命根子，是生产生活的基础资料。土地被征收了，农民意味着失去了生产资料。因此，要完善失地农民社会保障体系。一是要设立失地农民社会保障专项基金，为解决失地农民后续的生产生活提供最根本的保障。二是要建立健全失地农民最低生活保障制度。最低生活保障制度是现代社会保障制度的重要组成部分，是公民的生存权得到保障的重要体现，也是宪法所规定的"物质帮助权"的必然要求。部分失地农民由于

---

[1] 参见万志昂：《城镇化进程中失地农民民生保障中的文化关怀》，《城市问题》2011年第12期。

年龄偏大、缺乏劳动技能等原因,其生活受到很大影响,必须确保这部分群众的最低生活要求得到及时保障,构建起和谐的社会环境。三是要建立健全失地农民养老保障制度,并加强对失地农民养老保障的立法,通过立法提高各级政府和集体、失地农民等各方对失地农民养老保障重要性的认识,提高养老金发放额度。同时应通过立法明确各方的责任,保障制度发展的稳定性。四是要建立健全失地农民医疗保障制度,确保失地农民能够"病有所医"。五是建立健全失地农民就业政策和管理体系,确保农民"失地不失业"。

总之,征地拆迁工作是目前经济社会发展不可回避和逾越的重要性基础工作,关系到我国经济社会的稳定发展,关系社会主义和谐社会的构建。科学合理地制定征地拆迁政策,有效解决征地拆迁问题,达到"增促社会进步,减缩社会代价"的目的,从而促进城市化的步伐稳步前进,最终实现"城市,使人生活更美好"的目标,各级政府与社会各界必须为之不懈努力。

第十一章 乡村治理问题

乡村治理体系和治理能力是国家治理体系和治理能力的重要组成部分，没有乡村治理体系和治理能力的现代化就没有国家治理体系和治理能力的现代化。十九大报告所提出的"加快推进乡村治理体系和治理能力现代化"的目标要求与国家治理体系和治理能力现代化的总目标相呼应。当前，中国社会治理的薄弱环节在乡村。如何推进乡村治理体系和治理能力现代化，打牢乡村振兴的基层基础，需要予以长期的关注和积极的探索。

一、乡村治理的基本内涵

（一）治理概念的内涵

我国自古以来就有"治理"的提法。如《荀子·君道》所曰："明分职，序事业，材技官能，莫不治理"；《孔子家语·贤君》有云："吾欲使官府治理，为之奈何？"学术语境下，治理（governance）一词的出现可以溯源自拉丁语和古希腊语，其原意是控制、引导和操纵。一直以来，"治理"与"管理"相互交替使用，并且主要用于与国家的公共事务相关的管理活动和政治活动中。伴随全球化进程的不断加深，20 世纪 90 年代以来，西方学者赋予"治理"这一概念更为丰富的含义，以求突破传统理论对于现实的解释局限，治理也开始成为学界、政界的流行词汇。从治理概念的发展轨迹来看，1989 年，世界银行在概括当时非洲的情形时，首次使用了"治理危机"（crisis in governance）一词，将其写入了关于非洲的报告《撒哈拉以南非洲：从危机到可持续增长》当中，并指出非洲的发展问题源于其"治理危机"。此后，众多国际组织和政府机构开始将治理一词应用到其报告中去。例如，世界银行 1992 年年度报告的标题就是"治理与发展"

等。其后，经济学、政治学、社会学等学术领域也开始频繁关注治理一词，并对其寄予厚望。

格里·斯托克在总结各种流行的治理理论后，提出了有关治理理论的5个论点：一是治理主体除了政府外还包括其他社会行为者和机构。二是治理的目的在于解决各类社会和经济问题，同时在此过程中的责任边界具有模糊性。三是治理主体的集体行为相互间肯定存在权利的依赖。四是治理主体间最终构建成的是一个自主网络。五是治理的方法和手段非局限于政府权威，同时也存在其他方法，因而需要政府的引导与控制。①

国内学者俞可平认为，治理的基本含义是指在一个既定的范围内运用权威维持秩序，满足公众的需要。②他还从政治学的角度对治理作了进一步解读，认为治理与统治的相同之处在于同样需要权威与权力，最终目的也是为了维持正常的社会秩序。但二者的不同之处在于治理的权威并非一定是政府机关，并且治理的权利方向不是统治自上而下的那般，而是一个上下互动的管理过程，可以通过合作、协商、伙伴关系等方式实施对公共事务的管理。③

王绍光则从治理概念的本源反思了治理的含义。他认为，主流治理文献基本上是在宣扬一种规范性主张，应该重新回到治理的概念本源来认识和使用这一词汇。治理就是指公共管理（包括治国理政）的方式、方法、途径、能力，而不是指任何特定的公共管理（治国理政）的方式、方法与途径，不是指市场化、私有化，不是指"无须政府的治理"，不是指"多一些治理，少一些统治"。应注意与西方的治理理论加以甄别，形成属于我们自己的话语体系。④

综上来看，国内外学者对于治理理论的侧重各不相同，但可形成共识的是：治理理论是对原有公共管理理论的反思与突破，其中蕴含着强调社会参与、强调协同与合作、多元与共治以及实现公共利益最大化和行政成

---

① 参见〔英〕格里·斯托克：《作为理论的治理：五个论点》，《国际社会科学杂志（中文版）》1999年第1期。
② 参见俞可平：《全球治理引论》，《马克思主义与现实》2002年第1期。
③ 参见俞可平：《治理和善治引论》，《马克思主义与现实》1995年第5期。
④ 参见王绍光：《治理研究：正本清源》，《开放时代》2018年第2期。

本的最小化等思考与主张。

(二) 社会治理与乡村治理

想要理解乡村治理的概念，需要首先厘清社会治理的含义。2013年召开的党的十八届三中全会首次明确提出了"社会治理"的概念，并指出，全面深化改革的总目标是完善和发展中国特色社会主义制度，推进国家治理体系和治理能力现代化。同时提出必须"创新社会治理体制"。这是我们党首次明确提出了"社会治理"的概念。由管理到治理，虽仅一字之差，但体现了我们党施政逻辑与理念的重要革新。

不同学者对社会治理的定义不尽相同。俞可平认为，善治就是对社会治理理想化期许的表达。他认为，善治就是使公共利益最大化的社会管理过程，其本质特征是政府、社会组织以及公民对公共事务的合作治理，是公民社会和政治国家的新型关系和彼此之间的最佳状态。善治的基本要素是合法性、透明性、责任性、法治、回应、有效。[①] 王浦劬认为，社会治理是指在执政党的领导下，由政府组织主导，吸纳社会组织等多方面治理主体参与，对社会公共事务进行的治理活动，是"以实现和维护群众权利为核心，发挥多元治理主体的作用，针对国家治理中的社会问题，完善社会福利、保障改善民生、化解社会矛盾、促进社会公平，推动社会有序和谐发展的过程。"[②] 郁建兴认为，社会治理可以分为两大部分，一个是社会治理体制，另一个是具体的社会事务治理。他认为，社会治理在具体社会事务的治理中包括了3个层次：它既包括党委政府对社会的管理，也包括党委政府与社会的共治，更是指社会的自主治理。[③]

总体来说，社会治理是指多元主体共同努力，设定共同目标，通过对社会资源的再次分配，以维护社会稳定、促进社会团结、实现社会和谐的各项活动为基本内容的总称。同时，社会治理体现了多向互动、多元参

---

① 参见俞可平：《治理与善治》，社会科学文献出版社2000年版，第8页。
② 王浦劬：《国家治理、政府治理和社会治理的含义及其相互关系》，《国家行政学院学报》2014年第3期。
③ 参见郁建兴：《辨析国家治理、地方治理、基层治理与社会治理》，《光明日报》2019年8月30日。

与、合作协商、平等、法治等行为取向与价值理念。

乡村治理和城市居民自治是中国基层社会治理的基础，同样也是国家治理的重要组成部分。乡村治理的概念最早由学界提出并成为研究的热点，但由于乡村治理的具体研究者有着差异化的学术背景、地理区域、研究方法和价值理念，所以乡村治理的概念内涵与外延也存在着不同的解释。乡村治理概念更多情况下是作为一个大的集合体，聚合着不同学者关注的具体研究方向。作为社会治理的一部分，乡村治理也可以伴随着治理、社会治理的含义来去理解。简单来说，乡村治理既包括乡村的自我治理，也包括国家对乡村的治理，是指在乡村社会的时空维度下不同的治理主体利用规则、资源生成的治理行为及其模式。由于乡村治理的概念意涵丰富、边界模糊，梳理乡村治理领域中存在的问题难免会陷于罗列陈述，可能失去逻辑性。因此，本章选取组成乡村治理最重要的 3 个概念因素，分别为治理主体、治理结构与治理文化，通过从这 3 个方面的切入来具体讨论中国现阶段乡村治理中存在的问题。

二、乡村治理的历史变迁

（一）传统中国时期的乡村治理

在传统的中国社会（农业社会）中，由于生产力发展的客观水平，农业是最重要的生产部门，是一切社会成员的衣食之源，也是国家的经济命脉。正所谓"理民之道，地著为本"。封建王朝的财政主要依靠农业税收。农业的重要地位也使得专制王朝非常重视对农村社会的管理。根据一些学者的总结来看[1]，传统中国存在两种秩序和力量，第一种是官制秩序，即以皇权为中心，呈现着自上而下等级分明的梯形结构；另一种是乡土秩序或民间力量，即以家族（宗族）为中心，聚落而成大小不一的自然村落，成为了天然的"自治体"。后者的秩序建构依赖着大量的乡村内生资源和地方性制度，传统的伦理、宗法秩序发挥着实质性的力量。这样的力量衍

---

[1] 参阅 Vivienne Shue, *The Reach of the State: Sketches of the Chinese Body Politic*, Stanford University Press, 1988.

生出了乡土社会独特的治理文化，即基于非正式制度、地方性权威的"礼治"文化。

在传统社会时期，中国国家权力是否渗入农村社会之中是学界讨论、争辩的一个热点。曾经存在一种普遍的看法认为：国家政权对农村基层社会的控制更多表达着象征性的意义，即皇权并未深入到农村之中。实际上乡土社会呈现着由乡绅阶层主导的宗族——伦理自治秩序。产生此架构的通行原因主要有两个：一是国家能力的局限性，二是家国同质性和一元性所致，因此存在着一个非国家的"民间的"社会自治空间[1]。对于这样的治理结构，不同学者也有着精彩的概括，比如温铁军第一次提出"皇权不下县"的理论观点[2]，秦晖将其概括为"国权不下县，县下惟宗族，宗族皆自治，自治靠伦理，伦理造乡绅。"[3] 费孝通则将这样的治理结构概括为双轨政治，即国家的治理结构由两种秩序力量得以维系，一种是以皇权为中心自上而下的官僚体系，一种是以宗族士绅为中心的地方权力系统。[4]

在中国传统社会，乡村治理主体则是士绅精英，以家族、宗族为主要组织形式。士绅阶层具有经济和政治的双重含义，经济上他们占有土地，政治上他们以绅权与皇权相并立。士绅是国家与乡村社会的中介和缓冲层，是正式官员与百姓之间的斡旋者，也是社会管理的组织者。[5] 他们往往扮演着政府和民众中间人的角色：一方面，他们帮助政府统治地方；另一方面，他们也会替民众向上争取一些利益。士绅除了承担着中间人的角色外，还需要承担村庄的公共事务，例如排解纠纷、兴修水利、组织团练等，以处处彰显其所拥有的地方性权威。

---

[1] 参见周庆智：《中国基层社会秩序变迁及其建构涵义》，《华中师范大学学报（人文社会科学版）》2018年第1期。

[2] 参见温铁军：《半个世纪的农村制度变迁》，《战略与管理》1999年第6期。

[3] 秦晖：《传统中华帝国的乡村基层控制：汉唐间的乡村组织》，《中国乡村研究》2012年第1期。

[4] 参见费孝通：《乡土中国 生育制度 乡土重建》，商务印书馆2011年版，第388、390—392页。

[5] 参见费孝通：《中国士绅》，中国社会科学院出版社2006年版，第14、31—32页。

（二）近代以来的乡村治理变迁

近代以来，中国内忧外患，民不聊生。在此背景下，现代民族国家的建构成为重要的历史性任务。为了替代传统的王朝帝制的国家叙事传统，现代国家建构的一个重要途径就是国家权力通过政权建设达致所辖的疆土，并寻求辖域内民众产生身份认同。在此背景下，国家权力及其相关组织如何进入到仍然保留自治形态的乡土社会成为掌权者所面对的一大难题。为解决此问题，"权力下乡"所代表的国家政权建设成为统治者采取的手段。具体来看，现代民族国家的政权建设始于清末"新政"，而开展于民国时期，它的核心内容是建立合理的官僚制度，使政权延伸到基层社会之中，实现对于乡村社会的监控和资源动员能力。但在实际建设过程中，由于备战、巩固政权等原因导致国家财政压力巨大，地方政府不得不联合豪强恶霸进入政权组织。于是，国家政权建设过程异化为单纯的对广大社会民众强化控制和征收社会财富的过程。晚清和民国早期初步建立起来的国家政权实质上是一种"经纪体制"和"现代官僚体制"的混合物。[①]

而这样的异化也产生了较为严重的后果。作为传统治理主体的乡绅等民间精英形态也发生了转变，由传统的"保护型经纪"变为了"营利型经纪"，国家权力的扩展破坏了乡村社会既有的"权力文化网络"，致使国家政权建设的"内卷化"不断形成。过度的资源汲取、民间精英的流失或劣化导致了乡村社会持续走向衰落。与此同时，绵延千年的乡村内生的文化资源也遭到了相当程度的破坏，基于儒家伦理本位和地方性知识的"礼治"文化被日益挤压殆尽，乡村治理也陷入了无序的危机当中。可以说，近代的国家政权建设借助外部力量所要达致的资源汲取和社会动员目标几乎失效，走向现代化的道路也并未成功。梁漱溟对此有一个经典的概括：我们有两大难处，一是高喊社会改造而依附政权，二是号称乡村运动而农村不动。

---

① 参见杜赞奇：《文化、权力与国家——1900—1942年的华北农村》，江苏人民出版社2018年版。

(三) 新中国成立后的乡村治理

新中国成立以来，国家政权开始了新一轮针对基层的国家政权建设。相较于近代的失败，新生的国家成功将政权延伸到农村之中，实现了对农村社会的全方位控制。新的国家政权从改造经济基础入手，以期推动上层建筑的变革。国家首先从土地改革入手，通过实现耕者有其田、均贫富来推翻乡村的旧秩序，建构了新的阶级意识，实现了资源再分配。或者说是通过对生产资料的所有制改造，重组了乡村社会。伴随土改而来的是国家将权力的触角延伸到农村社会并成功深嵌其中，建立了严格的自上而下的支配体系，从而将农业农村农民完全整合到国家体系之中，以获得后发国家赶超时期所需要的资源汲取和社会动员。新中国成立初期的乡村治理结构经历了一定的演变过程，最终衍生成为融政治、经济、文教、武装和社会管理等为一体的"一大二公三统"的人民公社的政社合一制，强化了国家对农村的"党、政、军、民、学"统一的全面管理和控制。有的学者将这样的社会形态概括成"总体性支配社会"。[①] 人民公社实行"三级所有、队为基础"的治理组织体系。人民公社为基层政权组织机构，下设生产大队和生产队，他们均为乡村自治管理组织。

人民公社的建立也深刻改变了农民的身份，其使农民由传统的家户农民转变为公社农民。传统乡村社会中的精英也被看作"四类分子"成为被排斥的对象。贫穷成为向上流动的资源，贫下中农成为村庄干部，积极为党工作的各种"积极分子"成为村庄治理的主体，体现着草根性和积极性的双重特征。人民公社通过革命化的动员手段和社会主义改造运动对个体、宗（家）族进行改造，党的纪律条令取代了传统农村社会中的乡约规范。与此同时，集体主义的道德规范通过政社合一的人民公社制度开始在乡土扎根，并根植到每一个社员的思想生活中。传统民间道德信仰在与国家意志的对抗下完全处于下风，日渐式微，但并不意味着这样的民间力量已被"斩草除根"。一旦正式制度的强制力减弱，这些根植于乡土的非正

---

① 渠敬东等：《从总体支配到技术治理——基于中国 30 年改革经验的社会学分析》，《中国社会科学》2009 年第 6 期。

式制度就会重新发挥作用。① 人民公社制度使国家力量全方位控制着基层农村的方方面面，也为国家从农村提取资源以实现国民经济体系快速建立提供着便利。但长时间、高强度的控制也使得农村社会的发育迟滞，最终抑制了乡村社会发展的活力和广大农民的生产热情，甚至产生了内部解构的力量。②

（四）改革开放以来的乡村治理

20世纪70年代末，家庭联产承包责任制的推行拉开了中国农村经济体制改革的序幕。改革之前长期存在的人民公社体制因无法适应经济社会的长期发展也逐渐解体。政社合一的人民公社体制也逐渐转变为政社分开的"乡政村治"结构，村民自治得以兴起。③ "乡政村治"治理结构主要呈现出3个方面的特点：一是政社分开，即农民以家庭为单位重新成为生产经营主体，乡级政权不直接从事生产管理，而是做好社会建设和行政工作。二是乡以下实行村民自治，乡和村不再是垂直的领导关系。三是首次要求建立乡一级财政和相应的预决算制度。1982年《中华人民共和国宪法》在明确乡镇政权法律地位的同时，也赋予了村委会群众性自治组织的法律地位。1983年，中共中央、国务院印发《关于实行政社分开建立乡政府的通知》，明确要求实行"政社分开"，要求设立乡政府和乡党委，并明确"村民委员会是基层群众性自治组织，应按村民居住状况设立。"乡政村治和村民自治成为乡村社会治理变革的重要制度基础，时至今日仍然作为最基础的架构存在于乡村之中。改革开放以来的乡村治理样态可以以税费改革为分水岭来理解，税费改革前后的乡村治理也体现了具有明显差别的特征。

税费改革之前，为征收农业税产生了一个庞大的县乡官僚机构，其很少给农民带来有效的公共品供给，有的学者将这样的政权概括为"汲取

---

① 参见刘守英、熊雪锋：《中国乡村治理的制度与秩序演变——一个国家治理视角的回顾与评论》，《农业经济问题》2018年第9期。
② 参见高成军：《国家的空间再造与社会边界：乡村治理中的基层政权建设》，《贵州大学学报（社会科学版）》2019年第4期。
③ 参见张厚安：《乡政村治——中国特色的农村政治模式》，《政策》1996年第8期。

型"政权。① 县乡政权为了完成税收任务和计划生育这样自上而下的刚性任务而不得不借助村干部,力图将村干部变成自己的"腿"。在此背景下,干群关系持续紧张,加上"三农"问题持续叠加,最终引发了乡村危机,也倒逼了税费改革的出台。与此同时,大量的农民离土离乡开始大规模外出务工,市场化浪潮又打破了乡村封闭的社会结构,新型的价值观侵蚀着乡土中原有的内生文化。人口流失、空心化、价值失序、村庄舆论失效等治理主体、文化方面的问题交织叠加,使乡村治理陷入被动的局面。

2006年1月1日,我国全面取消了农业税,延续了2000多年的"皇粮国税"终于成为历史。农村税费改革给乡村治理带来了深刻的变革,甚至是重塑了乡村治理的形态。税费改革之前,基层政府的财政来源主要依靠地方税收、各种摊派和收费,税费改革后则转向越来越依靠上级政府尤其是中央政府的转移支付补助。有的学者将乡镇政权新形态概括为从"汲取型"到"悬浮型"的转变,这种转变使乡镇政府与乡村的日常性互动大大减少。虽然已经不再征收农业税,但基层的干群关系由于征地拆迁、城镇化侵蚀村庄用地等问题依旧处于较为紧张的状态,新一轮的治理矛盾也较为频发。从村民自治的角度来看,无论是民主选举、民主决策、民主管理或是民主监督都存有一定的问题。例如,民主选举中的贿选、宗族势力、黑恶势力干扰选举等现象时有发生,选票价格也成为老百姓行使民主权利的风向标。民主管理中的村规民约也带来"民间法"和"国家法"的冲突问题,老百姓频繁上访甚至发展成为有组织性的职业上访,给基层政府带来巨大的维稳压力与治理压力。这些困境体现着这一时期乡村治理现代化转型所面临的困境。

(五)党的十八大以来乡村治理的新趋向

党的十八大以来,乡村治理开创了新的局面,取得了新的成就。从指导思想上看,党和国家高度重视农村工作。从历年的中央"一号文件"来看,对乡村治理的指导既有创新、更有深度。2013年至2017年的中央

---

① 参见周飞舟:《从汲取型政权到"悬浮型"政权——税费改革对国家与农民关系之影响》,《社会学研究》2006年第3期。

"一号文件"中连续 4 年提出有关乡村治理的内容。文件中的提法分别为：完善乡村治理机制，切实加强以党组织为核心的农村基层组织建设；改善乡村治理机制；创新和完善乡村治理机制和创新和完善乡村治理机制，加强乡镇服务型政府建设。这几个提法均体现了党和国家对于如何构建乡村治理机制的关注和探索。十九大报告中第一次提出了乡村振兴战略，并在有关乡村治理的内容中首次指出要加强农村基层基础工作，健全自治、法治、德治相结合的乡村治理体系，其中自治、法治、德治相结合成为未来一定时期内构建乡村治理体系的重要抓手。2018 年的中央"一号文件"，即《中共中央国务院关于实施乡村振兴战略的意见》中有关乡村治理部分的论述也着墨很多。该意见专门用了一章的内容来论述乡村治理的相关内容，并指出，乡村振兴，治理有效是基础，坚持自治、法治、德治相结合，确保乡村社会充满活力、和谐有序。该意见中有关乡村治理的要求紧密契合着十九大报告中有关建设社会治理体制和乡村治理体系的提法和要求。2019 年 6 月，由中共中央办公厅、国务院办公厅印发的《关于加强和改进乡村治理的指导意见》中提出，要建立健全党委领导、政府负责、社会协同、公众参与、法治保障、科技支撑的现代乡村社会治理体制，其中科技支撑是相较于之前政策意见的新提法，体现了在乡村治理中运用现代化、科技化的手段的倾向，其目的是使治理更富有成效。《关于加强和改进乡村治理的指导意见》中还提出，以"自治增活力、以法治强保障、以德治扬正气"，进一步厘清了自治、法治、德治的相关关系和作用空间。根据 2019 年 10 月党的十九届四中全会精神，新时代我国社会治理体制的内涵是"党委领导、政府负责、民主协商、社会协同、公众参与、法治保障、科技支撑"。

从治理内容和模式来看，在地方政府地方新一轮治理创新竞赛的背景下[①]，大量涌现出的基层治理的创新案例，既发挥着基层治理的功效，又成为地方政府一张新的名片，呈现出了"处处开花"的新动态，例如，浙江省宁海县的小微权力清单"36 条"、上海市宝山区"社区通"智慧治理

---

① 参见郁建兴、黄飚：《当代中国地方政府创新的新进展——兼论纵向政府间关系的重构》，《政治学研究》2017 年第 5 期。

等优秀案例就是生动的写照。

党的十八大以来,乡村治理结构又发生了新变化,其中突出的变化可概括为突出了党的领导地位、多元主体共治、自治单元"上浮"或"下沉",亦可概括为"党领群治"。① 具体表现在以下几个方面:一是在与国家的关系方面,加强党建引领,国家权力对乡村社会大规模"回归",而且这种"回归"具有高度制度化、技术化和程序化的特征,主要以项目制、下派第一书记、财政支付村干部报酬、精准扶贫等方式进行。② 二是重视村级层面的基层党组织建设,以基层党建来统领村级组织工作和乡村工作,如开展全面依法推进村党组织书记、村民委员会主任一肩挑、将党小组或党支部建在网格和"村村联建""村社联建"等党组织建设模式等。三是在与基层政权关系方面,逐步理顺县乡村三级关系,涌现出签订"履职、履约清单"、实施重要事权清单管理、构建基层社会矛盾调解网络等具体做法。四是村民自治单元出现了"下移"和"上浮"两个不同方向的创新探索。"自治下移"重点是将村民小组作为一个基本的治理单元,以期实现产权与治权的对应;③"自治上浮"主要采取基于行政村联合、农民聚居将治理半径扩大的做法,设置新型"社区"作为一个治理单元,以应对农村"空心化"趋势,降低乡村公共服务管理成本。④

三、乡村治理的主要问题

(一) 治理主体问题

1. 普通村民

普通村民参与乡村治理的第一个突出问题即为参与乡村公共事务意愿

---

① 杨中艳:《党领群治:十八大以来农村社区协商的经验成效与路径优化》,《社会主义研究》2016年第4期。
② 参见景跃进:《中国农村基层治理的逻辑转换——国家与乡村社会关系的再思考》,《治理研究》2018年第1期。
③ 参见贺雪峰:《广东清远村民自治下移的探索》,《农村工作通讯》2016年第21期。
④ 参见王晓莉:《新时期村庄治理机制的创新及挑战》,《中国党政干部论坛》2017年第5期。

低，无法形成有效的集体行动。这一方面表现在市场化条件下村民逐利行为越来越普遍泛化，对于村庄内部公共事务的热情明显降低，出现了很多搭便车行为，集体行动越来越困难。治理的内涵客观上也要求由一元的、自上而下的管控变为多主体的协同治理，其中广大村民理应成为乡村治理的最重要的主体。但从现实情况来看，很多村民仍然扮演旁观者、局外人的角色，并将主要的精力放在增加收入、追求个人利益与提升自我的生活水平上，对村庄公共事务的参与热情不足、参与意识不强、参与层次较低。另一方面则表现在随着乡村空巢社会的来临，留守老人、留守儿童等弱势群体无法形成对村庄内部公共事务的有效意见。中国部分地区的农村人口流失比较严重，尤其是村里的青壮年的流失，使村里的人口多数为老人、妇女这些相对弱势的群体，其在参与乡村的常规治理中往往缺乏热情、动力甚至是能力，因而无法形成有效的意见，严重制约着决策效率，影响着决策质量。甚至在某些农村中，留守人群无法形成合力以有效抵御不负责任、中饱私囊的村干部或是村霸给乡村治理带来的损伤。

第二个突出问题则为参与乡村治理的手段与途径过于单一以及对于治理的内涵理解不充分。村民自治的相关法律和制度规定是中国农村基层民主制度化的重要成果，为村民自治的运行提供了制度保障，但这些制度安排只是为村民提供了法定的自治权利，在其实际运行中，现实情况与制度设计仍然存在一定的偏差。实际运行中，民主选举先行一步，基本达到了村民能够普遍参与。但在民主决策、民主管理和民主监督方面受制于各方面的因素，却未能及时跟上，造成了基层民主运转乏力，大大影响了治理成效。近年来，基层选举的乱象已经得到了很大程度的遏制，但在现实中仍然存在"钞票换选票"的不良事件，致使农村选举沦为了一些村民和其家族、宗族谋取私利的途径。在村务公开、村内重大事项决策时，普通村民的参与深度和广度仍然不足：一方面，这源于村民对于自治的理解仅仅局限于投票选举，而对民主决策、民主管理和民主监督的理解并不到位；另一方面，则是因为缺乏有效的制度保障，例如村务公开制度、村务管理规定等有关制度建设依然不足。

2. 村干部

部分村干部自身能力与工作要求不匹配是村干部参与乡村治理中表现

出的第一个突出问题。乡村治理,其中一个关键是选好配强村级干部。"火车跑得快,全靠车头带",村级干部是党联系农村群众的重要桥梁和纽带,是农村各项工作的具体领导者和组织者。但从现实情况来看,村干部在年龄、学历、知识结构等方面还不能适应乡村治理现代化的各项要求。而年富力强的年轻村民往往不愿参与选举,导致很多农村的村干部多是上了岁数的老人,思想观念上较为滞后,普遍存在"求稳怕乱"的现象。此外,很多人的领导方式单一、工作方法也十分守旧。目前,随着信息社会快速建设,乡村治理中也越来越依靠信息平台,如政务 App、微信等现代化手段,这对村干部的能力提出了更高的要求。但受制于多种因素,部分村干部的能力难以匹配岗位的需求。

第二个突出问题则是部分村干部的治理理念仍旧滞后。有些村干部往往将"乡村治理"理解成为"治理乡村",管理管控的理念仍然没有向以人为本的多元协同治理转变。这就导致了一些村干部在实际治理过程中仍然采用家长式的方式,村里的大事小情独自拍板定调,一言堂多了,群策群力少了,甚至成了村里的"土皇帝"。

第三个突出问题则是部分村干部权力出现泛化倾向。中纪委监察部网站曝光了 2016 年 1 月至 8 月间,全国扶贫领域共有 325 起不正之风和腐败问题,其中 218 起案例是"村官"涉腐,占比达 67%。[①] 近年来,村官微腐败成为社会日益关注的重点,这反映了村干部在使用手中的权力时存在着滥用的现象,甚至村干部的权力成为为其和家人谋取私利的工具。随着国家纵向给予的资源不断的输入到村庄,村干部垄断、侵占国家资源而损伤村民集体利益的事件时有发生,严重影响着党和国家的形象。

3. 乡村精英

根据帕累托的定义,在任何社会中,总存在着被统治的广大群众与占统治地位的小部分人之间的分离和某种意义上的对立,后者就称为"精英"。[②] 据此论述,他又将精英进一步区分为广义和狭义的精英。狭义的精

---

① 《中纪委披露 325 起扶贫案例:村官是主要违纪群体》,《法制日报》2016 年 9 月 19 日。
② [法]雷蒙·阿隆著,葛智强、胡秉诚、王沪宁译:《社会学主要思潮》,上海译文出版社 2005 年版,第 369 页。

英特指政治精英或称统治精英,广义的精英则不局限于单一领域,往往指那些有着突出成绩的顶尖人物以及最强有力、最生气勃勃和精明能干的人。按此思路,我们可以将乡村精英看作个体能力强且能够发挥影响的那些村民:他们大都拥有优势资源、成功经历和社会影响力。从现实看,乡村精英呈现出多面向的特征,不同类型的乡村精英也对村庄治理产生不同的效能或是损伤。目前乡村精英参与乡村治理主要存在以下的一些问题。

首先是乡村精英流失带来的村庄治理内生性困境。乡村精英可以成为信息的传递者、资源的供给者和意见领袖等,有助于乡土社会的再次整合、村庄公益事业的发展,也可以对村民自治制度做一定的调整与拓展,对乡村的经济社会发展都带来诸多益处。但现实中,在中国不少地区的农村,尤其是中西部地区,乡村精英的净流出问题则造成了一定的治理困境。比如,很多精英流失严重的村庄在基层选举中只能"矮子里拔大个",选举一个可能并不具有带领村庄发展的人担任村干部,导致了治理成效的降低。

其次是部分乡村精英在参与治理过程中合谋与垄断村庄的发展资源。税费改革以后,国家权力携带大量资源回归农村。由于普通村民存在的天然弱势,资源以项目制进入农村后,有时会出现以下情形:承接者以村干部为代表的体制性精英、以乡村混混为代表的社会精英和以私营业主为代表的经济精英,三者共同垄断了下乡的资源,侵害着村庄的公共利益空间,并在结盟中固化村庄的权力结构,进而干扰民主选举,形成分利秩序,对普通村民合法参与选举、享受公共利益形成结构性排斥。[①]

最后一个主要问题是乡村精英参与治理缺乏持续性制度保障与制度规范。在经济水平发展比较好的村庄,乡村精英普遍热衷于参与治理的,并在治理中贡献着自己的一份力量。但乡村精英,比如企业家,或者是技术能人,他们本身就有着自己的事业,其参与到治理中的时间、频率、深度难以成为常态化、例行化的行为。因此,如何创新制度供给、积极有序地吸纳乡村精英参与到治理的过程中,依然是一个值得思考的难点。另外,

---

① 参见陈锋:《分利秩序与基层治理内卷化 资源输入背景下的乡村治理逻辑》,《社会》2015年第3期。

乡村精英在参与治理的过程中往往会偏重于表达其个人偏好，加之其治理行为不受规范化的约束，因而会对其他主体共同参与乡村治理的积极性形成潜在的损伤。

4. 乡村社会组织

乡村社会组织是农村多元共治的基础性单元，它对于全面深化农村社会治理体系的改革具有重要的意义。乡村社会组织在治理中具有一定的优势：一方面，可以广泛联系农民，反映其真实利益诉求；另一方面，又可以履行政府所要求的职责，化解乡村显现的一些矛盾。总体来看，乡村社会组织在参与乡村治理中仍然存在着问题，突出表现为传统乡村社会组织日渐式微和新型乡村社会组织建设的较为滞后。

传统的乡村社会组织包括村内的老人协会、妇女协会等。例如，老人协会往往由村内德高望重的老年人构成，在解决村内矛盾纠纷或是针对村内某一公共事件需要凝聚意见、发起行动时，其往往会采用自身的威望、面子等资源。不可否认，这股力量在维护村庄团结中发挥了很有意义的作用，是一个良好的补充，但由于其实现治理的资源方式过于单一，仍然需要进一步将组织形态加以升级。近年来，越来越多的地方开始尝试以乡村精英为核心力量建立新型的乡村社会组织来弥补村民自治的不足，以应对各种治理问题。这样的组织与民间自发的组织不同，而是通过政府培育孵化的，它既可以嵌入到政府主导的地方治理结构中，与政府保持或紧或弱的合作关系，又可以广泛地扎根于基层、活动于基层，积极介入公共事务中，但这样的新型乡村社会组织多数是在市场经济快速发展的大潮中形成的，而欠发达地区，尤其是贫困地区的农村受制于经济水平、人员、内生动力等因素，其乡村社会组织的建立大都过度地依赖于地方政府，因而无法发挥应有的治理功效。

(二) 乡村治理结构

结构（structure）是一个常见词汇，是指事物自身各种要素之间的相互关联和相互作用的方式。在中国的语境下，乡村治理结构可从横向与纵向两个方面加以理解。横向的治理结构可以指不同地域乡村之间治理行为、现状、成效等形成的差异化或同质化的形态；纵向的治理结构可以理解为乡村治理中的不同层级治理主体之间所形成的权力和角色关系。结合中国的发展实际来看，横向治理结构表现为东中西部地区治理现状的客观差异，因此中央政府在做好顶层设计的同时，也应该积极发挥不同地区的首创精神，切勿以"一刀切"的方式推行乡村治理的普遍模式。不同地区在制定自己的乡村治理规划时也不应盲目学习、盲目跟风，而应因地制宜，寻找到适合本地区发展水平的治理模式。

从纵向治理结构来看，国内主流的学术话语下，乡村治理的权力主体主要囊括乡镇和村两级权力组织，二者之间的权力角色、运作逻辑与互动关系则构成了乡村治理纵向结构的基本内容。根据村委会组织法，乡镇和村之间在法律上不再是行政上的上下级和直接的"领导关系"，而是"指导关系"。但是在基层实践中，乡镇对村委会的直接行政干预所造成的乡村关系行政化倾向依然非常明显。行政化的干预不利于厘清乡镇与村之间的关系，同样也带来了一定的治理难题。

1. 村干部日益成为乡镇政府的"腿"，负担繁重

乡镇与村关系难以理顺，容易导致村干部负担过于沉重，进而影响治理效果。改革开放以后，乡村治理由原来的人民公社体制转变为"乡政村治"结构。与此同时，乡镇政府陷入了学术界所描述的"压力型体制"的困境。压力型体制简单来说就是上级政府对下级政府施加压力，将指标与任务层层分解，自上而下的传递，然后根据考核的情况进行奖惩，以实现经济社会的高速发展。税费时期，迫于税费征收、计划生育等工作压力，乡镇政府依赖村干部协助征收税费、完成计生工作，以试图缓解干群的紧张关系。税费改革后，乡镇政府存在着"权、责、能"不匹配的问题，因此在乡村治理上不得不依靠村"两委"，乡镇政府也通过管人、管账、管干部工资的办法，加强了对村级组织的行政管理和控制，使村级组织的行政化倾向进一步强化。在此背景下，村干部的负担更加繁重，不仅要处理邻里纠纷、维护村庄稳定、为村民服务，还要承担乡镇摊派下的繁重任务，比如迎接各级检查、召开会议、报表等。

2. 村干部行政化与村民自治的张力问题

21世纪以来，村干部行政化程度日益加深，对村民自治带来了一定程度的损伤。因为村干部的工资、绩效收入主要由上级乡镇政府控制，这也

导致了部分村干部没能认真贯彻村民自治制度，在实际工作中挤压了村民自治的轨道，把主要的精力投放到了地方政府尤其是乡镇政府下派的政策任务的落实上，扮演着协助政府对于村庄进行管理的行政化角色。一些地方甚至出现了"村民自治单元和自治基础的脱节"①，致使村委会、村干部与农村群众的差异性越来越大，对其和群众之间的亲密关系产生了一定的影响，最终的结果是村民自治的效能感降低，建立在行政村之上的村委会难以获得村民的完全认同。有学者甚至将这一过程概括为"自治空间不断缩小，公共空间不断扩大"②，也有的学者指出这是"行政消解治理"。③ 因此，如何调节村干部行政化与村民自治之间的张力仍然是在现实中需要思考的问题。

3. 乡镇管理与考核方式加重村干部负担

近年来，给基层减负的呼声越来越高。在实际工作中，部分村干部也反映了台账越来越多、考核越来越重、标准越来越高的现象。乡镇政府试图通过专业化、技术化、科技化的考核方式重塑乡村两级的治理关系，但村干部本身因负担繁重，其精力和热情并不足以承担这些事事留痕、程序化、形式化的考核工作。近年来，很多大学生返乡做村官，年富力强的他们本应专注于为村庄经济社会的发展贡献力量，但由于他们熟悉电脑的操作，很多年轻村官陷入了繁重的制作台账的工作中，这在一定程度上损伤了他们的工作热情。

（三）治理文化问题

在传统中国的历史中，乡土性可谓是社会的底色。梁漱溟认为，传统中国社会是伦理本位的社会④；费孝通则认为，乡村社会的生活形式表现为"差序格局"⑤。虽然两位学者侧重表述的角度有所不同，但其都认可这

---

① 参见张茜、李华胤：《村民自治有效实现单元的讨论与研究》，《中国农业大学学报（社会科学版）》2014年第4期。
② 王春光：《中国乡村治理结构的未来发展方向》，《人民论坛·学术前沿》2015年第3期。
③ 赵晓峰：《"行政消解自治"：理解税改前后乡村治理性危机的一个视角》，《长白学刊》2011年第1期。
④ 参见梁漱溟：《中国文化要义》，上海人民出版社2005年版，第79—82页。
⑤ 费孝通：《乡土中国 生育制度 乡土重建》，商务印书馆2011年版，第26—28页。

样一个事实，即传统的中国乡村是一个礼治社会，蕴藏着大量的、有效的治理文化。但今天，乡土中的文化历经了城市化、工业化的侵蚀和冲击，已衍生出一定的治理问题。

1. 乡土文化的认同基础遭到削弱

改革开放 40 多年来，农村社会的发展伴随着现代化取得了重大的成就，但现代文明在与乡土文化的碰撞中，慢慢消解了乡土文化的原初形态。目前的乡村文化正面临着某种程度上的认同缺失，乡土文化正面临着失语的困境，甚至使已经被乡土文化内化并自觉践行的村民们产生了自我怀疑，并正在慢慢消解其认同基础，致使部分村民失去了文化自觉与文化自信。

2. 乡村文化的供给不足

近年来，党和政府愈发意识到重建乡风文明的重要性，但从目前来看，农村的文化建设远远滞后于经济社会的发展，表现为农村公共文化资源匮乏、公共文化活动缺少、公共文化组织缺位。例如，虽然很多村修建了阅览室，但往往存在缺乏后期维护或者书籍种类与村民需求差异较大等问题，最终流于形式。从教育角度来说，由于缺少合适的公共文化组织，农村中很多留守儿童的业余生活被手机霸占，对其身心成长造成不利影响。

3. 乡村社会文化潜藏着无序化的危机

乡土社会同样也淹没在市场化的浪潮之中，农民的逐利行为被认为是普遍且正常的，经济指标在乡土社会分层中占据着越来越重要的位置，传统的道德力量日渐式微，一切"向钱看"慢慢成为村民的共识，其行为也渐渐的商品化与市场化。部分村民也逐渐放弃了原有的淳朴、节俭、互助等优良的道德品质，其精神世界缺乏引领。与此同时，一些不良思想，如享乐主义、攀比之风、个人主义等慢慢起了势头，使得部分村民的道德观念与价值体系陷入无序化的困境。文化上的无序混乱又衍生出了很多不文明的现象，阻碍着治理的成效。例如，农村婚姻中的高额彩礼、人情往来的礼金数量、宴请的攀比现象等，已经成了阻碍乡风文明的羁绊。

四、乡村治理问题的总体成因

(一) 现代化进程中的必然趋势

从人类的文明史演进来看,乡村衰落是一个世界性问题,是现代化所带来的必然结果。快速的工业化、城市化会吸引着大量的人口向城市集聚,农村的人口也会随之大幅减少。从世界各国的发展轨迹来看,无论是先发的西欧、北美地区,还是后发的东亚、拉丁美洲地区,在繁华都市的背后,衰落的乡村都难以避免地成为城市之觞。在这其中,有的国家及时调整乡村发展战略,有力地助推了乡村重新振兴,例如西欧发达国家;有的国家随着乡村的衰败,城市中衍生出大量的贫民窟,犯罪问题、民生问题甚至政治问题频发,以至于陷入了"现代化陷阱"中难以脱离。拉丁美洲的许多国家在20世纪中叶以后,社会经济发展比较快,大量人口涌入城市,乡村随之迅速衰落。与此同时,拉丁美洲各国大庄园经济发展过程中造成了大量的土地兼并,无地少地农民大量破产而涌向城市,而城市的就业机会远远不能满足这些破产失地的农民,最后导致这些农民滞留在城市中,形成了难以治理的贫民窟。这些拉丁美洲国家也随之陷入了"中等收入陷阱"。从各国发展的经验教训来看,对于乡村在现代化背景下的衰落唱衰、过分悲观或盲目乐观都是不可取的态度。我国的农业农村工作依然是我们现代化建设工作的主战场,应审慎客观,稳步推进"三农"工作持续向前。

(二) 中国长期以来的城乡发展不均衡

新中国成立以来,为应对内外部压力,党和国家逐步确立了重工业优先发展的"赶超战略",与之相匹配的是国家政策高度向城市偏移,即通过单向的发展城市以完成初步的大工业原始积累。随后,党和国家又采取城乡分割的办法,利用严格的户籍制度将农民牢牢束缚在农村中。伴随着户籍制度的实施,国家的福利制度、教育医疗资源、公共产品的供给等呈现出明显的差异化特征,进一步确立和巩固了城乡二元分割的社会结构。

改革开放以来,城乡隔离被打破,双方的资源可以互通有无,城乡分割的二元结构得到了一定程度的缓解。但囿于历史、经济发展水平等多种因素,城乡差距的客观情况并没有随之缓解,反而有进一步加大的趋势。从城乡居民人均收入比的变化看,1978 年至 2017 年中国城乡收入结构总体趋于失衡,2009 年达到历史最高值 3.33∶1,虽然之后有所回落,但也均保持在 2.6∶1 以上。从具体的社会现实来看,城市的发展也吸引了大量的农村人口奔向城市。学术界有一个非常有名的理论即为推拉理论,指的是人口流动的目的是改善生活条件。流入地的那些有利于改善生活条件的因素成为促使人口流动的拉力,而流出地不利的生活条件就是推力,人口流动就由这两股力量前拉后推所决定,农村人口流向城市是因为农村推力和城市拉力的相互作用所导致的,但这个理论的背后却反映出了乡村相较于城市发展的迟滞和城乡不均衡的发展态势。流动于城乡之间的农民也变成了一个独具中国特色的庞大群体——农民工。农民工为中国现代化进程做出巨大的贡献与牺牲。因此,在学界,有的学者将农村视为城市发展的"稳定器"与"蓄水池"。农业人口的大量转移尤其是乡村精英、村里的青壮劳动力的流失所造成的乡村治理危机是显而易见的。

(三)转型时期的内在张力

我国当前正处于社会转型时期。在转型期,社会问题、社会矛盾处于频发的状态。从宏观和微观的角度来看,转型期的内在张力都表现得较为明显。宏观角度体现着乡村社会结构的转型张力。传统的乡村社会结构具有封闭性、弹性等特征,在内部体现为消解治理矛盾的能力较强,比如可以依靠乡约、宗(家)族的力量有效地解决纠纷、解决村庄的公共事务。转型时期,乡村社会结构在多重力量的侵蚀下发生破损:一方面,原有的内生性权威和规范失效或流失,新的治理权威又没有办法快速弥补真空;另一方面,经济的快速发展又导致了村庄社会分化加剧,多元群体的利益属性上升,诉求增加,农村社会无法内生出一套新的、符合要求的利益表达与协商机制。这两方面的因素共同作用,导致了乡村社会结构的内在张力较为明显。

微观角度的转型张力则直指村民的现代性发育较不成熟与治理理念要

求存在矛盾。美国社会学家英格尔斯曾提出过著名的人的现代化理论，虽然其提出的通过量表来测量人的现代性受制于价值观、地区发展差别、时代等因素而表现出局限性，但是其理论所表达的人的现代化对于国家经济社会发展的重要意义是非常有参考价值的。传统帝制时期的中国权力呈现自上而下的一元结构，帝国话语伴随着其统治存在于社会中，普通村民作为被统治者无法享有基本的权利。虽然很多学者认为乡土社会中存在着一定的"自治空间"，但受制于乡绅、乡约等礼治秩序，村民依然处于被管理的角色中。并且，这些"自治空间"呈现着"蜂窝状结构"，彼此之间也不具有横向联系，也并不会给村民提供培育现代性的土壤。新中国成立后，总体性支配的社会将村民高度整合到国家权力的视阈范围内，使国家政权与农民保持着在场的、面对面的互动，造成社会发育的空间受到挤压。改革开放以后，农村人口的流出、逐利行为的泛化也导致了村民的私利性增强和公共性减弱。概而言之，对公共事务的关怀与参与是衡量社会成员现代性程度高低的一个重要维度。由于历史与现实的原因，目前中国农村现代社会的发育依旧处于较为迟滞的状态，这也使得村民在参与乡村治理的过程中仍旧被动，无法普遍地承担起当家人的角色，这也说明了治理理念上是存在客观性张力的。

五、解决乡村治理问题的政策导向

（一）坚持农业农村优先发展地位，走城乡融合发展之路

乡村治理的好坏与农村的经济发展水平是息息相关的。认识乡村治理问题，不仅应从治理的视角去考察治理主体、治理结构、治理文化等维度建构出的相关关系，而且也不应该忽视其所对应的经济条件。我们可以看到，农村经济水平较好、有着一定物质基础的地区，比如东南沿海地区，那里的农村治理水平普遍较高。另外，乡村治理既然是国家治理能力、治理体系现代化的一个重要组成部分，因而也同样应从现代化的视角去理解。经济条件、治理成效、乡村现代化分别代表着不同种类的建制条件，三者高度关联，应用统合的视角来看待。顺着这一思路，解决乡村治理的

问题需要去追溯如何解决好农村经济发展和现代化的问题。习近平总书记在十九大报告中提出了坚持农业农村优先发展的总方针，同时又将城乡融合发展写入党的文献。这既是我们党的重要决断，又是符合中国国情的战略选择。坚持农业农村优先发展，从政策理念上要实现农村发展的赶超，以期缩小和城市发展的客观差距。城乡融合发展则体现了城乡互构，是将城乡关系置于平等发展的一种思考。坚持农业农村优先发展与城乡融合战略，对于实现农村现代化、破解城乡二元结构与振兴农村经济有着基础性的意义。

一方面，城乡融合是现代化国家发展的必然趋势。观察世界上其他国家的发展历程，乡村衰退都是一个普遍存在的问题。法国农村社会学家孟德拉斯写有一本非常著名且广为流传的著作《农民的终结》。在西欧工业化、现代化的快速进程中，传统的农业农村生活发生了巨大的变迁。当然，孟德拉斯所说的农民的终结并不是"农业的终结"或是"乡村生活的终结"，而是小农的终结：从小农到农业生产者甚至是农场主的变迁是一场巨大的社会革命，而在这其中从事传统农业生产的人也被融入工业化、后工业化的社会之中，他们的思想观念、生活方式都发生着改变，"乡村始终哺育着恬静美满、安全永恒的田园牧歌式幻梦"所象征的传统价值也在日益衰落。但在政府、工业化、新型农业化等多种因素的努力下，经过30年的社会结构变迁后，法国乡村社会又重新焕发出了生机，甚至成为在城市中生活的年轻人所向往的地方。孟德拉斯认为："如果人们改变了一个地区的经济结构，只需要几年的时间，那儿的精神状态就会随之发生变化。人们会吃惊地看到，一些在传统的经济社会体系中成长起来的农民可以自如地在现代体系中驰骋。"[1] 他山之石，可以攻玉。法国及一些发达国家的成功经验告诉我们：现代化不应体现的是城乡的发展区隔，而是齐头并进，互融互补。

另一方面，城乡融合战略有助于进一步破除城乡二元结构。随着国家资源大量向农村投放，城乡差距有了一定程度的缓解，但二元结构不仅表现在经济社会发展的不同样态上，更是伴生在户籍制度上的体制性障碍

---

[1] 〔法〕孟德拉斯著，李培林译：《农民的终结》，社会科学文献出版社2005年版，第271页。

中。基本公共服务和社会福利与户籍制度挂钩,在户籍制度不改变的情况下,城乡社会保障差异也很难从根本上得以消解。因此,城乡融合的战略为户籍制度的破除提供了理论上的参考依据,也给填补城乡公共服务水平的差距提供了契机。二元结构也代表着城乡发展地位不均等的状态,存在着农村依附城市、落后城市的预设。这样的预设会导致在建构政策中将农村视为天然的弱者,进而无法积极寻找到农村对于城市的意义,不利于农村的现代化培育和其经济的发展。

(二)加强农村的社会建设,促进乡村治理

1. 优化农村社会结构,保障农村社会秩序与活力

优化社会结构是社会建设基础性内容,是一个侧重于"如何促进社会更好构成"的问题。社会结构的基本状况反映着社会力量的配置、社会建设的质量以及社会发展的空间。[①] 从目前农村的社会结构来看,以职业作为分层标准越来越具有参考价值。近年来,乡村职业分化加剧,很多农民通过学习农业技术转变为职业农民,很多家庭农场开始兴起,小农户摇身一变成了农场主。但是从整体来看,农村社会结构依然呈现着底部庞大、上层单薄的分布状态。乡村精英的净流失与中等收入农户群体发育不足,严重影响了治理成效。因此,应该采取积极有效的手段引导乡村精英回流。中等收入农户群体应当成为乡村建设的中坚力量。他们的生产生活重心仍在农村。他们年富力强、具有一定的经济实力,因此应扩大这一群体在乡村社会结构中所占的比重,要使其成为乡村治理的重要力量和保证乡村稳定的重要因素。培育的路径应该从回流与内生两个方向考虑:一是应当积极吸引外出务工的年轻村民返乡创业。具体的政策措施可包括:丰富融资渠道,从资金方面为其提供创业需要;免费为其提供创业指导、培训,激发其创业热情;提供税收支持,在税收方面给予这一群体政策优惠等。二是应当重视小农户的力量,创新体制机制,引导其与现代农业发展有机对接,培育小农户的社会资本。具体措施可包括:注重小农户发展的组织化路径,引导小农户开展合作与联合,通过订单收购、保底分红、村

---

① 参见吴忠民:《论社会建设的四大基础内容》,《中国特色社会主义研究》2016年第4期。

企对接等形式,将小农户纳入现代农业产业体系;地方政府为小农户农产品搭建销售平台,积极对接;提供农业技术服务支持,提升小农户发展水平等。优化农村的社会结构对于乡村治理的积极意义是不言而喻的。一方面,社会结构的优化代表着不同治理主体比例均衡;另一方面,合理的社会结构代表着社会流动的顺畅,即处于底部的村民都享有一定的机会变为中等收入农户群体或是乡村精英。这些都有助于乡村社会保持活力,并且有助于将矛盾弥散,促进农村的和谐稳定。

2. 改善乡村民生,积极有效地提供公共服务

所谓民生,主要是指民众的基本生存和生活状态以及民众的基本发展机会、基本发展能力的状况等。[①] 当前,改善民生的关键在农村,重点与难点在农民。经过四十多年的改革发展,广大农民已经由生存型向发展型转变,对于民生质量的诉求也越来越高,但农村的基本公共服务水平同城市相比仍存在着较大的差距。例如,从教育资源来看,城乡差距依旧非常明显,无论是经费投入、师资水平、硬件设施,农村仍很薄弱。目前我国城市已经建立了完善的社会保障体系,包括医疗保险、养老保险、失业保险、生育保险等,不过农村无论是从社会保障的种类还是质量上来看都远远落后于城市。虽然已经建立了新型农村养老保险和新型农村合作医疗保险,但其保障水平仍然和城市存在很大差距。民生问题是社会建设的基础问题,同样也深刻影响着乡村治理的效能。改善农村民生,具体的政策措施可包括:在教育领域,提升农村办学的整体教育水平,加强校舍、操场等基础设施建设、提高乡村教师补贴,稳住教师队伍、积极利用互联网等现代化手段远程教学等;在医疗领域,推进健康乡村建设,加强基层医疗卫生服务体系建设,支持乡镇卫生院和村卫生室改善条件、建立突发卫生事件的应急体系和中心、为农村输入全科医生人才等;在养老领域,提升农村养老保险水平,引导村民积极有序参与,形成合理稳定的预期等。民生水平的提高,一方面,会给村民带来长期稳定的心理预期,一定程度上能够遏制人才的外流,起到"稳住"的效果,另一方面,也会给处于是否返乡、还在观望的人才带来制度性的保障,增强对其回乡的吸引力。可以

[①] 参见吴忠民:《走向公正的中国社会》,山东人民出版社2008年版,第312页。

说，民生构成了乡村治理成效的基础，二者呈现出的是一种正相关的关系，民生的好坏不仅可以成为村民"用脚投票"是走是留的一个因素，而且也有助于增强村民对于公权力、村庄的社会认同，成为影响其是否愿意参与公共事务、参与治理的心理因素。

（三）建立健全自治、法治、德治相结合的乡村治理体系

1. 深化村民自治实践，实现治理主体的良性互构

首先应积极培育治理主体的自治精神，提供使其成为现代性公民的社会土壤，深化各个主体对于治理含义的理解，激发其参与村庄公共事务的热情。其次要加强制度建设，健全自我管理、自我服务、自我监督的自治建设体系，努力提高自治能力，激发人的责任感和参与活力。最后，应积极培育多元治理主体，例如建立长效机制有效引导乡村精英参与到治理中来、发展多样态的、新型社会治理组织，如乡贤理事会、百姓议事会、百事服务团等，以提升治理效能。

2. 强化法治保障，推动制度化、规范化治理进程

一是要坚持治理思维的法治化主导。随着经济社会的发展，农民的权利意识开始苏醒，基层政府通过普法教育、法治宣传已经取得了一定效果，但仍需要持续的法律供给。通过制度保障、形式创新培育村民的法治观念、法治意识，使其成为愿意学法、知法、懂法、守法的人，使法治思维日渐成为纠纷解决时的主导思维。

二是推进法治应循序渐进。在乡村社会推进法治，应该注重将自然演进与政府推动并行开展，既不能放任乡村社会纯粹自发生长、无序治理，也不能推行政府全能主义，那样会压制社会的成长。只有当国家保持适度的理性引导与管控，社会才会有活力，从而促进村民自治，降低国家治理成本。

三是加强制度建设，规范现有制度。应当从权力主体自身出发，加强基层党组织建设，增强村干部的法治观念、法治素养。村两委应建立健全村务公开制度，积极接受广大村民的监督。在进行集体决策时，应广泛收集民意，体现村民意志，以制度建设防范一言堂、拍着脑门乱决策等现象的发生。应当依据规章制度理顺乡（镇）村两级的权力关系，适当给村干

部减负,根据村干部的能力和制度规定赋予其权责,保护村干部的工作热情,以调试现有的治理结构。

(四)挖掘优良美德,加强乡村文化供给

其一,要重新找回内生性的道德力量。传统社会以血缘关系和自然感情维系乡村社会。尽管时代不同了,但中华传统文化中所蕴藏的不少有效的治理文化值得今人挖掘。例如,在《孟子·滕文公上》中就写道"出入相友,守望相助,疾病相扶持",体现的是乡土社会中良善、互助的交往原则;"乌鸦反哺、羔羊跪乳"体现的是慈孝的道德观念。今天我们应重新寻回这些乡风文明,积极从村落中挖掘传统美德并实现其现代化的表达。比如,可以开展评选"最美家庭""十大好人""最美婆媳"等精神文明建设活动,或是重新发掘村规民约的力量等。

其二,要向农村积极输入文化资源,加强文化供给,兴修文化设施。在输入物质载体的同时,也应注重推进精神文明建设。要将社会主义核心价值观融入乡村治理的方方面面,突出强化道德教化作用,引导村民树立积极向上、孝老爱幼、遵从科学的现代精神文明。应当倡导科学精神,开展移风易俗、弘扬新风的系列行动,抵制封建迷信活动。

第十二章　环境生态问题

如何在经济社会发展和生态环境保护之间达成平衡，是中国当前发展最重要的议题之一。改革开放以来，中国经济取得了举世瞩目的成就，但高消耗、高排放、高污染的发展模式所带来的自然资源的大量消耗和环境污染的日益严重，制约着未来中国进一步发展的空间。环境生态问题的解决必须兼顾经济效益、社会效益和生态效益，建立共同参与的环境治理体系，不断加大生态环境保护力度，坚持和完善生态文明制度体系。

一、中国环境生态问题现状

从总体上看，我国环境保护虽然近年来投入力度和重视程度均有所提高，但总体上仍滞后于经济社会发展，生态环境保护形势依然十分严峻。根据美国耶鲁大学和哥伦比亚大学联合发布的世界环境绩效指数（EPI），2018年，中国环境绩效指数在180多个国家中排名第120位，环境质量整体状况堪忧[1]。

（一）空气质量较差

空气质量超标问题仍然严重。2018年，全国338个地级及以上城市（以下简称338个城市）中，121个城市环境空气质量达标，占全部城市数的35.8%，比2017年上升6.5个百分点；217个城市环境空气质量超标，占64.2%。[2] 338个城市中发生重度污染1899天次，比2017年减少412天

---

[1] 数据来源于耶鲁大学环境法律与政策中心、哥伦比亚大学国际地球科学信息网络中心（CIESIN）及世界经济论坛（WEF）发布的《2018年环境绩效指数报告》。

[2] 本章未经特别标注的数据均来自生态环境部官网公布的《2018中国生态环境状况公报》，其他数据已单独进行注释说明。

次；严重污染 822 天次，比 2017 年增加 20 天次。以 PM2.5 为首要污染物的天数占重度及以上污染天数的 60.0%，以 PM10 为首要污染物的占 37.2%，以 O_3 为首要污染物的占 3.6%。PM2.5、PM10、O_3、SO_2、NO_2 和 CO 浓度分别为 39 微克/立方米、71 微克/立方米、151 微克/立方米、14 微克/立方米、29 微克/立方米和 1.5 毫克/立方米，超标天数比例分别为 9.4%、6.0%、8.4%、不足 0.1%、1.2% 和 0.1%。

2018 年，我国酸雨区面积约 53 万平方千米，占国土面积的 5.5%，比 2017 年下降 0.9 个百分点。其中，较重酸雨区面积占国土面积的 0.6%。酸雨污染主要分布在长江以南至云贵高原以东地区，主要包括浙江、上海的大部分地区以及福建北部、江西中部、湖南中东部、广东中部和重庆南部。

（二）水资源和水环境问题突出

水资源方面，中国是联合国所列出的 13 个严重贫水国之一，人均水资源占有量只有世界平均水平的 1/4 左右。水环境方面，部分区域流域污染仍然较重，重点湖库富营养化问题突出。2018 年，全国地表水监测的 1935 个水质断面（点位）中，Ⅰ～Ⅲ类比例为 71.0%，比 2017 年上升 3.1 个百分点；劣Ⅴ类比例为 6.7%，比 2017 年下降 1.6 个百分点。2018 年，长江、黄河、珠江、松花江、淮河、海河、辽河七大流域和浙闽片河流、西北诸河、西南诸河监测的 1613 个水质断面中，Ⅰ类占 5.0%，Ⅱ类占 43.0%，Ⅲ类占 26.3%，Ⅳ类占 14.4%，Ⅴ类占 4.5%，劣Ⅴ类占 6.9%。与 2017 年相比，Ⅰ类水质断面比例上升 2.8 个百分点，Ⅱ类上升 6.3 个百分点，Ⅲ类下降 6.6 个百分点，Ⅳ类下降 0.2 个百分点，Ⅴ类下降 0.7 个百分点，劣Ⅴ类下降 1.5 个百分点。

2018 年，监测水质的 111 个重要湖泊（水库）中，Ⅰ类水质的湖泊（水库）7 个，占 6.3%；Ⅱ类 34 个，占 30.6%；Ⅲ类 33 个，占 29.7%；Ⅳ类 19 个，占 17.1%；Ⅴ类 9 个，占 8.1%；劣Ⅴ类 9 个，占 8.1%。主要污染指标为总磷、化学需氧量和高锰酸盐。监测营养状态的 107 个湖泊（水库）中，贫营养状态的 10 个，占 9.3%；中营养状态的 66 个，占 61.7%；轻度富营养状态的 25 个，占 23.4%；中度富营养状态的 6 个，占5.6%。

2018年夏季，一类水质海域面积占管辖海域面积的96.3%，劣四类水质海域面积占管辖海域面积的1.1%。2018年，全国近岸海域水质总体稳中向好，水质级别为一般，主要污染指标为无机氮和活性磷酸盐。监测的417个点位中，优良（一类、二类）海水比例为74.6%，三类为6.7%，四类为3.1%，劣四类为15.6%。

地下水监测点位水质较差或极差占60%。全国污水处理设施管网配套等问题仍然严重，仍有大量污水直排现象存在。此外，东海赤潮高发，黄海海域也连续多年出现了浒苔绿潮。

（三）土壤污染严重

土壤方面，全国土壤环境状况总体不容乐观，耕地土壤环境质量堪忧。根据2014年环保部和国土资源部联合发布的《全国土壤污染状况调查公报》，全国土壤总超标率达16.2%。其中，工矿业废弃地土壤环境问题突出，重污染企业及周边土壤超标点位达36.3%，遗留污染地块再开发利用环境风险较大。耕地点位超标率达19.4%，严重威胁我国农产品安全。在净土保卫战打响之后，2018年，全国人大常委会通过《中华人民共和国土壤污染防治法》，出台了《工矿用地土壤环境管理办法（试行）》《土壤环境质量建设用地土壤污染风险管控标准（试行）》。其后，31个省份和新疆生产建设兵团完成了农用地土壤污染状况详查。26个省份建立了污染地块联动监管机制，并开展了涉镉等重金属行业污染耕地风险排查整治，一些地区的耕地土壤污染加重趋势因此得到初步遏制。

（四）城乡环境治理不平衡

农村环境基础设施建设严重滞后，一些村庄垃圾乱扔、污水横流，农村人居环境依然存在"脏乱差"现象。仍有近1.7亿农村人口存在饮水不安全风险。化肥、农药、农膜等不合理使用造成的农业面源污染严重，化肥、农药使用量均远高于世界平均水平，且呈上升趋势。2017年，水稻、玉米和小麦三大粮食作物化肥利用率为37.8%，比2015年上升2.6个百分点；农药利用率为38.8%，比2015年上升2.2个百分点。农业源排放的化学需氧量（COD）、氨氮分别占全国排放总量的近一半和1/3。

（五）生态环境质量不高

2018年，全国生态环境质量优和良的县域面积仅占国土面积的44.7%，主要分布在青藏高原以东、秦岭—淮河以南及东北的大小兴安岭地区和长白山地区；生态环境质量一般的县域面积占23.8%，主要分布在华北平原、黄淮海平原、东北平原中西部和内蒙古中部；较差和差的县域面积占31.6%，主要分布在内蒙古西部、甘肃中西部、西藏西部和新疆大部。我国中度以上生态脆弱区域占全国陆地国土面积的55%，荒漠化和石漠化土地占国土面积的近20%，单位面积森林蓄积量只有全球平均水平的69%。根据第五次全国荒漠化和沙化监测结果，截至2014年，全国荒漠化土地面积261.16万平方千米，沙化土地面积172.12万平方千米。根据岩溶地区第三次石漠化监测结果，全国岩溶地区现有石漠化土地面积10.07万平方千米。此外，全国水土流失面积占国土面积的31.1%。根据第一次全国水利普查成果，全国土壤侵蚀总面积294.9万平方千米，其中，水力侵蚀面积129.3万平方千米，风力侵蚀面积165.6万平方千米，年均土壤侵蚀总量约占全球的1/5。生态环境质量低下，造成我国生物多样性受到严重威胁，濒危物种增多。

（六）能源资源利用效率较差

目前我国万元GDP能耗约是世界平均水平的2倍多，主要工业产品能耗远高于国外先进水平。2018年，全国能源消费总量为46.4亿吨标准煤，比2017年增长了3.3%。其中，煤炭消费量增长1.0%，原油消费量增长6.5%，天然气消费量增长17.7%，电力消费量增长8.5%。煤炭消费量占能源消费总量的59.0%，比2017年下降了1.4个百分点；天然气、水电、核电和风电等清洁能源消费量占能源消费总量的22.1%，比2017年上升1.3个百分点。全国万元国内生产总值能耗比2017年下降3.1%。城镇人均建设用地约149平方米，远超发达国家平均82.4平方米、发展中国家平均83.3平方米的水平。水资源产出率为世界平均水平的62%，万元工业增加值用水量为世界先进水平的2倍。农田灌溉用水有效利用系数为

0.542，远低于 0.7~0.8 的世界先进水平。

(七) 应对气候变化压力较大

政府间气候变化专门委员会（IPCC）第五次会议认为，全球人为温室气体排放量仍在持续上升，最近 10 年排放速度和总量上升最快。中国不仅是全球最大的 CO_2 排放国，也是人均 GDP 的 CO_2 排放量最高的国家。但近几年，我国碳排放强度有所下降。2018 年单位国内生产总值 CO_2 排放比 2017 年下降约 4.0%，超过年度预期目标 0.1 个百分点，比 2005 年下降 45.8%，也超过了到 2020 年单位国内生产总值 CO_2 排放降低 40%~45% 的目标。

即使与发达国家经济发展水平类似的"历史同期"相比，我国目前环境质量差距也很大。在大气环境质量方面，目前我国 PM10 和 PM2.5 平均浓度要在 2020 年达到发达国家"历史同期"平均水平需降低 50% 左右。在水环境质量方面，"历史同期"的经合组织国家（OECD）主要国家劣 Ⅴ 类河流比例要明显低于我国，甚至没有劣 Ⅴ 类水体。而我国除了劣 Ⅴ 类河流外，还存在城市黑臭水体问题。

库兹涅茨曲线的环境拐点不会随经济发展而自动出现，其与一国强化环境管理的意愿、能力、投入等密切相关。因此，我们不能躺在曲线上等拐点，还需要不断地加大环境治理力度，力争早日实现环境质量的拐点，以迎来环境质量的彻底改善。

二、加大生态环境保护力度

良好的自然生态环境是人类赖以生存的基础，生态产品提供和生态系统服务是人类社会永续发展的重要保障。十九大报告明确提出，要实施重要生态系统保护和修复重大工程，优化生态安全屏障体系，构建生态廊道和生物多样性保护网络，提升生态系统质量和稳定性。完成生态保护红线、永久基本农田、城镇开发边界三条控制线划定工作。开展国土绿化行动，推进荒漠化、石漠化、水土流失综合治理，强化湿地保护和恢复，加强地质灾害防治。完善天然林保护制度，扩大退耕还林还草。严格保护耕地，扩大轮作休耕试点，健全耕地草原森林河流湖泊休养生息制度，建立市场化、多元化生态补偿机制。

（一）着力解决突出环境问题

习近平总书记强调，我们要解决好工业文明带来的矛盾，以人与自然和谐相处为目标，实现世界的可持续发展和人的全面发展。因此，我们要以建设美丽中国来推动建设清洁美丽世界。

1. 打赢蓝天保卫战

自大气污染防治行动计划实施以来，中国大气污染治理工作力度和措施强度前所未有，大气环境质量总体向好，但某些特征污染物和部分时段、部分地区恶化，对人民群众生产生活造成了较大影响。大气污染表现在天上，根子在地上，究其主要原因，是产业结构、能源结构、交通结构和生活方式等方面出了问题。为此，要持续实施大气污染防治行动，推进供给侧结构性改革，严格执行环保等标准，推动"散乱污"企业整治、重点行业污染源治理，加快不达标产能依法关停退出，要抓好北方地区清洁供暖，推动煤炭等化石能源清洁高效利用，减少重点区域煤炭消费；加强机动车尾气治理，提高铁路货运量，降低公路货运量。深化重点区域大气污染联防联控，有效应对重污染天气，让群众享有更多蓝天白云。

2. 加快水污染防治

当前，中国大江大河干流水质稳步改善。对此，要系统推进水环境治理、水生态修复、水资源管理和水灾害防治，抓好重点流域、近岸海域污染防治，大力整治不达标水体、黑臭水体和纳污坑塘，严格保护良好水体和饮用水水源，加强地下水污染综合防治。要实施流域环境综合治理和管理。流域是由山水林田湖草等构成的生命共同体，要将流域作为管理单元，统筹上下游、左右岸、陆地水域，进行系统保护、宏观管控、综合治理。要推进按流域设置环境监管和行政执法机构试点，调整现行以行政区为主的管理体制，增强流域环境监管和行政执法的独立性、统一性、有效性、权威性。要加强近岸海域污染治理，按照从山顶到海洋、海陆一盘棋的理念，坚持河海兼顾、区域联动，开展入海河流综合整治，加强沿海城市污染源治理，清理非法或设置不合理入海排污口，逐步减少陆源污染排放。要严控围填海和占用自然岸线的开发建设活动，推进海洋生态整治修复，增强污染防治和生态保护的系统性、协同性。

3. 强化土壤污染管控和修复

中国土壤污染总体状况不容乐观。因此，要以农用地和重点行业企业用地为重点，开展土壤污染状况详查。加强固体废弃物和垃圾处置，建立生活垃圾分类处理系统，提高危险废物处置水平，夯实化学品风险防控基础，防止污染土壤和地下水。要实施农用地土壤环境分类管理和建设用地准入管理，开展土壤污染治理与修复，保障农产品质量和人居环境安全。

（二）构建全国生态保护网络

自然生态保护是生态文明建设的重要任务之一，其主要措施是加大自然生态系统和环境保护力度、实施重大生态修复工程、增强生态产品生产能力、改善区域生态环境。面对生态安全的严峻形势和可持续发展的需求，强化自然生态保护和科学布局生态空间、构建国家生态安全格局，成为国家发展战略和安全战略的重要内容。

1. 构建全国生态廊道

由于我国大多数自然保护区是"抢救式"运动的结果，缺乏科学评估，且保护区的选址和管理有待优化，导致大多数物种生存环境呈现出被人类活动区域所包围的"孤岛"格局，存在明显的保护空缺，难以满足生态保护的需求。如果能通过建立生态廊道（Ecological corridor）、绿道（Green-way）等生态网络，将孤立的自然保护区连接起来并形成保护区网络，建立全国性生态廊道，并识别出保护欠佳的重要生态功能区，将其纳入已有的自然保护区体系中，将可以显著提高生物多样性保护的效率。[1]

生态廊道是指具有污染过滤、生物多样性保护、防风固沙、洪水调控、景观隔离等多种功能的廊道类型。重要生态战略节点一般指在生态廊道上起到"跳板"或"踏脚石"功能的区域，对生态廊道作用的发挥意义重大。由于人为因素和自然因素的干扰，我国目前的生态保护区域大多呈

---

[1] 参见宋晓龙等：《黄淮海地区跨流域湿地生态系统保护网络体系优化》，《应用生态学报》2012年第2期。

非连续分布状态，区域间缺乏连接，为生态过程与功能保护带来了困难。因此，为实现对生态系统过程与功能的连续性保护，急需合理辨识和规划生态廊道和生态战略节点，构建完整的国家生态安全格局。在生态廊道的建设规划中，连接性（Connectivity）是一个非常重要的考虑因素。生态系统的连接性是一个多维（Multi-dimension）概念，包括横向连接性、纵向连接性、垂向连接性，即3D连接性，甚至还有随时间变化的连续性。

2. 保护生物多样性

生物多样性保护战略应加强层次性和多维性，其不仅要关注目标物种本身，还要考虑其所在的生态系统和有关生态过程；不仅重视保护区，还应重视保护区与周围环境的关系。[①]

构建生物多样性维系格局时，要重点关注稀有程度和濒危等级高、受威胁程度大的关键物种和生态系统，并选取重要的动植物物种和生态系统，开展濒危性、特有性及重要性评价，遴选关键物种和生态系统的分布信息，确定其分布范围及当前保护空缺，识别关键生态斑块、生态廊道和生态战略节点，设置生态缓冲区。同时，应注重保持自然生态系统的完整性与连通性，以维护物种和生态系统存活的最小面积为原则，最终确定生物多样性维系格局。[②]

（三）开展国土绿化行动

按党的十九大的总体部署，我国将启动大规模国土绿化行动，力争到2020年森林覆盖率达到23.04%、到2035年达到26%、到本世纪中叶达到世界平均水平。

1. 大力实施国土绿化行动

开展国土绿化行动，要继续实施国家重点林业工程。要抓好"三北"防护林体系、京津风沙源治理和退耕还林、天然林保护等国家重点林业生态工程建设，加大黄土丘陵地区、土地荒漠化地区退耕还林力度，尽快启

[①] 参见 Margules CR, Pressey RL. Systematic conservationplanning. *Nature*，2000，405：243—253.

[②] 参见徐德琳、邹长新等：《基于生态保护红线的生态安全格局构建》，《生物多样性》2015年总第23期。

动实施绿洲地区、高原地区特色林果建设工程,为富民强林增添活力。

要加快完善资金保障机制。将国土绿化作为重要的民生工程和公益事业,加大中央财政对国土绿化支持力度,对营造国家重点生态林建议实行全额预算并纳入国家生态补贴范围。要全面实施中央财政造林补贴制度,建立国家国土绿化差别化投入标准制度,改变全国"一刀切"的现状。要加大对国土绿化节水灌溉的支持力度,大力加强国土绿化节水灌溉工程建设,将国土绿化灌溉设施纳入农机具补贴范围。要积极推进集体林权制度改革,对国有荒山、荒沙、荒地进行拍卖,在土地利用规划中允许一定比例用于其他建设,鼓励多种经济成分投资国土绿化。

要加强国土绿化的科技创新。重点研究干旱半干旱地区植被重建的基础理论,对不同地类宜林性质进行分类和评价。大力选育抗旱、抗盐、抗病虫害的林木良种,积极推广节水、保水、灌溉新技术。要因地制宜选择国土绿化模式,在有灌溉条件的地区,加大乔木林营造力度,建立防护林网络。

要建立国土绿化绩效考核制度。完善考核体系与办法,把国土绿化作为地方各级党委、政府和主要负责人任期目标责任制和年度考核的重要内容。国土绿化成效的评价除采用森林覆盖率外,建议同时采用林木绿化覆盖率指标,以引导各地根据其自然条件开展灌木造林和经济林培育。①

要继续大力推进全民义务植树运动。无论是从增强国民的生态保护意识来看,还是从国土绿化的实效角度来看,全民义务植树运动都有必要继续开展下去。但应充分考虑时代发展特点,考虑把"义务"的法律强制性改为自愿性,通过宣传和道德的力量使义务植树成为国家倡导、国土绿化部门服务、公民自觉自愿参与的公益劳动。②

2. 推进水土流失综合治理

水土流失对生态环境的危害巨大。中国是世界上水土流失最为严重的国家之一。遥感调查结果表明,我国水土流失面积呈现扩大的趋势。严重

---

① 参见曹清尧:《对我国干旱半干旱地区国土绿化的思考》,《求是》2010年第19期。
② 参见李卫红、严耕、李飞:《全民义务植树运动历史回顾及改革建议》,《北京林业大学学报(社会科学版)》2013年第3期。

的水土流失，恶化了生存环境，危及国土、国家粮食、生态及饮水安全，已成为中国重大的环境问题。水土流失后、泥沙沉积后，由于其结构不稳定，土地沙化现象更加严重，还会造成原地表结构不稳定，进而出现沙尘暴危害。我国人均耕地面积本就不大，水土流失进一步造成耕地面积的不断减少，可能造成粮食安全危机。①

为此，要加强水土保持科学研究，探索有效控制水土流失、有效控制土壤侵蚀、提高土地综合生产力的措施，加大水土保持科学普及和技术推广工作。要应用遥感、地理信息系统和全球定位系统等高新技术，建立全国水土流失监测网络和信息系统。要推广先进的水土保持技术，加强产学研合作，破除成果转化壁垒，使其尽快转化为生产力。要围绕生产和治理的需要，积极开展水土流失规律研究，进行关于水土保持规划、措施、管理、效益等方面的试验，推广科学的治理技术和制度，提高水土保持综合治理的科技含量。②

要加大中央财政的投入，通过财政转移支付、征收水土保持生态补偿费、建立水土保持生态建设基金等方式，形成水土保持建设、保护和补偿长效机制。要改革投融资体制，多渠道、多层次筹措资金，在水土保持资金的使用管理上引入竞争机制、激励机制，引导农户自觉进行水土流失治理，实行以物代补、以奖代补、以息代补和"大干大支持，小干小支持，不干不支持"的原则，允许对群众投工投劳实施的水土流失治理工程在资金上给予补偿，充分调动农民积极性。③

要着力推进七大重点防治工程。国家正式公布的《全国水土保持规划（2015—2030年）》明确了国家层面开展的七大重点防治工程：在重要江河源头区、重要水源地和北方水蚀风蚀交错区开展预防为主的重点工程；在水土流失严重地区、坡耕地相对集中地区和侵蚀沟分布密集地区开展以治理为主的重点建设工程；在水土保持开展较好、成效显著的地区实施水土

---

① 参见刘延柱：《生态修复与水土流失治理之我见》，《资源与环境》2015年第19期。
② 参见田卫堂、胡维银、李军、高照良：《我国水土流失现状和防治对策分析》，《水土保持研究》2008年第4期。
③ 参见杨邦杰、严以新、汪庆发：《加强水土流失治理 促进生态文明建设》，《中国发展》2015年第2期。

保持生态文明建设示范工程。要依据全国规划抓紧制定专项规划，将现有水土保持重点工程进行整合和分类，在区域上尽可能做到不重复，突出防治重点。

要完善水土保持法律政策，强化制度建设。不断完善水土保持法律法规体系和监督执法体系，各级政府要从当地实际出发，制定配套法规，提高法规政策的针对性和可操作性，减少自由裁量权和执法随意性。要认真落实"三权一案三同时"制度，强化执法监督，有效地控制人为造成新的水土流失。完善相关配套制度，如政府水土保持目标责任制、水土保持监督检查制度、水土保持生态补偿制度、重点工程建设管理制度等，使水土保持走上法制化、制度化、规范化轨道。①

（四）加强森林草场耕地保护

森林、操场、耕地保护是生态文明建设的重要组成部分，也是生态系统保护的核心内容。十九大报告强调，要完善天然林保护制度，扩大退耕还林还草。严格保护耕地，扩大轮作休耕试点，健全耕地草原森林河流湖泊休养生息制度。

1. 完善天然林保护制度

天然林作为我国森林资源的主体部分，占地面积达到全部林地总面积的75%，并且天然林生态稳定性比较高，能够充分保证农业的可持续发展。天然林保护工程可以有效改善我国的生态环境和生物的多样性。目前，我国天然林保护工程中还存在很多的不足之处：一是天然林流失严重；二是天然林的质量差异较大，主要表现为国有林业与集体林业的质量差异；三是低龄化采伐严重，低龄化采伐会对天然木材质量造成一定的负面影响，不利于天然林的恢复与可持续发展。②

按国家战略规划，到2020年，天然林保护应达到以下目标：全面完成天保工程二期目标，科学实现天然林保护在全国的全覆盖，基本建成比较完备的天然林保护制度体系。实现上述目标需要努力完成以下6项任务：

---

① 参见刘震：《全国水土保持规划主要成果及其应用》，《中国水土保持》2015年第12期。
② 参见马艳平、曹世强：《天然林保护工程的环境善治研究》，《乡村科技》2017年第4期。

一是按照"三步走"的工作部署,有序停止天然林的商业性采伐。从2017年开始,通过协议,逐步停止全国集体所有的天然林的商业性采伐。二是建立健全天然林管护体系,把全国所有的天然林都保护起来。建立更加高效完备的管护体系,实现管护队伍专业化、管护手段现代化、管护设施标准化。三是加强森林培育,不断提升天然林生态功能。对于新纳入的天然林保护区域,要按照"保护优先、自然修复为主"的原则,加大封山育林力度。四是加强管护基础设施建设,不断提高天然林保护的现代化水平。加强高科技设备和信息系统的装备和应用。结合现有投资渠道,加大巡山护林道路和防火应急通道建设,加大对病虫害防治等基础设施的投入。五是建立天然林保护制度,不断提高天然林保护的法治化水平。在《中华人民共和国森林法》修改时要加入天然林保护的相关内容,研究制定天然林保护条例,形成长效机制。对现有天然林保护的各项规章制度进行修改完善,逐步制定和出台天然林保护的各项规范、标准。六是加大投入,落实配套政策,努力提高职工群众生活水平。促进林区基本公共服务均等化,切实解决林区行路难、就医难、上学难等突出问题。①

2. 扩大退耕还林还草

退耕还林就是从保护和改善生态环境出发,将易造成水土流失的坡耕地有计划、有步骤地停止耕种,按照适地适树的原则,因地制宜地植树造林种草,恢复林草植被的过程。退耕还林工程自实施以来,其生态效益、经济效益和社会效益愈益明显,有效推动了生态文明建设。2014年,国家启动了新一轮退耕还林工程,无论是对改善生态环境还是对调整农村产业结构、推动农村经济发展转型和增加农民收入都具有极其深远的意义。新一轮退耕还林还草工程的启动,标志着我国的林业生态补偿制度进入新阶段。新一轮退耕面临的突出问题是大量25度以上坡耕地被划为基本农田,退耕地块落实难、零星分散,生态效果难以体现。退耕补助标准低,直接或间接挫伤了部分群众的积极性。②

---

① 参见本刊特稿:《国家林业局:2020年我国天然林保护目标确定》,《国土绿化》2015年第12期。

② 参见谢晨、王佳男等:《新一轮退耕还林还草工程:政策改进与执行智慧》,《林业经济》2016年第3期。

要加快完善经济补偿机制。要特别重视在退耕中将农民的损失尽可能降到最低,更加注重用经济补助来调动群众参与的积极性,建立更灵活、更合理、更有导向性的经济综合补偿方案,以此来促进退耕还林还草的实施。要加强度政府退耕补贴工作的重视,补贴政策应严格实施补贴资金专款专用、粮款专库专户储存、独立核算等措施。① 要调整新一轮退耕还林补助标准,探索市场补助手段。要延续前一轮退耕还林的补助方式,根据物价、经济发展水平提高新一轮退耕还林补助标准,南方退耕还林每年补助 5250 元/hm², 北方补助 3750 元/hm², 还经济林补助 10 年,并将种苗造林费补助提高到 7500 元/hm² 以上。同时,要在符合条件的地方积极开展生态竞标、碳汇、退耕补助等市场化生态补偿手段,分区施政,提高退耕补助标准,延长补助期限。

要完善退耕林地后期经营管护政策。允许将退耕还林地纳入森林抚育补贴范围,落实管护主体和责任,确保退耕还林地的经营管护和成效巩固。要鼓励建立退耕还林防灾基金,专门用于退耕林地的病虫害防治和因牲畜、病虫害、火灾、风灾、旱灾等导致的灾害损失。要有针对性地开展相关农业项目,将不适合耕地的地块根据其地质特点,尝试进行林果产业化、旅游产业化、绿色食品产业化等经营方式,促进区域经济可持续发展。可在气候条件适宜的地区建设中草药等品种的繁育基地,使其成为退耕中后续产业发展、农民收益的新的增长点。②

3. 建立轮作休耕制度

随着我国经济发展进入新常态,农业发展环境和农产品供需关系发生深刻变化。党的十八届五中全会提出,要在部分地区实行耕地轮作休耕。2016 年的《中央政府工作报告》和中央"一号文件"对探索实行耕地轮作休耕制度试点提出了明确要求。农业农村部等部门联合印发《探索实行耕地轮作休耕制度试点方案》,在六大区域内的地下水漏斗区、重金属污染区、生态严重退化区开展耕地轮作休耕制度试点工作。耕地轮作休耕的目

---

① 参见宗瑜:《退耕还林还草的现状及问题分析》,《中国农业信息》2016 年第 7 期。
② 参见苏冰倩、王茵茵、上官周平:《西北地区新一轮退耕还林还草规模分析》,《水土保持研究》2017 年第 4 期。

的不仅是为了使耕地得以休养生息，也是为平衡粮食供求结构矛盾。轮作休耕作为一种合理的耕地利用方式，对我国耕地的利用质量和粮食安全将产生深远影响。目前，我国尚存在休耕补贴标准偏低、休耕保护与合理安置休耕农民、退出耕地非农化等问题。

为解决上述问题，一要抓紧明确轮作休耕的规模和试点区域。轮作休耕的区域范围要以保障粮食安全为前提，要将其尽量控制在资源环境约束紧张和生态严重退化地区，如东北冷凉区、北方农牧交错区、河北省黑龙港地下水漏斗区、西南石漠化区、西北生态严重退化区、南方重金属污染区等地。要坚持轮作为主、休耕为辅的轮作休耕计划，耕地优良地区尽量不实施休耕，避免大规模、大范围开展，确保粮食供给安全。①

二要合理制定轮作休耕区的耕地补贴及配套政策。对漏斗区和生态严重退化地区的休耕补偿可以采取两类方式：一是基础补偿，主要是直接对休耕农户的粮食补助；二是可持续生计补偿，主要是对休耕农户的转移就业和创业项目的补偿。对中重度重金属污染区耕地可由政府回购，设立重金属污染治理和修复专项基金，并支付中标公司治理费用，要求其优先聘用休耕农户。对于休耕区复耕农户的补偿要加强就业导向性，加大对粮食生产主体的金融与保险支持。

三要实施自愿—竞争的协商型补贴机制。在实施耕地轮作休耕过程中，关键是要保证农民的收益，才能提高农民自愿参与的积极性。根据不同区域、不同耕地的具体情况以及农产品市场行情、机会成本和政府财政状况，在各地区制定差异化的最高补偿标准，组织农民申请参与轮作休耕计划。农民可根据自己的意愿提出愿意接受的最低补偿标准，政府可根据农民自愿申请及所提出的补贴标准，对农民休耕申请进行分析和筛选，对符合条件的，可准予休耕并按补贴标准对农民进行补贴。协商型补贴方式既发挥了农民的自主意识，又能保证农民轮作休耕后的收益，从而提高了农民参与的积极性。

---

① 参见寻舸、宋彦科、程星月：《轮作休耕对我国粮食安全的影响及对策》，《农业现代化研究》2017年第4期。

三、坚持和完善生态文明制度体系

2013年5月24日，习近平总书记在中共中央政治局第六次集体学习时强调，只有实行最严格的制度、最严密的法治，才能为生态文明建设提供可靠保障。党的十九届四中全会强调，坚持和完善生态文明制度体系，促进人与自然和谐共生。生态文明建设是关系中华民族永续发展的千年大计。为此，必须践行绿水青山就是金山银山的理念，坚持节约资源和保护环境的基本国策，坚持节约优先、保护优先、自然恢复为主的方针，坚定走生产发展、生活富裕、生态良好的文明发展道路，建设美丽中国。

（一）用最严格法治保护环境生态

保护生态环境必须依靠制度、依靠法治。近几年来，习近平总书记多次对祁连山、秦岭南麓、青海木里、新疆卡拉麦里自然保护区等地破坏生态、违规建别墅、毁林采石采矿的行为作出重要批示，要求严肃查处整改，坚决抓住不放，一抓到底，不彻底解决绝不松手。

1. 加快健全环境法律法规体系

要克服环境与资源利用对自然环境的负面影响，市场机制将发挥越来越重要的作用，但政府作为主导角色制定的法律和规制，其对环境经济的发展尤其是在起步阶段的作用非常关键。因此，要健全环境法律法规体系，严格环境执法，研究制定应对气候变化法、节水法、绿色消费促进法及节能评估和审查条例，修订环境保护法、循环经济促进法等。同时，要及时清理与生态文明建设相冲突的法规，增强可操作性。更为重要的是，必须加强法律监督、行政监察、舆论和公众监督，加大违法成本，真正做到违法必究、执法必严。

在制度选择上，政府主要运用规制和直接干预的方式影响市场组织、社会和个人的环境行为，包括根据有关法律法规直接规定可以排放污染的数量及方式，来实现环境保护的政策目标。从标准类型上看，可分为技术标准和执行标准两类：前者指政府对企业采用的污染控制技术进行强制性规定，后者指政府对企业的产量或排污量进行强制性限制。管制是指政府要求一部分人或机构履行一定行为的行动方案来控制污染物的排放,管制手段包括标准、法令、禁令等。在我国,主要以环境标准、总量控制、申报许可、限期治理、污染物集中控制、关停并转、环境资源规划、环境影响评价、环境监察与监测等形式体现。

2. 促进生态文明治理从管制走向规制

传统的环境治理大多采用的是管制的思路,即以政府对市场主体(包括企业和个人)的直接监管为主。而这种管制是单向的、缺乏有效反馈渠道的,"拍脑袋"决定的政策措施屡见不鲜,"水土不服"的现象自然难以杜绝。而规制的思路比管制有两大进步:一是规制主体与市场主体之间的关系变单向为双向,顶层设计与"摸着石头过河"相结合,制度和政策的制定来自对实际情况的清醒认识和深刻了解,而实施过程中市场主体有畅通的反馈渠道可向规制主体反映问题和需求,以进一步改善和健全制度和政策。二是规制主体多元化,不再是政府自说自话、唱独角戏,而是由政府、中介组织、公众共同组成多元规制主体,各司其职、优势互补,实现政府治理、市场治理、社会治理的叠加效应。在规制思路引导下的生态文明建设体制可以充分发挥"看得见的手"与"看不见的手"的共同作用,尤其要健全社会参与机制,加快部门职能分工调整,使行业全面向市场开放,以实现环境监管和行政执法独立。这与党的十九大提出的"共同参与的环境治理体系"的总体思路是相一致的。

(二) 实施三条控制线划定工作

生态文明建设要有底线意识,不能超越自然生态系统自我修复的阈值。要加快完成生态保护红线、永久基本农田、城镇开发边界三条控制线划定工作,并在实践中确保严守红线。

1. 生态红线划定与实施

生态红线的概念是2011年在国务院发布的《关于加强环境保护重点工作的意见》中首次出现的。《中华人民共和国环境保护法》(2014年修订版)首次将生态保护红线写入法律。生态保护红线是国家依法在重点生态功能区、生态环境敏感区和脆弱区等区域划定的严格管控边界,是保障和维护国家生态安全的底线和生命线。生态保护红线不是"推倒重来",也并非要重新划定新的保护地，而是将现有的重要保护地整合为完整的生态保护体系，同时将现有的保护空缺区域纳入保护体系之中。生态保护红线具有明确的空间边界，保护对象是对维护生态安全格局、保障生态系统功能、实现可持续发展具有关键性作用的区域[①]。

由于生态保护红线具有明显地理边界，合理整合了多部门的生态保护成果，为国家生态安全格局的构建与优化提供了新的思路。划定和确立生态保护红线，要实现一条红线管控所有重要生态空间，确保生态功能不降低、面积不减少、性质不改变。红线一旦划定，就将纳入国家生态保护体系，作为构建国土空间布局体系的基础，由国家统一实行数据库管理。生态保护红线不分国家级和地方级，以自上而下和自下而上相结合的方式形成全国"一张图"。

2. 永久基本农田划定与实施

永久基本农田是指按照一定的耕地质量等级，综合考虑地力条件、水利条件和区位条件等因素划定的最值得保护的耕地[②]。也可以这样理解：永久基本农田是按照一定时期人口和经济社会发展对农产品的需求，依据土地利用总体规划确定不得占用的耕地。永久基本农田一经划定，在规划期内必须严格保护，除法律规定的情形外，不得擅自占用和改变。划定永久基本农田，不仅有利于保障国家粮食安全，还可兼顾促进农业现代化发展、促进城乡统筹发展、保障生态文明建设等复合功能和多重目标[③]。

中共中央、国务院于2017年1月印发的《关于加强耕地保护和改进占补平衡的意见》明确提出，将永久基本农田划定作为土地利用总体规划的规定内容，在规划批准前先行核定并上图入库、落地到户，并与农村土地承包经营权确权登记相结合，将永久基本农田记载到农村土地承包经营权证书上。粮食生产功能区和重要农产品生产保护区范围内的耕地，要优先划入永久基本农田，实行重点保护。要强化永久基本农田对各类建设布局的约束，各地区各有关部门在编制城乡建设、基础设施、生态建设等相关

---

① 参见高吉喜：《国家生态保护红线体系建设构想》，《环境保护》2014年第2期。
② 参见殷海善、刘军芳：《优质耕地永久保护研究》，《山西农业科学》2010年第4期。
③ 闫刚、卢丽华、王克强：《扎紧耕地保护的"篱笆"》，《中国土地》2015年第2期。

规划、推进"多规合一"的过程中，应当与永久基本农田布局充分衔接，原则上不得突破永久基本农田边界。一般建设项目不得占用永久基本农田，重大建设项目选址确实难以避让永久基本农田的，在可行性研究阶段，必须对占用的必要性、合理性和补划方案的可行性进行严格论证，并通过国土资源部用地预审。严禁通过擅自调整县乡土地利用总体规划，规避占用永久基本农田的审批。将严格永久基本农田划定和保护与规划调整、产权保护、多规合一、建设选址紧密结合，有利于堵住现行制度执行中存在的"漏洞"。要充分发挥土地利用总体规划的整体管控作用，从严核定新增建设用地规模，优化建设用地布局，从严控制建设占用耕地特别是优质耕地。要实行新增建设用地计划安排与土地节约集约利用水平、补充耕地能力挂钩，探索建立土地用途转用许可制，强化非农建设占用耕地的转用管控。① 永久基本农田划定要做到"三个不能变"，即法律依据不能变、数据基础不能变、技术标准不能变。

  永久基本农田的划定要立足应保尽保，优先划入优质耕地。应保尽保就是要充分依据现有的成果和现代化的技术手段，准确摸清优质耕地底数、查清可划潜力，确定应划未划优质耕地的数量和位置，确保永久基本农田划得准、落得下。应先采取"排除法"，再按照耕地质量由高到低的顺序落实永久基本农田保护任务。优质耕地的确定要从本地实际出发，在划定中要坚持"两个优先"：一是将城镇周边、交通沿线两侧易被占用的优质耕地优先划入永久基本农田；二是将已建成的高标准基本农田优先划入永久基本农田，切实解决"划远不划近、划劣不划优"问题。②

  值得特别注意的是，城市边缘区作为永久基本农田划定的对象，是高度敏感地带，需分别进行耕地质量评价以及立地条件评价，以构建城市边缘区永久基本农田划定指标体系。要符合国家政策对于基本农田保护及特大城市、省会城市周边优先划定永久基本农田的要求，也要符合城市边缘区社会经济功能作用逐步高于土地生产功能的趋势。要根据《基本农田保护条例》和《中华人民共和国土地管理法》的规定，按耕地质量评价分值

---

① 参见董祚继：《新时期耕地保护的总方略》，《中国土地》2017年第2期。
② 参见杨雅迪、谢量雄：《永久基本农田保护三题》，《国土资源》2015年第8期。

从大到小的顺序进行排列,直至达到规划规定的基本农田保护面积为止。永久基本农田划定既要考虑城市边缘区耕地质量,又要确保划定的永久基本农田优质稳定。① 要将永久基本农田红线与划定城市开发边界和生态保护红线工作协同推进。人口超过 500 万的城市原则上以允许建设区边界作为城市开发边界,其他区域的优质耕地要优先划为永久基本农田。人口在 500 万以下的城市,应从严确定城市开发边界后,其他区域的优质耕地要优先划为永久基本农田,在保护好优质耕地的同时,倒逼城镇化集约化发展。

3. 城镇开发边界划定与实施

近几年,随着城镇化的快速推进,粗放式、外延式发展模式产生的城市蔓延等问题对土地的有效开发、空间的优化利用造成了重大影响。合理划定城镇开发边界、优化城镇空间结构是引导城镇转变扩张型发展模式、引导城镇有序发展、提高国土空间利用效率、促进城镇高效与可持续发展、缓解耕地与生态保护压力的重要手段。

我国关于城市开发边界的相关概念内涵最早可以追溯到 2006 年《城市规划编制办法》中的"空间增长边界"一说。一般认为,增长边界是由基于生态安全提出的允许城镇极限增长的刚性边界与根据城镇用地规模划定的"弹性"边界组成的边界体系,是针对城镇快速扩张及无序蔓延提出的技术解决方案和空间政策响应。

2013 年,中央城镇化工作会议首次明确提出了"城市开发边界"的概念。《国家新型城镇化规划(2014—2020 年)》提出,城市规划要由扩张性规划逐步转向限定城市边界、优化空间结构的规划,要合理确定城市规模、开发边界、开发强度和保护性空间,要合理控制城镇开发边界,优化城市空间结构,促进城市紧凑发展,提高国土空间利用效率。2014 年,原住建部和国土资源部联合要求对 14 个试点城镇进行城镇开发边界的划定。2015 年 1 月,首批 14 个试点城市开发边界划定工作已经基本完成,并取得了初步成效。

---

① 参见边振兴、刘琳琳等:《基于 LESA 的城市边缘区永久基本农田划定研究》,《资源科学》2015 年第 11 期。

城镇开发边界是以科学预测城镇土地开发潜力为前提,在兼顾粮食生产安全、保障城镇发展的同时,遏制镇域建设用地空间无序蔓延,划分城镇建设用地与非镇建设用地空间的界线。城镇开发边界与城市开发边界都是为了管控建设用地空间无序蔓延而划定的控制边界。[1] 合理划定城镇开发边界,要理性预测城镇建设用地的极限规模与发展规模,重点对城镇内部的存量用地进行再开发的潜力评估,将闲置用地和低效用地中的适宜再开发用地划入弹性边界范围内,减少城镇开发对生态环境、土地资源的消耗[2]。

为此,应强化对城镇开发边界的动态监督管理。要综合利用遥感技术开展定期监测,将开发边界外保护情况纳入政府考核事项,建立长效监督评价管理机制。要严格开发许可制度,严格禁止未批先建、超标违建等行为。对城镇开发边界的调整必须事先对修改缘由、必要性、调整内容等关键要素进行全面评估,通过严格的第三方评估程序,将评估结果上报审批。同时,要提高对城镇开发边界的公开化程度,提高公众信息可得性和认知度,充分发挥公众监督作用。[3]

(三) 以新发展理念引导政绩观转变

在中国的现实条件下,政府在经济社会发展中起着主要的推动作用。发展观的转变最终要落实到政府政绩观的转变上。要保证政府在向低碳经济转型的发展中扮演好"舵手"角色,对地方政府的绩效评估必须与发展观进行协同转变,需重新构造能充分引导和全面评估政府在推动低碳经济发展、促进人与自然和谐、实现社会公平等方面职能的政绩指标体系,引导国民经济向绿色经济转变。随着人与自然的矛盾日益尖锐、资源环境压力逐渐增大、社会贫富差距鸿沟渐深、城乡发展严重不平衡等问题的显性化,地方政府GDP政绩指标体系带来的种种弊端逐渐凸显,重新构建更

---

[1] 参见张焱、徐蔚奕等:《基于"多规合一"的城镇开发边界划定方法探析——以常熟市辛庄镇为例》,《国土资源科技管理》2017年第5期。
[2] 参见王景行:《存量规划视角下城镇开发边界的划定方法》,《建筑知识》2017年第11期。
[3] 参见张焱、徐蔚奕等:《基于"多规合一"的城镇开发边界划定方法探析——以常熟市辛庄镇为例》,《国土资源科技管理》2017年第5期。

加科学、更符合发展规律的地方政府政绩指标体系成为急需解决的问题。

1. 坚持五大发展理念

传统 GDP 指标忽视了经济发展对自然资源的消耗和对环境质量的影响。计算 GDP 时只包括生产性资产，并不包括经济发展对土地、矿产资源、森林等自然资源的消耗，也不包括经济发展所导致的空气、水等环境资源质量的降低。由于 GDP 忽视了对自然资源和环境资源的损耗，经济发展很容易陷入高耗能、高污染、高浪费的粗放型发展误区。传统 GDP 统计中包含环境保护费用以及防灾赈灾费，这可能造成"资源破坏和环境污染越严重，GDP 越高"的悖论。GDP 指标只反映经济发展水平而不能完全反映社会发展水平，容易导致对短期政绩的偏重和对长期发展的忽视，甚至造成"有增长，无发展"的局面。

生态文明导向下的政绩考核和政绩观塑造要坚持"创新、协调、绿色、开放、共享"五大发展理念。五大发展理念是"十三五"乃至更长时期我国的发展思路、发展方向、发展着力点的集中体现，也是改革开放 40 多年我国发展经验的集中体现，集中反映了我们党对我国经济发展规律的新认识。五大发展理念是在深刻总结国内外发展经验教训、深入分析国内外发展大势的基础上提出来的，反映了时代发展的新要求和人民群众的新期盼，实现了党的执政理念与发展规律认识的高度统一，是发展思路、发展方向的体现。

2. 建立党政同责、一岗双责的考核机制

考核机制的设计要兼顾中央政府工作重点和对地方政府工作的导向作用。在政府政绩考核中，一是要突出绿色发展的导向。环境和发展并不是一对二元对立的矛盾体，发展中的问题仍然要以发展来解决。绿色发展意味着对过去粗放式发展方式的反思，但并不意味着要为了环境目标而牺牲发展目标，而是旨在实现更具长期竞争力、更加可持续的发展。二是政绩考核要体现促进人的全面发展、人的素质的全面提高和社会的全面进步。三是要突出自然资源和生态环境保护，要解决单纯追求 GDP 增长而导致资源日益枯竭、污染严重等问题，重点应涉及资源、消耗、温室气体排放等指标。

2015 年 7 月，中央深改组通过了《党政领导干部生态环境损害责任追究办法（试行）》，涉及制定依据、制定目的、适用对象、追责对象、追责原则、追责事由、追责主体、考核评价、追责程序、责任形式、追责申诉、追责后果、公正追责等内容。在环保领域推行"党政同责、一岗双责、失职追责"，体现了党和政府对生态文明建设领域责任机制的重视。追责对象既涉及地方党委和中央有关部门等党组织的领导，也涉及地方政府和国家机关等有关工作部门，如生态环境部、水利部、自然资源部、国家林业和草原局、国家海洋局等；既涉及地方领导，也涉及中央和国家机关领导。正因为把能涉及的"关键少数"领导都纳入失职追责体系，体现权责的一致性，才能保证追责具有足够的威慑力，保证权力行使的科学、公正和公平。追责事由可以归纳为以下4类：一是决策、审批和文件制定不科学甚至违法类，二是消极履职类，三是故意违法类，四是违法干预类。

要加快实施自然资源资产离任审计。党的十八届三中全会提出对领导干部实行自然资源资产离任审计，建立生态环境损害责任终身追究制。自然资源资产同样存在保值增值和贬值的问题，开展领导干部自然资源资产离任审计，有利于改变"唯GDP"的政绩观，可以遏制领导干部为了追求GDP而掠夺式地使用自然资源以及漠视生态环境的行为，进而在任职期内承担起合理利用、有效开发自然资源资产的责任。将资源资产变化和生态环境损害纳入对领导干部责任追究的范围，可以有效引导领导干部履行环境职责，有利于对资源环境资产的保护。[1] 需要加快修改完善《党政主要领导干部和国有企业领导人员经济责任审计规定》，明确企业、政府党政领导人的具体资源环境保护责任及相关处罚的具体规定。[2]

（四）健全环境保护制度体系

制度约束被普遍认为是推动绿色发展的关键因素之一，资源消耗强度下降和生态环境质量的提升本质上是资源环境技术进步、管理水平提高以

---

[1] 参见马志娟、宗新星：《自然资源资产离任审计及责任追究研究》，《财政监督》2016年第8期。
[2] 参见刘长翠、张宏亮、黄文思：《资源环境审计的环境：结构、影响与优化》，《审计研究》2014年第3期。

及体制机制创新的综合结果。路径依赖理论也说明，要打破传统的发展路径，必须引入外生力量。"波特假说"认为，严格但设计恰当的环境规制（特别是基于市场的环境政策如税收、污染排放许可等）能够激励创新并能部分甚至完全抵消遵循环境规制的成本，使厂商在国际市场上更具竞争优势[①]。

健全生态文明制度体系是一个系统工程，需要考虑多方面的影响，包括制度制定与执行成本、可行性与可操作性、实施时机选择、利益相关方的博弈等。要考虑整体的制度和政策环境，全盘规划、系统协调，避免环境制度体系内部以及与其他制度之间的冲突，尽力达成政策系统的协同效应。环境制度的制定也是可能影响企业创新反应的关键因素，尤其要考虑到其严谨性、灵活性和不确定性。在明确制度目标和制定原则的基础上，加强顶层设计是重中之重。

1. 改进资源环境经济核算制度

所谓资源环境经济核算是在原有国民经济核算体系基础上，将资源环境因素纳入其中，核算描述资源环境与经济之间的关系，为分析、决策和评价资源环境与经济的关系提供数据依据。[②] 中国的环境经济核算工作起步相对较晚，目前仍处于探索和试行的阶段，但我国环保部门和统计部门已经编写了《中国环境经济核算技术指南》。在实物量统计技术上，卫星遥感技术、实地清查测量、地质勘探等技术手段的快速发展，已可以支持获取高精度的土地、矿产、森林和生物等资源以及污染排放在数量、结构及分布方面的信息。"影子价格""成本法""市场法""收入损失型估价方法""择价法""维护成本型估价方法""民意调查法"等资源环境价值核算技术也日趋成熟。[③] 尽快制定资源环境实物量核算体系框架，既要考虑存量也要考虑流量。要在实物量核算基础上研究制定资源环境价值量核算办法，借鉴国际资源价值估算成熟经验，结合中国现阶段的国情和国力，科学合理地核算资源环境价值，为环境经济政策奠定标准基础。要充分发

---

① 参见 Porter M E. Toward a new conception of the environment-competitiveness relationship. *Journal of E-conomic Perspectives*，1995，9（4），97—118。
② 参见胡文龙：《自然资源资产负债表基本理论问题探析》，《财政金融》2014 年 4 月（上）。
③ 参见姚霖、余振国：《自然资源资产负债表基本理论问题管窥》，《管理》2015 年第 2 期。

挥我国改革开放以来分区实验、试点探索的宝贵经验，加快推进环境经济综合核算试点示范，解决环境经济综合核算制度建立的难点和障碍，为建立全国性的综合环境经济核算体系探索经验。①

2. 强化排污者责任制度

实施排污许可制是强化排污者责任的重要举措，是提高环境管理效能、改善环境质量的重要制度保障。要根据国家和地方标准，准确确定污染物许可排放浓度。要合法依规做好行业清理，对暂时不具备排污许可申请条件的企业也要纳入监管范围，明确其整改要求和期限。要与省级以下环保机构监测监察执法垂直管理制度改革相衔接，排污许可证核发主体主要在省、市两级。要进一步完善法律责任，确保各项处罚手段运用得当，推动排污许可制有效实施和严格监管。

3. 完善强制性环境信息披露制度

2016年，中国人民银行等七部委联合发布的《关于构建绿色金融体系的指导意见》，其中明确指出，逐步建立和完善上市公司和发债企业强制性环境信息披露制度，引导各类机构投资者投资绿色金融产品。中国的上市企业以后要实行强制性的环境信息披露，具体将分为"三步走"：第一步：2017年，强制要求属环保部门公布的重点排污单位的上市企业披露环境信息。第二步：2018年，要求所有其他上市公司实施半强制披露，即"不披露就解释"。第三步：到2020年，将强制环境信息披露要求覆盖到全部上市公司。

4. 完善生态补偿制度

生态补偿是指通过对损害（或保护）环境资源的行为进行收费（或补偿），以提高该行为的成本（或收益），从而刺激损害（或保护）行为的主体减少（或增加）因其行为带来的外部不经济性（或外部经济性），进而达到保护资源的目的。② 生态补偿机制的经济学基础是公共产品理论和外部性理论。通过生态补偿，可以有效防止生态资源配置的扭曲和低效率，

---

① 参见管鹤卿、秦颖、董战峰：《中国综合环境经济核算的最新进展与趋势》，《环境保护科学》2016年第2期。

② 参见毛显强、钟瑜、张胜：《生态补偿的理论探讨》，《中国人口、资源与环境》2002年第4期。

促进实现外部成本内部化。生态补偿的对象是损失性境遇,包括宏观的损失性境遇和具体的损失性境遇,具体来看,包括所有权的行使被限制、剥夺所造成的经济损失以及生态效益没有从受益者那里得到补偿的部分。利益相关者及其相互作用的环境共同构成了生态补偿的关系域。[①] 从狭义角度看,生态补偿是对由人类的社会经济活动对生态环境和自然资源造成的破坏以及对环境污染的补偿、恢复、综合治理等一系列活动的总称。广义的生态补偿还包括对因环境保护丧失发展机会的市场主体或公众进行的资金、技术、实物上的补偿、政策上的优惠以及为增进环境保护意识、促进环境技术创新而进行的科研、教育费用等支出。[②]

生态补偿标准的合理确定,是实现生态补偿公平价值目标的关键。在实践中,补偿标准的确定往往是在经济发展水平和对生态效益的需求间寻求平衡点。可以先根据机会成本来制定生态补偿标准,在实践中探索更合理的补偿标准确定方式,同时加强生态价值等基础性研究,并逐步向基于生态服务价值确定补偿标准的方向过渡。

生态补偿政策应涵盖流域、重要生态功能区、自然保护区、矿产资源开发、资源枯竭型城市、草地、森林、海洋等重点领域。政策体系设计要体现"谁污染、谁治理,谁破坏、谁恢复,谁受益、谁补偿"的原则。要完善自上而下的生态补偿转移支付政策,加大地方政府环境治理财力。应探索建立横向的生态补偿转移支付政策,以跨流域、区域性大气污染等重点领域为突破口,实现生态受益地区向生态受损区的合理经济补偿,建立基于自愿行为的利益均衡机制。环保、林业、水利等相关部门应有重点、有步骤地出台各自权责范围内的生态环境领域的生态环境补偿政策,清理部门法规和政策间相互冲突和重叠的部分,弥补漏洞和空缺,形成政策体系的系统性合力。

5. 实施环境污染强制责任保险制度

2015年9月,中共中央、国务院发布《生态文明体制改革总体方案》,

---

① 参见谢剑斌、何承耕、钟全林:《对生态补偿概念及两个研究层面的反思》,《亚热带资源与环境学报》2008年第2期。

② 参见李爱年、彭丽娟:《生态效益补偿机制及其立法思考》,《时代法学》2005年第3期。

要求在环境高风险领域建立环境污染强制责任保险制度。事实上，自2007年起，辽宁、四川、广东、湖南、江苏等地就开展了环境污染强制责任保险试点。然而，环境污染责任风险本身为低频高损风险，保险责任范围过窄，尚未建立通用的理赔定损规则，直接导致了保险赔付率的低下，投保企业与保险公司难以达成共识。地方环保部门与投保企业普遍反映环境污染责任保险赔付率极低。从四川省不完全统计数据情况看，其赔付率不到4%。比较而言，我国其他的一般责任保险赔付率在40%~60%[1]。深化环境污染强制责任保险试点，需要环保部门积极贯彻落实《关于环境污染责任保险工作的指导意见》，积极与相关保险公司沟通，逐步拓展试点的行业范围和区域范围，增强政策合法性、程序规范性、保险条款公平性。保险条款与保险限额需采取协商机制制定，可以在投保企业与保险公司之间建立协商机制，充分发挥行业协会作用，由环保部门、保监部门组织开展保险条款与保险限额协商工作。保险条款与保费限额由省级环保部门、保监部门共同发布，以增强保险产品的公信力。[2]

---

[1] 参见滕静：《探索环境经济政策的新举措 建立环境污染责任保险制度》，《中国环保产业》2010年第5期。

[2] 参见李萱、沈晓悦、原庆丹：《我国环境污染强制责任保险试点改革思考与建议》，《环境保护》2016年第2期。

第十三章 网络问题

中国已进入网络亦即互联网时代，中国社会已成为一个网络社会。截至 2018 年 12 月，"我国网民规模达 8.29 亿，普及率达 59.6"，"我国手机网民规模达 8.17 亿"，"我国网络购物用户规模达 6.10 亿"，"网络视频、网络音乐和网络游戏的用户规模分别为 6.12 亿、5.76 亿和 4.84 亿，使用率分别为 73.9％、69.5％和 58.4％"。"网约出租车用户规模达 3.30 亿"，"网约专车或快车 3.33 亿"。我国网民以 10～39 岁年龄段为主要群体，比例为 67.8％。"网民的人均周上网时长为 27.6 小时。"[①] 网络已经成为中国社会的一个有机组成部分。网络不仅对产业结构，而且对社会结构，对人们的观念、行为取向以及日常生活方式和人的潜能开发，均产生着极为广泛、深远而且是越来越大的积极影响。"中国网络社会的崛起，还不能仅从网民的个人行为去观察，更重要的是政府、企业或各种社会组织都已经争先恐后地进入了互联网，'互联网＋'已经成为政府行政、企业经营和社会组织活动是否跟上时代节拍、能否具有活力的一个标志。"[②]

同时，在中国特有的急剧而深刻的转型时代背景下，网络也催生出了一些社会问题。与已有以及以往的社会问题相比，互联网带来的问题正呈现出如下特征。

一、平等与不平等现象的同时催生

（一）网络对于平等的推动

网络对社会的一个重大积极意义在于其大幅度大面积地推动了平等的

[①] 中国互联网络信息中心（CNNIC）：《第 43 次中国互联网络发展状况统计报告》，中国互联网络信息中心网站，http://www.cnnic.net.cn/hlwfzyj/hlwxzbg/hlwtjbg/201902/t20190228_70645.htm.

[②] 刘少杰：《中国网络社会的发展历程与时空扩展》，《江苏社会科学》2018 年第 6 期。

进步,它使得总人口中占比越来越大的网民程度不同地拥有了某种平等表意及交流的平台和机会。

在网络社会当中,每个网民都能够在网上进行独立平等的表意。信息传递的渠道已不可能完全为少数人或少数群体所垄断,自媒体时代已经到来。正如尼葛洛庞蒂所形容的那样,"一个个信息包各自独立,其中包含了大量的讯息,每个信息包都可以经由不同的传输路径,从甲地传送到乙地。""正是这种分散式体系结构令互联网络能像今天这样三头六臂。无论是通过法律还是炸弹,政客都没有办法控制这个网络。讯息还是传送出去了,不是经由这条路,就是走另外一条路出去。"① 在这样的时代条件下,每一个网民都能够通过博客、微博、微信、帖子等各种各样的独立平等的发言平台,平等自由地表达自己的意愿和利益诉求,并就某个社会议题表达自己的观点看法,而无须依附于哪个权力中心,按照别人规定的统一口径来发声。

网民与网民之间能够进行平等的交流。与以往不同的是,网民在网络当中可以平等独立地交流。"在广大浩瀚的宇宙中,数字化生存能使每个人变得更容易接近,让弱小孤寂者也能发出他们的心声。"② 网民们可以按照自己不同的职业、不同的兴趣爱好、不同的专题等自由组合成一个个不同的交流人群和交流社区,而且在这些交流人群和交流社区当中,每个人无须经过谁的准许,便可以自由进入和自由退出。从一定意义上讲,这种交流没有门槛的限制,能够去掉财富多寡、权力高低、社会等级等种种不平等的限制,能够超越种族、宗教、年龄、性别等种种界限。

正因为网络大幅度大面积地推动了平等,以至于网络时代始初有人对这一现象作出了过于乐观的评估。"对于网络空间,有一个广为流传的代表了第一代网络人想法的观点,即网络空间无法被规制。它'无法被规

---

① 〔美〕尼古拉·尼葛洛庞蒂著,胡泳、范海燕译:《数字化生存》,海南出版社1997年版,第274页。
② 〔美〕尼古拉·尼葛洛庞蒂著,胡泳、范海燕译:《数字化生存》,海南出版社1997年版,第7页。

制',它'天生的能力'就是抵制规制。那正是它的性质、它的本质使然。"① 比如,福山当时对网络时代前景的预估现在看来与现实尚有不小的差距。他认为,"电缆信道、低廉的购物市场,或者朋友在因特网上相聚,选择自由已呈爆炸之势。一切等级制度,不论是政治的还是法人的,都遇到了压力,并开始走向崩溃。"②

(二) 网络催生一些不平等现象

对网络早期时代的乐观者来说,有些始料不及的是随着网络时代的进一步发展,一个明显的事实逐渐显现出来:互联网在推动平等的同时,也在制造一些新的不平等现象,而这些新的不平等现象又进而成为引发社会矛盾的一个重要源头。

1. 互联网开发服务商等多种利益集团对网民的控制

互联网开发服务商等多种利益集团与网民两者之间并非简单的互惠互利的关系,而是某种意义上的控制与被控制的关系。基于技术的垄断优势,网络开发服务商往往会通过网络运行基础条件的提供,利用用户对自己产品的依赖和忠诚度来制定种种有利于自己的运行规制,并以各种霸王条款、捆绑服务等多重方式来控制影响网民。

互联网开发服务商等多种利益集团通过种种网络运行规制以及网络专业技术,能够在一定程度上有效获取网民重要的私人信息和个人隐私,有效控制网民在网络当中的行为。阿桑奇发现,"进入大多数机构后,你会看到它从权力和庇护中汲取养分,并借助营销手法自我保护。""不管是肯尼亚政府还是瑞士宝盛,都在为自己谋利,它们建立起一整套狡猾的网络,成员一面从中获得好处,一面反过来支撑起网络,而普通人则被打入底层,处在劣势地位。"③ 另外,有数据显示,全球92.3%的个人计算机和

---

① 〔美〕劳伦斯·莱斯格著,李旭等译:《代码:塑造网络空间的法律》,中信出版社2004年版,第31页。
② 〔美〕弗朗西斯·福山著,刘榜离等译:《大分裂》,中国社会科学出版社2002年版,第4页。
③ 〔澳大利亚〕朱利安·阿桑奇著,任海龙译:《阿桑奇自传:不能不说的秘密》,译林出版社2013年版,第106页。

80.4%的超级计算机都采用了英特尔芯片，91.8%的个人计算机采用了微软操作系统，98%的服务器核心技术掌握在 IBM 和惠普手中，数据库软件的 89.7%被甲骨文和微软控制。①网民许多事关个人的财产、金融、爱好、隐私等重大事项的信息，在很大程度上已经为网络开发服务商所掌握，换言之，网络开发服务商已经控制了网民的某种命运。正如莱斯格所提醒的那样，"网络正在朝着一个特定的方向演进：从一个无法被规制的空间走向一个高度约束型的空间。网络的'本质'或许曾经是它的不可规制性，但该'本质'即将消逝。"②而且，更应当引起人们关注的是，这些极为重要的网络开发服务商又常常是来自同一个国家——美国。这就意味着，这一现象对于大多数国家和地区的国家安全来说是一个巨大的隐患。

2. 网络话语权的不平等

网民是一个极为庞大的人群，具体来看，又可分为不同类型的网民群体，而这些不同类型的网民群体在网络当中所处的位置很不相同：有的网民群体虽然人数很少，却拥有雄厚的网络信息资源和网络人脉，拥有先进的网络专业技术，拥有可观的资金基础，而且能够投入很大的精力，因而能够成为居于优势位置甚至是强势位置的网民群体，在网民群体等级序列中居于最高等级。从一定意义上讲，这是一个新型的、在一定程度上垄断网络社会话语权的、有着不小社会影响力的权力群体。这种情形是以往所没有的。与之不同的是，其他类型的网民群体，虽然人数众多，队伍庞大，但由于这些人只是具有上网阅读、聊天、评论、回帖、发送微博等最为基本的网络技能，没有多少资金投入互联网，也谈不上拥有多少网络人脉，因而不可避免地处在网络社会中的弱势位置。互联网社会中不同网民群体的信息拥有如此之不对称，互联网不平等现象如此之明显，由此可见一斑。况且，对于没有上网能力的一些社会成员如不少老年人、农村居民来说，这种不平等现象更加明显。

强势网民群体拥有着无可争辩的网络话语权。有统计显示，新浪微

---

① 参见陈宝国：《警惕美国滥用互联网掌控权》，《环球时报》2010 年 8 月 20 日。
② 〔美〕劳伦斯·莱斯格著，李旭等译：《代码：塑造网络空间的法律》，中信出版社 2004 年版，第 32 页。

博、腾讯微博中拥有 10 万以上粉丝的博主超过 1.9 万个，100 万以上的博主超过 3300 个，1000 万以上的博主超过 200 个。① 有的互联网"强人"甚至拥有数千万个粉丝，粉丝人数之多，甚至超过一个中等国家的总人口。这些网络强人影响之大，以至于被人称作"网络大 V"（即：在微博上拥有众多粉丝，在微博平台上享有 VIP 贵宾账户的个人）。这些网络大 V 们有着很大的社会影响力，甚至在一定程度上有着制造舆论热点、决定舆论走向的影响力。从某种角度可以说，网络大众生活、网络话语权、网络舆论在一定程度上是由少数人亦即强势网民群体所决定的。应当说，大多数大 V 只是忙于追求增多自己的粉丝人数、增大自己的社会话语权，还算是有着基本行为准则的底线。但少数大 V 则不然。比如，有的大 V 为了扩大自己的影响力，雇佣"水军"和"五毛党"用于特定题材的炒作。比如，傅学胜联系网络水军，以仅花 5000 元的代价就形成了巨大的"舆论攻势"；武汉唐某开办的"漫山公司"搭建了"水军十万"的网络平台，网上接单派活，其还掌控着大 V 微博账号 312 个，全部粉丝量达 2.2 亿。② 有的大 V 为了追求点击率，不惜制造谣言，翻手为云、覆手为雨，甚至指鹿为马，以至于最终锒铛入狱。再比如，网络大 V "秦火火"捏造某将军通过在外国跨国公司任职的亲属，进行利益交换的事实，还捏造国家某公益部门负责人拥有德国国籍的事实，③ 其结果是被陷害者饱受网络大 V 的诬陷攻击，而该网络大 V 则被法庭以诽谤罪和寻衅滋事罪判处 3 年有期徒刑。

与强势网民群体形成鲜明对照的是人数众多的弱势网民群体成员的表现往往是被动和"无声无息的"。这样一个群体，虽然从人数上讲是居于压倒优势的位置，但他们几乎没有任何网络话语权，处在网络社会等级序列中较低及最低的位置。这些人在网络上的具体表现一般是除了在网上进行小众交流之外，或者只是成为静默的旁观者（网络社会当中"沉默的多数人"），或者是不由自主地跟着大众舆论走，抑或是成为"某某"大 V 的

---

① 参见李培林等主编：《2014 年：中国社会形势分析与预测》，社会科学文献出版社 2013 年版，第 222 页。
② 参见肖潘潘：《从新闻视角看网络大谣如何利用媒体炒作》，《新闻实践》2013 年第 10 期。
③ 参见《"秦火火"一审被判三年　当庭表示不上诉》，新华网，http://news.xinhuanet.com/legal/2014-04/17/c_126400880.htm。

粉丝而为其摇旗呐喊。

3. 网络暴力

就常理而言，以众多网民之间的关系看，网民们原本各有各的网络交流圈子，除此之外，相互间难得存在交集。然而，事实上，在网络条件下，一些原本不可能搭界的网民之间却会产生一种交集关系，而且有时这种交集对另一方是十分不利的，这就是网络上时常出现的"网络暴力"现象。

网络暴力首先表现为"人肉搜索"。所谓人肉搜索是指一些人通过百度、谷歌等常见的搜索引擎搜索与发动他人使用与人工搜索相结合的方式，对某个人（事后常常被证明是无辜者）及其相关信息（包括大量属于个人隐私的信息）进行最大限度的收集，尔后予以公布，从这些信息当中得出某些结论看法。这种做法虽然有助于信息的透明，但有时会带来损害当事人个人隐私权的后果，往往具有伤害当事人精神的弊端。"'人肉搜索'的后果可能是当事人人格权受到侵害，也可能还有财产权受到侵害；受害人可能由此受到精神损害与财产损失。"[1] 比如，2008年发生的博客死亡事件就比较典型：2007年12月29日，女白领姜岩跳楼自杀。自杀前，姜岩在网络上写下了自己的"死亡博客"，记录了其丈夫王菲背叛她的过程和自己的痛苦心情，并在自杀那天开放了博客空间。之后，其丈夫在论坛里被众多网民谩骂，在专门设立网站被群起而"骂"之，又被启动"人肉搜索引擎"揭露其隐私。"死亡博客"事件从网络谩骂转换成现实中的人身攻击和群体围堵，这场"讨伐"终于演变成一起"网络暴力案"。[2] 最后，其丈夫将相关网站告上了法庭。

网络暴力还表现在有人被栽赃陷害、恶意攻击上。网络上时常会发生这样的事情：某个人无端地就会被别人栽赃陷害。"商业化运作模式的普遍嵌入，催生了数量庞大的'网络推手'，他们为非理性网络舆论推波助澜，加剧了网络暴力。""'网络推手'通过制造噱头、吸引眼球、积聚声

---

[1] 戴激涛：《从"人肉搜索"看隐私权和言论自由的平衡保护》，《法学》2008年第11期。
[2] 参见莉萍：《"死亡博客"事件续丈夫称被意外改变人生》，《法制日报》2008年4月17日。

势等舆论操控行为往往奏效""对他们而言,'网络暴力'往往就是'网络暴利'。"① 而相关子虚乌有的消息一经网络上的广泛传播,常常会引起众多网民的响应,以致骂声四起,造成"群殴"被陷害者的局面。被陷害者往往是有口难辩,甚至没有机会辩白,无处躲藏。而且,由于诬陷者隐蔽性较强,被陷害者常常是投诉无门,其身心遭受极大损伤,有的被陷害者的处境几乎可以用"生不如死"的字眼来形容。这方面,"牛郎门"事件就很具有典型意义。"2012 年 12 月 30 日,有人在中华网上发布了题为《俄罗斯艳女门续集:中石化再曝非洲牛郎门》的帖子。该帖称中国石化某张姓女处长在负责中国石化武汉乙烯项目中接受投标方安捷伦性贿赂,才得以中标并获利 40 万美元。"短短 5 天内,"中石化非洲牛郎门"百度搜索结果高达 11 万多条,成为各大论坛热帖。② 事后,炮制"非洲牛郎门"这一谣言的傅学胜被警方拘捕,起因竟是他曾作为分包商,参与中石化乙烯项目招标失利,为实施报复,合成色情照片并雇佣网络水军在网上疯转。③ 尽管这一事情后来被澄清是一桩冤情,但对当事人名誉、身心已经造成了巨大的伤害。受害者张女士说,谣言对她和公司都造成了影响,公司损失巨大。事发后,虽然丈夫每天接送其上下班,但她仍然整日沉浸在痛苦中,经常以泪洗面,一直生活在偏见和不理解中。④

网络暴力不仅对一些人造成了伤害,而且更为严重的是,由于网络暴力具有不确定性的特征,人们事先往往不知道下一个受害者是谁。"通信网络跨越很多国家和地区,具有极度易变的、充满活力的、可加密的特性。这使得各种各样的犯罪行为,像是淫秽的、猥亵的、诽谤的言论和对隐私权等人权的侵害以及其他违法行为,都难以追踪、调查、检举和验证。""即使发现了违法行为,也少有机会能够控告和判定某人的罪行。"⑤

---

① 姜方炳:《"网络暴力":概念、根源及其应对——基于风险社会的分析视角》,《浙江学刊》2011 年第 6 期。
② 参见赵雪:《"牛郎门"门内真相》,《中国石油石化》2013 年第 18 期。
③ 参见《中石化"牛郎门"谣言案宣判　两网站赔偿 4.5 万》,中国新闻网,http://www.chinanews.com/fz/2013/10-23/5413253.shtml。
④ 参见袁国礼:《"中石化女处长牛郎门"炮制者被拘》,《京华时报》2013 年 8 月 26 日。
⑤ 〔荷〕简·梵·迪科著,蔡静译:《网络社会——新媒体的社会层面(第二版)》,清华大学出版社 2014 年版,第 182 页。

这样一来，便会在一定程度上，给为数更多的人造成心理上的恐慌。

二、网络对社会问题的助推

从网民相互间交流的角度看，网络工具的广泛使用对于一些具体的社会矛盾的加重和蔓延有着明显的推波助澜的效应。对此，可从以下3个方面来理解：

（一）网络社会的匿名化，使得参与者胆量倍增

网络社会的一个重要特征就是大多数参与者的匿名化。多数参与者可以用任何名字或多个名字、可以随意选择自己喜欢的头像标识来参与某个网络圈子，并同其他类似的参与者进行交往，且可以随意进出。吉登斯指出，"在互联网上，没有人可以知道其他人的真正面貌，知道他们是男性还是女性，或者生活在哪里。"[①] 这种现象是互联网诞生之前所未有的。

对于由此所造成的网民行为取向特征，弗洛伊德的人格理论在一定程度上能够作出解释。按照弗洛伊德的说法，人格分为本我、自我和超我这样三种类型。本我是最低层面的人格，是原始状态的自我本来状态。本我的主要特征表现在对基本生存需求的种种本能化的欲求，它所遵循的是"唯乐原则"或"快乐原则"。较高层面的人格自我要受各种现实环境因素的影响，所遵循的是"现实原则"。最高层面的人格超我则追求完美，所遵循的则是"理想原则"。以此反观大多数匿名者参与网络活动这种现象，可以发现，这些匿名的参与者实际上是置身于一个虽然交流意愿较强，但同时，其所面对的又是一个没人负责看管的世界：在这里，既没有"自我"常常遇到的现实环境的限制，又没有"超我"的指导和限制，因而相对来说，参与者"本我"的本能化一面可以没有约束地尽情释放、发挥甚至是膨胀。

客观上看，网络社会的这样一种匿名化活动，使得参与者缺少了现实社会当中的限制包括很多合理的限制。一方面，没有了约束，至少最大限

---

① 〔英〕安东尼·吉登斯著，赵东旭译：《社会学》，北京大学出版社2003年版，第597页。

度地减少了约束。对匿名参与者来说,既没有家人、朋友的提醒和劝阻,也没有各种责任、法律及乡规民约等种种约束。另一方面,没有风险或者说风险很小。匿名参与者不仅自身的风险很小,家庭成员的连带风险很小;而且,就连自己在网络上所加入的交往圈子的安危风险也可以不予考虑。网络上的交往圈子往往有这样的特点,即大家都关心自己所参加的交往圈子,但同时又对这个圈子可以不负任何责任,一旦遇到风险,成员们往往是一哄而散。

网络社会中的匿名参与者既然没有了应有的约束,还可以不用承担其本应承担的风险,因而匿名参与者们便从心理层面上大幅度减少了种种顾忌和担忧。在这样的情形之下,参与者亦即当事者便会无所顾忌,其胆量无疑会增大甚至会倍增。相应的,其不安定、不安分的能量也会增大。随之而来的,是由网络带来的社会矛盾冲突发生的概率及强度的提高。

(二)网友之间无顾忌的交流,容易催生一种亢奋高昂的非理性合力

网民在自己圈内当中的交流,是一种能够放下各种面具、没有诸多限制、无所顾忌的交流。一旦涉及共同有感而发的社会话题时,网民相互间往往会出现情绪相互感染,进而容易高昂、兴奋的情形,甚至容易进入一种亢奋的状态。勒庞认为,当若干人形成一个相互交流、相互感染的"心理群体"之后,这个心理群体会具有这样一些明显的特征:"群体在智力上总是低于孤立的个人。"这个群体容易"冲动、急躁、缺乏理性、没有判断力和批判精神。"对其中的成员而言,"他不再能够意识到自己的行为。他就像受到催眠的人一样,一些能力遭到了破坏,同时另一些能力却有可能得到极大的强化。在某种暗示的影响下,他会因为难以抗拒的冲动而采取某种行动。"[1] 在网络社会当中,众多网民在相互感染、相互理解、相互激发、相互支持、相互壮胆的基础之上,形成了一种亢奋激动的非理性合力。

特别是当网民们相互间的交流如果再同自己在现实社会当中所遇到的

---

[1] 〔法〕古斯塔夫·勒庞著,冯克利译:《乌合之众》,中央编译出版社2005年版,第19、21、17页。

具体的不公正对待情形结合在一起时，则更容易形成共鸣、发泄不满以至产生抗争的激烈心理活动。在这样的条件下，非理性合力容易演化成某种激烈的社会矛盾冲突行为。有学者指出，"网络容易放大和渲染社会的阴暗面，网络言论近乎绝对自由却无须承担责任，使他们的不满情绪、相对剥夺感基于网络而得以发酵与凝结。"① "特别在突发公共事件中，如若网络群体中协同一致且具有明显偏向性的极端观点不能及时消解，网络舆情极有可能诱发民众的不良情绪，引发群众的违规和过激行为，进而严重影响社会稳定。"②

（三）网络工具的高效性，给某些社会矛盾冲突的快速形成提供了某种技术支持

网络工具的高效性大幅度减少了以往人们用于寻找同类伙伴的人力成本和时间成本。前所未有的高效网络技术使得人与人之间的信息交流和传播从来没有像现在这样迅捷、便利，以至于网民拥有的信息量能够达到"海量"的地步。围绕着某种利益诉求，当事人可借助网络手段快速有效地传播某种观念、发布信息，动员人们参与某种活动。在较短的时间内，当事人通过网络手段，能够促使大量具有某种类似利益诉求的社会成员迅速地聚合在一起。换言之，网络能够将某种能量在某个时间、某个地点精确地聚集在一起，并使之激发释放出来，从而使某种社会矛盾冲突的形成具有了程度不同的"突然性"。"借助网络沟通的快捷性和广阔性，网络群体可以在很短的时间内迅速放大，不仅在人数规模和存在空间上可以快速膨胀，而且在沟通效率和传播效应上也会成倍放大。"③ 这种情形也是前所未有的。

由网络技术所支持的社会矛盾冲突在现实社会当中已经开始出现。比如，"2007 年 6 月，一则提醒厦门市民关注海沧 PX 化工项目及号召市

---

① 邓希泉：《网络集群行为的主要特征及其发生机制研究》，《社会科学研究》2010 年第 1 期。
② 张玥等：《突发公共事件舆情传播特征与规律研究——以新浪微博和新浪新闻平台为例》，《情报杂志》2014 年第 4 期。
③ 刘少杰：《网络化时代的权力结构变迁》，《江淮学刊》2011 年第 5 期。

民进行群体性表达的信息,在厦门用户手机和网络间广为流传。6月12日,数千名厦门市民自发上街抗议游行,要求停建 PX 项目。"再如,"在'1·17'四川大竹群体性事件中,张某捏造'杨代莉是被三个高官在酒中下药后轮奸致死的'等内容,在网络论坛发布,被广为传播,正是这样的谣言使民众情绪迅速升温,导致打砸抢烧事件的发生。"① 这种情形并非只是中国独有,在别的国家和地区也已经出现。根据"信息技术与政治伊斯兰项目"专家凯瑟琳滐欧丹奈尔的统计,在前总统穆巴拉克总统辞职前一周,从埃及发出的有关埃及政治变革情况的原发推特信息从此前的每天2300条暴增到23万条。网络上发布的有关示威情况的最受关注的前23个录像的点击率为550万左右。同时,脸书和政治博客的评论急剧增长。② 又如,在2004年乌克兰的"橙色革命"中,Maidan 网站扮演了重要角色。该网站通过网络和组织成员以及海外捐赠者保持联系,该网站存档的20GB的资料也成为记录这场革命的重要资料来源。由于 Maidan 等网站的作用,橙色革命被称为"历史上第一次线上大规模组织起来的运动"。③ 此外,在美国2011年"占领华尔街运动"以及2011年英国"伦敦之夏"骚乱当中,网络也起了十分明显的技术支持作用。

如上所述,在网络条件下,既然参与者的胆量倍增,非理性合力容易形成,再加上高效网络工具的技术支持,那么,社会矛盾的冲突必然会得到明显的激化。由此,一些原本是隐性的社会问题就有可能显性化,一些处在临界点上的社会矛盾就有可能突破临界点。这一切,无疑使得社会矛盾冲突发生的概率也相应增大了。

三、网络社会问题的放大效应明显

网络上所显现出来的社会问题有着一种明显的放大效应。换言之,人们在网络所看到的社会问题似乎比起实际的社会矛盾要严重一些:

---

① 彭知辉:《论网络与群体性事件》,《山东警察学院学报》2008年第1期。
② 参见赖海榕:《互联网在西亚北非巨变中的作用》,《学习时报》2012年7月2日。
③ 胡泳、李娜:《社交网络与乌克兰抗议运动》,《新闻记者》2014年第6期。

第十三章 网络问题

（一）放大效应的具体表现

1. 多方发声，四处吐槽

无论是从经济领域、政治领域、文化领域、社会领域、环保领域、军事领域、国际领域等各个领域的角度，还是从工人阶层、农民阶层、企业主阶层、知识分子群体、白领群体等各个阶层群体的角度看，网民们似乎都是牢骚满腹，都在发泄不满。专门的农民工网站有大量农民工发帖谈论自己收入的低下、劳动条件的恶劣以及社会保障的缺失；乡镇的年轻教师和基层公务员在网上晒工资单，感叹自己生活的艰难，买不起房，工作生活"压力山大"；失业大学生常常在网上表达自己的怨气；许多白领在网上对职场有着这样那样的吐槽；"北漂"对不安定的生活和不确定的前景的担忧和焦虑也在网上通过评论或帖子发表出来。就连一些富人也常常吐槽，感叹税负过重，经济前景黯淡。各种房产业主则通过网络抨击物业管理者的无能和贪婪。另外，各种类型的举报信件及冤情申诉也一并挂到网上，更给人一种惊奇不安的感受。

2. 观点多样，言辞激烈

我们浏览各种网站的网页时就会发现，各种针锋相对的观点比比皆是，大量网站充满着火药味儿，弥漫着暴戾之气。一些弱势群体"代言人"有关仇富仇官的激烈言辞往往会引起共鸣喝彩。一些黑心老板造假贩假坑蒙拐骗甚至致死人的行径，往往会引发大众公愤。富人"代言人"则瞧不起穷人，认为这些人之所以没有富起来，是由于其自身能力存在问题。有的同时还是网络大V的房地产老板直截了当地表示，房子不是为穷人盖的，穷人就该住不起房，房子就应当是天价。有的富人发表大量图片炫耀自己的豪华旅游，费用高达几千万元，但同时这个富人为汶川灾民捐款却只有10元，结果引发了众怒，被人称为"王十元"。有的上市公司高管给自己设定的年薪高达数千万元，公司股价却一路暴跌，被网民痛骂。"富二代"也在网上跟进，炫耀自己奢侈的生活。"左""右"两种观点以及"爱国""卖国"两种观点的激烈交锋此起彼伏。与前述观点激烈交锋同时并存的是各种拍砖方式的层出不穷，甚至破口大骂也成为网络话语的常态方式。"2012年初最热闹的是，麦田、方舟子质疑韩寒'代笔门'引出的'方韩大战'。'韩粉'与'方粉'也爆发口水战,势成水火,大量诉诸主观情感的言辞,显示出科学理性思维的贫乏。"①

3. 热点转换速度很快,令人眼花缭乱

纵观近年来网络上热点话题的演化线索,不难发现,同中国现阶段社会急剧转型的时代背景以及网民求新求异求变的心理相适应的是,在网络上,似乎存在着一个规律,即新的热点不断出现,大的热点很快形成,相应的,新热点冲淡了旧热点,大热点遮蔽了小热点,原本的热点话题很快就会被人们所遗忘。网上热点话题转换速度之快,令人眼花缭乱、难以适应。有学者对2007年至2012年间出现的大的网络热点话题进行了梳理,概括出了120个重大舆情事件(话题),其中,在司法公正方面的主要网络热点话题是:南京彭宇案、杨佳袭警案、许霆ATM取款案、邓玉娇案、上海钓鱼执法案、跨省追捕案、查封天上人间案、赵作海冤案;在政府公信力方面有华南虎真伪事件、530股灾事件、北京纸包子事件、躲猫猫事件、石首事件、安阳曹操墓真伪事件、钱云会案、故宫失窃案;在群体性事件方面有瓮安事件、通钢暴力事件、石首骚乱事件、广东乌坎事件、沈阳大量商铺关门事件、四川什邡事件;在社会道德方面有范跑跑事件、王石捐款言论事件、艳照门事件、长江大学大学生舍己救人事件、贵州嫖宿幼女案、佛山小月月事件、日本9.0级地震事件、郭德纲弟子打人事件、最美女教师张丽莉事件等。② 前述每一个事件当时都曾在网上引起热议评论,并且都在一段时间成为网民们热议的重要话题。而恰恰就是这样一些重要话题,没过多久很快就被别的话题所取代了。

应当看到,网络上所显现出的较为严重的社会问题情形与现实当中具体的社会矛盾状况两者间有着不小落差。现实当中的社会矛盾虽然日益凸显,但尚未达到较为严重的地步。换言之,网络上的社会问题有着一种明显的放大效应。

与网络上所显现出的较为严重的社会问题现象形成鲜明对比的是近年

---

① 陆学艺等主编:《2013年:中国社会形势分析与预测》,社会科学文献出版社2012年版,第200页。

② 参见陈志霞:《从网络舆情重大事件看公众社会心理诉求——对2007—2012年120起网络舆情重大事件的内容分析》,《情报杂志》2014年第3期。

来中国经济状况仍然保持着持续增长的势头，民众的收入获得了明显的普遍增长，民生特别是"底线民生"得到了大面积、大幅度的改善。截至2018年末，"全国参加城镇职工基本养老保险人数41848万人""参加城乡居民基本养老保险人数52392万人""参加基本医疗保险人数134452万人""参加失业保险人数19643万人""参加工伤保险人数23868万人""共有1008万人享受城市居民最低生活保障，3520万人享受农村居民最低生活保障"。农村贫困人口从2014年的7017万人大幅度减至2018年的1660万人，贫困发生率为1.7%。① 而在1978年，中国的农村贫困人口规模为7.7亿人，农村贫困发生率约97.5%。②

重要的是，在这样的背景下，就总体而言，中国民众处在一种明显的安居乐业的状态当中。据2018年的相关调查显示，"城乡居民对目前生活现状的满意度仍保持在一个较高的水平""对现状表示'非常满意'的占总样本的14.6%，表示'比较满意'的占总样本的35.0%，两者合计占总样本的49.6%"，"表示'比较不满'的占9.2%，表示'非常不满'的占4.2%，两者合计比例为13.4%""对目前居住地社会治安环境表示总体满意的比例合计为93.3%；对环境、住房、就业、公共服务、交通、政府服务和社会保障表示总体满意的比例合计分别为87.7%、84.6%、84.6%、84.3%、82.7%、80.3%和80.3%；对食品安全、医疗、教育、司法机关公正执法状况表示总体满意的比例合计分别为79.9%、75.8%、75.3%和71.3%。"③

（二）放大效应的主要原因

网络上的社会问题之所以会有着一种放大的效应，究其主要原因，大致有以下几点。

---

① 国家统计局：《中华人民共和国2018年国民经济和社会发展统计公报》，国家统计局网站，http://www.stats.gov.cn/tjsj/zxfb/201902/t20190228_1651265.html。
② 参见中国社会科学院课题组：《改革开放40年中国民生发展》，《人民日报》2018年12月20日。
③ 国务院发展研究中心"中国民生调查"课题组：《中国民生满意度继续保持在较高水平——中国民生调查2019综合研究报告》，《管理世界》2019年第10期。

1. 参与及表意者众多

从"发声者"的角度看，同以往以及现实当中的社会问题相比，网络上社会问题的不同之处在于：一是个人自由发声。同以往相比，如今社会成员的自由程度大为提高，尤其是在网络上，社会成员作为个体人的表意自由很少受到限制。同现实社会相比，人们在网络上的表意可以在很大程度上排除诸如上级、同事、亲属、朋友的限制，从而"尽情""随意"地表达自己的看法、发泄自己的情绪，甚至可以让不受社会压抑、不受理性限制的所思所想充分释放出来。而这一切，在存在着种种制约和限制的现实社会当中是难以做到的。

二是多个群体竞相发声。从表面上看，同以往相比，网络社会的重要特征在于网民的"平等性"，即每个人、每个群体在不同程度上都有相同的话语权，且其话语权不会被某一个群体所垄断。网络上平等的话语权尽管难以真正百分之百地完全做到，但至少不会出现哪个群体的声音能完全被封杀的现象。在这样的情形下，社会各个群体的成员均会或多或少地通过网络发声，来表达自己的利益诉求。"对于各类社会问题和社会现象，每个人都有自己的看法，都会从自己的角度发表意见和表达诉求。由此，众声喧哗必然成为社会舆论的常态。"① 而且，正如有学者所指出的那样，"网络使得社会族群进一步'碎片化'，由于这些'碎片化'的社会族群之间是'不通约'的，'你唱你的、我说我的'，彼此没有共同的话语体系，他们不是互相倾诉，而是戴着面具、凭借着先设性的刻板印象'隔空喊话''互相质疑'，而彼此之间缺少一种科学化、合理化的沟通渠道。"②

三是大量网民对多个议题发声。既然网络社会为公众提供了一个相对自由、平等的表意平台，那么，为数众多的网民便会通过这个平台充分表达意见。同多样化的社会背景相适应，这种表意所涉及的议题也必然是多样化的：既可以是生活上的议题，也可以是职业上的议题；既可以是娱乐休闲上的轻松议题，也可以是时政军事上的严肃议题；既可以是对现实的称赞，也可以是对现实中不公的抨击；既可以是戾气的尽情发泄，也可以

---

① 丁柏铨：《自媒体时代的舆论格局与舆情研判》，《天津社会科学》2013 年第 6 期。
② 喻国明：《当前中国社会舆情的现状及特征》，《新闻与写作》2012 年第 5 期。

是期望的描述。

正是由于网络的上述作用，使得社会矛盾"日常生活化"了，也使得民众感觉社会问题无处不在、无时不有，社会问题就存在于自己的身边。进一步看，网络上的社会问题就会由此呈现出一种放大的效应。

2. 部分网民的民粹主义极化心理

网络是一个公共平台。在这个公共平台上，公共话题尤其是与自己切身利益直接相关的公共话题最容易引起人们的共鸣。在网络上，近年来，人们最为关心的话题主要是社会公正问题，比如民生问题、贫富差距问题以及腐败问题等。应当承认，在中国的现实社会当中，这些问题还没有得到很好的解决，已经影响到中国发展的全局。正如习近平总书记所指出的那样，"在我国现有发展水平上，社会上还存在大量有违公平正义的现象。特别是随着我国经济社会发展水平和人民生活水平不断提高，人民群众的公平意识、民主意识、权利意识不断增强，对社会不公问题反映越来越强烈。"① 有学者根据百度的搜索热词统计发现，"近4年来，社会民生、公共安全、卫生安全和环境生态安全是民众一直都较为关注的问题，增长最快的是社会民生。"②

重要的是，平均主义在中国有着比较广泛而深厚的民众基础，不患寡而患不均的观念在中国一直是根深蒂固。这种平均主义的心理往往会借助于人们对社会不公现象的抨击而被唤醒。不可否认，在一定程度上、一定范围内，平均主义适应了处在弱势境地的一部分民众的利益诉求。同时我们还应看到，平均主义与现代社会和市场经济是格格不入的，它所反对的是现代社会必然存在的社会成员差异化的发展，排斥的是各尽所能、各得其所的现代公正意义上的分配方式。所以，平均主义一旦抬头，便会催生民粹主义这样一种极化心理的出现，进而妨碍或是扭曲改革发展进程。现在网络上出现了明显的仇官仇富现象，比如，一旦哪个官员被查处的消息被披露出来，网上往往会出现一片欢呼声；一旦哪个富人炫富，则往往会

---

① 习近平：《切实把思想统一到党的十八届三中全会精神上来》，《求是》2014年第1期。
② 喻国明：《呼唤"社会最大公约数"：2012年社会舆情运行态势研究——基于百度热搜词的大数据分析》，《编辑之友》2013年第5期。

引发一片谴责谩骂声。甚至还有网民提出，应将国家的外汇储备人均一份分给国民，用于改善民生、消除过大的贫富差距。类似言论所反映出来的内容，从某种意义上讲，就是某种极化的民粹主义心理。

民粹主义一旦出现，便会造成一种从众心理现象，使一些对社会不公不满的民众聚合在一起，形成不小的抗议声势，从而导致网络上的社会问题被进一步放大。

3. 网络技术对社会问题的渲染放大

在网络时代，有关社会问题信息的披露与评论是通过网络技术而进行的，而众多的网络媒体基于传播效应的考虑，为了满足众多网民的好奇心理、好事心理、宣泄心理等情绪，为了吸引众多网民的"眼球"，从关注、娱乐、借题发挥等各种角度，经常会借助种种网络技术，对相关的社会矛盾信息进行加工处理。对相关信息的报道，也往往会配以各种质感逼真的图片、视频等素材。比如，大量过度贫富差距对比图片的发布，许多有关腐败问题视频的报道，有关城管打人、被打者头破血流的图片的发布，有关拆迁征地当中自焚死亡的居民的图片和视频的披露等，无疑会对社会问题信息的披露起着一种大肆渲染放大的作用。而且，为了赢得更多网民的关注或出于别的目的，有的媒体（包括一些网民自媒体）采取图片或视频剪接、嫁接等不当方式，"创造"了不少新闻，一时间以假乱真，使人们真假难辨、信以为真。

总之，网络技术对于社会问题的这种渲染和放大，往往会使大量网民对于社会矛盾信息的关注处在目不暇接、惊奇不断的境地。如是，人们在网络当中对社会问题的感受程度自然会超过现实社会当中对社会矛盾的真实情状，相应的，网络上所显现出的社会问题的严重性也要超过现实社会当中真实的社会矛盾。

四、网络对缓解社会问题的积极功能

网络对社会问题的影响实际上是双重的，其既有明显的助推作用，也存在明显的缓解作用。但是，人们现在对于网络消极影响的一面似乎看得过多了一些，而对于其积极影响的一面则往往注意得不够，这种看法不够全面客观。

大致地说，网络对于社会问题至少有着如下的一些积极缓解作用。

（一）网络舆情是社会问题的重要晴雨表

网络现在已经成为大量社会成员的表意平台，也已经成为大量信息的集散地。政府通过这个涉面广泛的表意平台和信息集散地在很大程度上可以知悉大多数社会群体成员的所思所想以及利益诉求所在，了解哪些群体对哪些问题不满以及问题症结所在，进而了解社会问题的生成部位；也可以在一定程度上了解不少社会群体下一步的行为动向，并以此对社会问题的演化趋势作出研判。

政府可以基于对网络舆情的了解（实际上也是对于社会问题的监测）对症下药：对于不尽合理的政策进行调整、对于缺位的政策进行补救、对于需要前后衔接以及进一步需要出台的政策进行前瞻性的规划。如是，不但有助于减缓现有的社会矛盾，而且有助于对未来可能出现的社会问题进行有效的防范性抑制。

（二）网络有助于从社会心理层面上缓解社会问题

从一定意义上讲，在社会急剧转型的时期，中国民众的心态处在一种"非常态"的状态当中。对此，可以从两个角度予以说明：其一，转型期的社会焦虑现象。在急剧转型期，中国民众的利益结构在迅速调整。换言之，对大多数社会成员来说，其经济位置要重新洗牌，其人生及家庭要面临许多风险因素。因而，这就使得不少社会成员的前景具有了一定的不确定性。社会成员前景的不确定性容易转换成社会焦虑。正因为如此，所以，"社会焦虑现象成为当今中国一个比较明显的时代标识。中国现阶段社会焦虑的表现程度和波及范围几乎可以说是空前绝后的""如今社会焦虑现象几乎弥漫在整个中国社会的方方面面：社会焦虑现象既存在于几乎所有社会群体当中，如公务员群体、企业家群体、白领群体、工人群体和农民群体；也存在于各个地区当中，如东部和西部地区以及城市和农村地区"。[①] 其

---

① 吴忠民：《社会公正论（第二版）》下卷，山东人民出版社2012年版，第577页。

二，热闹的"陌生人世界"现象。现代化的一个重要趋向，就是社会必然要从以往的封闭走向开放。与之向伴随的，是社会成员从以往日常生活和交往方便可及的"熟人社会"走向以业缘为主的、外观上看似热闹的"陌生人世界"。同以往守望相助的街坊邻居、生产大队或单位状况不同的是，在如今的人际交往单元当中，人们往往只是按照规则去做事情，而少了很多的人情交往。"在熙熙攘攘的步行街闲逛，在人流涌动的地铁站候车，在上下班高峰时间等待红绿灯，许许多多的陌生人与你擦肩而过或者并排而立，你可能确实用眼睛在看，用耳朵在听，但是你什么也没看见，什么也没听见，或者说完全是无意识地看或者无意识地听，陌生的人群是一种个性消融于其中的不加选择的、不定形的集合体，陌生人是无特性的，它们的集合也是这样。"① 这样一个"陌生人世界"，必然会加剧社会成员相互间的冷漠感、不信任感、疏离感，并使得不少社会成员在心理层面上产生一种孤独感和一种郁结。

这样一种非常态心理，无疑会助长社会问题的滋生蔓延。社会心理层面上的问题是催生社会问题的重要因素之一。比如，社会焦虑会引发不少越轨行为，会加重人们不切实际的高期望值心理和相应的短期化行为，会催生某些有害的集群行为，② 而"陌生人世界"则会损害社会的整合，从而为社会矛盾的形成提供土壤。特别是对一些处在某种临界点的社会问题冲突来说，非常态心理的积累如果超过了一定的"度"，则容易产生"病变"，催生某些社会问题的发生。

在不少情形下，网络对于非常态心理具有某种"疏"而不是"堵"的作用，可以程度不同地缓解非常态心理。通过网络上的交流或是发帖，一些社会成员的不满、焦虑以及郁结心情可以不同程度地得以发泄，从而有利于吸纳、缓解社会矛盾。"网络的支持和传统的强大联系以外的各种软弱联系的兴起，创造了新的社区类型，它们至少有一个共同点：它们填补了人际传播和大众传播之间的空隙。"③ 正是从这个意义上讲，网络具有某

---

① 龚长宇、郑杭生：《陌生人社会秩序的价值基础》，《科学社会主义》2011年第1期。
② 参见吴忠民：《社会公正论（第二版）》下卷，山东人民出版社2012年版，第580—582页。
③〔荷〕简·梵·迪科著，蔡静译：《网络社会——新媒体的社会层面（第二版）》，清华大学出版社2014年版，第182页。

种"减压阀"和"安全阀"的作用。试想一下,大量的非常态心理如果不是在网络上发泄,而是在现实社会当中宣泄,其对社会的负面影响必定要大得多。再者,在网络上,不少社会成员可以找到能够与自己对话的网友,通过交流诉说,相互间能够在某种程度上得到慰藉,从而减轻孤独感或是郁结。

(三) 网络对防止和矫正公权扩张具有明显功效

公共权力原本应当是为公众服务的,但至少出于两个方面现实的因素,使得公权经常会出现一种扩张亦即超越自身边界的现象,从而损害民众的利益。一方面的因素是:"政治家和官僚都是有着个人利益的正常人,他们既不代表社会利益,也不是社会利益外别无他求的。他们是'经济人'而不是'道德人'"。[①] 另一方面的因素是,公权运行的时间一旦过长,便会在某种程度上形成某种超越他人之上、无须事事经过他人认可的惯性。而公权的扩张一旦达到了某种地步,便会直接损害公众的利益,进而违背了自己的原本宗旨。具体到中国社会来说,由于中国采取的是政府推动型的现代化模式,政府在现代化进程中扮演着十分重要的角色,而且中国的法治建设又相对滞后,所以,如何有效防止和矫正公权的扩张及有害运行,在现今中国是一个十分现实而紧迫的问题。

有效防止和矫正公权的扩张及有害运行的路径涉及方方面面。就此而言,人们在网络方面的积极作为不失为一种作用明显的路径。

借助于网络,人们能够迅速形成影响面巨大的反腐声势,并能够取得有效的成果。网络反腐是新的时代条件下的一种十分有效的方式。在网络社会条件下,信息交流传播无孔不入的广泛性和信息传递不可思议的迅捷性,使得人们对于有关腐败现象的寻找和披露极为迅速,甚至使得腐败当事人来不及遮蔽。而且,网民队伍的庞大使得人们对某种腐败现象的广泛谴责容易形成巨大的社会声势,这亦是一种前所未有的现象。在这样的情形下,一些腐败现象不但被迅速披露而浮出水面,而且往往很快便被推到

---

① 〔美〕詹姆斯·M. 布坎南著,吴良健等译:《自由、市场和国家——80年代的政治经济》,上海三联书店1989年版,第36页。

了一种非解决不可的地步。"网络社会的兴起、社会问题的滋生与民众利益诉求的高涨,使网络反腐登上历史舞台。"① 2012 年,被网民"扳倒"的同腐败相关的官员至少在 20 人以上。近年来,经网络所披露的比较典型、影响较大的腐败事件主要有:南京房产局长的"九五至尊天价烟"事件、广西烟草局长的日记门事件、山西的"杨表叔"事件、重庆的不雅艳照门视频事件、广州的"房叔"事件、陕西的"房姐"事件、石家庄共青团市委副书记及湖南湘潭拟任区发改局副局长的"90 后"女性干部履历造假事件、广东揭阳某副区长父权子接事件、安徽安庆某 22 岁团县委书记事件、周口平坟事件、延安城管踩人事件、国家能源局局长腐败事件、某公安局长儿子开车撞人事件、某大牌歌星儿子打人事件、上海法官集体嫖娼事件等。这些事件经网络披露后迅速引发了众多网民的广泛抨击,可谓舆情汹涌,最终不但大都得到处理,而且对别的官员也形成了某种警示和压力,以至于一些官员发出了"官不聊生"的时代已经到来的感叹。适应着网络时代的要求,中共中央纪律检查委员会、国家监察部、最高人民法院、最高人民检察院等国家最高政法纪检部门均设立了专门的举报网站,接受民众对公权违法违规行为的举报。党的十八届三中全会通过的《中共中央关于全面深化改革若干重大问题的决定》指出,要"健全民主监督、法律监督、舆论监督机制,运用和规范互联网监督"②。中国近年来的网络反腐活动有些类似于美国 19 世纪末 20 世纪初影响巨大的"扒粪运动"。而且,由于网络的影响面和影响力巨大,因而如今中国的网络反腐其效力恐怕比当年美国的"扒粪运动"的效力还要更大、更迅捷一些。

通过网络,民众可以在一定程度上实现参政议政,防止并矫正公权的一些有害运行。通过网络的批评,能够有效矫正公权的一些错误特别是没有法律依据的做法,从而在一定程度上消除了一些潜在社会矛盾冲突的隐患。比如,2003 年 3 月发生的孙志刚事件,一经网络披露,便引发了众多网民对《城市流浪乞讨人员收容遣送办法》这一缺乏法律依据的制度的猛烈抨击,由此,在中国延续了 20 年之久的《城市流浪乞讨人员收容遣送办

---

① 参见刘少杰:《中国网络社会研究报告 2014》,中国人民大学出版社 2014 年版,第 21 页。
② 《中共中央关于全面深化改革若干重大问题的决定》,《人民日报》2013 年 11 月 16 日。

法》制度于2003年8月被废除。又如,"浙江东阳市吴英因集资诈骗罪被判处死刑,企业界很多人对其抱有同情。在舆论的压力下,最高人民法院未核准吴英死刑,发回浙江重审,终审判决为死缓,刀下留人"。① 再如,2012年,"从7月份的四川什邡市钼铜项目、江苏启东市造纸厂排污项目,到10月份浙江宁波的PX项目,重大工程项目引发群体环保抗议,陷入'邻避效应'(Not-In-My-Back-Yard)。特别是PX项目,从2007年的厦门到2011年的大连,频频遭遇抵制。地方政府从立项到民众上街后的仓促下马,均未经过程序化的民主决策"。②

另外,网络也促进了政府信息的公开。公共信息的不对称,往往会引发一定的社会问题,而在网络的推动下,政府逐渐开始公开大量的公共信息。2007年,国务院出台了《中华人民共和国政府信息公开条例》。该条例明确指出,"各级人民政府应当加强对政府信息公开工作的组织领导""行政机关应当将主动公开的政府信息,通过政府公报、政府网站、新闻发布会以及报刊、广播、电视等便于公众知晓的方式公开。"③ 如今,电子政务已逐渐成为各级政府的常态做法,一些同民众相关的重要信息往往是在网络上最早发布。凡此种种,无疑使民众减少了对政府的猜忌,逐渐使民众同政府双方加强了信任和良性互动,进而在一定程度上从源头上消除了社会问题的一些诱发因素。

五、几点启示

从以上对网络社会问题的分析中,我们不难获得这样几点启示:

(一) 网络社会问题的出现是一种历史的必然

科学技术是第一生产力。网络的出现和发展,推动着人类文明进入了

---

① 陆学艺等主编:《2013年:中国社会形势分析与预测》,社会科学文献出版社2012年版,第199—200页。
② 陆学艺等主编:《2013年:中国社会形势分析与预测》,社会科学文献出版社2012年版,第196页。
③ 中华人民共和国国务院:《中华人民共和国政府信息公开条例》,中央政府门户网站,http://www.gov.cn/flfg/2007-04/24/content_593403.htm。

网络社会这样一个新的时期。正是从这个意义上讲，在这样一个新的时期，网络社会问题的出现是一件不可避免的事情。对此，不能仅仅停留在感叹、惊慌、埋怨和指责上。我们所应做的，就是要以积极主动的心态，顺应这个历史趋势。

（二）网络社会问题是现实社会问题的反映

一个明显的事实是，尽管网络也会产生自身的一些社会问题，但就总体而言，网络社会问题是现实当中的社会问题通过网络这样一个特殊管道、特殊形式的反映。"网络社会系统作为人类生存的第二空间，虽然具有虚拟世界的独立性与独特性，但由于网络行为主体仍是人，其并不能完全独立于现实社会而存在。"[1] 所以，"网络社会表面上是媒介技术延伸的结果，其实质却是社会互动关系的投射。"[2] 由于互联网的特殊性，使得网络社会问题同现实社会问题相比具有某种放大的效应。更为重要的是，网络对于社会问题有着助推的作用，特别是对于一些处在某种临界点的社会矛盾来说，其助推作用更加明显。尽管网络社会问题是前所未有的一种现象，是一种我们目前还不能够十分有效应对的现象，但同时还应清醒地看到，网络社会毕竟不能脱离现实社会而存在：它不是一个同现实社会并行的现象，而是现实社会的一个有机组成部分。网络不可能无缘无故地引发社会问题。网络上的主要议题来自现实社会，网络社会问题的基本趋势也是取决于现实生活当中社会问题的基本趋势，而不是取决于网络自身。缓解网络社会问题的基本根源在于必须缓解现实生活当中的社会问题。

（三）网络对于社会矛盾有着积极和消极的双重影响

网络对于社会矛盾不仅仅存在着助推的影响，而且还具有十分明显的缓解作用，比如，可以从心理层面上以及规范公权方面来缓解社会问题。我们所应做的，就是要因势利导，想方设法地抑制其消极的影响，努力扩

---

[1] 熊光清：《网络社会的兴起与治理变革：中国的问题与出路》，《学习与探索》2017年第9期。

[2] 周翔、李镓：《网络社会中的"媒介化"问题：理论、实践与展望》，《国际新闻界》2017年第4期。

大其积极的影响。由于绝大多数网民的理性取向是希望消除网络社会当中的乱象，加之人们对网络社会运行规律的逐渐熟悉，所以，从长远看，网络社会问题对社会消极影响的空间会逐渐被压缩，同时其积极影响的空间会逐渐扩大。

（四）规范网络

要想最大限度地发挥网络对于社会问题的积极缓解作用，并尽力消除网络对于社会问题的消极影响，一个必不可少的途径就是必须规范网络。就此而言，必须做到：一是实施互联网发布信息者的后台实名制。从本质上讲，互联网中的每一个人都是平等的信息发布者，每一条信息都有可能对现实社会产生或大或小的影响，且每次信息发布都是一种社会行为。所以有必要对信息发布者采取实名制，以便使之对自己的行为承担必须的责任。这是公民的起码责任。唯有如此，才能确保互联网不至于沦为一些有着不良企图的人对他人进行泄私愤、打冷枪、栽赃陷害的平台，进而有效地保护信息所涉及的其他人的个人隐私等正当权利。二是加强对互联网安全的监管。政府有责任对重要的特别是对异常的互联网舆情进行分析判断，并采取合理有效的方式，引导网络真正成为广纳民情、表达民意、监督社会和监督政府的有效渠道。互联网行业协会则有责任制定行业规范，强化各个网站的自我约束，并对有影响力的网站进行必要的监测，一旦发现问题，应及时做出行规方面的处罚。三是进行网络的法治建设。互联网不是法外之地。互联网是否具有良好的秩序，关键取决于网络法治建设得如何。不少发达国家制定了有关网络的基本法，用法律法规来有效管理和规制网络社会。发达国家类似的做法，对中国无疑具有借鉴意义。无论是从近期来看，还是从长远计议，我们都有必要在立法和执法两个方面积极推进法治建设。比如，目前虽然有了一些相关法律，如《中华人民共和国电子签名法》《中华人民共和国计算机信息系统安全保护条例》等，但其相关法律的系统性明显不足。所以，从长远计，必须在网络（互联网）的基础层面进行系统的立法，出台诸如保护个人隐私权的网络隐私权保护法或个人信息保护条例等法规，以构建系统性的互联网法律法规体系。

第十四章 腐 败 问 题

中国社会目前正处在一个由传统社会向现代社会、由计划经济体制向市场经济体制转变的急速转型时期。在这样的急速转型期，社会成员的利益意识普遍增强，形成了一种普遍的强烈的经济利益冲动。而且，社会规则体系正处在一个重建的过程之中。换言之，在不少领域，不同程度地存在着规则空档之处。重要的是，中国的改革开放是在政府主导下推进的，政府在中国转型期扮演着至关重要的角色。同时，规则体系以及法治的建设离现实需求尚有不小的距离。正是在这样的历史条件下，中国转型期的腐败问题得以形成和扩张。同以往不同的历史阶段以及别的国家和地区相比，中国转型期的腐败问题呈现出了一些明显的特征。

一、腐败问题的波及面十分广泛

改革开放以来，中国的社会经济取得了举世公认的巨大成就。同时还应看到，中国目前也出现了大量的腐败现象。正如习近平总书记指出的那样，"在肯定成绩的同时，我们也要看到，滋生腐败的土壤依然存在，反腐败形势依然严峻复杂，一些不正之风和腐败问题影响恶劣、亟待解决。"[①] 腐败问题波及面之广泛，是新中国成立 70 年以来较为严重时期。无论是从纵向官员职级的角度看，还是横向所涉领域的角度看，均说明了这一点。

（一）各层级官员均有腐败现象

从纵向官员职级的角度看，被查处的腐败问题官员包括了上至省部级

[①] 《强化反腐败体制机制创新和制度保障 深入推进党风廉政建设和反腐败斗争》，《人民日报》2014 年 1 月 15 日。

官员（含省部级以上）和下至科级官员乃至"村官"等各个职级的官员和"准官员"。从1986年至2012年，一共查处省部级腐败官员134人，平均每年4人以上。这些人当中，还包括中央政治局委员陈希同、陈良宇、薄熙来以及全国人大原副委员长成克杰。在国家部委局中，原铁道部、国土资源部、药监局是省部级腐败问题官员被查处人数较多的单位。东部经济发达地区及沿海地区涉及腐败的省部级高官明显多于中西部地区，广东查处的人数最多，为8人。其中东部10省市涉及39人，平均每省3.9人；中部6省涉及17人，平均每省2.8人；西部11省市区（西藏未涉及不计算）涉及29人，平均每省2.6人；东北3省涉及9人，平均每省3人。① 2013年一年（截至12月10日），被查处的腐败问题省部级官员达到了创纪录的18人。② 据公布的数字显示，这些省部级腐败问题官员涉案金额多在几百万元、几千万元。比如，中国石油化工集团公司原总经理陈同海受贿金额高达1.9573亿元，被判死缓。③ 而且，陈同海平时生活奢靡无度，"每月公款花天酒地达120万元，平均每天挥霍4万元。"④ 从2012年12月至2019年10月，从媒体公布的数据来看，一共查处省部级腐败官员189人。其中，包括1名正国级和6名副国级官员。⑤ 地厅级腐败官员更是为数众多。杭州市原副市长许迈永收受、索取他人财物共计1.45亿余元，侵吞国有资产5300万余元，被判死刑。⑥ 原铁道部运输局局长、副总工程师张曙光涉嫌受贿4700余万元被提起公诉。⑦ 被查处的腐败问题县处级官员更是数量巨大。仅在2011年一年，被处分的县处级以上干部就有4843人，

---

① 参见杨兴坤：《省部级高官腐败的现状及其防治策略》，《中共浙江省委党校学报》2013年第2期。
② 参见辛闻：《2013年被查省部级官员》，《人民公安》2013年第12期。
③ 参见尤放：《陈同海案落定》，《中国石油石化》2009年第15期。
④ 参见吴杭民：《"五粮液"拍卖公车为国企带了个好头》，《工人日报》2014年1月14日。
⑤ 参见《十八大、十九大后落马省部级以及以上高官名单山西最多》，经济日报—中国经济网综合网，http://district.ce.cn/newarea/sddy/201410/03/t20141003_3638299.shtml?timer=tc.
⑥ 参见江南：《杭州原副市长许迈永：即使出了事也会有人替我挡一下》，《检察日报》2011年9月6日。
⑦ 参见涂铭：《金钱女色荣誉：聚焦张曙光案三大焦点》，《新华每日电讯》2013年9月11日。

被移送司法机关的县处级以上干部777人。①

值得注意的是，在中国转型期，出现了一种"小官大贪"的现象。一些基层官员或准官员凭借手中的公共资源优势获取了巨额资金。比如，在原山西蒲县煤炭局党总支书记郝鹏俊被查获的3.05亿元违规违纪资金中，包括在北京、海南等地购买的房产38处，仅北京35套房价款就高达1.7亿元，还有郝鹏俊本人及其亲属的存款1.27亿元。这些惊人的"财富"主要来自郝鹏俊的大煤矿。②再比如，合肥市庐阳区海棠街道藕塘社区居委会干部刘怀寅收受贿赂近1000万元；长丰县双墩镇花园社区居委会干部黄梅生涉嫌贪污受贿130万元；包河区淝河镇平塘王村干部刘家贵涉嫌受贿81万元；庐阳区杏花村街道五里社区居委会干部邵修贵、郑文斌分别涉嫌贪污受贿83万元、33万元。③广东省中山市港口镇社会事务局民政事务股股长陈志祥从其经手的14个专项资金累计虚报冒领民政扶贫专项资金3587多万元。④

（二）各领域均有腐败现象

从横向所涉领域的角度看，腐败问题官员横跨了经济、政治、文化以及社会各个领域。可以这样说：凡是有寻租空间的领域，就有腐败问题官员的身影；凡是寻租空间大的领域，腐败问题官员的表现就相对比较严重。腐败现象也开始由最初主要发生的商品流动转向一些重要的资源部门、垄断性行业和资金高密集领域，如国企、房地产、财经、国土等，这些都是资金密集领域，而且这些领域都属于非充分市场化的领域，存在巨额的利润空间，加之这些领域缺乏强有力的监管，这就为腐败留下了巨大的隐患。特别是在国有企业改制的进程中，尤其是国有资产出让时，一部分人利用职权、相互勾结巧取豪夺，大肆侵吞国有资产，导致公共资源的

---

① 参见侯莎莎：《2011年4843名县处级以上官员被查处》，《北京日报》2012年1月8日。
② 参见胡靖国：《资源暴利放大公权引发小官大贪现象》，《经济参考报》2010年9月6日。
③ 参见李光明：《"村里的变家里的"折射基层权力监督缺位》，《法制日报》2010年9月28日。
④ 参见陈军：《堵住漏洞防"蛀虫"》，《中国纪检监察报》2018年9月26日。

流失。① 另外,作为社会公正底线保障的司法领域也出现了一些明显的腐败问题。根据 1994—2011 年的《最高人民检察院工作报告》相关统计显示,司法人员职务犯罪总人数从 1993 年度的 1804 人,逐步攀升到 1997 年度的峰值 4771 人,在经过五年的高位盘整后,自 2006 年开始逐渐回落到 2700 人左右。② 湖南郴州原市委副书记、市纪委书记曾锦春是司法口比较典型的腐败官员。曾锦春单独收受他人贿赂共计人民币 2639.4 万元,美元 4.25 万元,最终被判死刑。③ 在其担任纪委书记期间,郴州市纪委立案、"双规"从不开会研究,曾锦春说立案就立案,双规就双规,放人就放人。④

尽管上述被查处的腐败问题官员的情形已经是触目惊心,但需要说明的是,由于中国现阶段的法制不够健全,因而被查处的腐败问题官员只是腐败群体当中的冰山一角。

转型期腐败问题波及面十分广泛这一现象给民众造成了广泛而深切的心理感受。有调查显示,"2011 年有 37.3% 的人认为目前腐败现象很严重,有 36.9% 的人认为腐败现象比较严重;2013 年仍有 33.7% 的人认为目前腐败现象很严重,有 41.6% 的人认为腐败现象比较严重。""在问及当前最严重的社会问题时,有 34.6% 的人选择贪污腐败问题,在所列各项社会问题中居第四位,与 2011 年的调查结果持平。"⑤

(三)腐败现象形成的主要原因

在中国转型期,腐败现象的波及面之所以会如此广泛,原因是多方面的。但就其主要原因而言,大致有这样几个方面。

---

① 参见吴忠民主编:《中国改革进程中的重大社会矛盾问题》,中共中央党校出版社 2011 年版,第 99—100 页。
② 参见盛宏文、魏娜:《司法腐败的基本特征及其预防对策——基于 1990—2010 年相关统计数据的实证分析》,《重庆工商大学学报(社会科学版)》2013 年第 4 期。
③ 参见赵文明:《郴州原书记市长纪委书记一审被判刑》,《法制日报》2008 年 11 月 21 日。
④ 参见《郴州巨贪曾锦春升迁揭秘:从农家少年到恐怖的掌权者》,南方网,http://news.southcn.com/community/bestlist04/content/2008-11/21/content_4720296.htm。
⑤ 李培林等主编:《2014 年中国社会形势分析与预测》,社会科学文献出版社 2013 年版,第 113—114 页。

1. 民众普遍而强烈的经济利益冲动

改革开放以后，中国民众追求经济利益的举动才具有了正当性。由于经济利益对每一位社会成员来说都是极为重要的事情，基本的家庭财富是每一位社会成员过上幸福生活的必备条件。加之大多数中国人民能在经历过改革开放之前的几十年贫困生活后，深知什么是贫困，对于贫困生活有一种近乎本能的恐惧，并急于摆脱和防止贫困在其身上的发生。这一切，使得中国民众特别看重经济利益问题，对获取财富充满了热情，因而表现出一种前所未有的普遍的、强烈的经济利益冲动。

2. 社会规则体系的不健全

在中国社会的急剧转型时期，有一个明显的特征：旧的规则体系不是很管用了，而能够同现代社会和市场经济相适应的新的规则体系还没有被系统地建立起来。从一定意义上讲，中国目前正处在规则体系的重建时期，或者说，从一定意义上讲，中国社会目前在一定程度上还处在规则的真空时期，社会经济领域往往缺乏正常的秩序和健全的规则体系，规范的社会利益协调机制呈现出一种缺失的状态，这就容易造成社会成员无章可循、各行其是的行为方式。①《中国青年报》社会调查中心所做的一项民意调查显示（4371人参与），36.4%的人指出，当前社会中，几乎每个人都有不遵守规则的行为；59.9%的人认为不遵守规则的人"很常见"。81.5%的受访者认为，在当前社会，不守规则的人比守规则的人更易成功。仅5.5%的人对此表示"不认同"，13.0%的人觉得"不好说"。②

3. 公共权力有时过于强大

中国的现代化是政府推动型的现代化，其重要特征就是依靠政府的作为来推动市场经济的建设、推动政治民主化的建设、推动社会建设，特别是在现代化的早中期阶段更是如此。这就不可避免地出现了一个悖论：一方面，公共权力有着自我扩张的本能，需要予以制约和监督；另一方面，在法治社会、制度体系建成之前，社会的正常运行和发展必须进行下去，

---

① 吴忠民：《改革开放以来中国精英群体的演进及问题》（上），《文史哲》2008年第3期。
② 向楠：《调查发现78.3%的人承认自己参与过不正当竞争》，《中国青年报》2011年1月6日。

因而还必须依靠政府的推动来实现现代化。换言之，在中国转型期这样一个特定阶段，尽管缺少有效的制约和监督，但公共权力必须存在、必须做事情。这样一来，客观上看，公共权力往往表现出一种两重性：政府的推动是现代化前行的基本保证，同时，缺少有效制约和监督的公共权力有时就可能会成为催生腐败现象的根源。"体制障碍是最大的障碍，机制缺陷是根本的缺陷。""影响反腐败成效的问题主要是反腐败机构职能分散，形不成监督合力。"① 郴州原市委书记李大伦的坦言很具有典型意义："我从县委书记到市委书记搞了好多年，搞一件成一件，我不点头就搞不成，大家都知道我有这样的分量，反对我的人很少很少，凤毛麟角，除非你不要乌纱帽了。无论是纪委、检察院，还是报社、电视台都不敢监督我，也监督不了我。"②

由此可见，普遍的强烈的经济利益冲动加上无章可循的行为取向，必然会形成一种涉及面广泛的"搭便车"的短期套利意识。进一步看，这种短期套利意识同缺少制约和监督的公共权力结合在一起，就会催生大量腐败问题的大面积出现。

二、腐败问题出现了某种固化的现象

中国转型期的一项重要内容就是社会结构的演化，而腐败问题是同社会结构的演化包括原有社会结构的改变和新的社会结构定型过程相伴随的。所以，随着社会结构的演化，腐败问题也因此具有了某种结构化的特征，并对现代化建设的全局形成了一定的负面影响。

中国转型期腐败问题某种程度的结构化，十分明显地表现在公共权力群体自身利益的固化上。

（一）公共权力群体成员收入及福利待遇优于其他职业群体

与其他职业群体相比，如果单从工资收入看，公务员收入属于社会平

---

① 中央纪委研究室：《深入推进党风廉政建设和反腐败斗争——学习习近平总书记在十八届中央纪委三次全会上的重要讲话精神》，《中国纪检监察报》2014年1月21日。
② 参见黄纯芳：《李大伦怎么一步一步带坏郴州官场》，《三湘都市报》2009年12月4日。

均水平偏上，还不占有明显的优势。但是，如果从待遇的稳定性和隐性福利待遇来看，公务员群体则具有明显的优势。一个人一旦获得公务员的职位，就很难因被辞退而陷入失业的境地。公务员的隐性收入也是一项不可忽视的福利待遇。公务用车的改革，反倒使大量公务员多了一项别的职业群体所没有的"车贴"收入。比如，从2009年起，杭州市开始了大规模的公车改革，并开始发放"车贴"，将普通公务员至局级公务员分为300元到2600元9个档次，交通补贴每月直接打入公务员市民卡，可以用于乘坐公交车、出租车、加油等各项交通事务支出。① 另外，还有两件事情应当引起人们的注意：一是住房。住房是目前大多数居民家庭财富当中最为重要的部分。大比例的公务员曾获得过福利性分房。这种福利性住房的价值随着房价飞涨已增值了不少倍。即便是现在名义上已经停止了福利分房，但不少地方、不少部门仍在通过一些"变通"的方式如"集资建房""单位自建经济适用房"的名义开政策口子，为本单位群体成员谋取住房福利。二是养老保险。"公务员的最大优点在于工作时不需要缴纳养老保险，但退休后的养老金替代率（80%～90%）却大大高于企业职工（40%左右）。"②

（二）行政部门利益化

一些行政主管部门和地方政府利用审批、罚款、收费等公共权力扩张本部门本地区政府的利益。2006年的国家审计报告发现，权力收费的现象比较突出。在抽查26个部门所属的138个单位的收费情况后发现，有5个部门将享有的收费权转移、分散到了下级单位，涉及收费4.84亿元。仅2005年和2006年，这些单位就因此受益1.15亿元。有12个部门所属或管理的28个单位依托部门的权力、影响及公共资源等收取费用，涉及45个收费项目，仅2006年收费就达3.37亿元，比2005年增长了10.8%。调查表明：收费已成为一些部门所属单位最为重要的资金来源，有的甚至依靠收费生存，有些单位收费资金管理比较混乱。③ 再比如，不少地方公

---

① 参见《杭州为公务员发"车贴"正局级每月2600元》，《北京晨报》2011年11月7日。
② 刘昕：《让公务员的工资回归市场》，《21世纪经济报道》2014年1月20日。
③ 参见李金华：《关于2006年度中央预算执行和其他财政收支的审计工作报告》，《中国审计报》2007年6月29日。

路乱收费现象比较严重。"2008年，国家审计署曾对国内18个省份收费公路进行了审计，发现辽宁、湖北等16个省份在100条公路上违规设置收费站158个，至2005年底违规收取通行费149亿元。浙江、安徽等7省份提高收费标准，多征收通行费82亿多元。"①"北京的首都机场高速，审计署有审计报告，表明这些确实收费比较高。首都机场高速如果收到2022年，根据它现在定的收费年限，将收回90多亿，但其最初的贷款只有7.65亿。"②"北京的机电商报社曾在今年进行了一项历时9个月的关爱司机调查，向全国十四个省份上千名司机发放了问卷，通过实地走访和跟车体验，他们得出了这样一个调查结果。罚款占到了货车运费的1/10，这是什么概念呢，根据中国物流信息中心提供的数据，2011年，中国道路运输费用27000亿元，据此推算，公路罚款在2700亿元。"③

（三）高昂的行政成本

中国恐怕是世界上行政成本最为高昂的国家。这里用两组数字足以说明这一问题。一组数字是有学者根据历年的《中国统计年鉴》计算发现，"我国行政成本呈较快增长的态势。财政支出从改革开放初期1978年的1122.09亿元上升至2009年的76299.93亿元，这意味着行政成本增长了68倍。在此期间，我国经济高速发展，GDP增长速度基本都维持在10%左右，但行政成本的增速却远高于GDP增速。除1980年外，行政成本增速基本上都超过了GDP的增速，而最近几年也都基本维持在20%以上。"④另一组数字是"从改革开放初期的1978年至2003年的25年里，我国行政费用已增长87倍。行政管理费占财政总支出的比重，在1978年仅为4.71%，到2003年上升到19.03%，这个比重比日本的2.38%、英国的4.19%、韩国的5.06%、法国的6.5%、加拿大的7.1%、美国的9.9%分

---

① 《路桥费暴利超过房地产　收费审计查出多项违规》，新华网，http://news.xinhuanet.com/fortune/2011-05/11/c_121401201.htm.
② 《中国路桥收费暴利　网友：收费公路不应成印钞机》，人民网，http://society.people.com.cn/GB/14607850.html.
③ 《全国公路1年罚款接近三千亿　官方为创收纵容超载》，环球网，http://finance.huanqiu.com/china/2012-12/3406590.html.
④ 张金融：《我国行政成本现状分析及优化路径》，《中国行政管理》2011年第8期。

别高出 16.65、14.84、13.97、12.53、11.93 和 9.13 个百分点。"① 此外，曾经有一个阶段，中国的"三公费用"即公款用车、公款吃喝、公款出国费用巨大，列各个国家之首位。政府兴建的楼堂馆所的数量和规模也是居世界第一的位置。一些地市级政府和县级政府办公大楼的建筑面积和占地规模甚至要超过美国的白宫，这类事情的例子举不胜举。从党的十八大以后，这种情形虽然明显好转，但由于积重难返的原因，根本性的好转尚需要一段时间的努力。

（四）精英群体之间的利益结盟

腐败问题某种程度的结构化还表现在公共权力群体（政治精英群体）成员同经济精英群体成员之间的利益结盟。如果说前述公共权力群体自身利益的固化和膨胀现象主要是公共权力群体"单干"的话，那么，同精英群体之间的利益结盟这一现象则是"合伙"干的。

应当承认，改革开放以来，就总体而言，中国的精英群体得到了长足的发展。精英群体不但实现了经济精英群体、政治精英群体（公共权力群体）以及知识精英群体同步化发展的局面，而且精英群体的职业化水平、专业化程度得以大幅度提高。同样还应看到的是，公共权力群体（政治精英群体）与经济精英群体之间出现了某些利益结盟的现象，这主要表现在以下几个方面：

1. 公共权力群体与经济精英群体在某些重要利益方面的分享

这种利益分享主要是指对于政治精英群体成员能够掌控、有着重要经济利益空间的，同时又必须经过经济精英群体成员开发经营的事项，经济精英群体成员可以从中寻租并获得高额利润甚至是暴利，而政治精英群体成员则可通过公权进行设租以分得一部分寻租收入。② 这突出表现在两者在房地产领域的联手举动上。通过房价飙升，政府可以获得高额土地出让金以及城镇土地使用税、房产税、契税、耕地占用税、土地增值税等，从

---

① 任玉岭：《行政成本之高令人触目惊心》，《科学决策》2006 年第 4 期。
② 参见吴忠民：《改革开放以来中国精英群体的演进及问题》（上），《文史哲》2008 年第 3 期。

而大幅度扩充地方上的实际财政收入，形成一种颇具中国特色的"土地财政"，而房地产商则能够获得难以想象的高额利润。2006年至2010年，全国共批准新增建设用地3300多万亩，土地出让收入7万多亿元人民币，其中，2009年中国土地出让总价款为1.59万亿元，同比增加63.4%；2010年全国土地出让成交总价款飙升到2.7万亿元人民币，同比增加到创纪录的70.4%。① 原国土资源部的统计数据显示，2013年，全国土地出让收入总金额达4.1万亿元，刷新了2011年3.15万亿元的历史纪录。② 有经济学家指出，"据农口专家估计，通过出售从农民征用来的土地，各级政府能够拿到的土地差价总额高达20万亿—35万亿元，这么大规模的财富被各级政府官员控制，可见寻租空间有多大。所以跟土地有关的腐败官员可以说是前仆后继。"③

2. 公共权力群体向经济精英群体的政策倾斜

一些地方政府对企业主通过政策的倾斜，向对方输送了巨大的利益，而自己则满足了政绩指标上的需求，甚至一些腐败官员还因此得到了"好处费"。在这方面，特别能够引起人们关注的是国有企业转制过程中国有资产的流失以及一些地方政府招商引资过程中对资方过于优惠的政策。在国有企业转制过程中，国有资产出现了向新的企业主一方严重流失的现象。比较典型的事例是浙江省绍兴市的一家热电厂，其原是国有与集体合资的股份制企业，属优质企业，转制前一年企业实现销售收入6000多万元，其中上缴税收、折旧提留及利润就达1300万元，净资产3142.68万元。但在2000年，这家效益明显的热电厂就在转制中以48万元的价格"卖"给了19位个人。④

(五) 带来的危害

腐败问题的某种固化这一现象所造成的负面影响是广泛而深远的，具

---

① 参见《2010年中国卖地总收入2.7万亿元同比增加70.4%》，中国新闻网，http://www.chinanews.com/estate/2011/01-07/2772655.shtml。
② 参见范辉：《去年全国卖地收入4.1万亿》，《北京青年报》2014年2月12日。
③ 吴敬琏：《中国改革的未来方向》，《商周刊》2013年第18期。
④ 参见李刚殷、昝爱宗：《3000多万元资产"卖"了48万元》，《工人日报》2004年10月31日。

体体现在以下几个方面。

1. 会使正处在定型过程中的新的社会流动结构出现某种固化的现象

合理的社会流动对于一个社会来说是十分重要的。只有保持着一种上行和水平流动渠道的畅通，才能使一个社会保持着必须的资源有效交换的局面，才能使一个社会充满活力，也才能使民众对未来充满希望。习近平总书记指出，要突破利益固化的藩篱，进一步解放和发展社会生产力，进一步激发和凝聚社会创造力。[1] 而社会流动结构一旦出现某种固化的现象，则意味着民众的上行流动渠道可能会受到利益藩篱、利益壁垒的阻碍。有调查显示，在中国现阶段，"城市居民对在中国通过个人努力实现社会地位提升的可能的看法出现了明显的分化现象，认为可能性大和可能性小的比例相当，分别为36.6%和36.2%" "民众认为在中国人脉/社会关系（16.8%）、权力/地位（15.6%）是决定一个人成败最重要的因素。只有7.5%的人坚持认为个人努力是决定成功的最主要因素，但这一比例还不及机遇（12.6%）、运气（7.7%）和命运（7.7%）"。[2] 如是，不仅社会的发展活力会被削弱，而且民众对未来的希望也会不同程度地减弱，进一步看，这无疑会积累并加重社会矛盾问题。

2. 会催生社会利益结构失衡的局面

腐败问题的某种固化，意味着位居有利位置的群体往往可以通过某种优势方式，如权力等，以其他群体利益受损为必要前提，让利益向自己一方倾斜。换句话说，就是此群体利益的扩张往往是以损害彼群体的合理利益为代价的。于是，社会的各个群体之间便会出现一种非互惠互利的恶性互动而不是良性互动的局面，使社会矛盾由之加剧。

3. 这一现象如果长期延续并发展下去，还会进一步加重腐败现象

这一现象所催生的某种不公正的社会结构一旦定型，就会产生某种有害的势能，为腐败问题的蔓延留下巨大的空间。同时，随着经济总量的不断扩大，腐败问题总量会呈现出某种加速度扩张的情势。这一情形如果得

---

[1] 参见《习近平在武汉召开部分省市负责人座谈会时强调加强对改革重大问题调查研究提高全面深化改革决策科学性》，《人民日报》2013年7月25日。

[2] 李培林等主编：《2014年中国社会形势分析与预测》，社会科学文献出版社2013年版，第159页。

不到有效的矫正,其后果的严重性很有可能会超出人们的想象。比如,迄今为止,国有资产流失数额最高的恐怕要属鲁能集团曾经被收购一事。总资产高达738.05亿元的鲁能集团一度被具有垄断地位的电网系统控股,但不久,该企业于2005年又被两家私营企业以约为37.3亿元的总价格收购。① 虽然鲁能集团被私营企业廉价收购一事最终被矫正过来,但此事本身更应引起人们的高度警惕。

三、群体性腐败色彩明显

中国转型期的腐败问题有一个重要特征,那就是群体性色彩较为明显。正如中纪委研究机构所指出的那样,"有的地方长期存在团伙性的腐败活动,涉案人数很多,活动范围很大。"② 这对反腐败问题的解决造成了不小的困难。

(一)群体性色彩较为明显的主要表现

1. "窝案"迭出

无论是高层还是基层、无论是在哪个地区、无论在哪个行业,只要是有权力存在的地方,总有"窝案"情形的出现。比如,2013年,时任国资委主任、中石油董事长的蒋洁敏以及中石油大庆油田总经理王永春、中石油昆仑能源董事长李华林、中石油长庆油田总经理冉新权及中石油总地质师王道富等被政府有关部门调查。中石油众多高管涉嫌贪腐,此事被人们称为"中石油窝案"。再如,2007年以来,广西壮族自治区检察机关在该区民政系统查处了以民政厅原厅长张廷登为首的贪污贿赂窝案串案65件共计80人,其中厅级干部2人、处级干部14人,涉案金额达4000多万元,同时,还涉及民政厅及其所属单位购买土地、已建或在建工程情况以及福

---

① 参见李其谚、王晓冰:《山东鲁能集团转制三部曲完成私有化——谁的鲁能》,《财经》2007年第1期。
② 参见中央纪委研究室:《深入推进党风廉政建设和反腐败斗争——学习习近平总书记在十八届中央纪委三次全会上的重要讲话精神》,《中国纪检监察报》2014年1月21日。

利彩票中心资金管理使用情况等几个方面。① 再如，近年来，广州市白云区棠溪村岗贝经济社18名社干部在棠溪村"农民公寓"和"金光广场"等项目工程招标、承建和出租过程中，为他人谋取不正当利益，多次收受负责建筑施工的李某等人财物共计647万元。行贿人的行贿方式简单直接，大多是在饭桌上直接拿出上百万的现金平分给所有参与的村社干部。②

2. 违法违规的集体腐败活动时常出现

在中国，不难看到这样一种现象。只要事关切身利益，特别是面对数量较大的利益，哪怕是违法违规，相关者无论是官员还是百姓有时会集体参与。一项民意调查显示，受访者中，78.3%的人承认自己参与过不正当竞争。③ 如果再加上参与过不正当竞争却没有承认者，这个比例应当说还是很高的，可以算是达到了"绝大多数人"的量级。广州市白云区前几年"两违"（即违法用地与违法建筑）建设最猖狂时，几乎成为一项全民运动：如果哪个本地人不能弄两栋房子起来，还会被邻居嘲笑没本事。事后，共有81名干部为此而被查处。④ 2013年至2014年，恩施州教育系统的166个单位，从校长到班主任再到后勤部门负责人等共3009人存在收取回扣问题，金额达223.01万元，涉及问题校服28.72万套。州学校后勤管理协会还假借会费名义，收受学生校服、学生营养奶、文教用品等物资销售回扣共计115.51万元。⑤

（二）群体性色彩较为明显的主要原因

中国转型期腐败问题之所以具有较为明显的群体性色彩，其主要原因大致有以下几点：

---

① 参见朱晓华：《一个贪厅长带坏一窝兵挖出窝案串案65件80人》，《就业与保障》2009年第9期。
② 参见龙在宇：《广州村官腐败窝案调查》，《廉政瞭望》2013年第9期。
③ 参见向楠：《调查发现78.3%的人承认自己参与过不正当竞争》，《中国青年报》2011年1月6日。
④ 参见龙在宇：《广州白云区窝案调查："法不责众"下的权力寻租空间》，《廉政瞭望》2013年第8期。
⑤ 参见《收受回扣成"组织行为"3千余人的集体腐败是怎么发生的》，上观网，https://www.shobserver.com/news/detail?id=28382.

1. 法治不健全

从总体上看,中国原本一直没有法治传统,是一个人情社会,也是一个人治社会,而不是一个法治社会。应当承认,随着现代化和市场经济进程的推进,法治建设也开始启动,并取得了明显的成效。但需要看到的是,中国真正法治社会的形成尚需要一个过程。在这个过程中,民众的法治意识尚未真正地普遍确立起来,法治实施的力度和有效度还不够,法律因此往往缺乏应有的权威性,法治空档比比皆是。有人发现,"通过整理媒体报道中引用的腐败分子忏悔录发现,谈及落马原因时,与理想信念滑坡和法纪意识淡薄等内容相关的关键词,出现比率超过95%。"① 江苏省滨海县原国土局局长祖道林反思道,"在快到退居二线的年龄还在收受他人钱物,最终愈发不可收拾,说到底是我对法律的轻视,在一定程度上把法律当作儿戏,是自欺欺人害了自己。"② 与之相应的,必然是习以为常的潜规则盛行。潜规则在一个特定阶段成为影响人们日常行为的某种重要准则,这是群体性腐败现象存在的基本原因。

2. 羊群效应

既然法治意识不够普遍,不少社会成员就往往会缺少基本的定力;既然法律缺乏应有的权威性,不少社会成员对法律规定就往往会缺少敬畏的态度。凡此种种,会催生一种"羊群效应"式的从众心理,即跟着他人走,或者叫作"随大流"的现象。一些由于腐败问题而落马的官员就有着如是的心理状态。这些官员为了被自己工作环境中的成员认可,就免不了要按照潜规则行事,也即随大流。河南伊川法院原院长张国庆在狱中反思道,"一开始我也是不收贿赂的,后来觉得这样不行。一是社会风气这样,人家收你不收,送礼的、收礼的都会对你有意见;二是如果不收,别人会认为你假清高,会认为你不够朋友。"③ 黑龙江绥化市原市委书记马德也有类似的心理。"据说,马德卖官鬻爵的主要原因是'为了和当地的官员打

---

① 参见石艳红:《腐败分子落马后大量忏悔录登上媒体端》,人民网,http://fanfu.people.com.cn/n/2015/0212/c393889-26557341.html.
② 汤海涛:《时间长了,收钱也成习惯了》,《检察日报》2014年2月11日。
③ 赵蕾:《法院院长狱中忏悔:自己不收钱怕被认为假清高》,《河南法制报》2011年9月23日。

成一片'。"一开始,马德对自己要求比较严格,后来挡不住"你们不食人间烟火怎么地?送上门来的再不要,人家会以为你们不信任他"的劝慰,最终其防线崩溃。①

3. 官员升迁制度不够完善

不能否认的是,现在干部的升迁制度存在着不够完善之处。比如,有时干部的考核标准过于看重 GDP 增长率,或者是过于看重该领导在本单位群众的民意测评。现实的情况是:从某种意义上讲,一个单位就是一个利益共同体,单位的员工十分重视改善自己的福利状况,希望单位领导在员工利益方面多办实事。有的单位领导深知这一问题的重要性,知道这一问题解决得如何会直接影响到自己在本单位的群众支持率,并且认为只要不是为自己谋取利益,就是采用一些违规方式也无妨。于是,有些单位领导就采取私设"小金库"等违规方式,想方设法采用各种方式来为本单位员工谋取福利。实际上这也是一种"主动违规违法"现象。

群体性腐败这一现象给反腐败带来了一定的难度,有时会使反腐败陷入两难境地:如果严格按照法律法规规定,不论违法程度的轻重,对于所有违法违规者进行处理,常常会由于涉及人数而难以做到。如果进行选择性执法的方式,只是处理其中的一部分人,则法律法规的权威性及普遍性就会不同程度地受到损害。

四、腐败问题与鼓励试错的改革背景交织在一起

(一)腐败问题往往同试错问题交织在一起

分析中国转型期的腐败问题,不能脱离大的历史环境。从历史环境角度看,中国转型期的腐败问题往往是同试错问题交织在一起的。换言之,鼓励试错的改革背景客观上对腐败问题产生了不小的影响。

在中国改革发展过程中,试错与纠错长期交织在一起,虽然在不同的阶段两者的比重有差别,但从某种意义上讲,既然要改革,就必然要鼓励

---

① 参见《反腐倡廉法制教育丛书》编写组:《怎一个悔字了得》,中国人事出版社 2007 年版,第 250 页。

第十四章 腐败问题

试错。试错的含义是鼓励探索，鼓励创造精神，并在一定程度和一定范围内允许、包容探索中的一些失误和错误，甚至将之上升到"杀开一条血路"的高度来看待，以突破计划经济体制和相关观念所带来的束缚，拓展新的发展空间、新的经济增长点，寻找新的有效发展方式。在一些地区特别是经济特区，在一些领域，对于试错鼓励的强度比较大。不能否认，试错的做法对于中国的改革发展特别是初期的改革发展有着很大的积极推动作用。"20世纪的改革经验已证明，改革浪潮曾经的一浪掀一浪，并不都是全部由政府事先设计的，而只是通过'承包制'和'价格双轨'的政府放权改革，鼓励和尊重群众的创造精神，刺激和推动了一个又一个领域的改革。"[①]

同时还需要看到的是，试错的做法在客观上会使一些人积极主动地寻找各种空当，以一些损害其他群体合理利益的方式，包括利用行政权力谋取私利的方式来最大限度地扩张自身的利益甚至是获取暴利。换言之，试错的做法客观上自然会给一些违规违法行为提供了一些依据，从而为腐败的滋生提供了一定的温床。比如，在20世纪70年代末至80年代，政府"开始允许机关、事业单位办一点自己附属的商业，来为职工发放奖金、津贴和解决子女从农村回城的就业问题。由于商业的利润很高，谁能得到办服务公司或者开商店的许可，谁就可以赚不少钱，于是形成了'工农兵学商，一起来经商'的热潮。这在南方地区尤为突出"[②]。在20世纪90年代，一批人"主要通过企业承包、价格双轨制、炒原始股、炒地皮、国有资产股份制改造、权力资本化等方式获得巨额财富"[③]。期间，不少人借助公共权力的运作，在流通、金融、产权交易、国有企业转制、资源开采等领域，充分利用了价格双轨制以及大量国有企业急于脱手等种种机会，充分利用法律法规及政策不健全的制度空当，通过获取并倒卖紧俏商品的批文、收购倒卖土地矿山的批文、廉价收购企业承包权和转制权等种种违规违法方式，获取了高额利润，并催生了一大批腐败现象，而且腐败现象涉

---

① 夏斌：《中国经济改革：逻辑与行动框架》，《战略与风险管理》2013年第3期。
② 吴敬琏：《中国腐败的治理》，《战略与管理》2003年第8期。
③ 郭忠华：《利益集团锁定下改革的困境与出路》，《岭南学刊》2008年第3期。

案金额越来越大。在21世纪初,房地产领域成为财富新的增长大热点,一些人在该领域获取了暴利,相伴随的则是大量腐败现象的出现。比如,苏州市原副市长姜人杰身兼苏州城市建设投资发展公司董事长一职。他在任时,一旦开发商看中一块地皮,如不能通过正常市场行为获取,便会主动登门寻求姜人杰的权力支持。不久,地块由政府收回、拍卖,姜人杰利用权力干预,低价拍卖成交。之后,姜人杰与开发商从所得利润中分成。案发后经调查发现,姜人杰涉嫌贪污1.4亿元。①

(二)如何看待腐败同纠错问题交织在一起这种现象

如何看待并解释这一现象,不能简单地给出答案。对此,更不能脱离具体的历史情况来看待问题。1978年以后,改革发展已经成为中国历史发展的必然趋势,正像邓小平所指出的那样,改革是一场革命。但问题在于,对于怎样推动改革发展,中国没有经验,心中没数,一切皆在探索之中,也就是要"摸着石头过河"。在改革发展初期,我们急需寻找经济发展的增长点,经济增长点是最为稀缺的资源,整个社会的导向也转向以经济增长为时代的中心任务,逐渐确立了"效率优先兼顾公平"的政策取向,鼓励人们的试错行为尤其是在经济领域当中的试错。问题的复杂性在于:有时人们难以对"正确的"试错和"错误的"试错两者的范围进行界定。这样一来,腐败问题有时就会借试错(探索)的名义和理由出现甚至是扩张开来。此外,在改革发展初期,规则本身都是问题。法治几近缺失,人们几乎没有法治意识。就是已有的许多重要法律规定也是滞后于时代潮流的。像是最为重要的法律即1982年制定的《中华人民共和国宪法》,也是同计划经济体制相适应的大法,其中规定,中华人民共和国的社会主义经济制度的基础是生产资料的社会主义公有制,即全民所有制和劳动群众集体所有制。当时的宪法并没有承认市场经济及私营经济的合法地位。所以,改革开放初期,同市场经济和私营经济相适应的许多举动,尽管是有价值的、符合历史潮流的、必须予以鼓励的试错亦即探索举动,但严格地讲,却是一种"违宪"活动。总之,历史就是这样的复杂:中国的改革

---

① 参见秦兵:《官商勾结是房地产业潜规则之罪魁》,《法人》2011年第2期。

发展必须进行，因而就必须鼓励试错（探索）举动，特别是在改革发展初期更是急需鼓励试错行为。而与此同时，腐败问题也就借机出现并蔓延开来。

显然，腐败问题同改革发展所需要的试错（探索）行为交织在一起的这一现象，客观上增大了反腐败的难度。同时还必须看到的是，腐败问题对于整个社会的负面效应是巨大的。如果任由腐败问题蔓延扩张下去，终将毁掉改革发展大业。所以，反腐败活动必须进行下去。而这一切，有时又使得反腐败活动容易陷入一种两难的境地。

五、反腐败需要标本兼治

（一）反腐败刻不容缓

习近平总书记指出，我们面临的反腐败斗争形势复杂严峻，一些领域腐败现象易发多发，一些腐败分子一意孤行，仍然没有收手，甚至变本加厉。从已经查处的案件和掌握的问题线索来看，一些腐败分子贪腐胃口之大、数额之巨、时间之长、情节之恶劣，令人触目惊心！有的地方甚至出现了"塌方式腐败"！腐败是社会毒瘤。如果任凭腐败问题愈演愈烈，最终必然亡党亡国。① 腐败问题的负面影响是广泛而深远的。腐败问题不仅仅会损害政府的公信力，而且还会破坏正常的市场经济秩序、损害民众的切身利益、加剧社会不公现象、败坏社会风气，甚至影响民众对于未来的信心。更为重要的是，"政治腐败是最大的腐败，一是结成利益集团，妄图窃取党和国家的权力；二是山头主义宗派主义搞非组织活动，破坏党的集中统一。"② 腐败问题如若长期得不到有效的治理，那么，随着改革发展进程的推进、我国经济总量的增加，腐败问题的能量和破坏力也会增大，会给社会的安全运行和健康发展带来日益增大的负面影响。无论从哪个角度看，我们都应将反腐败当成一件事关改革开放的大事来看待。

经过 40 多年的改革发展，中国现代社会开始进入定型的时期，其主要

---

① 习近平：《深入推进反腐败斗争不定指标上不封顶》，《人民日报》2015 年 1 月 12 日。
② 王岐山：《开启新时代 踏上新征程》，《人民日报》2017 年 11 月 7 日。

标志是：市场经济体制以及现代的社会阶层结构已基本形成，法律体系的建设也已经有了一个大致的框架。中国现在已经具备了将腐败问题作为一个重要的社会矛盾问题从制度层面上予以总体解决的时代条件，已经能够从长计议地有效进行反腐败活动。况且，民众对于反腐败已经形成了必要的社会共识，并具有信心。有调查显示："2011年公众对今后5—10年我国反腐败取得明显成效有信心的人不足六成（18.5%的人表示很有信心，39.1%的人表示较有信心）；而在2013年的调查中，对于反腐败成效具有信心的公众超过了七成（25.5%的人表示很有信心，有48.2%的人表示较有信心）。"① 另有调查显示，2017年，"96.70%的领导干部、96.50%的普通干部、93.40%的专业人员、90.90%的企业管理人员、89.20%的城乡居民对党风廉政建设和反腐败斗争'有信心'和'比较有信心'，与2012年的调查数据相比，城乡居民对反腐的信心提升29.2%"。②

如何才能有效地治理腐败问题？反腐败的有效治理途径在于标本兼治。治标性的反腐败侧重于对一个个具体案件的查处和对某些具体方法的运用，治本性的反腐败则是侧重法律制度的建设、公共权力的规范等"本源"上的问题。治标治本两者各有各的功能，都是反腐败不可或缺的组成部分，两者缺一不可。《中共中央关于坚持和完善中国特色社会主义制度　推进国家治理体系和治理能力现代化若干重大问题的决定》指出，"深化标本兼治""构建一体推进不敢腐、不能腐、不想腐体制机制。坚定不移推进反腐败斗争，坚决查处政治问题和经济问题交织的腐败案件，坚决斩断'围猎'和甘于被'围猎'的利益链，坚决破除权钱交易的关系网"③。

（二）治本性的反腐败

治本性的反腐败至关重要。一方面，治本性的反腐败能够确保反腐败

---

①　李培林等主编：《2014年中国社会形势分析与预测》，社会科学文献出版社2013年版，第114页。
②　《调查称近9成民众对反腐有信心　较5年前提升明显》，中国日报网，https://baijiahao.baidu.com/s?id=15899882430724 69660&wfr=spider&for=pc。
③　《中共中央关于坚持和完善中国特色社会主义制度　推进国家治理体系和治理能力现代化若干重大问题的决定》，《人民日报》2019年11月6日。

不至于陷入歧路。治本性的反腐败侧重于法律制度的建设,强调法治精神和法律的权威性,其目的在于抑制并防止公共权力的扩张,使任何人都不能跃居法律之上。习近平总书记指出,"要坚持国家一切权力属于人民的宪法理念。""党自身必须在宪法和法律范围内活动。""任何组织或者个人,都不得有超越宪法和法律的特权。一切违反宪法和法律的行为,都必须予以追究。"① 只有以法治精神和法律制度进行反腐败,才能有效防止政治反腐败、人为反腐败、运动反腐败、一阵风式的反腐败的有害做法,从而确保反腐败活动能够有效、健康地持续进行下去。另一方面,治本性的反腐败能够巩固治标性反腐败的成果。如果没有进行治本性的反腐败,那么反腐败难免会出现朝令夕改、政策不配套、政策不统一等诸多弊端。在这样的情形下,反腐败必定会缺乏应有的权威,使民众对反腐败丧失信心,使得反腐败活动不可能持续有效地进行下去,甚至就连治标性反腐败的成绩也会由于得不到巩固而失去。

(三)治标性反腐败也不可忽视

在看到治本性反腐败重要性的同时,不能忽略的一点在于:就治理腐败而言,治标性反腐败也有着十分重要的意义:

1. 治标性能够对腐败问题不断保持一种压力和震慑声势

在转型期,人们对腐败问题往往存在两重心理:既存在着消极的心理,即存在着程度不同的无规则意识,以适应当下缺少规则的现状;同时,又存在着积极的心理,希望社会尽快建立起规则体系,消除腐败,营造一个公正的社会环境,以减少自己为无规则的环境所付出的成本,增加自己行为的可预期性。在这样的情形下,反腐败如果不停地进行,就会起到一种敲山震虎的警示效应,在一定程度上抑制住人们在腐败问题上的消极心理,激活和增强人们在反腐败问题上的积极心理和信心。重要的是,同样的反腐败举措,在不同的社会背景下,比如或者是高压的态势,或者是象征性的反腐败姿态,其效果往往是迥异的。"反腐败高压态势必须继

---

① 习近平:《在首都各界纪念现行宪法公布施行 30 周年大会上的讲话》,《人民日报》2012年12月5日。

续保持，坚持以零容忍态度惩治腐败。对腐败分子，发现一个就要坚决查处一个。要抓早抓小，有病就马上治，发现问题就及时处理，不能养痈遗患。"① 如是，不仅有助于矫正人们在腐败问题上的双重心理，而且能够有助于形成一种反腐败的社会心理压力和舆论声势。这对反腐败的有效推进是十分有利的。

2. 治标性反腐败能够积小胜为大胜

治标式的反腐败，外观上看或许只是取得了不大的成绩，但是如果这种活动是不间断的，那么过一段时间反过头来看，则可能积累了不小的成果，也就可能使治理腐败向前迈进了一大步。

3. 能够为法治社会的建立进行有效的铺垫

中国法治社会的建设是一个渐进的过程，不可能一蹴而就。不能指望当法治社会的基本制度一经宣布便立刻奏效，全体社会成员就会立刻遵守。持续反腐的活动，哪怕是针对一个个具体腐败事件的成功治理，也都会有利于规则意识、法治意识的形成，有利于人们熟悉法律、接受法律，有利于压缩腐败的生存空间，从而为法治社会提供基础性的生存条件。

（四）治标性反腐败的具体做法

至于有效的治标性反腐败做法，可供选择的备项很多。其中，以下几种做法就是行之有效的。

1. 对一些事关公共权力的重要事项应当逐渐予以公开

将一些事关公权的重要事项（包括一些重大决策的形成过程、公职人员及其子女的财产、收入和职业状况等）逐渐进行公开的做法，是国际通行的惯例。1996年联合国大会通过的《公职人员国际行为守则》规定，公职人员应视本人的职务并根据法律和行政政策的许可或要求，按要求公布或披露，并在可能的情况下，公布或披露其配偶和/或其他受赡养者的私人资产和债务。② 我们现在也应当加大这一做法的力度，使之制度化、常

---

① 《强化反腐败体制机制创新和制度保障　深入推进党风廉政建设和反腐败斗争》，《人民日报》2014年1月15日。

② 参见赵秉志等编：《〈联合国反腐败公约〉暨相关重要文献资料》，中国人民公安大学出版社2004年版。

态化。"公开"的做法，不仅可以在某个层面规范公权，增强公权的公信力，而且还可以让公权接受民众的有效监督。如果是逐渐地实现这一做法，其难度并不会很大，却能收到积极明显的效果。

2. 用好网络监督

中国网络发展、普及之快，是常人难以想象的。中国现在已经有接近一半的社会成员在使用网络。在网络社会当中，对于很多事件来说，想瞒也瞒不住，甚至会在第一时间就被披露出来。近年来，中国一些大的腐败案件就是通过网络披露的，且涉案人员均得到了查处。反观历史，在1900年前后，美国曾经兴起过一次影响广泛而深远的"扒粪运动"。当时，以媒体记者为主的一批人，对于美国政界、企业界的腐败现象进行了大规模的调查和揭露。"从事调查的记者眼睛紧盯着隐藏在阴暗处的丑恶现象，把社会上各层面的腐败现象暴露于光天化日之下。"[①] 这一类的"揭丑"行为，引起了美国社会公众的共鸣，从而有效地推动了美国的反腐败。"如果没有扒粪者，进步主义肯定不能得到广泛的公众支持。"[②] 相比之下，中国目前的网络就有着类似的"揭丑"功能。所以，如果用好网络，就能够获得一种十分有效的公众监督、公众参与的效果。不仅如此，网络还有"问政"的功能。当然，为了确保网络"监督""问政"的积极功效，还有必要防止网络成为少数社会成员进行泄私愤、绑架公众舆论甚至是栽赃陷害的工具。

3. 借助党内整风形成一些有效的制度安排

对于反腐败来说，中国共产党具有一些传统的优势，其中最为明显的就是定期"整风"的优势。可以说，目前党内还没有人能够挑战党组织的权威。我们完全可以在党的"整风"当中，借助于党的"整风"所形成的某种"势"，形成一些有效的反腐败的制度安排，并予以遵守和实施。

---

① 〔美〕詹姆斯·柯比·马丁等著，范道丰等译：《美国史》（下册），商务印书馆2012年版，第898页。

② 〔美〕乔治·布朗·廷德尔、大卫·埃默里·施著，宫齐等译：《美国史》，南方日报出版社2009年版，第752页。

第十五章 社会焦虑问题

一、社会焦虑的弥漫及原因

（一）社会焦虑弥漫在整个社会

从社会心理层面上看,在现阶段的中国出现了一种比较普遍的社会焦虑现象。所谓社会焦虑,主要是指在社会成员当中普遍存在着的一种紧张的心理状态。

在转型期的中国,大批社会成员为家庭基本生活计、为自己的前程计,往往表现出一种焦虑不安、浮躁不定的情形,致使社会焦虑现象成为当今中国一个比较明显的时代标志和标识。

可以说,中国现阶段社会焦虑的表现程度和波及范围几乎可以说是空前绝后的。如今,社会焦虑现象几乎覆盖了整个中国社会:社会焦虑现象既存在于几乎所有社会群体当中,如公务员群体、企业家群体、白领群体、工人群体和农民群体,也存在于各个地区当中,如东部地区和西部地区以及城市和农村地区。从中国历史看,除了战乱时期的所有和平时期,这种状况几乎都不曾有过;在这之后也许会出现社会焦虑现象,但其强度不会像现在这么大。根据杭州市政府卫生部门5万多份调查表的统计,"从性别来看,男人比女人更加焦虑。男人的无焦虑人群为21%,女人为22%,男人的重度焦虑人群为3%,女人为2%。""从婚姻状态来看,已婚的比未婚的过得舒坦,已婚人群和未婚人群无焦虑的比例分别是22%、19%;中度焦虑的比例分别是15%、17%;重度焦虑的比例分别是2%、4%""从收入情况来看,随着收入增长,无焦虑比例逐级递增;年收入10万元以下人群中度和重度焦虑比例较高;而年收入70万元以上人群呈现两头多趋势,无焦虑和重度焦虑的人也最多"。① 据

---

① 《你焦虑了吗?杭州开展5万多人焦虑程度调查》,《健康杭州》2018年第1期。

《人民论坛》杂志的相关调查显示,"住房(82.34%)、工作(80.96%)、养老(包括个人及父母养老,79.11%)、子女教育(79.04%)以及社会交往障碍(72.69%)是困扰白领的五大焦虑"。① "高达85.3%的受访者认为当前社会上弥漫着较为严重的暴戾狂躁症(选择'严重'和'比较严重'的分别占比39.8%、45.5%)。"② 另据中华英才网对全国15个行业(IT、金融、制造业等)的1500余名企事业职员进行的调查报告则显示,超过90%的受访者都有不同程度的焦虑症状。③

(二)社会焦虑的催生原因

中国之所以弥漫着社会焦虑,究其原因,大致有这样几个关键点。

1. 社会经济整体利益结构正在发生全方位、大幅度而且是急剧的调整

中国的改革正处在一个不断深化的时期,这种不断深化的改革意味着以往社会经济利益结构要发生全方位和大幅度的调整。要重新建构新的社会经济利益格局,换言之,许多社会群体和大量社会成员的社会位置和经济位置要经历重新洗牌。而且,同大多数国家和地区相比,这种经济利益结构的大幅度调整需要完成的时间要短得多。这就造成了在中国社会急剧转型时期"一夜暴富"和"一夜下岗"这样两种截然相反的现象同时大面积地存在。中国改革开放以后的40多年间,一方面迅速崛起了一批暴富的高收入者群体和一批生活状态相对比较舒适的中等收入群体,另一方面则形成了一批生活相对贫困的低收入者群体。毋庸讳言,经济利益对于每一个群体和社会成员来说都是至关重要的,正如马克思所指出的那样,"人们奋斗所争取的一切,都同他们的利益有关。"④ 社会成员社会经济利益位置的急速变化往往会产生一种巨大的双重示范效应,进而对许多社会成员形成了大面积的压力。

再者,改革开放以来,同经济发展相比,我国社会发展相对滞后,民

---

① 刘赫:《城市白领焦虑什么?为何焦虑?——白领群体焦虑状况调查》,《人民论坛》2013年第28期。
② 徐艳红等:《当前社会病态调查分析报告》,《人民论坛》2014年第25期。
③ 王宝红等:《焦虑的时代:〈不焦虑〉的智慧》,《华商报》2011年9月20日。
④ 《马克思恩格斯全集》第1卷,人民出版社1956年版,第82页。

生没有得到应有的改善,完整的社会保障制度明显缺位。在计划经济时代,人们对于自己的事情无须费很多的心思,个人的大部分事情如就业、住房、劳动与医疗保障,甚至就连副食补贴等均依靠组织、单位和政府出面便可解决,因而社会成员的心理相对比较踏实。在现阶段的中国,不少社会成员在失去了以往习以为常的单位福利和单位保障之后,却没有被纳入新的社会保障体系当中。这些人由于缺少基本生存底线的"兜底",因而对未来可能的不利处境更产生了程度不同的担忧甚至是恐慌。凡此种种,必然使得大批社会成员存在着一种人生的不确定性。不少社会成员觉得自己的未来前景不可预期,唯恐一步赶不上、步步赶不上。人的相对正常心态是建立在稳定的、可预期的正常生活基础之上的。因此,在大批社会成员人生不确定性和对未来不可预期的基础之上,必定会形成大面积的社会焦虑现象。

2. 社会风险因素的空前增加

同传统社会不同的是,任何一个国家,只要进入现代社会,就会面临着空前的社会风险。现代化的发展既给人类社会提供了无数的机会,但同时也给人类社会制造了无数的风险。现代社会的高速发展、社会能量的空前积累以及社会的日益复杂化,特别是全球化进程和信息化过程的发展,给人类社会带来了一种前所未有、不断扩散的不确定性。重要的是,从一定意义上讲,现代社会意味着各个国家经济的一体化,而经济的一体化意味着各个国家经济之间的开放性、相互依赖性和联动性,即一个国家经济的变化势必会影响到另一个国家的经济状况,任何一个国家想要完全不受别的国家经济的影响已经几乎不可能做到。乌尔里希·贝克指出,"在发达的现代性中,财富的社会生产系统地伴随着风险的社会再生产。""在现代化进程中,生产力的指数式增长,使危险和潜在威胁的释放达到了一个我们前所未知的程度。""风险社会从这个意义上是世界性的风险社会。"① 更为重要的是,一个国家特别是经济影响力比较大的国家,其经济一旦出现问题,便会不可避免地影响其他国家。比如,从问题产生的根源来看,美国的次贷问题原本同中国经济几乎不搭界,但是其一旦出现次贷问题引

---

① 〔德〕乌尔里希·贝克著,何博闻译:《风险社会》,译林出版社2004年版,第15、21页。

发的经济危机，便不可避免地会波及中国，对中国造成大面积的不利影响，使中国经济也陷入困境当中。另外，中国是世界上最大的人口共同体，其构成因素和变数之繁杂，恐怕也是全世界之最。中国经济和社会在未来还会遇到哪些不可预期的风险因素，现在很难判定。显然，社会风险因素的增加，势必会给中国的发展和民众的基本生存状况带来空前的变数，进而加重社会焦虑。

3. 许多社会成员信仰的丢失

虽说信仰不是万能的，但信仰却是一个社会共同体所必不可少的构成要素。一个民族的民众普遍具有信仰是一件十分重要甚至是必需的事情（极端化的信仰除外）。信仰是事关社会共同体的基本观念、心理状况、长远目标以及民众基本行为方式的重大问题。民众如果普遍具有一种信仰，那么这个民族的民众的内心会比较强大，其行为会由于有着一种坚定的信念、长远的目标和坚实的底力而能够经得起许多诱惑，也能够经得起许多挫折，其抗打击力十分强大，进而就会减少社会焦虑的困扰。

不能否认的是，在中国社会急剧转型的时期，由于种种原因，为数众多的社会成员丢失了信仰。在这样的情形下，中国现阶段许多社会成员的内心往往缺少了一种坚守和定力。进一步看，由于缺少坚守和定力，因而不少社会成员在面对大量诱惑尤其是经济利益的诱惑时，其行为往往会缺少坚定的信念、长远的目标取向和执着的精神，难免随波逐流、飘忽不定，心里很不踏实，进而容易陷入某种焦虑不安的状态当中。重要的是，由于内心缺少坚守和定力，所以，人们的行为一旦受挫，其抗挫折、抗打击能力必定十分有限，这就会不断加重人们的失落心理，进而使其深陷社会焦虑现象的困扰当中。

4. 社会往往缺乏正常的秩序和规则体系

现阶段的中国社会正处在一个急剧转型的时期。这样一个时期是不可避免的。问题在于，在急剧转型的中国社会，原来许多同计划经济体制相适应的规则已经失效或是不大管用了，而新的能够同现代社会和市场经济体制相适应的规则体系还没有被系统地建立起来。换言之，能够同市场经济和现代社会相适应的规则体系正处在一个重建的时期。正是从这个意义上讲，在中国现阶段，规则体系处在某种缺失（空当）和紊乱的状态当中。或者从一定意义上讲，中国社会目前处在规则的真空时期。这种现象并非中国现阶段所独有。纵观各个国家和地区现代化建设的进程，我们可以发现，这几乎是所有的发达国家在其早期现代化阶段都曾遇到的问题，像是英国、美国、法国等国现代化的早期阶段，这种规则相对缺失的现象也是十分明显的。在此条件下，被激活和释放的巨大社会能量在某种时刻下有时得不到有效的整合，有时无法形成正面积极的推动力量。由于整个社会缺少规则体系，致使社会各个群体有时会无章可循、各行其是。在这样的情形下，社会成员常常会采取一些短期来说对个人是最为有利的、因而或许是某种理性的选择，而对整个社会乃至对于个人的长远却是不利的短期行为。正如有学者所指出的那样，"从事长期行为的人，只承担长期行为的成本，而得不到长期行为的收益。其结果，只能是短期行为的普遍化"。① 这就是中国社会目前短期行为比较普遍存在的重要原因。值得指出的是，种种短期行为相互间必然是相互抵触甚至是冲突的，难免会成为一种负面的离心力，因而必然会引发大量的、形形色色的社会问题。

在这一点上，中国跟一些同样是处在社会转型时期的国家如俄罗斯相比有着较大的差别。有人发现，在俄罗斯急剧社会转型时期，按理说俄罗斯的"社会秩序要重新开始，一切法规也要重新拟定，可是决定政策容易，要实行则不是短时间之内就可以做成的，而中间这段青黄不接的时期是最危险的。可是他们有一个优点，当新法规尚未建立之前，还继续遵守旧的规定，如果发现不对，宁可等待，并遵守从前的规定，所以现在还不至于乱"。俄罗斯的这种情形，"固然不能立即解除贫穷问题，但是至少社会不会有乱象。"俄罗斯之所以"还能维持一个秩序，这是一个非常重要的因素"。②

（三）社会焦虑演化的特殊规律

社会焦虑有着自身的特殊规律。对此，我们应当把握住以下几点。

---

① 孙立平：《"短期行为症"——非理性机制中的合理选择》，《东方》1994 年第 1 期。
② 参见蒋纬国：《蒋纬国口述自传》，中国大百科全书出版社 2008 年版，第 293 页。

1. 社会焦虑本身是由酝酿、形成到呈指数扩张这样三个阶段所组成的一个过程

始初,社会成员可能只是普遍存在着某些不安的心理倾向,如果引起这些不安心理倾向的因素没有及时被消除,并且有所增多、强化,那么,便会引发社会焦虑。这时,社会焦虑如果还不能被及时地遏制住,那么,再进一步,便极有可能由于社会成员之间相互感染、相互促进,从而使得社会焦虑从总体上呈现出一种指数型的扩张状态,进而达到高潮。

2. 社会焦虑与社会成员各层次需要的满足度之间有着确定的关系

在一个不算发达的社会里,社会焦虑程度的强弱与社会成员由低而高的需要层面的满足呈反比关系,即如果社会成员在生理需要、安全需要这些较低层面上得不到必要的满足的话,那么,社会焦虑的程度便会很高。反之,如果社会成员在较高层面上的需要如尊重的需要、自我实现的需要等方面得不到足够的满足,那么虽然也会引发一些社会焦虑,但其程度相对而言不会很高。这是因为,在一个不发达的社会里,社会成员普遍的关注之处是位于较低层面的需要。

3. 社会焦虑分为显性焦虑与隐形焦虑两种类型

社会焦虑经常是以显性状态存在的,也就是说,社会焦虑往往可以被人们直接观察到或感受到。但是,不应忽视的是,社会焦虑有时还以隐性的状态而存在,往往一时难以被人们认识到。隐性的社会焦虑往往深藏于人们内心的深处。这种隐性的社会焦虑一旦转换为显性社会焦虑,其强度往往是很大的,而且,通常会在社会缺乏必要准备的情形下忽然而至。

二、社会焦虑的负面效应

现在,社会焦虑对中国社会造成了种种广泛而复杂的影响。不可否认,从客观上讲,社会焦虑有着某种积极作用。比如,社会焦虑在某种程度上、某种范围内有助于激发社会成员的潜能和动力,但同样不能否认的是社会焦虑的积极意义。然而,这种积极意义终归是次要的。更为重要的是,社会焦虑会造成大面积的社会负面效应。

(一)会引发不少越轨行为

正如前文所提及的那样,从某种意义上讲,中国正处在一个规则真空的时期。中国社会的急剧转型,意味着新旧观念并存,意味着同原有的计划经济体制和新的市场经济体制相适应的不同性质、不同类型规则的并存。对于原有的一些规则,不少人自然缺乏认同感;而对于新的规则,不少人则缺少敬畏感。于是,不少社会成员便会因此而缺少规则意识。在这样的情形下,身处社会焦虑状态中的不少社会成员,无暇也不愿去考虑自身行为是否一定要符合某种规则,而更容易倾向于考虑某种行为对自己是否有利,这就加重了不少人的无规则意识。从现实社会的角度看,不少社会成员无章可循、各行其是甚至是随心所欲,这就必然会引发种种越轨行为的出现。

应当承认,中国现阶段的越轨行为数量增幅较大。比如,1985 年公安机关立案的刑事案件只有 54.2 万起,2004 年升至 472 万起,2008 年增至为 558 万起,2018 年回调至 507 万起;2004 年公安机关受理的治安案件为 665 万起,查处 537 万起(1985 年仅为 92.1 万起),2008 年则几乎增加了一倍,分别为 1176 万起和 1105 万起,2018 年分别回调至 972 万起和 885 万起。[①] 再比如,就连原本"一方净土"的学术界也频频出现"抄袭""造假"等越轨行为。比如,"据不完全统计,仅英国现代生物出版集团和爱思维尔集团在内的几大国际出版集团先后撤销中国学者所发表学术论文 117 篇。"[②] "2017 年 4 月,施普林格出版集团因同行评议造假,对由中国学者发表在《肿瘤生物学》(Tumor Biology)的 107 篇论文做了撤稿处理,创下了正规学术期刊单次撤稿的数量之最。"[③] 虽然前述种种越轨行为的原因是多方面的,但不能否认,社会焦虑是一个重要的催生因素。

---

① 参见国家统计局社会统计司等:《中国社会发展资料——主观、客观、国际比较》,中国统计出版社 1992 年版;国家统计局社会和科技统计局:《中国社会统计年鉴 2006》,中国统计出版社 2006 年版,第 249 页;国家统计局:《中国统计年鉴 2009》,中国统计出版社 2009 年版,第 348 页;国家统计局:《中国统计年鉴 2019》,中国统计出版社 2019 年版,第 772 页。
② 罗晓琪等:《中文核心期刊应对学术不端行为研究》,《编辑学报》2018 年增刊 1。
③ 参见郑泉:《警惕深度学术不端 共建学术道德规范》,《传播与版权》2019 年第 9 期。

（二）会加重人们不切实际的高期望值心理和相应的短期化行为

面临着社会环境的急剧变化，社会焦虑使得不少社会成员缺乏一种应对社会的从容心态，缺乏从长计议的理性安排。因此，社会焦虑很容易加重人们不切实际的高期望心理和相应的短期化行为。

1. 从人们所追求的目标的角度看，社会焦虑容易引发人们相对较高的期望值

客观地讲，在急剧变化的现实社会当中，许多机会甚至是一些意想不到的机会会突然出现。比如，种种神话般暴富的故事相继出现，而且一些人在暴富之后喜欢炫富，这就不可避免地会产生种种示范效应，致使不少人大幅度提升了自己具体目标的高期望值。重要的是，这种高期望值极有可能呈高指数增长态势。相比之下，人们对于这些高期望的兑现能力则是相对较低的，至多只能是呈正常指数增长态势。

2. 从人们所选择的行为方式的角度看，社会焦虑容易引发急于求成的短、平、快的行为方式

人们的"长期行为"是一种不确定、难以预知的、成本投入较高的行为，人们长期的成本投入往往难以得到相应的回报。对于身处社会焦虑状态并且有着较高期望值的人们来说，与其选择不确定的、成本过大的"长期行为"，倒不如采取"短期行为"的方式更为实际和简单易行。这种行为方式短期看来似乎是理性、成本小、见效快，"性价比"似乎比较合算，但长期看来却是非理性、成本过大的选择。原因很简单：短期行为一旦盛行，那么，由于短期行为所具有的利己性和短视性，因而从长远的眼光来看，绝大多数的短期行为终将成为损害短期行为者自身的举动。"各个部分之间的猜忌与隔阂，极大地妨碍着社会信任的确立，刺激着各种纯粹自利的短期行为。很明显，这种情形是非常不利于防范社会风险或控制风险危害的。"[①]

由社会焦虑所引致的高期望值和短期化行为在民间和政府两个层面都

[①] 郑杭生、洪大用：《中国转型期的社会安全隐患与对策》，《中国人民大学学报》2004年第2期。

有明显的表现。在民间层面，试图迅速致富的例子比比皆是。比如，一窝蜂似地抢购并囤积某种商品，一窝蜂似地杀入股市、基金市场和房地产市场，一窝蜂似地购进各种彩票等。在一些地方，从政府层面来看，某些地方官员不懂城市化的规律，不懂得尊重历史，缺乏科学的论证，又不擅长科学谋划未来，同时又急于求成、贪大求洋、大干快上，采取GDP挂帅、以推倒重来的方式进行城市化建设，短期行为比较盛行。于是，一些城市当中的大量历史建筑物由此被毁坏，许多标志性的历史建筑物如今已难寻踪迹。"现在许多城市在开发建设中，毁掉许多古建筑，搬来许多洋建筑，城市逐渐失去个性。"① 其结果不仅仅是造成这些城市千篇一律、缺乏个性的面貌，而且中断了一些城市当中历史传承脉络，致使一些城市出现了某种"无根化"的现象，造成永远无法弥补的历史遗憾。这是一件让人十分痛惜的事情。在这方面，福建一些地区比较典型。"福建农村除了因国家水库建设需要，迁徙新址的数十个新村外，基本上都是有数百年甚至上千年历史的古村聚落。但是，传承至今能达到国家保护条件要求的古村落不足20%。""厦门市海沧区霞阳村、新垵村等华侨古村，是厦门著名的华侨历史文化名村，两村相邻，都是百年老村。两村原本成片的红砖古厝，被村民拆除了几十上百栋造型优雅、古色古香的院落，改建为民宿出租楼。因此，诸多成片的历史名宅被现代水泥楼房取代，变得支离破碎，古建筑的完整性不复存在。"②

（三）会催生某些有害的集群行为

所谓集群行为，也称作"聚合行为""集体行为"等，主要是指在某些特定的场所，人们的行为失去了日常行为规范的约束，而变为无组织、无结构，同时也难以预料的群体行为。某些社会骚乱、宗教狂热、恐慌现象和成群结队的抢购活动以及群体性事件等都属于集群行为。

作为一种背景性的时代条件，社会焦虑容易催生某些有害的集群行

---

① 《毁掉古建筑，搬来洋建筑，城市逐渐失去个性》，新华网，http://www.xinhuanet.com/politics/2015-01/11/c_1113951110.htm。
② 刘芝凤：《逆城市化进程中古村落保护与开发的若干问题研究——以闽台历史文化名村为例》，《中南民族大学学报（人文社会科学版）》2018年第4期。

为。对此，可作如下理解。

1. 容易使一些社会成员失去理性的约束

当人们的行为一旦失去理性约束、失去内在约束和外在约束，当社会焦虑增强到一定程度时，人们就容易处在一种失控的状态，容易接受种种暗示、进行种种模仿，产生某些非理性的冲动行为，从而演化成为有害的集群行为。在这样的情形下，加上社会转型时期大量社会失范现象的存在，社会焦虑现象就会更容易使一些人的行为方式因失去约束而演化成集群行为。

2. 会程度不同地降低人们对生活的满意度

客观地看，同改革开放以前相比，大多数社会成员目前的"绝对"生活水准已经高出一个大量级。但是，由于社会焦虑现象的存在，一部分社会成员往往无暇做出理性的判断，而热衷于同左邻右舍当中更高水准者相比，甚至同全社会当中那些公认的生活水准很高者相比，因而对自己的生活水准不够满意，导致自身幸福感的降低，进而会程度不同地产生对社会的不满心理。"根据 2015 年中央电视台'中国经济生活大调查'数据，除去工作和睡觉，55.1%的人群 2014 年每天休闲时间不足 2 小时，其中，24.5%的人群不足 1 小时，8.4%的人群无休闲时间。而与无暇休闲相对应的是连年下降的国民幸福感，调查同时显示，2006 年国民自感幸福的比例为 59.1%，之后逐年下降，2010 年为 44.7%，2014 年则仅为 40%。"① 客观上，这就为一些集群行为的出现积累了某种心理基础。

3. 会加重或放大人们对于社会矛盾问题的不满情绪

如今中国社会出现了不少社会矛盾问题，这是一个客观现实。问题在于，其中的一些社会矛盾问题可能没有那么严重，但是由于目前人们普遍存在着一种心理焦虑，加之社会不公现象的存在，致使不少社会成员存在着一些不公正的心理感受。同时，又由于网络社会的发展，使得不少网民能够方便地将心理焦虑以及不公正的心理感受传播出去和放大开来，这样一来，不少社会成员就容易把本来不是很严重的社会矛盾问题看得十分严

---

① 李粉等：《休闲、收入与城镇居民幸福感——来自中国家庭追踪调查的证据》，《人口与经济》2018 年第 1 期。

重，容易迁怒于他人或他事，也容易借题发挥、借机宣泄，进而催生出一些有害的集群行为。进一步看，凡此种种，势必会增大社会动荡的潜在能量。这些情形对社会的安全运行极为不利。现在中国社会出现的一些"无直接利益冲突"现象当属此类。

伴随着社会转型的推进，伴随着社会焦虑现象的逐渐弥漫，集群行为在不断地增多。比如，从1994年至2003年这10年间，中国的群体性事件数量迅速上升，年平均增长17%，由1994年的10000起增加到2003年的60000起，增长了5倍。[①] 2007年，群体性事件又上升至80000余起。[②] 再比如，由某个歌星演唱所引致的众多歌迷的狂热活动、由某场球赛所引致的球迷群体骚动以及因某种生活必需品暂时短缺所引致的抢购风潮等集群行为时有发生。

可见，既然社会焦虑会引发不少越轨行为，会加重人们不切实际的高期望值心理和相应的短期化行为，会催生某些有害的集群行为，那么，社会焦虑对社会矛盾问题必定会起着加重的作用。显然，尽管社会焦虑本身并不是社会矛盾问题，但是，身处特殊的时代背景条件下，它对社会矛盾问题的生成和加重无疑会起着推波助澜的作用。

三、有效缓解社会焦虑

就总体而言，当经济水平发展到一个比较高的水准时，当人们普遍过上稳定、有保障并且比较富裕的生活而不再为基本生计问题而惶惶不可终日时，当社会的基本规则体系真正得以建立并有效运行时，社会焦虑现象便会从总体上消失。

中国社会正处在一个急剧转型的时期。在这样一个时期，要想彻底消除社会焦虑现象是不现实的。但是，缓解社会焦虑现象则是能够做到的。就社会焦虑现象的缓解而言，至少需要做好以下几个方面的工作。

[①] 参见汝信等主编：《2005年：中国社会形势分析与预测蓝皮书》，社会科学文献出版社2005年版，第235页。

[②] 汝信等主编：《2009年：中国社会形势分析与预测蓝皮书》，社会科学文献出版社2008年版，第10页。

（一）打造公正合理的规则体系

社会成员的各种行为以及社会群体之间的互动必须按照一定的规则进行。如果缺少了规则体系，那么，这个社会必然会面临着一种不确定的前景，使人们的行为缺少一种可以预期的长远目标，也会使社会存在着诸如随意性、多变性、相互抵触甚至是冲突以及成本过大、风险过多等种种不利的因素。现代社会必定是一个凭借着规范、合理、公正的规则体系而运行的社会。中国社会正处在一个急速转型的时期。在急剧转型的中国社会，由于缺乏规范、合理、公正的规则体系而造成的种种负面效应表现得十分明显。所以，进行现代社会基本制度的设计和安排，是中国社会面临的一项十分重大的任务。而制度的设计和安排需要根据一种基本的理念来进行。这里就出现了一个问题：应当根据怎样的基本理念来进行现代社会基本制度的设计和安排呢？我们知道，社会公正是人类社会具有永恒价值的基本理念和基本行为准则，是现代社会最为重要的价值理念。所以，社会公正是现代社会基本制度设计和安排的基本理念依据。罗尔斯指出，"正义是社会制度的首要价值，正像真理是思想体系的首要价值一样。"[①]因此，只有通过建立公正合理的规则体系，才能够使人们的行为有章可循。而且，也才能够使人们对未来的长期行为和目标进行预期。如是，方能有助于缓解社会焦虑现象。

（二）建立一个中初级的民生保障体系

基于现实的经济基础和财政实力，我们现在提建立一个高级的或中级的民生保障体系还不够现实。但是，如果提建立一个中初级的民生保障体系则是现实可行的。中初级民生保障体系的基本特征是中低水准、广覆盖、有实效。其基本内容是：初步做到使全体人民"幼有所育、学有所教、劳有所得、病有所医、老有所养、住有所居、弱有所扶"。改革开放以来，国家财力在迅速增强，比如，2019年全国一般公共预算收入已经突破19万亿元。显然，在现阶段的中国，建立一个中初级的民生保障体系已

---

① 〔美〕约翰·罗尔斯著，何怀宏译：《正义论》，中国社会科学出版社1988年版，第1页。

经不是一个"能不能做到"的问题,而是一个"想不想去做"的问题。建立中初级民生保障体系的难点既不在于资金问题也不在于其工作的难度问题,而在于我们的基本观念是否实现了真正的转换。只要我们想去做,只要将促进社会公正和改善民生问题放到了一个应有的突出位置,那么,许多具体的思路和方法也就能够做出相应的合理调整,就能够建立起这样一个中初级的民生保障体系。通过中初级民生保障体系的建立,可以让绝大多数社会成员基本的生活尊严底线得到保障,使社会成员正常生存与发展的后顾之忧明显减少,而且也可以保证其对未来也能够有一个大致的预期。如是,则能够有效地缓解社会焦虑现象。

(三)尽可能地实现充分就业

就业是民生之本,这是一个公认的道理。充分就业应成为社会的优先目标。充分就业是指任何一位愿意参加工作、具有必要能力并且年龄合适的社会成员都应当获得一份有经济报酬的职位。在现代社会和市场经济条件下,获得一种职业,就意味着拥有了相对稳定的经济收入的主要来源,意味着拥有了一个可预期的职业发展平台,意味着能够平等地融入社会生活当中,意味着其后代能够健康成长,意味着社会整合程度能够大幅度提高。可见,充分就业也是缓解社会焦虑现象的必要条件。

总之,一旦做好上述几件事情,那么,中国的社会焦虑现象应可以得到大幅度的缓解,社会焦虑的负面影响也可以降至较低限度,相应地,社会矛盾问题也能够得到一定的化解或缓解。

后 记

改革开放40多年以来,中国社会发生了巨大的变化。这种巨大的变化表现为两个"始料不及":第一个"始料不及"是中国现代化建设取得了如此巨大的而且是举世公认的成就。中国的GDP总量已经位居世界第二的位置,市场经济已经确立,社会结构发生了巨大的变化,社会成员的生活水准普遍得以大幅度提升,中国社会已经迈进现代社会的门槛。说这种巨大成就是人类社会的一个奇迹并不为过。第二个"始料不及"是中国方方面面的社会问题越来越多,对于实际社会生活的负面效应越来越凸显。这些社会问题的存在,不但给中国现代化建设的进一步推进带来了越来越多的不确定性影响,而且会催生某种社会焦虑现象,进而降低社会成员对于现状的满意度,从而引发一些越轨行为。

应当看到,社会问题同现代化建设相伴始终,社会问题的存在是一件常态的事情。任何一个现代化建设成功的国家都会同意这样一个事实:社会问题倒逼现代化建设是一个规律。现代化建设的不断推进,就是在不断解决社会问题的过程中实现的。不过,社会问题倒逼现代化建设有一个必要的前提,那就是必须对社会问题有一个清醒的认识,并在此基础之上形成有效对策、予以有效实施。

那么,在当代中国存在哪些社会问题、这些社会问题会产生哪些负面影响、对于这些社会问题应进行怎样的应对,这是学术界和理论界必须予以解释和回应的重大问题。同很多学者一样,笔者也积极参与了对这一重大问题的探索之中。于是,便形成了呈现在读者面前的这本书。

笔者一度面临这样一个问题:应当选择哪些社会问题来进行探讨?中国社会正处在转型期,并且中国的体量巨大,变数极为繁多复杂,因而中国现阶段的社会问题不但种类齐全,而且数量巨大。可以这样说,凡是别的国家存在的社会问题,我们国家基本上都有,而别的国家没有的社会问题，我们国家也存在不少。我们能够很容易地列出几十个、上百个社会问题，但是，应当看到的是，试图面面俱到地解释每一个具体的社会问题，一是没有必要，二是容易出现琐碎化，进而给人一种不清晰的感觉。考虑到这一点，笔者认为应当选取那些影响面和影响力相对较大，同时又能够反映出中国特定历史阶段的社会问题进行探讨。基于这样的原则，本书选取了中国现阶段当中的15个重大社会问题进行探讨，并取名为《当代中国重大社会问题概论》。

本书定位为研究性的教材：它既试图对当代中国重大社会问题提出一些见解，又试图通过教材的逻辑和结构方式让读者对相关社会问题的成因、特征以及治理之道形成相对清晰的了解。

本书编写的具体分工如下：先由主编吴忠民、王道勇拟定撰写提纲，然后请编写组的各位老师分头具体撰写各章内容，最后再由吴忠民、王道勇进行修改、定稿。本书各部分的具体撰写者分别是：

导论：中国转型期社会问题的主要特征及治理，作者吴忠民；第一章：贫富差距过大问题，作者吴忠民；第二章：就业问题，作者王道勇；第三章：教育问题，作者崔有波；第四章：房价问题，作者葛伶俊；第五章：医疗卫生问题，作者胡薇；第六章：食品安全问题，作者胡颖廉；第七章：青年问题，作者姚亮；第八章：人口老龄化问题，作者青连斌；第九章：农民工市民化问题，作者王道勇；第十章：征地拆迁问题，作者周爱民；第十一章：乡村治理问题，作者高端阳；第十二章：环境生态问题，作者王茹；第十三章：网络问题，作者吴忠民；第十四章：腐败问题，作者吴忠民；第十五章：社会焦虑问题，作者吴忠民。

此外，本书的出版得到了中共中央党校"创新工程"的资助以及中共中央党校出版社的大力支持，在此一并表示感谢。

吴忠民　王道勇

2020年3月2日